全国高等教育医药经管类规划教材

医药企业管理案例集

主 编 茅宁莹

中国医药科技出版社

内 容 提 要

《医药企业管理案例集》是全国高等教育医药经管类规划教材的骨干课程。本教材有很好的通用性与适用性，医药行业特色明显，较好地满足了医药院校经济管理专业教学与行业内读者的需求。本书适合医药经管类高等院校教学使用，也适合医药企业培训使用。

图书在版编目（CIP）数据

医药企业管理案例集/茅宁莹主编. —北京：中国医药科技出版社，2013.11

全国高等教育医药经管类规划教材

ISBN 978 - 7 - 5067 - 6454 - 4

Ⅰ.①医…　Ⅱ.①茅…　Ⅲ.①制药工业 - 工业企业管理 - 案例 - 高等学校 - 教材

Ⅳ.①F407.7

中国版本图书馆 CIP 数据核字（2013）第 245780 号

美术编辑　陈君杞
版式设计　郭小平

出版　中国医药科技出版社
地址　北京市海淀区文慧园北路甲 22 号
邮编　100082
电话　发行：010 - 62227427　邮购：010 - 62236938
网址　www. cmstp. com
规格　787 × 1092mm $^1/_{16}$
印张　24 $^1/_2$
字数　451 千字
版次　2013 年 11 月第 1 版
印次　2013 年 11 月第 1 次印刷
印刷　北京印刷一厂
经销　全国各地新华书店
书号　ISBN 978 - 7 - 5067 - 6454 - 4
定价　**49. 00 元**

本社图书如存在印装质量问题请与本社联系调换

编　委　会

主　编　茅宁莹

编　委　（按姓氏笔画排序）

朱　价　朱艳梅　孙国君　李胤飞

吴　方　席晓宇　黄　勇　谢小燕

前　言

　　管理学课程是医药经济管理类专业的核心基础课程，学习管理学对学生来说具有重大意义。首先，管理的重要性决定了学习、研究管理学的必要性。管理本身就是一种经济资源，作为"第三生产力"在社会中发挥作用。先进的技术，要有先进的管理与之相适应，否则，落后的管理就不能使先进的技术得到充分发挥。其次，学习、研究管理学是培养管理人员的重要手段之一。实践是培养管理者的重要一环，而学习、研究管理学也是培养管理者的一个重要环节。只有掌握扎实的管理理论与方法，才能很好地指导实践，并可缩短或加速管理者的成长过程。第三，学习、研究管理学是未来的需要。随着社会的发展，专业化分工会更加精细，社会化大生产会日益复杂，而日新月异的社会将需要更加科学的管理。因此，学习、研究管理学，培养高质量的管理者成为当务之急。

　　众所周知，案例研究法在世界各国的专业人才的教育和培训中，受到高度重视，具有不可估量的作用。如哈佛商学院等历史悠久、排名靠前的一些世界著名院校都倾向于用案例教学。虽然案例教学已有悠久的历史，但在我国的管理类课程的教学中，还只是从 20 世纪 80 年代中期引进的一种新的教学方式，而引起各界广泛重视只不过是近几年的事情。虽然我国案例教学历史不是很长，但是这一方法在管理教学中具有重要作用，现在我国越来越多的管理学院开始采用案例教学方式。因为它能够使学生在校学习期间就能具备良好的职业判断能力，尽快缩短他们从事社会实际工作的"适应期"，它由教师单方灌输知识转变为以互动方式引导学生学习，学生则由被动听课转为积极主动地将吸收的知识表达出来，强化了对学生实际工作能力的培养。

　　医药产业关系国计民生，是我国国民经济的重要组成部分。医药产业以高投入、高风险、高回报著称，作为产业重要组成部分的医药企业在生产、经营过程中的管理既有着作为一般企业管理的共性，又有着自身独特的管理要求。现在出版发行的相关管理学教材皆以综合院校教学需求为目标，尚缺乏专门针对医药产业的管理教学教材，以案例学习为视角的医药企业管理的教材及参考书籍也相对匮乏。

　　中国药科大学工商管理专业是我国医药类院校最早开设的经管类专业，是在计划经济向市场经济转轨的新形势下适应医药经济发展的需要而设置的。经过近30年的积累和发展，中国药科大学工商管理专业教学与研究团队在医药企业管理原理研究、实践与教学等方面具有较深的积淀，并取得了显著的成绩，在医药产业教学领域具有较高的声誉与广泛的影响。

2010年，中国药科大学工商管理专业成功申报为江苏省特色专业的建设点。在两年的建设期内，工商管理专业在学校和学院的大力支持下，抓住机遇，在人才培养、教学改革、师资建设、支撑系统完善等方面取得了长足的进步：《医药企业管理》课程获得校级和省级精品课程；组织了医药经管类系列教材《医药工业企业管理》、《医药商业企业管理》、《企业管理原理》、《医药企业生产与经营管理》、《管理学》等的编写，这些都大幅提高了工商管理教研室的科研水平与质量。我们编写的《医药企业管理学案例集》便是工商管理专业建设以及教学成果与系列改革的内容之一。

经过一年多的努力，《医药企业管理学案例集》这本教材与大家见面了。这本书的编写既遵循反映管理的基本原理与规律，又充分体现医药企业经营特色的基本宗旨，通过国内外医药企业经营的56个案例，分15章，围绕管理职能这条主线，结合医药产业管理职能的内涵、内容和基本分支的相关内容等，使读者能够对每一个案例进行仔细的研究，进而从实践中找出规律，使自身对医药管理的认知不断深化。

本教材供管理学专业学生学完专业主干理论课程之后进行案例分析教学之用。我们在编写《医药企业管理学案例集》时，本着实用性、典型性、针对性、理论性和借鉴性的原则，力求使选编的案例尽量涵盖医药管理工作的方方面面，又做到新颖生动，有吸引力，以便学生进一步巩固所学管理学基本理论和基本知识，熟练掌握医药管理工作的相关技能，培养和提高学生的综合运用能力。

本书由茅宁莹牵头，组织了中国药科大学国际医药商学院工商管理教研室的老师和部分企业管理专业研究生参加编写。衷心感谢褚淑贞教授、黄勇博士、吴方博士、席晓宇老师和谢小燕、朱价、李胤飞、朱艳梅、王雅雯等硕士研究生为本书编写工作付出的辛勤劳动。我们的工作得到了国际医药商学院领导邵蓉院长和陈永法副院长的重视和关怀，商学院的各位领导、专家还在百忙中审阅了本书书稿，并提出了许多建设性的意见，为其日臻完善指明了方向。特藉此书出版之际一并致以衷心的谢意！

由于时间仓促，加之我们的理论水平和实践经验有限，书中缺点甚至错误恐难以避免，敬请各位专家、学者、师生批评指正。

编者
2013年6月

目 录

第一章

管理概述

　　企业管理是管理者为实现预定的经济目标，按照客观规律的要求，根据企业外部环境和企业内部资源条件的变化，对生产经营过程进行计划、组织、协调、控制的综合性活动。企业的管理必须有效，否则企业将无法生存。本章选编的 3 个管理概述案例涉及的医药企业有国外企业，也有国内企业；包括管理成功的案例，也包括管理失败的案例。这些鲜活生动的成败案例可以让学生形象地了解和掌握管理的必要性与管理者所扮演角色的重要性。

管理制胜的阿斯利康

　　摘要： 在经济全球化发展的今天，医药企业面临着各种机遇与挑战，如何选择科学的管理方式是企业管理层需要面对的一个重大难题。管理是一门学科，也是一门艺术。1999 年，北欧最大的跨国制药公司阿斯特拉与有着百年历史的英国捷利康公司合并，强强联合形成了一家在世界排名前五位的制药公司——阿斯利康。本案例以制药企业阿斯利康为研究对象，通过梳理其发展历程及近年来的重大经营事件，分析阿斯利康在全球制药领域成功的原因，强调管理理念及实践活动在医药企业生存发展中的重要地位，并阐释阿斯利康管理的科学性和艺术性。

　　关键词： 管理；阿斯利康；信息技术；人力资源；质量保证

引言

　　阿斯利康是全球领先的制药公司，由瑞典阿斯特拉公司和英国捷利康公司于 1999 年合并而成。阿斯利康公司总部位于英国伦敦，其研发总部设在瑞典。

　　1913 年，前瑞典阿斯特拉公司在瑞典斯德哥尔摩市诞生。1993 年，前瑞典阿斯特拉公司在中国江苏省无锡市进行投资，正式进军中国市场。2001 年，合并重组后成立的阿斯利康在无锡设立的工厂正式投产。2004 年，阿斯利康成为全球五大制药企业之一，同时成为在中国处方药市场中排名第一位的跨国制药企业。

　　作为一家全球领先的制药公司，阿斯利康在消化、心血管、中枢神经、呼吸、肿瘤、麻醉和抗感染等领域处于领先地位，同时还在其他诸多治疗领域为患者提供了卓有成效的处方药产品，其产品销售覆盖全球100多个国家和地区。

1 阿斯利康的发展历程

阿斯利康的前身是阿斯特拉公司，其历史可以追溯到1913年。这家位于瑞典斯德哥尔摩市的小型制药公司，在第一次世界大战的影响下遇到了困境，公司在非常艰难的情况下坚强地存活了下来。

1931年，在经历了产权被收为国有又转为私有的过程后，公司管理层决定设立药品研究所，而在此之前，阿斯特拉公司的技术战略长期致力于药品的开发和改良。从20世纪30年代早期开始，阿斯特拉公司的研发工作已经为其带来了一系列成果，公司研发出了诸如赛洛卡因，倍他乐克和波压定，博利康尼和泼米考特，美洛平和洛赛克等产品。

洛赛克和泼米考特得宝粉末吸入剂是阿斯特拉最为世人瞩目的产品，这两种药被认为是治疗消化性溃疡和哮喘极为有效的药品。同时，阿斯特拉的销售工作是通过分布在30个国家的分公司以及在100多个国家的代理机构开展的。

基于这样良好的销售基础，阿斯特拉在世界经济发展最快的亚太地区有着很大的发展潜力。20世纪80年代，阿斯特拉率先在亚洲设立分公司，这为其进入中国市场打下了良好的基础。

1993年10月，前瑞典阿斯特拉公司正式在江苏省无锡市注册成立中外合作经营企业。

1994年4月，前英国捷利康公司和当时的中国医药对外贸易总公司合资成立捷利康医药开发咨询有限公司。

1999年4月6日，秉承着"提高综合实力，从而确保公司的长远发展和股东的最大利益"为宗旨，前瑞典阿斯特拉公司和前英国捷利康公司合并成立了阿斯利康公司。阿斯利康中国公司同时宣告成立，公司总部位于上海，在中国大陆主要城市共设有23个办事处，业务覆盖中国香港特别行政区。现有逾3500名员工，分布在生产、销售、临床研究和新产品开发等领域。

2000年之后，全球跨国医药企业遇到了专利药保护期临近、"重磅炸弹"药品不再辉煌、市场竞争日益激烈等困境。此时，阿斯利康重新进行了战略定位，通过产品组合的战略转型拉动销量增长，从而弥补专利到期导致的产品销售量下降的负面影响。通过正确的战略选择、合理的信息技术应用和出色的管理实践，阿斯利康赢得持续发展。

2003年，阿斯利康销售收入达188亿元，利润41亿元，成为了全球五大制药企业之一。

2005年，此前一直以处方药见长的阿斯利康开始进军中国非处方药市场，消化类胃药洛赛克是其在中国推出的第一个OTC①药物，公司以此打开了大步迈进中国OTC市场的辉煌局面。有效的企业管理使得阿斯利康在中国和世界的发展成绩卓越。2008年，为维护病人身体健康，防止假冒伪劣产品的出现，阿斯利康斥资800万元人民币，对受众广泛、被假冒风险大的品种运用了全新的产品安全数码防伪技术。

2009年阿斯利康全球销售额达328亿美元。2010年，阿斯利康的全球销售额达332.69亿美元，在中国地区的销售额首次超10亿美元。根据全球制药新闻机构Scrip公布的2011年最新全球100强制药企业排行榜，阿斯利康位列第七，由此，阿斯利康的全球性制药巨头地位受到了再次肯定。

2 出色的战略管理

当今医药市场的竞争愈演愈烈，阿斯利康这个跨国医药企业，能够在激烈的竞争中保持不败地位，不得不说其出色的战略管理和高效的战略实施发挥了巨大的作用。

2.1 与专业人士开展广泛深入的合作交流

从战略上来说，阿斯利康高度重视全球专业领域的合作与交流。2003年3月，阿斯利康面向中国医疗专业人士的医疗知识交流中心——阿斯利康学院正式成立。

来自全国各地的医学专家和中华医学会代表参加了阿斯利康学院的成立典礼，学院的成立表达了阿斯利康公司在推进中国医学继续教育事业上的郑重承诺。每年，阿斯利康对学院投资1200万元人民币，学院则与国内专业组织和政府机构配合，主办一系列医学继续教育活动。学院与各个主要医疗领域卓有建树的专家合作，举办专题讲座、研讨会、训练项目及小组讨论等，同时赞助中国医生参加国际学术会议及交流项目，并通过他们把知识传播给广大医务工作者。

该学院的建立，旨在引进国际医学领域的前沿知识，促进临床研究成果交流，从而加强广大医护人员的医学继续教育，提高其专业水平。阿斯利康意识到，与国际同行切磋最新研究成果与应用技术，对任何国家的医务工作者来说都是至关重要的。因此，成立阿斯利康学院定期主办医学继续教育活动，这样不但使阿斯利康与学术团体的联系更加紧密，而且促进了中国医药卫生事业的发展。

2.2 OTC销售策略调整

继2005年在中国市场推出第一个OTC药物——消化类胃药洛赛克之后，阿斯利康2007年启动了在华OTC业务的首次销售策略调整。阿斯利康的OTC销售将不再由公司的内部销售队伍操作，而是转为依靠零售商和经销商的销售模式。

阿斯利康对其自身在中国市场的OTC战略定位是："每个公司都有自己投资的重点，经过高层的决策，我们今后主要的投资将优先考虑处方药产品线，而OTC销

---

① OTC：Over The Counter的缩写，可在柜台上买到的药物，即非处方药，是消费者可不经过医生处方，直接从药房或药店购买的药品，而且是不在医疗专业人员指导下就能安全使用的药品，即不需要凭借执业医师或助理医师的处方既可自行选购、使用的药品。

售将由自己的市场销售活动，转为通过零售渠道管理的模式。"

这对于在中国没有任何 OTC 销售经验的阿斯利康来说，避免了自建销售队伍所带来的巨额成本投入与经营风险。阿斯利康此前自己销售队伍中的近 70 名员工，一部分留在 OTC 部门，参与零售渠道的管理；一部分则转到其他部门就职；剩下的部分则选择离开阿斯利康。阿斯利康在中国 OTC 市场发展的决心十分坚决，不会退出 OTC 领域，也不会缩减对这块业务的投资，阿斯利康高层确信这样的销售模式会成功，并会独享其中的利润。

2.3 严守药品监管规范，塑造良好声誉

阿斯利康一直秉承着最高的商业道德和严谨的行为规范，将正直和高尚的道德标准列入核心价值观的第一条，并通过严格的系统、制度和规范确保在中国的商业活动符合公司政策和国家法规要求。阿斯利康中国公司积极支持和参与全国各省、市及中国医药质量协会的各项活动，并始终走在整个行业的前端，同时也是国家各项政策法规和质量管理活动积极推行的领导者。

与药监部门保持良好的沟通也让阿斯利康在管理产品质量上获益匪浅，并使其时刻保持自律。2007 年 4 月，公司与药品监督管理部门签订《无锡市药品生产企业药品安全责任书》，承诺对生产的药品质量负责，并不断提高药品质量水平。2008 年，公司被中国医药质量管理协会授予"质量诚信企业"的荣誉。2008 年，阿斯利康协助组织了面向国家 GMP① 高级检察官的培训，传达国际上最新的 GMP 管理趋势及理念。2009 年，公司赞助了中国医药质量协会年会的举办，同年，公司质量保证职能部门还积极参与了《GMP 专家意见稿》的讨论和定稿工作。2010 年在取得中国 GMP 证书、欧盟 GMP 证书的基础上，阿斯利康还取得了澳大利 TGA② 组织颁发的 GMP 证书。

3 管理信息化建设

2006 年 2 月，北京同仁医院的心血管科来了一位"奇怪"的医药销售代表，他不像其他医药销售代表那样神色匆匆，拜访过心血管科的医生后便急于离开或打电话，而是轻松自得地打开随身携带的掌上电脑写写画画起来，似乎倾刻之间就完成了他的工作任务。原来他是阿斯利康制药有限公司的一位医药销售代表，刚刚通过无线传输系统完成了向总部反馈最新药品销售数额和预测额度的工作。

自 2001 年在江苏无锡建立生产基地以来，阿斯利康中国公司的发展一直保持着良好的势头，信息化手段成为其制胜的法宝。阿斯利康在信息技术方面的应用可谓是用心良苦，通过信息化手段的引入，使得中国区上海总部与全国二十几个办事机

---

① GMP：Good Manufacturing Practice 的缩写，即药品生产质量管理规范。

② TGA：Therapeutic Goods Administration 的简称，即澳大利亚药物管理局。

构能够进行有效沟通，确保各机构间的信息畅通无阻。以 2004 年开始使用的 ERP①（企业资源计划系统）和 ETMS（电子化区域管理系统）② 系统为例，阿斯利康对信息技术部门（以下简称 IT 部门）的投入一直没有减少。2006 年，电子文档系统推出上线；销售部门建设了一套 CRM③（客户关系管理）系统；研发部门也正在盼望一套医学文献信息查询系统。

由上文可知，阿斯利康十分注重信息化的建设，然而，建设的过程并非一帆风顺。由于在信息化建设方面的大量投入，信息系统的建设确实得到了跨越式的发展，但日渐庞杂的系统渐渐表现出这样的症状：不仅未能消除公司内部管理上存在的疏漏，反倒使 IT④ 部门的负担变得沉重起来。这样的窘境可以用以下的场景来描述：公司系统里零散地存放着尘封了数年的文档与用户手册，与 IT 有关的考核、改善方案则处于缺失状态；制度和人员早已随时间发生了变化，三五年前的用户手册却还静静地躺在文件柜里，散发着陈旧的气息。那时候，员工想使用某项功能时，经常因流程缺陷而中断。在阿斯利康，每个员工有很多 IT 账号，包括电脑、信箱以及在家上网的公司密码，互联网访问权限账号，ERP 和 ETMS 账号等。阿斯利康的每个业务部门都有自己的申请流程和表格，无论新入职还是转岗、辞职的员工，要获得这些账号进行正常工作或交接就不得不填无数张申请表，员工的上级主管要在每张表格上签字。大量的签字和申请表格让员工把时间浪费在了不必要的劳动里。这种分散且缺乏效率的 IT 管理模式让人们把 IT 部门员工看成了"救火队员"，在当时，IT 员工随时被业务部门同事叫去解决问题，他们像运动员一样在公司跑来跑去，大家只能手忙脚乱地应对问题的发生，却不能系统有效地预测和控制局势。

同时，另一个问题也随之而来，如医药界所知，医药企业不能逃避的瓶颈之一就是速度危机，销售数据若不能及时汇总，就会延误物流配送速度，以致不能实现高效的质量管理，阿斯利康也难逃此劫。虽然 ETMS 系统提高了销售信息反馈速度，但日常管理还不能完美搭配，各类报表统计速度仍不能加快，供给和销售两个关键环节仍像"裹足的小脚"一般迈不开步子。如何更好地实现 IT 的价值，对 IT 部门进行有效管理成了摆在阿斯利康面前的两个重要问题。

针对以上阿斯利康信息化过程所面临的压力和问题，公司采用了一种管理科学在信息技术中应用的方法——ITIL⑤（信息技术基础架构库）。

ITIL 的主要目标是使技术服务能够正确与业务需求相匹配，随着业务和理念的更新而演变。其实，此前阿斯利康的 IT 架构已经具备 ITIL 理念的雏形，其 IT 部门

---

① ERP：Enterprise Resource Planning 的简称，即企业资源计划系统，是针对物资资源管理（物流）、人力资源管理（人流）、财务资源管理（财流）、信息资源管理（信息流）集成一体化的企业管理软件。

② ETMS：Electronic Territory Management System 的简称，即电子化区域管理系统。

③ CRM：Customer Relationship Management 的简称，即客户关系管理，它是选择和管理有价值客户及其关系的一种商业策略，要求以客户为中心的企业文化来支持有效的市场营销、销售与服务流程。

④ IT：Information Technology 的简称，即信息技术。

⑤ ITIL：Information Technology Infrastructure Library 的简称，即信息技术基础架构库。ITIL 为企业的 IT 服务管理实践提供了一个客观、严谨、可量化的标准和规范。

被分成了三个团队，一、二线的 IT 服务交由这三个团队分别执行。第一个团队是 IT 项目组合部门，他们的工作是前期分析和中期执行，根据业务需要决定公司上什么 IT 项目，ERP、ETMS 等大型项目的实施也是他们的主要任务；第二个团队是 IT 技术部门，为了支持项目组合部门的大型项目，保证 IT 安全等相关服务，他们需要与业务配合完美，要做好搭建网络、后台服务器维护等细致的技术活；第三个团队则挑起了与技术和业务部门联系的重担。三个团队分工合作，共同支撑起一个完善的 IT 部门。

针对 ITIL 的系统要求，阿斯利康的 IT 部门重新设计了表格，把员工入职、转岗、离职的流程进行梳理，把所有需要填写的内容全部都集中到了一张纸上。同时，员工的基本信息、加入公司的时间、部门划分、所需设备、各种密码，主管经理只需花几秒钟就可以让表格转到 IT 部门的后台。然后，IT 部门分别对自己负责的信息进行处理，第二个团队将员工基本信息输入，为员工分配所需的设备；第三个团队则负责为员工分配或变更 ERP 账号和其他密码，流程环环相扣，信息传递的速度因此大大加快。

4 加大研发投入，提高技术创新能力

对于制药公司而言，最尖端的技术、强大的研发能力是保障产品质量的重要利器。阿斯利康视研发创新为立身之本，在 8 个国家设有 17 个研发机构，不但拥有一支业内领先的庞大研发团队，更是注重合作，前后共与 11 位诺贝尔奖获得者有过密切合作，进行药物创新研究。根据公司内部的统计，每年阿斯利康在全球范围内会支出超过 40 亿美元的资金支持研发，努力拓展肿瘤、抗感染心血管、消化、中枢神经、呼吸、麻醉等领域的药品开发。2009 年，阿斯利康研的研发支出为 42 亿美元；2010 年，研发支出为 53 亿美元；2011 年的研发支出为 55 亿美元，有逐渐上升的趋势。

在中国，阿斯利康对研发的投入也不曾止步，2001 年阿斯利康在无锡投资一亿三千四百万美元，建设了阿斯利康在亚洲最大的生产基地；2006 年 4 月，公司宣布向无锡工厂追加 3500 万美元投资，以进一步提高产能；2008 年，阿斯利康宣布在无锡供应基地再追加投资 5000 万美元，用于引进全球制剂生产设施、建立区域包装中心和高科技收发中心。此后，上海的张江高科技园区也纳入了阿斯利康中国公司的发展规划范围。2009 年 9 月 9 日，阿斯利康中国公司张江园区正式奠基，作为阿斯利康斥资 1 亿美元打造的全新园区，张江园区集中国总部、市场营销、药物研发、学术培训及部分亚太总部职能部门于一体。2012 年新园区完全竣工后，阿斯利康中国创新研发中心由原来的临时基地迁入了阿斯利康新园区，成为公司在英国总部以外最先进的研发中心之一。目前，阿斯利康中国公司已有逾 4000 名员工，分布在生产、销售、临床研究和新产品开发等领域。

5 人才培养与团队建设

和许多医药企业非常重视企业的三年规划甚至五年规划有所不同，阿斯利康更

加注重当下公司的运营情况。阿斯利康中国区总裁柯石谛先生曾这样说过："一个好的公司会看到这个员工所做出的业绩，从而给他更好的机会和新的挑战。相反，自己目前工作没做好，而总是考虑以后的规划反而得不偿失。一个制药企业在中国能够成功的关键是要找到好的人才，然后培养他们的领导力，最后使这些投资真正为你的业务带来成功。人的投资是至关重要的"。人才战略和学习型组织的建设在阿斯利康的发展过程中扮演了重要角色。

提到阿斯利康的人才战略，就不得不提到凌震文先生，他是阿斯利康中国人力资源副总裁。为拓展和加强中国本土人才供给线、维持业务的增长，他将阿斯利康中国的人才管理重点放在吸引和保留人才上，同时，将年轻经理人的发展放在首位，又注重发展本地人才。这种灵活的用工方式使得阿斯利康的人才队伍建设迈向了更高的层次。凌震文先生曾在北美进修三年，之后又在加拿大担任人力资源顾问，并于2003年加入阿斯利康。在他的带领下，阿斯利康引进了一套招募和吸引人才的高效体系，这套体系帮助阿斯利康在短短三年时间里，以惊人的速度在中国招募了数以千计的优秀人才，保证了阿斯利康在中国的战略布局。同时，阿斯利康针对不同的员工制定了不同的培训计划。其中，针对销售人员，阿斯利康设立了销售培训学院，对销售人员所需要的技能进行针对性地培训；针对非销售人员，又设立了阿斯利康商学院，对非销售人员的培训主要包括沟通技巧、团队合作技巧、项目合作技巧等能力技巧的培训。

在阿斯利康看来，学习型组织提供了一种环境，让员工以积极、主动的心态去获取更多的知识和技能，从而帮助他们更好地胜任这份工作，同时还能促使他们有能力迎接更大的挑战。在此基础上，公司推出了一个叫做"lunch and learn①"的学习活动，即在公司提供午餐的时候有一些人来讲各方面的信息，例如介绍自己的部门、介绍产品的知识、介绍自己的工作等，这一做法营造了浓厚的学习气氛。同时，阿斯利康注意到中国人有较强的家庭观念，因此把公司作为一个大家庭来塑造，把管理和沟通延伸到员工的家庭中：员工过生日的时候，阿斯利康会送上蛋糕和写有同事、上司祝词的贺卡，递上一份暖暖的情意；同时，阿斯利康还经常举办丰富多彩的欢乐家庭活动，使员工的家庭感情更加融洽；阿斯利康也会定期邀请员工的家属到工厂进行参观，让其家人了解和感受到公司的工作气氛和发展情况。

通过这些灵活用工和团队建设的方式，一套完善的培训和人才发展体系在阿斯利康内部建立了起来，它着眼于发展阿斯利康中高层管理人员，通过内、外部培训顾问的努力，使阿斯利康在一年中可以完成40多个培训项目并让超过千名的员工从中获益。同时，绩效考核和培训发展文化的计划也同样行之有效，其以发展和提升员工绩效为目标，大大降低了员工流失率。与此同时，卓有成效的人才发展计划也并驾齐驱，使高潜能员工在企业内尽可能得到晋升，从而保证了组织的健康发展。总而言之，这些将年轻经理人的发展放在首位，同时又注重发展中国本土人才的人

---

① lunch and learn：可翻译为"午餐和学习"，是阿斯利康的一项鼓励员工积极工作的活动。

力资源管理方式，保证了阿斯利康业务的可持续发展。

6 全面质量管理体系

阿斯利康致力于研制、开发、生产和营销卓有成效的处方药品，并提供专业的医疗服务。同时阿斯利康对产品质量的追求更是达到了极致。秉持着这种对病患负责，对社会负责的态度，阿斯利康在不断前行、不断追求、不断超越。

要保障药品的质量，必须建立一套完善的管理制度。阿斯利康按照质量第一的原则，建立了完善的质量管理体系，全面强化质量管理。通过确定质量方针、目标和职责，运用质量体系中的质量策划、质量控制、质量保证和质量改进来实现质量管理，并建立了以顾客满意为中心的质量战略，将质量管理贯穿于企业的各个阶段，以提供符合顾客期望的产品质量。

高效的组织架构与规范的业务程序在阿斯利康管理体系中起到了最为基础的保障作用。高效的组织架构保证了分工的专业和明确，并能更好地发展业务和整合资源，以增强企业的竞争力。公司的质量保证职能部门下辖质量保证部、质量控制部和法规规范部，分别负责物料和成品的质量评价、实验室检验和法规符合性管理的工作。此外，公司严格制定和实施各项程序，确保了关键的业务流程。

阿斯利康注重质量管理，但也意识到一成不变的质量管理体系不能永远适用于不断变化的外部环境，因此公司也十分注重管理创新，运用现代质量管理方法推进质量的持续改进。首先，阿斯利康通过推行精益制造模式，不断改进内部生产和质量管理流程，减少质量差异性，消除时间和金钱的浪费，促使生产成本持续下降，质量水平不断提高，加快对客户的响应速度，从而使客户满意度不断提高。其次，阿斯利康推行"一次做对"的质量理念，要求生产质量过程中的每一个员工在第一次操作时即做到"符合要求"，减少过程中的返工、复检、报废等，提高过程质量，追求产品质量的完美。再者，阿斯利康引进风险管理机制，运用科学的方法识别潜在的质量风险，对风险进行评估和分级，制定相应的控制方法，以降低和消除风险，提高过程的可靠性。与此同时，阿斯利康还不断引入先进的质量体系管理理念，完善产品研发到生产过程的技术转移。此后，阿斯利康还引入新技术新系统，推广全球化信息系统进行质量管理：信息化电子实验室、电子文档管理系统、投诉管理系统、近红外技术在物料鉴别及产品打假等方面的运用。

案例使用说明

一、教学目的与用途

1. 本案例适用于管理学中管理概述、管理的职能、管理的重要性等内容的讲授。

2. 本案例的教学目的是让学生认识到管理的重要性，并在此基础上联系管理学中的其他概念和理论，为解决医药企业实际运营过程中可能出现的问题提供一些思路。

二、启发思考题

1. 你如何看待阿斯利康在无锡设立生产基地和在上海设立新园区决策的正确性？

2. 如果你是阿斯利康公司的董事长，遇到 IT 部门缺乏效率的问题时，你会通过哪些方式进行管理？

3. 阿斯利康公司为什么要建立学习型组织？同时还要推出 "lunch and learn" 的学习活动？

三株公司和三株口服液

摘要：在 20 世纪 90 年代的中国，曾出现过"三株"这样一个响亮的名字。三株口服液从上市开始，短短的几年时间里，谱写了一个保健品帝国的神话。在中国的营销史上，是三株最先开辟了进军农村市场和创造街头义诊的行销模式，并通过"三株口服液"这个品牌获取了超额的企业利润。前景如此广阔并蓄势待发的一个企业，却在"常德事件"这个销售纠纷案后一蹶不振，并且在公司成立之后仅仅 8 年的时间里就土崩瓦解。没有一个企业能够轻而易举地成功，也没有一个企业会毫无原因地轰然倒塌。本案例将对三株的兴衰做详细的阐述，并通过对三株公司在发展阶段管理问题的解析，以突出管理的重要性，

关键词：市场营销；三株；危机公关

引言

三株是中国最早打出振兴民族工业旗帜的民营企业之一。在中国民营企业的发展史上，"三株"是一个无法被人忘记也绕不过去的名词。

三株实业公司成立于 1994 年，由吴炳新、吴伟思父子各自的公司合并而成。

1994 年～1996 年，三株实业公司的代表产品"三株口服液"投入市场，在当时中国的保健品市场已经进入退潮期的背景下，"三株口服液"却奇迹般地异军突起。

然而好景不长，由于盲目扩张、产品宣传、危机管理失误等问题，尤其是 1998 年发生的"常德事件"致使三株的名誉受到严重的损害，销售一落千丈，自此一蹶不振。1999 年，三株的 200 多个子公司停业，几乎所有的工作站和办事处全部关闭，并导致 10 余万工人下岗，产品和企业形象都毁于一旦。

2007 年，基于战略上的转移，吴炳新正式宣布三株"复兴"，在沉寂近十年后三株又以另一种姿态展现在世人面前。在"以药品为龙头，巩固、发展化妆品，保健品不恋战不放弃"的新战略引领下，三株的产业触角已转向化妆品和中药制品，并分别成立了三株生态美集团和三株医药集团。

1 三株的发展史

1994 年，吴炳新将济南大陆拓销公司和其子吴伟思创建的南京克立公司合并，

用 30 万元在济南成立了三株实业公司（以下简称"三株"），同年山东三株实业有限公司大连医药生物研究所成立，三株口服液也宣告研制成功。

1994 年，三株通过地毯式的广告销售方式播放大量宣传片广告，同时利用其四级营销体系挺进农村市场以保证广泛的铺货量，"三株口服液"第一年的销售额就达到了 1.25 亿元。此后，三株及"三株口服液"开始名声鼎沸，良好的销售情况使三株扩张的雄心不断壮大。

1995 年，三株在《人民日报》上刊出了一个"五年计划"，吴炳新提出三株五年内的目标是：1995 年达到 16 亿～20 亿元，1996 年达到 100 亿元，1997 年达到 300 亿元，1998 年达到 600 亿元，1999 年争取 900 亿元。

1996 年，三株创造了企业增长 2000% 和年销售额突破 80 亿元的奇迹，比同行业排名第 2 位至第 10 位的 9 家企业年销售额的总和还要高。1997 年，三株集团正式成立。

1998 年 3 月，"常德事件"的发生让三株口服液的销售受到了重大影响。此后三株陷入了"常德事件"的纷争中，虽然 1999 年 3 月，湖南省高级人民法院终审判决"常德事件"三株公司胜诉，但是从 1998 年 4 月下旬开始，三株全国销售急剧下滑的局面仍旧没能得到改变，月销售额从数亿元，一下子跌到不足 1000 万元，三株公司发展形势急转而下。

2 "三株口服液"的初期发展

"三株口服液"在 20 世纪 90 年代是保健品发展奇迹的代表。"三株口服液"到底为何能够持续热销三年，并给三株集团带来如此巨大的收益？该保健品到底好在哪里？它到底是无害的还是有害的？

2.1 "三株口服液"的诞生

2.1.1 "三株口服液"的研制

"三株口服液"是由当时的三株实业公司依据人体微生态学原理及营养学原理，采用现代生物工程技术、仿生学方法及多种益生菌共生发酵技术，在体外模拟人体青少年时期微生态状况的实验基础上，研制成功的一种营养含量全面、功效独特的微生态益生菌制剂。"三株口服液"是在最大限度地模拟人体青少年时期体内的微生态状态下研制出来的。

这种微生态益生菌制剂，通过口服进入肠道，有效补充人体内必需的多种益生菌，促进人体内益生菌的生长，抑制体内有害菌的生长繁殖，恢复和保持人体内的菌群平衡，并形成益生菌菌膜屏障，从而达到调理人体内环境的目的，起到营养、保健、治疗的作用。1993 年 12 月 29 日"三株口服液"通过山东省科委组织的科技鉴定，鉴定该产品属"国内首创，国际领先"，并在同一年获得了国家发明专利。

2.1.2 "三株口服液"的作用机理

"三株口服液"中含大量的双歧杆菌、嗜酸乳杆菌、益生菌代谢物、短链脂肪酸、谷氨酰胺、精氨酸、寡糖、磷脂、多烯不饱和脂肪酸、天然蛋白质和以结合蛋白质形式存在的锌、硒、镁、铁等多种微量元素及多种维生素等有益于人体健康的物质。

双歧杆菌和嗜酸乳杆菌可产生大量的免疫球蛋白，从而激活机体的免疫细胞，使得致病菌难以留存体内，达到免疫调节作用；同时在肠道粘膜表面形成保护屏障，抵御有害菌对肠道粘膜的侵袭破坏，抑制有害菌的生长、繁殖，起到调节肠道菌群的作用；此外还能产生乳酸和醋酸，提高钙、磷、铁的利用率，促进铁和维生素 D 的吸收，起到补充营养的作用。

总而言之，这些物质能有效抑制和杀灭胃肠道各种有害菌及病原菌、调理恢复人体消化吸收功能，激活机体吞噬活性、提高机体免疫力，清除体内多余自由基和有害物质，促进机体内组织细胞新陈代谢，提高机体的应激能力，具有极高的营养、保健及治疗作用。作为一种高科技纯生物制剂，"三株口服液"补充的是人体内原来就有的有益菌，并且菌种经过高品质的培养基和保护剂不断优选。

2.1.3 "三株口服液"的价值和成就

20 世纪 90 年代，"三株口服液"的诞生不仅结束了国内单一菌种微生态制剂的时代，而且解决了临床医学上因大量使用抗生素及放、化疗引起的菌群失调症的问题，对生物医学向生态医学的转变起了巨大的推动作用，使我国在微生态益生菌制剂的科研、生产水平达到了世界领先地位，并在国际、国内上获得多项大奖，曾创造了单产品一年销售 80 亿元的市场奇迹。

2.2 地毯式的销售轰炸策略

针对"三株口服液"这个销售前景如此良好的产品，三株制定了大胆的销售策略，应用地毯式的销售轰炸方式，使得"三株口服液"大卖。广告策略上，三株从不吝啬广告的投放，与众不同的是它采用了一种更为巧妙的组合。在中央电视台及一些中心城市电视台，三株购买了大量的非黄金时间的广告段位，播放三株系列形象片，着重突出"三株争当中国第一纳税人"和振兴民族工业的良好企业形象。

吴炳新精心设计了针对农村市场的四级营销体系，正是这个决定让三株走出了不同于其他保健品厂商的行销之路，从而让三株真正成为中国的保健品大王。吴炳新利用中国人力成本优势，开展人海战略，聘用了数以十万计的大学生充实到县级、乡镇级的办事处和宣传站。同时，他还创造了一种"无成本广告模式"，即发给每个宣传站和村级宣传员一桶颜料和数张"三株口服液"的广告模板，要求他们把"三株口服液"刷在乡村每一个可以刷字的土墙、电线杆、道路护栏、牲口栏圈和茅厕上，以至于当时每一个来到乡村的人都会十分吃惊地发现，在中国大地的每一个有人烟的角落，几乎都可以看到三株各种样式的广告。

在广告形式上，三株开创了一条"让专家说话，请患者见证"的道路。三株首创了专家义诊的行销模式。在中心城市，每到周末，三株就会聘用一些医院的医生走上街头开展义诊活动，其主旨则依然是推销"三株口服液"。到后期，三株更把这股义诊之风刮到了乡镇、农村。据不完全的统计，当时三株每年在全国各地起码要举办数万场这样的义诊咨询活动。

三株的努力得到了回报。到 1996 年底，农村市场的销售额已经占到了三株总销售额的 60%，这是一个了不起的营销业绩。在当时中国约 12.24 亿人口中，三株口服液的销量约为 4 亿瓶，这至今仍是保健产品难以企及的数字。从某种程度上来说，在原来一片空白的农村消费市场，三株甚至成为了保健品、药品的代名词。

3 曾经的辉煌

1994 年到 1997 年，吴氏父子以区区 30 万元，在短短三年时间之内，将三株从市场新锐打造成为业内大亨，让三株销售额从 1 个多亿跃至 80 多亿元，并开创了资产达 40 多亿元的三株"帝国"基业。

1996 年，三株公司销售收入达到 80.6 亿元，上缴国家税金 8.2 亿元，其中，农村市场的销售额达到了三株总销售额的一半以上。鼎盛时期的三株，为了追求高速发展，广招兵马，在全国所有大城市和绝大部分地级市注册了 600 多家子公司，在县、乡、镇有 2000 余个办事处，乡镇一级的工作站高达 13500 个，各级行销人员总数超过了 15 万。

与此同时，公司的营销也非常成功，到 1996 年的时候，产品完全供不应求。当时吴炳新对三株强大的市场能量总结道："除了邮政网以外，在国内我还不知道谁的网络比我大。" 1997 年上半年开始，三株公司开始向医药、精细化工、生物工程、材料工程、物理电子及化妆品行业发展，一口气吞下了 20 多家制药厂，投资资金超过 5 亿元。

三株的宣传手段和营销渠道在当时都是很少见的，但是，在公司获得超额利润和享受名利双收的同时，公司内部部门林立、运营不善、危机公关意识不强等问题也给三株的轰然倒塌埋下了伏笔。

4 迅速衰败

迅速崛起的三株不仅达到了自身发展的顶峰时刻，更创造了中国保健品行业史上的最高记录，其年销售额 80 多亿的业绩至今在业内仍然无人可及。但是在仅仅三年的光景之后，三株就向世人展现了一种衰败的场景。其实，早在 1995 年，"三株口服液"药品广告批准文号吊销事件的发生就已经给了三株一个响亮的忠告。

4.1 吊销风波

20 世纪 90 年代初期，高额创新利润容易使企业创建者和经营者形成高盈利预期和高增长预期，并衍生出一种急于扩张的心态。受这种心态的推动，许多企业不愿意下苦工谋求在特定领域中的长期优势，而是热衷于寻找市场空白和新的消费热点。这可能也是三株推行多元化经营并因此而衰败的重要原因。

1995 年 5 月，因"三株口服液"在《珠江经济信息报》上刊登的药品广告超越了《药品广告批审批表》中审批的内容，广东省卫生厅专门发出了《关于吊销三株口服液药品广告批准文号的通知》，暂停"三株口服液"在广东省的广告宣传。这也是三株初次以负面形象示众，企业的问题由此显现出来并且愈演愈烈。

继三株口服液之后，三株公司又陆续开发出了生态美和赋新康等一系列新产品，试图通过三株品牌的嫁接使后续产品一炮打响。但是在还没有充分准备的前提下，想把"三株口服液"这个产品真正做大时，品牌延伸反而成了绊脚石，管理紊乱、策略失误等问题反而对品牌建设造成了影响。

1996年，在三株集团宣布完成销售额80亿元之后，三株便患上了一种十分典型的企业快速扩张导致的"综合紊乱症"。在市场方面，由于十多万人、数千个大大小小的指挥部在前线作战，种种夸大功效、无中生有、诋毁对手的事件频频发生，总部到最后已疲于奔命而无可奈何。单在1997年上半年，三株公司就因"虚假广告"等原因而遭到起诉10余起。

4.2 成都事件

1997年3月31日，中央电视台《东方时空》栏目对成都三株公司成都办事处做虚假广告宣传一事进行了报道。据报道，三株成都市场部的人员在编写宣传材料时，事先未征得患者同意，就把其作为典型病例进行大范围宣传，结果导致纠纷。经过新闻媒体的曝光，三株这种恣意用患者名义，利用假身份做虚假广告欺骗消费者的宣传方式受到了舆论的批评。这就是给三株公司带来了严重后果的"成都事件"。"成都事件"的发生，动摇了公司员工的信心，许多营销人员感到一片茫然，无心再搞促销。1997年4、5月份，三株市场营销工作几乎陷入停顿状态，市场连续滑坡。

1997年底，三株销量大幅滑坡，比上一年度锐减了10亿。吴炳新在年终大会上总结了公司的"15大失误"，包括市场管理体制的严重不适应，大企业的"恐龙病"以及财务管理严重失控等。三株的危机被正式暴露天下。

4.3 常德事件

1996年6月3日，湖南常德汉寿县78岁的退休老船工陈伯顺在三株"有病治病，无病保健"的广告下，购买了10瓶三株口服液。老人服至第4瓶时身上起了红斑，服至第8瓶时全身溃烂。汉寿县第二人民医院诊断为"三株口服液高蛋白过敏症"。同年9月3日，病人死亡。1996年底，陈伯顺的儿子陈然之及家人向常德市中级人民法院递交诉状，要求其赔偿经济和精神损失20万元，并由三株公司承担8.4万元的诉讼费用。这就是在全国闹得沸沸扬扬的"常德事件"。

1998年3月31日，湖南常德市中级人民法院对此案进行了开庭审理，判定三株口服液为不合格制品，陈然之的父亲陈伯顺之死系服用三株口服液所致，并判定三株公司赔偿其损失21万元，没收三株公司非法所得1000万元。

一审判决后，三株不服判决，上诉至湖南省高级人民法院。1999年3月，湖南省高级人民法院作出终审判决，认为"现有证据不能认定三株口服液质量不合格"，"现有证据不能认定陈伯顺死亡与服三株口服液的因果关系"，"原审判决认定事实、适用法律错误"，因而决定：撤销原判决，驳回陈然之等的诉讼请求。至此，湖南常德市民陈伯顺喝三株口服液导致死亡一案终于落幕，还给了三株一个清白，但是"常德事件"却给了整个三株集团以致命的打击。此时，三株的200多家子公司已经停业，几乎所有的工作站和办事处全部关闭，并导致10余万员工下岗。据初步统计，"常德事件"给三株公司造成的损失达40多亿元，产品和企业形象都毁于一旦。

无论是"成都事件"还是"常德事件"的发生过程中，三株公司的危机公关工作显然做的不到位。三株要做大做强，就必需依靠公共关系的支持。三株要在一个瞬息万变的世界中找到生存的空间，危机管理则尤为重要。但是，此前三株设有的公关机构，虽然在一些地级市已达到了相当的水平，但是在省级特别是国家级地区却做得相当薄弱，在这些突发事件发生的时候，三株既没有立即派出人员调查事故起因、安抚受害者、控制事态范围，也没有主动与政府部门和新闻媒体进行沟通、说明事实真相、稳定军心，自始至终三株都没有表现出与其销售能力相应的危机公关能力来。

5 三株的重生

2007年的一次欢迎大会标志着三株的涅槃重生，在此次内部会议上，吴炳新正式宣布三株"复兴"。在他的盛邀之下，三株旧将重返三株，并被委以重任。在坚守"三株口服液"品牌之外，吴炳新也调整了三株东山再起的新战略："以药品为龙头，巩固、发展化妆品，保健品不恋战不放弃"。吴炳新这样解释三株变局求生的原因："随着中国消费者的消费心理日趋成熟和国家对于保健品行业政策的改变，保健品行业已经告别了'暴利时代'。因此，向非保健品行业及时转移，才是'明智之举'"。

基于上述的战略调整，三株的产业触角转向化妆品和中药制品，并分别成立了三株生态美集团和三株医药集团。

显然，三株如今面临的大环境已经与以往大不相同，竞争对手也非同日而语。三株要在保健品行业大展拳脚必定比十年之前要更为困难。那么，经历了大起大落的三株集团，是否能再续辉煌，谱写新的传奇呢？让我们拭目以待。

附录

吴炳新在1997年年终大会上总结的"15大失误"

1. 市场管理体制出现了严重的不适应，集权与分权的关系没有处理好。采取的是"集团军式"的管理模式，高度中央集权。对子公司采取的是"填鸭式"的管理。

2. 经营机制未能完全理顺。转轨以前，实行的是中央集权式核算管理，它保证了公司的最大利益。但随着公司的急剧发展，子公司内不讲工作效率、不讲经营效益的现象越来越严重，盲目扩张，盲目投入。

3. 企业机构臃肿，部门林立，等级森严，层次繁多，程序复杂，官僚主义严重，信息流通不畅，反应迟钝。

4. 市场管理的宏观分析、计划、控制职能未能有效发挥，对市场形势估计过分乐观。

5. 市场营销策略、营销战术与市场消费需求出现了严重的不适应。对城市市场缺乏开拓，没有培育起新的经济增长点。对投入产出比强调不够，仍旧坚持大规模的投入，造成无效投入和广告费的浪费严重。有些子公司还在随意扩大疗效范围，宣传三株口服液百病皆治，引起消费者很大的反感。

6. 分配制度不合理，激励机制不健全。"干的不如坐的，坐的不如躺的，躺的不如睡大觉的"；思想政治工作淡化，员工的思想教育薄弱，现代企业理念缺乏，激励机制畸形发展。

7. 决策的民主化、科学化有待于进一步加强。过去，我们采取的是中央集权制，决策权过分集中，缺少"智囊团"，出现了一些失误。

8. 相当一部分干部的骄傲自满和少数干部的腐化堕落。

9. 浪费问题极为严重。由于财务、法纪的监督制约没有及时跟上，浪费现象在许多子公司表现得极为严重。

10. 山头主义盛行，自由主义严重。不是从工作需要出发，而是从个人的利益出发。利用职权，打击异己，拉帮结派，培养个人势力。

11. 纪律不严明，对干部违纪的处罚较少。现在公司"干部终身制"盛行，能上不能下，在这个地方犯了错误，过几天，又到另一个地方去任职了。

12. 后继产品不足，新产品未能及时上市。

13. 财务管理出现严重失控。部分财务人员的责任性差，没有认真履行"当家人"的职责，有的甚至与经理串通一气，共同"作案"。呆死帐很多，而且难以处理。有的子公司的方案存在明显的分配比例不合理和严重的"亏总部，富个人"的现象。

14. 组织人事工作与公司的发展严重不适应。人事考评机制不规范，没有制度化的考评程序；干部培训工作没跟上；招聘把关不严，一批素质不高的人甚至是社会渣滓混进了公司。

15. 法纪制约的监督力度不够。事前防范措施不力，忙于事后控制；法纪人员的专业素质与工作要求之间也存在一定差距；惩处力度不够；信息反馈不及时；干部的约束机制不健全；总部、省指挥部个别领导对法纪工作的干预。

案例使用说明

一、教学目的与用途

1. 本案例适用于管理学中领导者、战略管理等内容的讲授。

2. 本案例旨在通过对三株集团及其产品三株口服液的盛衰原因的描述，引导学生思考管理的重要性，让学生领会到企业的管理应该从哪些方面来考虑，领导者的行为又会给企业的发展带来何种影响等问题。

二、启发思考题

1. 你怎样看待三株集团和"三株口服液"的衰落？哪些方面的原因导致了这种情况的发生？

2. 你认为"三株口服液"能够鼎盛于一时的原因有哪些？

3. 如果你是董事长，"常德事件"发生时你会采取哪些应对措施？

4. 如果你是董事长，你认为三株 2007 年"重生"之后的战略定位是否可取？你会怎样建设你的团队？并采取什么样的方式处理好企业的多元化问题？

巨人集团的兴衰哀乐

摘要：巨人集团是一家民营高科技企业，由史玉柱 1991 年在珠海创立，它在当时走出了一条中国电脑行业的开局之路。其总裁史玉柱也曾是 20 世纪 90 年代年轻人所崇拜的成功企业家，其受崇拜程度毫不亚于美国首富比尔·盖茨。本案例将以在 20 年前的巨人集团为例，一方面引入企业多元化发展的概念，对其失败的多元化发展战略和混乱的财务管理进行评述，解释偌大的巨人集团倒下的原因。另一方面，将有关巨人集团的战略选择问题引入思考范畴，巨人集团的多元化发展之路是否明智，以及史玉柱究竟应该选择什么样的战略应对财务危机等问题，在此案例中都将有所涉及。

关键词：脑黄金；巨人；多元化；财务管理

引言

巨人集团是一家在 20 世纪 90 年代初期获得过高速发展的民营高科技企业，然而，在短短的几年时间内，巨人集团却轰然倒塌。巨人集团的创始人史玉柱凭借其坚韧的毅力和卓越的市场运营能力，迅速东山再起，创造了"脑白金"畅销奇迹，并迅速将其业务领域拓展至网络游戏产业，巨人网络集团得以成立并获得了稳步良好的发展。2007 年 11 月 1 日巨人网络集团顺利登陆纽约证券交易所，成为当时美国资本市场发行规模最大的中国民营企业之一。如今，巨人网络的目标是成为亚洲领先的互联网企业，并致力于打造民族精品网络游戏。巨人网络正在朝这个目标不断努力着。

1 巨人集团的发展史

1989 年 7 月，改革的春风拂遍中国大地，深圳大学软件科学管理系硕士毕业的史玉柱，怀揣着东挪西借的 4000 元人民币以及他耗费 9 个月心血研制的 M－6401 桌面排版印刷系统来到了深圳，并做出了他一生中的第一个赌注性质的决定：给《计算机世界》打电话，并提出刊登一个价值 8400 元的广告——"M－6401：历史性的突破"，唯一的要求就是先登广告后付钱。13 天后，史玉柱的银行账户里收到了总共 15820 元的汇款。2 个月后，他赚到了 10 万元，这是他经商以来的"第一桶金"，他把这笔钱又全部投进了广告中，4 个月后，他成了一位年轻的百万富翁。

1990 年 1 月，史玉柱又一头扎进了深圳大学的两间学生公寓中，经过整整 150 个昼夜，他研制出了 M－6402 文字处理软件系统，从而又站在了一个新的事业起点上。

1991 年 4 月，珠海巨人新技术公司注册成立，主营"汉卡"系列，注册资金 200 万元，史玉柱任总经理。此后，巨人公司更名为珠海巨人高科技集团公司，注册资金 1.19 亿元，史玉柱任总裁，公司员工发展到 100 人，巨人集团开始进入高速发展期。

1993 年，巨人集团改变了发展战略，实行多元化发展战略，推出了电脑、保健品、药品三大系列的众多新品。1994 年，巨人大厦破土动工，但其设计却一变再变，投资也从 2 亿元涨到 12 亿元，资金缺口自此产生。巨人集团终因资金链断裂的问题在 1996 年被逼至破产的境地。

然而，史玉柱并没有放弃他的事业，2004 年 11 月，凭借在销售"脑白金"时的资金积累，史玉柱又在上海成立了巨人网络集团有限公司（以下简称"巨人网络"），这是一家以网络游戏为发展起点，集研发、运营、销售为一体的综合性互动娱乐企业。

自此，史玉柱带领巨人集团赫然开启了他在中国电脑行业成为领头军的征途。

2 巨人汉卡的大卖

巨人集团的兴盛史从其建立的初期就令人瞩目。1991 年，巨人轻松地成为了资本金超过 1 亿元的新技术公司。

巨人集团建立初期，史玉柱的高风险销售策略给集团带来了高额利润。当时，全国各地的电脑销售商只要订购了十套巨人汉卡，就可以免费到珠海参加巨人集团的销售会。一时间，各地经销商从天南地北齐聚珠海，史玉柱仅以数十万元的代价就编织起了一张当时中国电脑行业最大的连锁销售网络。仅仅一年多之后，巨人汉卡的销量就跃居于全国同类商品首位，公司纯利润达 1000 多万。

1992 年 7 月，巨人公司实行了战略转移，将管理机构和开发基地由深圳迁往珠海。9 月，巨人公司升为珠海巨人高科技集团公司，注册资金 1.19 亿元，史玉柱任总裁，公司员工发展到 100 人。同年 12 月底，巨人集团主推的 M－6401 汉卡年销售量达 2.8 万套，销售产值 1.6 亿元，实现纯利 3500 万元。集团公司的年发展速度达 500%。

1993 年 1 月，巨人集团在北京、深圳、上海、成都、西安、武汉、沈阳、香港成立了 8 家全资子公司，员工增至 190 人。同年 12 月，巨人集团发展到 290 人，并在全国各地成立了 38 家全资子公司。集团在一年之内又推出了中文手写电脑、中文笔记本电脑、巨人传真卡、巨人中文电子收款机、巨人钻石财务软件、巨人防病毒卡、巨人加密卡等产品，在这一年内，巨人集团实现销售额 300 亿元，利税 4600 万元，成为中国极具实力的计算机企业。

3 火爆的脑黄金

巨人公司计算机产业高速发展的态势在 1993 年遭到了逆转。由于西方国家向中国出口计算机禁令的失效，康柏、惠普、AST①、IBM② 等国际著名电脑公司开始向中国电子信息产业大举进军。中国电脑业步入低谷，巨人赖以生存和发展的主导产业受到重创。

为了摆脱原有单一电脑产业带来的压力和风险，1994 年 8 月，巨人提出了二次创业的构想。史玉柱也希望通过新的扩张激发出新的创业激情，利用巨人的品牌优势快速占领其他市场，攫取巨额利润。很快，巨人集团跳出了电脑产业，走上了产业多元化之路，并把新产业的目标定位在了当时最为火爆的保健品行业，开始生物工程项目的运营。当时的保健品市场基本上趋于成熟，在太阳神③和娃哈哈④等企业的"广告催肥"作用下，1994 年全国保健品市场的销售收入达到 300 亿元之多，并且没有国际大品牌进入这一市场。巨人集团看准了这个机会，投注巨资进入保健品市场。1995 年，在全国的百家主要报纸上，巨人集团的整版广告赫然登台，采取"三大战役的策略"，一次性推出电脑、保健品、药品三大系列的众多新品，其中主打的保健品一下就推出了 12 个品种，减肥、健脑、强身、开胃、醒目，几乎涵盖了所有的保健概念。

不到半年，巨人集团的子公司从 38 家发展到了创纪录的 228 家，员工数量也骤增到 2000 名。在此巅峰时期，为巨人集团从事加工、配套的工厂就达到了 150 家，单是在各地公司加班加点为客户办理提货手续的财务人员就超过了 200 名。

巨人集团还创建了《巨人报》，为配合集团的销售策略，其最高印刷数量超过了 100 万份，创造了一个全世界企业报的吉尼斯纪录。

4 多元化的危机

巨人集团兴盛始于其在信息产业的领先水平。但是，一个红极一时的集团公司为什么说倒就倒？其资金链为何说断就断？这就得从它的多元化发展策略说起，以此引出公司管理的弊端。

---

① AST：即虹志公司，是由两个华人和一个巴基斯坦人联合创办的一家公司，AST 取自三位创始人英文名字的首字母。

② IBM：International Business Machines Corporation 的简称，即国际商业机器公司，或万国商业机器公司的简称。

③ 太阳神：即广东太阳神集团有限公司，成立于 1988 年，是一家以生产和销售保健品、食品及药品为主的中外合资企业集团。

④ 娃哈哈：即杭州娃哈哈集团有限公司，创建于 1987 年。

1993 至 1994 年间，全国兴起房地产热，为寻找新的产业支柱，巨人集团不但将经营范围伸向保健品产业，还开始转向房地产产业。在 1993 年开始的生物工程刚刚打开局面但尚未巩固的情况下，巨人集团毅然向房地产这一完全陌生的领域发起了进军。

巨人集团一度坚定在房地产业中大展宏图的信念，拟建巨人大厦。1994 年，巨人大厦破土动工。但是，这座最初计划建 18 层的大厦，其设计却一变再变，在众人热捧和领导鼓励中不断被加高，从 18 层到 38 层、54 层、64 层，最后升为 70 层，号称当时中国第一高楼。巨人的投资也从 2 亿元涨到 12 亿元。1994 年 2 月，巨人大厦动工。对于当时仅有 1 亿资产规模的巨人集团来说，单凭巨人集团的实力，根本无法承受这项浩大的工程。对此，史玉柱的想这是：1/3 靠卖楼花，1/3 靠贷款，1/3 靠自有资金。但令人惊奇的是，大厦从 1994 年 2 月破土动工到 1996 年 7 月，巨人集团未申请过一分钱的银行贷款，全凭自有资金和卖楼花的钱支撑。

巨人大厦在初期就卖得火热，从香港融资 8000 万港币，从内地融资 4000 万人民币，短短数月，巨人集团便获得现款 1.2 亿元。但是，事实证明，巨人多元化战略的选择却是巨人危机的直接导火索，也是巨人集团走向衰落的转折点。

1995 年 7 月，由于多元化发展战略，巨人集团财务状况紧张，不得不在内部进行了一次干部大换血。8 月，巨人集团向各大销售区派驻财务和监察审计总监，财务和监察审计总监直接对总部负责。但是，整顿并没有从根本上扭转局面。1995 年 9 月，巨人的发展形势急转直下，步入低潮，财务状况进一步恶化。

1996 年，史玉柱发现了减肥市场的潜力，为挽回局面，他决定开始全力推广减肥食品"巨不肥"，提出要打一场"巨不肥会战"，就这样，从 1996 年 2 月开始，以"请人民作证"为推广口号的这场会战在全国各大中城市打响，"巨不肥"营销计划顺利开展。

可是，"巨不肥"带来的利润还是被一些人私分了，并且巨人集团的财务问题也越来越严重。公司的制度弊端、管理缺陷没有得到解决，集团公司内各种违规违纪、挪用贪污的事件层出不穷。例如，巨人属下的全资子公司康元公司，其财务管理相当混乱，集团也未派出财务总监对其进行监督，导致该公司浪费严重，债台高筑。至 1996 年底，康元公司累计债务达 1 亿元，且大量债务存在水分，相当一部分是由公司内部人员侵吞造成的，公司的资产流失严重。

与此同时，1996 年巨人大厦资金告急，在此内忧外患之时，史玉柱决定将保健品方面的全部资金调往巨人大厦，保健品业务因资金"抽血"过量，再加上管理不善，迅速盛极而衰。以巨人最为著名的脑黄金为例，其销售额曾达到过 5.6 亿元，但烂账却有 3 亿多。同年 7 月，全国保健品市场普遍下滑，巨人保健品的销量也急剧下滑，维持生物工程正常运作的基本费用和广告费用严重不足，生物产业的发展受到了极大的影响。

巨人集团所面临的危机还远不止于这些，按照合同规定，巨人大厦施工三年盖到 20 层，1996 年底应交付使用，如未能如期完工，应退还定金并给予经济补偿。但由于施工不顺利，1996 年底大楼一期工程未能完成，各方债主纷纷上门，由于资金供应断线，集团财务周转不灵，巨人已无钱可还，危机终于爆发，再加之媒体"地毯式"报道巨人财务危机，巨人集团终因财务状况不良而陷入了破产的危机之中。

就这样，拆东墙补西墙也未能挽回巨人亏损的命运，巨人"倒下"了。巨人集团终因追求非相关多元化经营而走向了失败，涉足广泛的多元化产业本身没有错，但是在不成熟的时刻采取这种战略，并且得不到足够的资金支撑，这就对企业产生极大的威胁了。

5 史玉柱再战江湖

巨人大厦的倒塌使得史玉柱成为媒体集中报道谴责的焦点，而史玉柱这个名字似乎也成了一个失败的符号。

然而史玉柱并没有因此一蹶不振。在安徽统计局农调队做过三年农村调查的经历带给了史玉柱独特而实用的营销理念，也给予了他在沉重一击后迅速崛起的勇气。1998 年，史玉柱找朋友借了 50 万元，开始运作脑白金；到 2001 年为止，史玉柱已还清了巨人大厦所欠的 2.5 亿债务；此后，他在"脑白金"、"黄金搭档"和游戏"征途"的市场推广中，再次将"农村包围城市"与"地毯式扫荡"的营销策略发挥到极致。史玉柱本人身价也已突破 500 亿元。

脑白金的成功不是偶然，是史玉柱带领团队充分关注目标消费者的结果。在试点城市江阴，史玉柱走村串镇，挨家挨户地走访，和老人拉家常。这些老年人告诉史玉柱，保健品自己不舍得买，一般都是通过暗示儿女购买。敏锐的史玉柱看出了其中玄妙，推出了因势利导的"今年过节不收礼，收礼只收脑白金"的广告。史玉柱还要求销售人员每月必须至少和 100 位消费者进行深度交谈，并促进销售人员在推销的过程中去完善他的销售说辞。

在网络游戏界几乎没有一个领军人物能够像史玉柱那样，一玩就是 22 年。史玉柱做网络游戏《征途》时，一天有 15 个小时泡在网上，但那并非是无聊消遣，而是充当玩家挑毛病，让《征途》尽可能地完善。为了更深入研究玩家的心理和真实想法，《征途》和《巨人》都曾发起过大规模的奖励玩家提意见的活动。游戏中不少功能就是通过提意见所来的，自动寻路、自动打怪、发"工资"模式等都得到了玩家的赞赏。

暂且不论巨人集团到底可以走得多远，前景有多广阔，单是这份为了重生而愈挫愈勇、潜心修炼的勇气就足以让人折服。让我们祝福史玉柱再战江湖的这一仗可以打得比十五年前更漂亮！

史玉柱的"重生"

史玉柱无疑是个颠覆传统的传奇式人物。1991年，史玉柱成立巨人高科技集团，注册资金1.19亿元，并频频受到中央政治局委员以上级别中央领导的造访。1995年，史玉柱被列为《福布斯》中国大陆富豪第8位，是当年惟一一位以高科技起家的企业家。他也曾一夜之间负债2.5亿后东山再起，再次创业成为一个保健巨鳄、网络游戏新锐，身家数百亿的企业家。

1. 脑白金卷土重来

1997年，受到重创的史玉柱面临破产，然而公司二十多人的管理团队，在最困难的时候依然不离不弃，没有一个人离开，这给史玉柱的"重生"带来了极大的信心。而且史玉柱手上已经有两个项目可供选择，一个是保健品脑白金，另外一个是他赖以起家的软件。

选哪个产品来东山再起？史玉柱算了一笔账，软件虽然利润很高，但市场相对有限，如果要还清2亿元，估计要10年，保健品不仅市场大而且刚起步，做脑白金最多5年。

于是，1998年，史玉柱找朋友借了50万元，开始运作脑白金。

手中只有区区50万元，已容不得史玉柱再像以往那样高举高打，最终，他把江阴作为东山再起的根据地。江阴是江苏省的一个县级市，地处苏南，购买力强，离上海、南京都很近。在江阴启动，投入的广告成本不会超过10万元，而10万元在上海都不够做一个版的广告费用。

这几乎是最后的机会，史玉柱别无选择，幸运的是他一击即中。

在脑白金上市前，史玉柱与300位潜在消费者进行了深入的交流，对市场营销中可能遇到的各种问题摸了个通透，他因势利导，推出了后来家喻户晓的广告"今年过节不收礼，收礼只收脑白金"。这则广告无疑已经成为了中国广告史上的一个传奇，尽管无数次被人诟病功利和俗气，但它至今已被整整播放了10年，累积带来了100多亿元的销售额，这其中的任何一点都足以让它难觅敌手。

2000年，公司创造了13亿元的销售奇迹，成为保健品的状元，并在全国拥有200多个销售点的庞大销售网络，规模超过了鼎盛时期的巨人。

2. 巨人网络的崛起

与此同时，史玉柱所信赖的第二个项目也在悄然酝酿之中，相比而言，史玉柱把更多的精力付诸到了这个他所执着追求的行业。

2004年11月18日，在史玉柱的坚持与努力下，巨人网络集团有限公司（以下简称"巨人网络"）成立了，它是一家以网络游戏为发展起点，集研发、运营、销售为一体的综合性互动娱乐企业。此时，史玉柱已因"脑白金"的成功顺利完成了资本的积累，使得巨人网络拥有了雄厚的资本实力、强大的研发能力、熟稔的运营能力、完善精湛的技术支持能力、人性化的客户服务能力以及强大的销售能力，这为巨人集团的发展奠定了雄厚的基础。

2005 年 11 月 15 日，巨人网络《征途》正式开启内测，这款轰动全国的游戏几乎影响了一代人。

2007 年 11 月 1 日，巨人网络顺利登陆纽约证券交易所，成为当时美国资本市场发行规模最大的中国民营企业之一，同时也是除美国本土外，当时在美国发行规模最大的 IT 企业之一。

2009 年，在中国游戏产业年会上，巨人网络蝉联 2009 年度"中国十佳游戏开发商"、"十佳游戏运营商"称号，并获颁"中国民族游戏海外拓展奖"，巨人网络董事长兼 CEO①史玉柱先生获得了"中国游戏产业最具影响力人物"称号。

此后，巨人网络又在"2010 中国网络文化盛典"中荣获"中国网络游戏产业推动奖"。

巨人网络的目标是成为亚洲领先的互联网企业，并致力于打造民族精品网络游戏，巨人网络自创立之始就一直朝这个目标努力。面对变幻的市场需求和层出不穷的挑战，史玉柱坚持着他的梦想，巨人网络也坚持着其宗旨，不断为玩家提供高品质的游戏产品，为中国网络娱乐产业的发展做出积极贡献。

2011 年巨人网络游戏净盈利收入 17 亿元，与 2010 年相比，实现了 31.2% 的年增长率。

所有资料显示，史玉柱作为一个投资者，他有着大胆敢为的一面，同时我们也看到凤凰涅槃后的史玉柱正向着他理想的世界不断进发。

案例使用说明

一、教学目的与用途

1. 本案例适用于管理学中管理的职能、管理者、财务管理等内容的讲授。

2. 本案例的教学目的在于通过巨人集团兴衰案例的介绍，增强学生对管理者的重要性、战略管理重要性、财务管理重要性的感悟与理解，引导学生将课堂上所学到的管理知识与具体的管理案例结合起来思考问题。

二、启发思考题

1. 巨人集团的公司治理状况如何？是否需要财务管理？动因是什么？

2. 你认为巨人在 20 世纪 90 年代涉足保健品行业的过程中存在哪些问题？

3. 从管理学的角度谈谈史玉柱在巨人失败和再战江湖前后所发生的变化。

---

① CEO：Chief Executive Officer 的简称，即首席执行官，是指在一个企业中负责日常经营管理的最高级管理人员。

本章参考资料

［1］雍伟哲．创新与承诺：制药企业的责任——访阿斯利康公司中国区药物研发部副总裁蔡学钧［J］．中华医学信息导报，2005（15）

［2］阿斯利康官方网站 http：//www.astrazeneca.com.cn/

［3］郝婧好．ITIL：技术为业务服务的良方［J］医药产业资讯，2006（13）

［4］吴晓波．大败局［M］．第二版，浙江：浙江人民出版社，2007

［5］蒋峦，蓝海林，谢卓君．从两则故事看：企业危机管理［J］．技术经济与管理研究，2001（5）

［6］三株集团官方网站 http：//www.sanzhu.cn/

［7］三株口服液官方网站 http：//www.sanzhukoufuye.com/

［8］赵建国，苗莉．两类管理者晋升［J］．中国人力资源开发，2002（3）

［9］徐金发，王积瑾，郑胜华等．点评失败——管理案例分析与点评［M］．浙江：浙江大学出版社，2004

［10］方向明，皮昊，张春霖，李曙光，王冉．评说民营企业的"巨人病"——史玉柱与巨人集团兴衰［J］．资本市场，1997（6）

［11］李亮．寒冬里的赌性 剖析史玉柱的广告战略［J］．广告人，2009（2）

［12］弗雷德·鲁森斯．组织行为学［M］．北京：人民邮电出版社，2009

［13］毛付根．多元化经营的陷阱——巨人集团失败的财务分析［J］．财务与会计，2000（2）

［14］张波．科技创业成败的典范——谈巨人集团的兴衰［J］．科技创业月刊，2004（3）

第二章

企业环境管理

改革开放以来，中国经济不断发展，在这个过程中，许多医药企业在激烈的竞争中消亡了，但也有许多医药企业抓住了发展的机遇顽强地存活了下来。企业的生产经营和外部环境是密切相关的，企业通过自己的经营活动影响外部环境，外部环境则对企业的经营秩序、经营条件、经营理念起着制约作用。医药企业也不例外，它的发展也和其所处的外部环境密切相关。本章将围绕医药企业环境管理这个主题，以扬子江药业、鲁抗、国药集团三个企业的外部环境管理为例，对医药企业外部环境管理作一个简单的阐述。

顺应时代发展的扬子江药业

摘要：医药企业为了在激烈的竞争中求生存谋发展，就要控制成本、提高质量、扩大销售，这就要求企业采取新的管理策略。其中，外部环境管理是企业战略管理的一个重要环节，企业外部的政治环境、社会环境、技术环境等都会影响企业内部系统的运行效率。企业作为一个开放的系统，在与外部环境发生信息交换的同时，更需要正确识别外部环境的特点和发展趋势，明确自身的优势和劣势，为制定可行的企业目标和战略提供基础。本案例将以扬子江药业的成功之路，说明企业外部环境管理的重要性。

关键词：创新；扬子江；人才；战略

引言

扬子江药业集团（以下简称"扬子江"）创建于 1971 年，是一家跨地区、产学研相结合、科工贸一体化的国家大型医药企业集团，也是科技部命名的全国首批创新型企业。扬子江的产品中西药并举，覆盖抗菌药、循环系统药、消化系统药等 10 多个系列，有大、小容量注射剂、粉针剂、冻干粉针剂等 10 多种剂型。扬子江多年来致力于药物的研发、生产和经营，集团拥有国家级企业技术中心、药物制剂新技术国家重点实验室、中药国家工程研究中心等多个创新平台，并联合国内外研发资源建设了江苏省（扬子江）新药研究院。

截止2010年，扬子江集团拥有员工8000余人，总资产近100亿元，总占地面积200多万平方米。旗下20多家成员公司遍布泰州、北京、上海、广州、南京、成都等地，营销网络覆盖全国各省、市、自治区。

1 扬子江的发展简史

作为中国药业制造和中国民营医药企业的杰出代表之一，扬子江在过去的40余年时间里的稳健成长、发展壮大，是中国改革开放以来，医药产业中较为成功的一个企业标签。

1971年，徐镜人率领几名工人成立了一个制药车间，这就是扬子江的前身。自创建后，扬子江以做大做强药业、迈向国际化企业为目标，不断加快科技创新、自主品牌建设步伐，打造企业的核心竞争力。

经过二十余年的发展，自1996年起，扬子江综合经济效益连续10多年排名江苏医药行业首位，1997年起更跻身全国医药行业前五强。

2009年，扬子江位居全国医药工业百强榜首位。2010年集团实现销售收入250.16亿元，再创历史新高，并入围"中国企业500强"、"全国纳税500强"，企业相继荣获"全国五一劳动奖状"、"全国模范职工之家"、"全国守合同重信用企业"、"全国就业与社会保障先进民营企业"、"全国精神文明建设工作先进单位"等多项殊荣，在行业内和社会上的知名度、美誉度日益提升。

如今，扬子江立足科技创新创业，形成了以扬子江药业集团有限公司为核心，扬子江药业集团江苏制药股份有限公司、扬子江药业集团北京海燕药业有限公司、扬子江药业集团上海海尼药业有限公司等10多家企业为成员公司的格局。扬子江药业集团以振兴民族医药为己任，秉承科学、严谨、负责的态度，竭诚为提升人民群众的健康生活水平服务。

2 扬子江的创业史

扬子江的成功缘于对市场脉搏的准确切入，对政策环境的敏锐洞察。1971年，扬子江现任总裁徐镜人从部队复员回来，被分配到口岸镇仪表厂工作。同年10月，他离开了仪表厂，成立了一个制药车间，带上募集来的几千元钱和几名工人，走上了自己的产业报国之路。当时车间试产百尔定和百乃定两种针剂，虽然销量不大，但迈出了成功的第一步。

1973年，制药车间有了一块属于自己的牌子——口岸工农制药厂，但它却险遭"关停"的厄运，直到挂上了"兴制药厂口岸分厂"的牌子才算安稳度过。

历经了市场的磨砺，口岸分厂不断壮大。1985年12月，经扬州市计委批准，泰兴制药厂口岸分厂改名为"扬州市扬子江制药厂"，扬子江药业集团由此掀开了新的一页。

1988 年，在徐镜人的带领下，扬子江率先在江苏医药行业中产值突破亿元大关。

1993 年，扬子江开始二次创业。徐镜人带领扬子江人以巨大的勇气和魄力，对企业实施大刀阔斧的改革，打破了"大锅饭"、"铁交椅"，人浮于事的现象。到 1993 年年底，企业实现产值 1.5 亿元，利税 3000 多万元。

1994 年，经江苏省人民政府批准，扬子江制药厂正式更名为江苏扬子江药业集团，扬子江开始了新一轮的腾飞。

在改革春风的吹拂下，企业加大营销改革力度，将全国市场分为三大局、九大公司、40 多个省公司，任务层层分解，月月考核。灵活有效的营销策略，极大地调动了销售人员的积极性。自 1995 年起，企业销售指标以每年递增 30% 以上的速度攀升，创造了业界有名的"扬子江速度"和"扬子江现象"。

2005 年，扬子江率先全国医药企业销售突破百亿元大关，连夺"全国医药企业综合竞争力第一"、"中国市场产品质量用户满意第一"等多项桂冠，2009 年、2010 年连续两年荣登中国医药工业百强排行榜榜首，扬子江药业成为了中国民族医药工业的一面旗帜。

3 改革开放下的迅速发展

强烈的危机感，永不懈怠的竞争意识，使扬子江一直处于快速发展之中。不难发现，扬子江发展中有这么几个主题词："创新"、"务实"、"执行力"、"警醒"和"名品"。

3.1 技术创新无可替代

徐镜人说："制药企业必须找到一个难以被他人取代的位置，而只有技术创新，才能使企业取得这一位置。"在药品研发领域，如果 10 个项目中 2－3 个有成果，就算是不错的结果了。创新需要敢冒风险的勇气。1996 年以来，扬子江平均每年问市的新药达 15 个以上，有自主知识产权的占 1/5 左右，且当年开发的产品占销售总量的比例达 30% 以上。

改革开放之风加快了扬子江自主创新和技术进步的步伐。在建厂 40 年中，扬子江总投资 60 多亿元，实施厂房、技术改造，加快新品开发和产品结构调整，引进先进设备，淘汰落后工艺，企业自主创新能力显著增强，跨入了全国创新型企业的行列。

20 世纪 90 年代初，在别的企业对 GMP 等待观望时，扬子江领导层果断决策，投入数十亿元用于 GMP 的新建和改造，以最短的时间通过了认证，赢得了发展机遇。

借助研发平台，扬子江的科研成果不断涌现。1993 年，扬子江根据全国中医泰斗董建华教授的献方，利用现代工艺，历经六年时间，成功开发出具有划时代的胃药新星"胃苏颗粒"，这个后来几乎家喻户晓的新药胃苏颗粒，成为 1989 年以来我国第一个国家级纯中药胃药。2003 年中国医药商业协会、中国企业信用协会等 60 余家权威行业协会以及几大媒体、网站组织 80 多万用户问卷调查，胃苏颗粒被评为中国市场产品质量用户满意第一品牌。胃苏颗粒上市后，扬子江的年销售额开始以一个亿的速度上升，累计销售 20 多亿元，成为中国胃药市场的重要产品。

此后，扬子江与数十位中医界专家合作，成功开发出经前平颗粒、百乐眠胶囊、蓝芩口服液等一大批组方科学、疗效独特的中药新品。其中经前平颗粒的问世，一举填补了国际上治疗妇女经前期综合征的药品空白，成为 21 世纪中医药治疗经前期综合征的一大重要贡献，被授予国家科技进步二等奖。蓝芩口服液的推出，因其抗病毒的特殊功效，成为对付手足口病的利器，被国家中医药管理局列为防治手足口病的首选中成药。

2011 年 6 月，扬子江在上海国际生物技术研讨会上精彩亮相，此举表明，扬子江在实施中药、化学药、生物药"三药"并举的研发战略中，已将研发的重点和重心向生物药转移，同时面向全球揽才，寻求合作机遇，力争将生物药做大做强。

3.2 质量为本

一个企业的发展需要调整，但只能在发展过程中不断地自我调整，不能停下来。扬子江确定了"三高一特"的新品开发战略，即高科技含量、高附加值、高市场容量和独特疗效。扬子江力争上游，不只是为了争第一，更是为了多生产好药，切切实实为广大老百姓服务。

扬子江人对质量无止境的追求，不仅表现在过程控制、检测上，更表现在质量月活动上。每年的 3 月和 9 月，扬子江都会定期召开两次全厂质量月活动，每次活动都提前选好主题，然后召开全厂质量月动员大会，发动广大干部职工积极参与，如今已连续举办了 25 届。

20 世纪 90 年代初，我国还没有强制性实施 GMP，很多人认为，GMP 投入太大，对其在中国的可行性表示怀疑。而扬子江人却说要坚定地搞下去。"到 2005 年，扬子江在这方面的投入达 5 亿多元，从国外引进的先进设备达数百台，通过 GMP 认证的厂房面积和药品剂型数居全国之首。1998 年，扬子江花费 500 万元，请来著名的美国麦肯锡公司，对企业进行全方位的管理策划。通过改造，公司运行机制焕然一新。2004 年，扬子江机电车间主任谭长青带着李继阳等技术工人，破解了德国设备生产商没能解决的洗瓶机防断针技术难题。德国人连声称赞，还给他们颁发了 2.3 万欧元的奖金。此后，扬子江先后有 5 项 QC[①] 成果获得全国医药行业质量管理一等奖。

2005 年 12 月，作为江苏省沿江开发重大项目"一谷六园"，总投资 6.5 亿元，占地 600 亩的扬子江医药工业园胜利竣工，投产后生产能力达到 200 亿元。

2007 年，扬子江新药研究院被认定为国家级企业技术中心，2008 年，新药研究院获批建设药物制剂新技术国家重点实验室。此外，扬子江还与北京中医药大学、南京中医药大学、中科院上海药物研究所等全国著名的科研院所合作，建设"中药

---

① QC：Quality Control 的简称，即质量控制。

制药工艺技术国家工程研究院"，致力于中药现代化的研究。

2010年10月12日，扬子江固体制剂生产车间顺利通过欧盟GMP认证。在GMP轨道上启程的同时，扬子江加大海归博士的引进力度，投入数十亿元加快自主创新平台的建设。先后建成博士后科研工作站、国家级企业技术中心、扬子江新药研究院等高位研发平台。

扬子江不搞多元化，不搞兼并的扩张战略，典型地反映了它追求质量的务实风格。

3.3 人才储备之道

自加入WTO①之后，中国越来越成为世界医药制造企业的主战场。面对跨国公司咄咄逼人的挤压，扬子江在产品、人才等方面加紧扩张的同时，走出了一条有自身特色的外延扩张之路。

扬子江深谙产品创新离不开人才的道理。早在1995年以来，扬子江每年都从国内知名院校招聘本科以上各类人才百名以上。

2001年和2003年，扬子江先后成功举办了两届院士高峰论坛，邀请了20多位两院院士为企业献计献策。扬子江还把寻觅人才的眼光延伸到国外，相继从美国强生集团、比利时杨森集团引进多名高层次人才。

2004年，扬子江与美国默克公司高级科研人员合作，在上海浦东成立了上海司佳药物研究开发有限公司。

此后，在金融危机引发的经济寒流中，当有些企业以裁员应对危机时，扬子江药业用战略的眼光仍坚持着它的"人才战略"，积极引进短缺人才，优化人员配工，为企业发展储备智力财富。

2008年以来，扬子江先后引进本科以上学历的优秀人才近300名，引进国内外各类高层次人才10多名。入选2008年度"江苏省高层次创新创业人才引进计划"的杨俊博士，自加拿大回国创业，受聘担任扬子江药业集团药物研究院副院长，成为企业自主创新的领头人。借助金融危机下全球性人才资源加速流动的契机，在引进外来人才的同时，扬子江还加大了内部挖潜的力度，制订了全员培训方案，对有培养潜质的员工，以报销学费等形式鼓励其在职学习。集团还与北京光华学院合作创建了扬子江网络培训学院，提供200多门网络课程供职工选择，以满足员工更新知识结构的需求。

4 中国医药城的建立

2005年，位于"长三角"地区的江苏省泰州市确立了打造"中国（泰州）医药城"的发展战略，计划用10年左右的时间建成中国的"药谷"。

江苏省委、省政府领导多次到泰州调研考察并指示："医药产业是泰州的优势产

---

① WTO：World Trade Organization 的缩写，即世界贸易组织。

业，要集中力量发展；要在泰州设立医药产业园，引进医药企业群，建设中国医药城。"扬子江药业集团是全国医药行业翘楚，其产业基础连续多年名列江苏医药行业前茅，因此责无旁贷地担负起了药谷领跑者的角色。

对于扬子江药业而言，泰州所确立的以药兴市战略，无疑是自身千载难逢的发展机遇。为此，扬子江医药工业园的建设提出了"五高"战略：高起点规划、高尖新装备、高层次集聚人才、高质量生产、高科技研发，既要科学拉长产业链，实现经济效益的最大化，又要提高产品科技含量，保证产品质量，为产品走向世界奠定基础；既要以人为本，使药业园建设在人才高地上，又要坚持走创新发展的道路，增强核心竞争力。

扬子江药业集团立足"长三角"，实施大开发、大市场战略。投资 10 多亿元，在泰州总部建设扬子江医药工业园，将产业链向上海、南京、成都、北京、广州等地延伸；同美国默克公司、斯坦福大学共建 2 家中外联合实验室，致力于具有自主知识产权新药的研发。

如今，由科研开发区、生产制造区、会展交易区、康健医疗区、综合配套区五大功能区组成的中国医药城，正在向打造成为中国产业规模最大、产业链最完善的医药产业基地和"中国第一、世界有名"的医药城目标努力奋斗。

5 尾声

2011 年 10 月 5 日，扬子江药业集团迎来了成立 40 周年的喜庆日子。近半个世纪中，扬子江药业历经坎坷曲折，奋力前行。通过扬子江人坚忍不拔、求索进取的拼搏，扬子江药业集团已由当初的一个镇办小厂，发展成为一个年销售额超过 200 亿元的中国特大型医药企业集团。扬子江一直心无旁骛地在自己熟悉的领域精耕细作，做大做强。扬子江与几百家医药公司、几千家医院长期合作，数以百亿计的财务往来，历年的坏账损失都不超过 0.1%。这不但在国内企业是一个奇迹，在发达国家也很少见。

"中国企业 500 强"、"中国纳税 500 强"、"全国创新型企业"、"中国十大和谐企业"、"中国医药工业企业百强第一名"，一个个荣誉见证了扬子江一路的求索、一路的收获。如今扬子江已成为中国民族医药工业的一面旗帜。面向未来，扬子江以振兴民族医药为己任，怀着科学、严谨、负责的态度，竭诚为全人类创造健康生活服务。"十二五"期间，集团将争取实现年销售突破 500 亿元，努力向国际一流制药企业的目标奋力前进。

案例使用说明

一、教学目的与用途

1. 本案例适用于管理学中战略管理、质量管理等内容的讲授。

2. 本案例的教学目的在于通过扬子江药业的成功案例，增强学生对企业环境和其外部环境管理的理解，引导学生思考企业环境与企业成长之间的关系。

二、启发思考题

1. 请具体阐述扬子江药业所面临的外部环境有哪些？

2. 从外部环境管理的角度出发，查找并分析世界主要制药企业的资料，你认为扬子江制药要实现世界制药 50 强的目标还需要做哪些努力？

鲁抗的发展之路

摘要： 医药制造业是高风险行业，为应对政策环境和市场环境的变化，企业需要时常调整自己的经营战略。山东鲁抗医药集团有限公司多年来对抵御环境压力的方式方法进行了不懈的探索，其在降低企业经营风险、提高经济效益方面，对其他医药企业具有积极的参考意义。本案例通过对鲁抗公司这个中国重要的抗生素生产基地的发展历程，以及随着环境的变化鲁抗所作的一系列战略调整进行阐述，证实其在企业环境管理方面的努力。

关键词： 战略调整；鲁抗；国际化

引言

山东鲁抗医药集团有限公司（以下简称"鲁抗"）是中国重要的抗生素生产基地，也是我国大型的综合化学制药企业。

鲁抗的前身是济宁抗生素厂，创建于 1966 年。1992 年，济宁抗生素厂被改制为山东省医药系统首家大型股份制企业。1997 年"鲁抗医药"A 股①在上海证券交易所上市。

经过 45 年的建设、发展，鲁抗现有总资产 25 亿元，员工 5700 多人，各类专业技术人员比重达到 30%，并已建成了五个工业园区，特别是"九五"和"十一五"时期，百余项重大工程建设项目和上千个技术改进项目的实施，加上鲁抗国际工业园和邹城生物产业园一期工程的建成，使鲁抗的产能突飞猛进，为鲁抗逐鹿医药市场奠定了坚实的基础。

1 鲁抗的发展历程

鲁抗医药前身是山东新华制药厂第三分厂，始建于 1966 年，1970 年更名为山东济宁新华制药厂，1980 年更名为济宁抗生素厂，1984 年实行厂长负责制，1992 年改制为股份制企业。鲁抗是国内四大抗生素生产基地之一，主要生产经营抗生素原料

---

① A 股：其正式名称是人民币普通股票，它是由中国境内的公司发行，供境内机构、组织或个人（不含台、港、澳投资者）以人民币认购和交易的普通股股票。

药、半合成抗生素原料药及相关制剂产品、动植物用生物药物、医药中间体、药用树脂等。

1966年鲁抗建厂，当时是山东新华药厂的三线小厂，规模极小、品种单一。

经过几个五年计划，特别是经过"七五"、"八五"、"九五"的发展，鲁抗逐渐成为国家重要的抗生素生产基地。到"十一五"末，鲁抗利税突破3亿元，利润突破1.5亿元，出口额突破7000万美元。鲁抗总资产达36亿元，抗生素总量突破12000吨，员工人数达到7000余人。

1997年，鲁抗医药A股股票在上海证券交易所上市。

2005年，鲁抗根据政策对中小企业进行了产权制度改革，完成了主辅分离、辅业改制，为鲁抗做精做优主业创造了有利条件。

2006年，公司股改工作获得圆满成功。

鲁抗从建厂初期只有单一品种土霉素，改革之初仅有十余个产品，现已发展到八个系列、五百多个品规，以6-APA①、7-ACA②、7ADCA③为母核的完整产品链。鲁抗积极推行大制剂战略，到"十一五"末，公司制剂产品和原料药销售收入发生重大变化，改变了鲁抗以原料药发酵生产为主品的传统结构；同时，公司生物技术和非抗生素开始开发生产，并成功将产品线延伸到氨基酸等领域。实施"腾笼换鸟"的战略，使得鲁抗优势品种大观霉素、泰乐霉素系列得到进一步发展，一批新产品如头孢匹胺、美洛西林、头孢克肟等成为鲁抗新的经济增长点。通过调整，鲁抗形成了制剂、原料药、动植物药品和环境工程"四大板块"共同发展的局面，产业布局优势互补。

如今，鲁抗医药已通过ISO14000④认证、ISO9001⑤认证、OSHMS⑥认证，药品生产车间全部通过国家GMP认证，其生产过程严格按照GMP标准组织运行。"鲁抗牌"青霉素钠原料药及粉针获得国家质量金奖和百姓放心药品牌，注射用青霉素钠、注射用盐酸大观霉素、乙酰螺旋霉素片、阿莫西林胶囊、注射用头孢曲松钠5种产品被评为"山东名牌"，鲁抗已成为中国抗生素市场不可或缺的一家重要企业。

---

① 6-APA（6-Aminopenicillanic acid）：即6-氨基青霉烷酸，是生产半合抗青霉素类抗生素氨苄钠和阿莫西林的重要中间体。

② 7-ACA（7-Aminocephalosporanic acid）：即7-氨基头孢烷酸，是生产头孢菌素的关键性中间体。

③ 7-ADCA（7-Aminodesacetoxycephalosporanic acid）：即7-氨基去乙酰氧基头孢烷酸，是生产头孢类抗菌素半合成的重要中间体。

④ ISO14000标准：是由国际标准化组织制订的环境管理体系标准，是针对全球性的环境污染和生态破坏越来越严重，臭氧层破坏、全球气候变暖、生物多样性的消失等重大环境问题威胁着人类未来的生存和发展，顺应国际环境保护的发展，依据国际经济贸易发展的需要而制定的。

⑤ ISO9001标准：是ISO9000标准所包括的一组质量管理体系核心标准之一。ISO9000标准是国际标准化组织（ISO）于1987年颁布的在全世界范围内通用的关于质量管理和质量保证方面的系列标准。

⑥ OSHMS：即职业安全健康管理体系，它是继ISO9000和ISO14000之后企业持续发展的又一个重要的标准化管理体系。

2 销售渠道的调整

从改革开放之初，鲁抗医药就立足于市场的拓展和开发，作为中国四大抗生素生产基地之一，鲁抗医药公司的主导产品青霉素类、半合成药品和头孢类抗菌素从中间体、原料药到制剂都自成体系。同时，和国内大多数国有制药公司一样，鲁抗医药公司的营销渠道模式也经过了数次演变，先后经历了计划经济时代的"统购统销"模式，改革开放后的"买方市场"模式，到2000年后建立的和商业公司的"合作伙伴"模式以及"直销"模式。下文将对近十几年来鲁抗销售渠道的调整做一下梳理。

经过二十余年的发展，截止2000年，鲁抗先后在全国的30多个省市设立了销售办事处或销售点，初步形成了覆盖除西藏、台湾以外的全国大部地区的产品销售网络，但是由于环境的变化和市场竞争的日趋激烈，原有的营销渠道越来越不能适应市场和产品销售的需要。

通过对销售渠道和客户关系的进一步梳理，并为保持产品渠道的畅通和高效运行，鲁抗针对不同市场区域和客户，分别采取不同的销售政策。在紧紧抓住欧洲、日本、印度和中国台湾等国家和地区的长期客户，稳固并发展与他们的业务关系的同时，鲁抗还扩大发展与一些小客户的业务，使得公司在欧洲、东南亚等市场综合销量有了较大幅度的提高。

在北美市场，鲁抗充分发挥美洲鲁抗公司的基地辐射作用，带动该地区的出口增长。在出口结构上实施多产品营销组合战略，大幅增长了老产品的销量，同时还加大了青霉素钾盐和大观霉素的国际市场开发力度，欧洲作为鲁抗的传统销售市场地位在这一过程中得到巩固和加强，该地区出口额已占鲁抗总出口额的50%以上。随着对南美和印度市场的开发，鲁抗在这两个地区建立了稳固的盐霉素销售渠道。通过重点培育和发展综合实力强、销售网络健全的地区经销商，鲁抗充分利用驰名品牌的优势，巩固老市场，开发新市场，拓宽和培养销售渠道，一批国际知名企业同鲁抗建立了稳定的业务合作关系。这中间，既有大而全的国际经销商、小而精的地区经销商，又有直接的最终用户，鲁抗客户资源进一步丰富，产品出口种类逐步增加。

与此同时，鲁抗积极参加国际大型交易会，在会上加强同客户的信息交流和沟通，敏锐地捕捉市场信息，参与国际间招投标，加大公司品牌的宣传力度，提高了公司在国际市场上的知名度和美誉度。积极开展国际合作，利用合作发挥各方在资金、技术、管理、市场营销等方面的优势，实现互补共赢。公司先后同保加利亚进行了盐霉素生产合作，与英国、日本进行了相关产品的合作生产，同韩国进行了头孢噻呋钠的合作开发。虽然在规模上并不占优势，但鲁抗以质量、服务取胜，并在产品出口方面实行差异化运作，通过与海外公司合作，将研发、注册等工作放在海外，加快了公司品牌的国际影响力。

事实证明鲁抗现有营销渠道系统对鲁抗产品的销售起到了积极作用。

3 国际化战略

20 世纪 90 年代末，我国西药类商品出口保持了快速增长的势头，与此同时，国内医药企业也以更积极的姿态开拓国际市场，鲁抗就是其中的佼佼者。稳中求进、不断创新是鲁抗医药得以成功的关键。

鲁抗早在 1994 年就被国家经贸委批准授予进出口自营权。在国内抗生素市场供过于求、价格持续下滑缺乏竞争力的困局下，鲁抗充分利用国内青交会、广交会，以及国外的药品博览会等机会，大力宣传企业形象和公司产品，提高鲁抗品牌在国际市场上的知名度。期间，企业更多次组团到外国进行市场考察与调研，学习国外的先进管理模式和市场经验，开拓了一条"专向产品、专项客户、专门走访"的新型国际贸易模式。

通过有针对性地加快技术引进步伐，鲁抗的盐霉素生产发酵水平由原来的不足 20000U/L[①] 提高到 35000U/L 的平均值，企业生产工艺水平有了质的飞跃，在降低生产成本的同时，产品质量也得到显著提高。

1998 年，鲁抗进行了代理寄售的尝试，取得了当年出口 120 万美元的佳绩。在此基础上，鲁抗开始探索新的经营方式，筹建境外办事处，成立了鲁抗驻俄罗斯办事处。通过联合、代理、加工贸易等多种经营方式，鲁抗终于构筑了自己在海外的营销体系和营销网络。

2000 年，经外经贸部（即现在的商务部）批准，鲁抗增加了"出口与本企业自产产品配套的相关或同类商品"。鲁抗重点抓好盐霉素、硫酸链霉素等产品的出口及几个大客户的工作，充分利用国内各大医药保健品公司的出口渠道及其他渠道，使产品顺利销往国际市场。

2000 年以来，中国加入了 WTO，企业的外部环境又发生了变化，外资的威胁成为阻碍鲁抗国际化战略实施的绊脚石，此时鲁抗及时调整了企业战略。通过分析与比较，鲁抗意识到入世后，制药企业的最大弱点仍然是企业规模不够大，抵抗不了外资"航母"的冲击，做大做强不仅要兼并，还要联合。

于是鲁抗调整企业发展战略为"回避型"战略。鲁抗与新华——山东省最大的两家制药企业走到了一起，携手组建了我国医药界最大的强强联合集团，通过这两家企业的强强联手，鲁抗的国际化战略走上了快速发展的道路。

4 创建国家级技术中心，构筑技术核心优势

2011 年，经过几年来的艰辛努力，鲁抗的企业技术中心通过了国家发展改革委组织的专家答辩，经国家发展和改革委员会、科学技术部、财政部、海关总署和国家税务总局联合发布的 2011 年第 29 号公告，山东鲁抗医药股份有限公司技术中心

---

① U/L：U/L 是度量单位酶活性的一种浓度单位，其中，U（active unit）是酶活力单位，L 代表升，代表在每升有 U 单位的某种酶。

被认定为第十八批享受优惠政策的国家级企业技术中心。

鲁抗医药生物技术中心的建设，旨在提升企业的技术创新能力与核心竞争力，也为促进企业跨越发展提供强有力的技术支撑。四十五年来，鲁抗的科技创新体系进一步完善，不断加大了科研投入，开展了上百项重大技术革新项目，形成了三级科研开发体系。在高新区鲁抗国际工业园成立了生物技术开发公司，成为鲁抗自主创新的重要平台。

根据有关规定，此后鲁抗可以享受到科技开发用品进口税收的优惠政策，公司将在所在地直属海关申请办理减免税备案、审批等相关手续。鲁抗还可争取企业技术中心科技专项计划给予的资金支持和地方政府的财政补贴和配套经费。鲁抗的企业技术中心所享受的优惠政策必将为公司的研发实力及综合竞争力的进一步提升提供动力。

5 积极应对政策变动，保持稳定发展

2011年4月，卫生部发布了《抗菌药物临床应用管理办法（征求意见稿）》，并要求从7月1日开始实施，其主要内容包括：①限制各级医院使用抗菌药物品种数量；②医疗机构对抗菌药物实施分级管理制度；③限制医疗机构抗菌药物使用率。

《抗菌药物临床应用管理办法》和《2011年全国抗菌药物临床应用专项整治活动方案》，将药品的处方权分配给不同级别的医生，同时限制抗菌药物的处方权，将抗菌药物分为非限定使用、限定使用与特殊使用三个级别。

此次的《抗菌药物临床应用管理办法（征求意见稿）》对于抗菌药市场影响较大，对整个抗菌药物行业带来了较大的冲击，抗菌药物品种结构也将随之发生重大的变化。同时，国内大部分抗生素厂家采用的都是经销商销售的方式，本办法一出台，就造成了代理商背水一场的混战局面，抗生素生产企业也面临严峻挑战。鲁抗便在其中，并且所受到的冲击也不小。

在新办法出台、国家发改委再次降低部分抗生素药品的最高零售价格，以及各地药品"超低价"招标采购陆续开展的多重威胁下，鲁抗相关产品价格的降幅很大：仅在2011年的上半年，鲁抗生产的抗生素原料药、半合成抗生素原料药、制剂药品毛利率就分别下降了3.16、15.42和2.62个百分点。鲁抗经营困难的压力主要来自医疗改革导致的残酷招标竞争，出现了低价恶性竞标的情况；并且抗生素分级管理也对抗生素的使用产生了深远影响；此外，原材料及动力价格上涨较快，也给公司带来较大的成本压力。

抗生素市场不景气时期，招标采购、抗生素限用等医药新政频出。在面临如此严峻挑战的情况下，鲁抗人不气馁、不畏惧、不妥协，通过产品结构的调整来应对危机。

"在这种情况下，与其另起炉灶做其它产品，不如做'擅长的事情'。"鲁抗集团党委书记、董事长高祥友曾这样概述鲁抗的发展策略，在产品结构调整中，鲁抗医药充分发挥并挖掘多年积淀下来的生物发酵技术潜力，做生物发酵技术领先企业。

2010 年，鲁抗成立了山东鲁抗生物技术开发有限公司。该公司启用建筑面积达 8000 余平方米的新科研大楼，并投资 2000 余万元配备先进仪器设备后，迅速开展了色氨酸、那他霉素、头孢菌素 C、替考拉宁、硫酸多粘菌素 B 生物材料等新产品、新技术的研发工作。

色氨酸是氨基酸系列产品中的高端产品，技术要求高、附加值较高。鲁抗医药决心开发这一产品。在嫁接国外菌种技术的基础上，鲁抗医药的科研人员通过潜心研究，先后突破了菌种改良、生产工艺等技术难关，实现了 L－色氨酸产业化，并与中国农科院农业质量标准与检测技术研究所共同制订了 L－色氨酸（饲料级）国家标准，获得了生产工艺专利，并一举进入了兽药营养领域。

2011 年 10 月，在公司领导的正确指挥下，经过项目建设者们近一年的辛勤工作，邹城生物产业园一期工程竣工投产。经过建设、安装单位半年多的艰苦奋战，动力、环保等配套设施全面完成，并实现了三个产品生产线的全线贯通，现已投产的年产 2000 吨 L－色氨酸项目，在国内居第一位；年产 2000 吨的泰乐菌素，产能、质量均在国内居首位；年产 10000 吨的盐霉素，加上原有的产能，稳居世界第一。

鲁抗在市场竞争环境和政策环境改变的同时，快速调整其企业战略，针对不同的情况，采取不同的战略选择，这与达尔文的"适者生存"生物进化理论是一脉相承的。任何先进的管理理论，只能对企业营销、企业战略选择起指导作用，不可能解决企业所有的问题。因此，对于企业的发展战略来说，只有企业面临内、外部具体情况具体分析后才能进行合适的选择。

6 尾声

当前，医药市场形势仍不容乐观，鲁抗面临着以下困境：一是抗生素分级管理的政策使抗生素生产经营企业面临较为严峻的市场环境，限制抗生素在药品使用中的总量成为一个趋势；二是医药行业产能过剩的压力越来越大，市场竞争已经出现非理性状态，行业洗牌在所难免；三是医药生产原材料价格的不断上涨和药品价格的持续下降使企业利润空间遭受双重挤压，生产企业盈利能力不断削弱；四是基本药物招标及相关配套政策的不到位，加上地方保护主义的盛行，使企业销售处于更加无序的状态。

虽然面临着严峻的形势，但对于鲁抗人来说，在销售渠道调整、政策适应、技术提升、国家化发展等方面紧紧抓住国家大力发展新兴产业的机遇，以邹城生物产业园一期工程投产为契机，按照产业链和循环经济的要求来规划后续项目和建设生物医药产业园区，使之形成新的竞争优势。

案例使用说明

一、教学目的与用途

1. 本案例适用于管理学中企业环境和战略调整等内容的讲授。

2. 本案例的教学目的在于使学生清晰地理解企业环境及战略调整的概念，并引导学生思考企业环境的变化与战略调整的关系。

二、启发思考题

1. 从你的角度谈谈，在全球化的环境下，对于中国的抗生素生产厂家来说将会面临怎样的机遇与挑战？

2. 如果你是鲁抗的董事长，在卫生部发布了《抗菌药物临床应用管理办法（征求意见稿）》的情况下，你会怎么做以应对这场危机？

医药商业分销翘楚——中国医药集团

摘要：外界环境给予企业的既有机遇又有威胁，懂得抓住机遇的企业，才是有发展潜力的企业。运用新的服务和销售模式，采取新的管理策略和程序，使用灵活的管理组织方式都是企业抵御环境变化不错的方法。本案例将以中国医药商业分销翘楚——中国医药集团为例，讲述其能够把握住改革政策良机获得成功的经历。

关键词：企业环境；分销；国药集团；管理创新

引言

中国医药集团（以下简称"国药集团"）是中国医药行业内规模最大、实力最强的中央企业，是由国务院国资委直接管理的大型医药集团。

1998 年，中国医药集团由四家企业联合组建成立，年销售收入达 50 亿元。1999 年，国药集团设立国药集团药业股份有限公司，肩负起了为人民大众防病治病、康复保健、灾情疫情急救及中央储备的使命。2003 年，两大国有医药企业——国药集团和中国药材集团进行了合并重组。2009 年，国药集团和中国生物技术集团联合重组，重组后集团的研发创新能力进一步增强。在"十一五"期间，国药集团资产总额从 2005 年的 226.25 亿元增加到 2010 年的 688 亿元，是 2005 年的 3 倍；营业收入从 2005 年的 310.60 亿元增长到 2010 年的 886.03 亿元，是 2005 年的 2.8 倍；利润总额从 2005 的 9.26 亿元增长到 2010 年的 43.95 亿元，是 2005 年的 4.7 倍；市场份额从 2005 年的 8.5% 提升至 2010 年 13.6%，增长了 5.1 个百分点，各项经济指标都远远超过了"十一五"初期集团确定的目标。2011 年，国药集团实现营业收入超过 1200 亿元。

1 企业发展简况

中国医药集团成立于 1998 年，由中国医药（集团）公司、中国医药工业公司、中国医药对外贸易总公司、中国医疗器械工业公司四家企业联合组建而成。

2003 年中国药材集团进入国药集团。

2009 年国药集团与中国生物技术集团公司联合重组。

2010 年上海医药工业研究院、中国出国人员服务总公司进入集团。

目前集团旗下拥有十家全资或控股子公司，国药控股一家 H 股①上市公司及国药股份、天坛生物、现代制药、一致药业四家 A 股上市公司。

2003 年至 2011 年中国医药集团营业收入年平均增幅 33%，利润总额年平均增幅 44%，总资产年平均增幅 35%。2011 年，国药集团实现营业收入超过 1200 亿元。

目前，医药集团已拥有覆盖全国 31 个省、自治区、直辖市的医药流通配送网络和与国际水平接轨的 30 个配送中心及生产基地，集团在国内拥有一流的医药及疫苗、血液制品生产企业、高水平的科研设计院所、覆盖全国的营销网络、大规模的药材种植基地及全国第一的医药会展。

国药集团已成为由国务院国资委直接管理的中国最大的医药健康产业集团，同时还是中国化学制药工业协会、中国麻醉药品协会、中国医药商业协会、中国医药科研开发促进会、中国医疗器械行业协会、中国中药协会、中国药文化研究会等行业组织的会长或理事长单位，同时还是全国药品交易会等重要会展的主办和支持单位。

从 1980 年开始，国药集团还先后与国外的著名跨国医药公司合作，建立了中国大冢制药有限公司、无锡华瑞制药有限公司等 20 家中外合资医药生产企业，与美国、日本、法国、英国、德国、意大利、韩国等多个国家开展了国际技术合作项目，并与世界上 100 多个国家和地区建立了贸易和合作关系，有力地促进了我国医药生产经营和医药行业管理水平的提高。

经过十余年的发展，国药集团已经制定了"十二五"规划。在"十二五"期间，中国医药集团的发展目标是，建成涵盖医药行业全产业链的、具有行业带动力和国际竞争力的大型医药健康产业集团，力争成为进入世界 500 强的第一家中国医药健康企业。

2 改革环境下的摸索思考

1998 年，在国家深化经济体制改革、实行政企分开的大背景下，成功的企业必然需要不断摸索思考，并在改革创新的大环境下积极探索，才能找到适合企业发展的道路。

1998 年 11 月，为适应市场经济发展，推动国企改革，中国医药公司、中国医药工业公司、中国医药对外贸易总公司、中国医疗器械工业公司 4 家企业联合组建成国药集团，此后，四川抗菌素工业研究所、重庆医药设计院和武汉医药设计院陆续加入国药集团。国药集团科工贸的基本架构具备了雏形。

在 1998 年至 2001 年这期间，国药集团基本上处于打基础、建制度、定规划阶段。与大多数医药企业不同，国药集团的成员企业大都有 50 年的历史，长期以来承

---

① H 股：也称国企股，指注册地在内地、上市地在香港的外资股。

载着保障社会公共卫生安全和人民生命健康的使命,从 20 世纪 50 年代起,国药集团就开始承担全国的医药批发和调拨任务。国药集团成立之初,刚刚与政府脱钩的它们就开始摸索,思考今后的发展之路:几个子公司之间如何形成合力?是应该打造航空母舰?还是应该组建联合舰队?

1999 年国药集团在北京郊区召开的"宽沟会议"是一次具有重要意义的会议,这次会议探讨了国药集团的"十五"发展规划,基本厘清了国药集团的定位和今后的战略发展思路。当时会议集中讨论的两个重点:

一是集团的战略定位问题,应该发展成为控股型、以投资管理为主业的公司,还是应该发展成为实业公司、组建事业部?

二是集团的发展思路问题,应该科工贸一体化发展,还是应该主攻具有发展优势的医药商业?

经过认真讨论,并充分考虑到在国家深化经济体制改革的政策下,控股管理方式和国际化战略管理会更有发展空间后,国药集团明确了控股管理型的战略定位,并确定了科工贸一体化发展、突出发展商业的思路。这为集团今后的发展明确了方向。

2000 年底,国药集团召开了第一届党代会,会上明确提出了创建跨国医药集团的目标。

这一阶段,国药集团确定了发展目标,明确了"关爱生命,呵护健康"的企业理念,统一了集团标识形象,整个集团的企业文化逐渐得以融合。通过强化制度的约束和管理,国药集团逐步在领导班子成员中树立了全集团一盘棋的思想,提高了领导班子的战斗力和集团员工的凝聚力。

3 国资委管理下的蓄势待发

2002 年至 2005 年,国药集团进入了整合资源、突出主业、蓄势待发的阶段。

在这期间,国务院国资委成立,中央企业由中央企业工委划归国资委管理,国资委对中央企业的发展产生了巨大的推动作用。国资委用其统一的事权来解决中央企业的政策性负担问题,通过各种方法来解决中央企业的战略性负担。有了国资委的鼎力相助,国药集团的发展得到了有力的保障。这些外界管理环境的变化有力地推动了国药集团的发展。

与此同时,国药集团还实施了几项大决策,为日后的腾飞奠定了坚实基础:2002 年,国药集团药业股份有限公司成功上市融资;2003 年 1 月,国药集团与上海复星集团组建了国药控股有限公司,并顺利融资;2002 年国药展览公司成立,对集团内会展业务进行了整合;2003 年,实现国药集团与中国药材集团合并;2005 年,国药集团与当时全球最大的会展主办商英国励展博览集团组建了国药励展展览有限公司。

这几项重大决策使国药集团的核心竞争力得以彰显。2003 年,国药集团与中国药材集团重组实现了强强联合、优势互补,提高了产业集中度、核心竞争力和共同抵御风险的能力，重组后的中国药材集团三年迈了三大步，成为中药行业龙头企业；国药控股逐渐成为中国药品分销第一品牌，并于 2004 年收购深圳一致药业股份公司 43% 的股份，牢固确立了国药集团在我国南方地区的优势地位；国药股份上市后经营业绩快速上升，2006 年实现了销售总额过 30 亿元、利润总额过亿元的经营目标；国药励展举办的医药展会已成为中国医药展会第一品牌，其旗下的全国药品交易会、全国医疗器械博览会、全国新特药品交易会等展会是医药和医疗器械企业最大的专业信息集散地、最佳的企业形象宣传发布地和最重要的产品营销平台。

与此同时，国药集团加强了业务整合力度。集团各子公司由于历史原因，一些业务存在交叉重叠，市场份额不大，力量分散等问题。业务整合不仅影响各子公司的经营指标，还关系到人员安置等员工自身利益，是一项艰巨的工作。

国药集团从企业改革发展的大局和实现集团战略目标出发，对药品分销、医疗器械生产经营、医药工程设计、化学试剂经营和中药材及饮片经营等业务下大力气进行了整合，有效提高了这些企业的经营规模和利润水平。经过几年的改革发展，国药集团核心竞争力显著提高，经营规模和市场份额不断扩大，销售收入和利润总额增速超过医药行业平均增长速度。

经过几年的改革发展，国药集团核心竞争力显著提高，经营规模和市场份额不断扩大。

4 新形式下的创新发展

2006 年 12 月，国药集团节第二次党代会换届选举的契机，通过客观总结经验，深刻分析国内外医药产业发展形势，确立了创建具有国际竞争力的行业领先医药集团的战略目标。

2006 年至 2008 年，国药集团迈入跨越、突飞猛进发展阶段。2006 年、2007 年的销售额分别达到 303 亿元、373 亿元。

2009 年 9 月 16 日，中国医药集团总公司和中国生物技术集团重组。中国医药集团主要资产都集中在国药控股旗下，而国药控股通过控制国药股份和一致药业两家上市公司分管北方和南方的商业流通网络。

2009 年 9 月 23 日，国药集团旗下的国药控股上市，充分利用资本市场，加快整合行业资源，为国药集团的香港上市带来了助推力和保障。国药集团在香港资本市场国药控股表现出色，首日市值超 400 亿港元，成为中国医药行业的市值之王。

2005 年之后，国药集团并没有停下高速发展的脚步，发展中的国药集团主营业务突出，核心竞争力强，科工贸的发展也相得益彰，同时又具有高度的社会责任感和独特企业文化魅力，在新的市场环境下，国药集团越走越好。

4.1 医药商业分销第一品牌

继 1999 年 11 月，国家经贸委发布了《深化医药流通体制改革指导意见》，将建立以公有制为主体、多种所有制经济共同发展的医药流通新格局作为医药流通体制改革的目标之后，2006年12月8日，《药品流通监督管理办法》经国家食品药品监督管理局局务会审议通过，并予以公布，2010年2月，为进一步落实全国药品流通行业管理工作会议精神，商务部和食品药品监管局又印发了《关于加强药品流通行业管理的通知》。

在新的法律和政策环境下，国药集团积极响应国家贯彻医药流通体制改革的号召，在医药商业分销领域获得了快速的成长。

医药商业分销是国药集团的传统优势，也是其核心竞争力之所在。国药集团的医药物流业务呈现出快速增长的喜人态势，成为集团新的经济增长点。为了进一步确保在这一优势上的龙头地位，更好地实现规模经济效益，国药集团不断加大扩张发展力度，2008年国药集团相继并购重组了郑州九瑞医药公司、宁夏医药商业集团，进一步扩大完善了集团在全国的营销网络布局。

截至目前，集团已经建成和完善了覆盖全国200多个大中城市和地区的医药营销网络，与4000多家国内外供应商、2000多家分销商保持着密切业务合作，经营医药用品近2万个品规，分销网络可直接覆盖12000家医疗机构和9000家药店。

同时，国药集团已经建成的有北京、上海、天津、广州和沈阳五大物流中心。下一步还将在中西部其他重点城市建设物流中心，为布局全国医药市场提供重要支撑。同时，国药集团是医药行业与外资合作最早、最多和最成功的企业。集团所属企业与多个国际著名的医药企业建立了22家合资企业，至今已与世界上100多个国家和地区建立了贸易和合作关系。

国药集团还与一些跨国医药企业，如拜耳、柏林格殷格翰签订了长期合作协议，进驻其医药物流中心。医药物流的快速发展成为巩固国药集团药品分销第一品牌的重要核心力量。

在医药分销业、物流业发展壮大的同时，国药集团也加快了零售连锁药店的发展，在成立国大药房连锁公司，迅速布局北京、上海、沈阳、西安等市场的同时，集团瞄准全国市场，积极通过收购兼并迅速扩大药店规模，先后收购了深圳一致药店、具有百年历史的老字号扬州大德生药店、具有180多年历史的辽宁天益堂药房、浙江英特药房和宁夏医药零售药店。

此后，国药集团将继续把发展工业作为战略的重要组成部分，在多次对医药工业发展进行专题研讨后制定了统一的发展规划。1998年成立之初，国药集团医药工业销售收入仅为1亿元左右，目前集团业态已由单一的麻醉药品生产发展到西药、中药饮片、中成药、医疗器械、化学试剂等多个方面，目前国药集团旗下医药工业企业数量已达12家，国药集团医药工业发展已经翻开了崭新的一页。

4.2 制度创新

党的十七大报告指出，要"深化国有企业公司制股份制改革，健全现代企业制度，优化国有经济布局和结构，增强国有经济活力、控制力、影响力"。"产权清晰、权责明确、政企分开、科学管理"是现代企业制度的核心思想。只有实现真正意义上的现代企业制度，建立科学的决策机制、技术创新机制、竞争机制、人才应用机制才可以使技术创新成果转化为生产力。

早在 2005 年 12 月，国药集团作为医药行业规模最大、实力最强的中央企业，就成为了国务院国资委首批建立和完善董事会的试点企业，实现了董事会与经营层分离，建立了完善的法人治理结构。以效率为导向、以科学决策为动力、以责任为核心的先进管理制度为国药集团快速、健康、持续的发展奠定了基础。

试点主要是在董事会层面引入外部董事，改变过去国有独资公司董事会与经营层高度重合的"一把手负责制"。试点企业开始由过去实际上的"一套班子"的领导体制即"一把手负责制"，转向董事会决策、经理层执行、监事会监督的公司法人治理结构，决策权与执行权初步分开。此次试点，国药集团董事会由 9 人组成，初期外部董事 3 人。此后，国药集团进一步调整董事构成，外部董事人数增到 5 人，使外部董事在董事会成员中占到一半以上。2007 年，国资委选定 3 家中央企业试点，由外部董事出任董事长，2007 年 8 月份，国药集团外部董事刘存周开始担任国药集团董事长。

国资委有关领导指出，国资委选择国药集团作为建立和完善董事会的试点企业，有利于完善公司法人治理结构，充分发挥董事会的作用，为国药集团持续发展奠定重要的体制基础，也为中央企业乃至全国国有企业建立和完善董事会起到示范作用。

试点成功后，国药集团旗下各子公司也逐渐建立了董事会制度和完善的法人治理结构，各子公司的战略融入到了集团战略中，企业自主权加大，企业自身的主动性得以加强。此后，国药集团在制度上的创新愈加大胆起来，并通过成功的制度创新顺利完成了多项重组并购案。

4.3 经营创新

在经营方式上，国药集团也不断创新经营模式，以适应市场发展。

以国药集团旗下上市公司——国药集团药业股份有限公司为例，为确保运营质量，公司 2006 年调整了由经理班子成员、各主要业务部领导参加的营销管理委员会，把重大的经营问题交给全体委员讨论解决，依靠集体的智慧，有效地规避了经营风险，极大地提高了决策效率，使公司实现了 2007 年销售总额 35.7 亿元、利润总额过亿元的经营目标。

国药股份上市后，国药集团又进行了改制重组，引进了民营资本，组建了国药控股有限公司。这是一次跨所有制、跨地区的合作，是第一家中央国有企业和民营企业合作的案例。国药控股成立后，坚持以药品分销为核心，建立自主品牌生产基地，以网络带动科研成果的产业化、市场化、规模化。凭借全国一体化的资金、物流、信息平台，全力构建具有核心竞争优势的战略体系。医药商业一体化运作取得了较大突破，加快了营销网络的扩张速度。

此外，国药集团还加强了风险控制，管理不仅管结果，也管过程，从事后管理到事中管理，将风险控制关口提前。在运营管理方面，国药集团开发了运营分析管理数据库，可以监控整个集团前一天 80% 的业务发生情况，目前正在向实时监控发展。此外，国药集团还进行了工业系统数据库建设和经济运行预警系统建设，大大提高了集团的经营管控能力和风险控制能力。在由过去的部门管理过渡到现在的流程管理的过程中，国药集团的服务职能逐渐转变为管控职能，组织架构扁平化，从而加强了对子公司的管控力度，缩少了层级，减少了环节，提高了效率，建立了规范科学的长效管理机制。

同时，国药集团还将企业文化渗入到经营创新管理中，集团要求旗下子公司在各自的经营业务中不断将企业文化渗透。2008年9月16日，在国药控股召开的企业文化建设研讨会上，公司有关领导指出，要在分销业务整合中发挥企业文化的保障作用：抓好企业核心价值观的培育、转化，促进和保障业务整合的顺利推进，把价值观认同转化为具体行动，人人为实现公司宏伟目标做出应有贡献；与公司转型、业务整合相适应，不断深化、丰富企业文化内涵，要积极主动地顺应业务整合、重组带来的新变化；不断创新载体，激发员工的创造性、积极性、主动性，在坚持集团理念和企业文化整体性、统一性的前提下，结合各业态、各子公司的实际，积极培育和创造富有特色的企业文化。

5 尾声

历经十五年发展，国药集团如今已经形成了独具特色的医药商业板块、医药工业板块、中药生产经营板块、医疗器械生产经营板块、医药进出口业务板块和会展经济板块。六大板块相互支撑，搭建出了一个完整的医药运营平台，推动国药集团不断向更高的目标迈进。

2013年6月1日，新版《药品经营质量管理规范》GSP正式实施。国药集团认为新版GSP的推行能够为国药集团带来了新的增长点，促使分销业务稳健增长。目前，集团计划参与零售终端配送，与集团控股公司联手参与新特药的分销，在地方区县争取获得更多市场份额，以扩大新特药分销的利润。在国药集团2013年第1季度报告期内，公司实现销售收入23.78亿元，同比增长17.6%；实现净利润8261万元，同比增长19%；取得经营性现金流3702万元，同比增长71.7%，经营质量良好。

创新是一个企业向前发展的不竭动力，是贯穿于改革开放和整个社会主义现代化进程中的一条主线。在建设创新型国家的过程中，企业唯有不断创新，才能最终取得成功。中国医药集团自1998年组建以来，锐意进取，不断创新，保持了持续、稳定、健康发展的良好态势。

案例使用说明

一、教学目的与用途

1. 本案例适用于管理学中企业环境等内容的讲授。

2. 本案例的教学目的在于通过国药集团在改革、政策、法律环境作出相应战略决策的案例，让学生了解企业环境对企业的影响，并增强学生对企业环境管理重要性的感悟与理解。

二、启发思考题

1. 请你谈谈在新形势的环境下，国药集团在哪些方面进行了企业环境管理？

2. 如果你是国药集团的董事长，你会采取什么措施来巩固它的医药商业分销第一的地位？

本章参考资料

[1] 高港区科技局. 扬子江药业广储人才应对寒流 [J]. 泰州科技, 2009 (5)

[2] 苏泰. 奔腾的原动力——扬子江药业集团40年发展历程纪实 [J]. 中国食品药品监管, 2011 (10)

[3] 项铮, 庄义春, 刘良鸣. 扬子江药业的"文化宝藏" [N]. 科技日报, 2012 - 12 - 20 (9)

[4] 方廷松. 鲁抗医药：四十五年光荣与梦想 [J]. 中国动物保健, 2011 (11)

[5] 黄帅. 步步为营, 鲁抗医药的全球化攻略 [J]. 进出口经理人, 2008 (9)

[6] 李东. 试析山东鲁抗医药集团企业发展战略的选择 [J]. 中国药业, 2002 (1)

[7] 魏小刚. 稳健发展 激情超越——写在国药集团成立10周年之际 [N]. 中国医药报, 2008 - 11 - 13 (B1)

[8] 魏小刚. 创新——国药集团持续发展的永恒动力 [N]. 中国医药报, 2008 - 11 - 17 (A4)

[9] 中国医药集团官方网站 http://www.sinopharm.com/p496.aspx

第三章

企业社会责任

企业社会责任是指企业在创造利润、对股东承担法律责任的同时，还要承担对员工、消费者、社区和环境的责任。企业社会责任要求企业必须超越把利润作为唯一目标的传统理念，强调要在生产过程中对人的价值进行关注，强调企业对消费者、对环境、对社会的贡献。本章选取的五个有关企业社会责任的案例，通过这些案例可以让读者理解作为一个良好的企业公民，医药企业应该担负起哪些社会责任，使得企业的业务、资源、名誉能够与社会紧密相连。

默克：回收背后的道德

摘要：药物是为人类而生产，不是为追求利润而制造的。医药企业在生产药品牟取高额利润的同时，应该更加关注全人类的身体健康，这是医药企业应该承担的责任和义务。本案例通过默克公司的例子，重点阐述默克在注重学术、珍惜患者生命的同时，在企业社会责任方面所作的努力和对全社会的贡献。

关键词：社会责任；河盲症；万络；默克

引言

世界上有两家被称为默克的公司，一家是美国默克，另一家是德国默克。目前，美国默克在规模和影响力方面远远超过德国默克，美国默克①曾是世界上最古老的制药公司之一——德国默克的分公司。

自1953年美国默克与沙东公司合并，正式成立默沙东药厂至今，默克已走过58年的风雨历程。在这期间，默克公司曾16次获得美国《财富》杂志"美国十大最受推崇公司"称号，连续15年被美国《工作母亲》评为100家最佳公司之一。2003年，默克获得《财富》杂志"美国最受推崇公司"制药公司榜的第三名，并且被美国《商业周刊》评为2001年度全球"50家业绩最佳"公司之一，在全球制药公司

---

① 由于默沙东在中国已习惯性地被称为默克，因此本文接下来提及的默克即指美国默克，与默沙东同义。

中位列第一。

如今，默克公司在全球 52 个国家拥有 209 家运作公司，在全球 26 个国家拥有 60 家生产工厂，全球员工总数超过了 3 万人，生产产品种类超过 2 万项。默克在中国市场主要推出 12 种创新药品和 4 种疫苗。其中，大部分产品已在杭州工厂分装或生产，默克的产品覆盖领域也十分广泛，在降血压、调节血脂、治疗前列腺增生、哮喘、骨关节炎、骨质疏松、男性脱发和艾滋病等多个治疗领域方面均居领先地位。

1 默克的发展史

有关美国默克的发展历程可以追根朔源至 1668 年德国默克的建立。

1668 年，德国默克公司成立，距今已有 330 多年的历史，其总部位于德国的达姆斯塔特市，已成为世界最古老的几家制药公司之一。

1827 年开始，德国默克开始工业化生产。

1889 年，乔治·默克接管了德国默克在美国纽约的分公司，并于 1891 年创立了 Merck & Co 公司，即美国默克。

1904 年，美国默克在美国新泽西州建立了它在美洲的第一家工厂。

1933 年，美国默克设立了第一家科研实验室，并在这个实验成功研制出了维生素 B_{12} 和可的松，这家实验室成为了如今著名的默克研究所的前身。默克的研究人员在 20 世纪 40 ~ 50 年代共获得了 5 项诺贝尔奖。

1953 年，美国默克与沙东公司合并，正式成立了默沙东药厂，构建一体化的药物生产及营销的跨国制药企业。默克与销售行家沙东公司的合作不仅使药品的研发力量大大增强，而且获得了更大的市场份额。同时，由于第二次世界大战，德国默克丧失了很多海外子公司的控制权，其中便包括美国默克，这两家公司除了有共同的名字"默克"之外，在其他方面已经没有任何联系。

根据德国默克与美国默克的协议，美国默克只能在美国和加拿大使用"默克"的称呼，而在欧洲和世界其它各地，"默克"则由德国默克公司独家使用。与之相对应的，在北美之外的业务经营，美国默克必须使用默沙东的称呼（由于默沙东在中国已习惯性地被称为默克，因此本文接下来提及的默克即指美国默克，与默沙东同义）。

1992 年，默克在香港正式成立默沙东（中国）有限公司。

1993 年，默克公司收购了默得科医药福利管理公司，进而涉足了健康卫生服务领域。

1994 年，默克和杭州华东医药集团公司合资成立了杭州默沙东制药有限公司，华东医药集团公司持有该公司 25% 的股份，默克持有 75% 的股份。公司成立以来，不断引进新药品，现已能在国内生产、分装默克公司的九个专利品种。

1997 年，默克公司将其动物保健分部与德国的 Rone – Poulenc 公司合并，使得默克在兽药市场上居于了领先地位。

1998，默克建立了商业道德规范办公室，以确保继续坚持公司的崇高道德和价值观。

1998 年至 2000 年，默克公司收购了一系列创新生物技术公司，如 Biogen dec 公司、Synaptic 公司、Vical 公司和 Sibia Neurosciences 公司等，进一步加强了其科研实力。

2000 年，默克与先灵葆雅在美国成立合资企业，开发与销售新的降胆固醇和治疗呼吸系统疾病的处方药。

2009 年 3 月 9 日，默沙东公司宣布以 411 亿美元收购同为世界 500 强的跨国制药巨头先灵葆雅公司，组建的新默沙东公司，成为世界第二大制药企业。

2011 年，默克全球收入为 480 亿美元，成为世界制药企业的领先者。默克公司一直致力于研究、开发和销售创新医药产品，为全人类的健康生活而努力。

同时，默克公司自成立以来，在获得公司高速发展的同时，也一直积极参与医药领域的公益性活动，视公益、慈善事业为人道主义的正义事业。公司为控制河盲症捐献药物，为防治艾滋病进行跨政府合作，为使儿童免受致使疾病的侵袭而捐赠疫苗，早在 1989 年，默克更是以一美元的价格，将基因工程乙肝疫苗的生产技术转让给了中国政府，目前，已有超 2.37 亿中国人因此获益。1999 年初，默克设立了"健康之家"，免费为广大公众开展了多个领域的健康教育活动。2005 年 5 月，默克公司与中国卫生部合作，在四川省开展"中国——默沙东艾滋病项目"，这是中国迄今为止最大的政府与国外私营企业合作的艾滋病综合防治项目，也是中国政府探索政府与非政府机构之间、公共和私人企业之间进行合作，共同抗击艾滋病的一个重要举措。2008 年"5.12"汶川地震发生后，默克公司当即宣布向四川地震灾区捐赠价值 100 万美元的现金、药品和疫苗，并组织发起员工捐款捐物活动。

2011 年 7 月 15 日，第六届中华慈善奖表彰大会在北京举行。会议对 40 名个人和志愿者团体、37 家企业和 23 个慈善项目进行了表彰，其中"中国－默沙东艾滋病合作项目"被授予"中华慈善奖－最具影响力慈善项目奖"殊荣，该殊荣对默克公司的企业社会责任感给予了高度肯定。

2 企业信条

"我们应当永远铭记：药物是为人类而生产，不是为追求利润而制造的。只要我们坚守这一信念，利润必将随之而来。仅仅发明一种新药，并非已经大功告成。我们还要探索有效途径，使默克的最新科研成果能造福于全人类。"这是默克的企业理念，也是默克的企业信条。

2.1 忠于理想的"独行侠"

追求理想与企业利润并不矛盾，两者是和谐统一的。这是默克所持的经营哲学。

1933 年默克研究所成立时，乔治·默克就阐明了他的宏愿："我们相信，耐心、持久的研究工作会带给工商业新生命；利用我们提供的工具，在这个新的研究所里，科学会进步，知识会增长，人类生命会赢得更多免于病痛的自由。"默克研究所选择杰出的科学家担任研究所的董事，不仅大力支持科学家在学术上的研究，还极力塑造类似于大学研究院的学术氛围。如今，默克研究所在学术界的声誉不亚于麻省理工学院、哈佛大学以及其他学术机构。

默克的理想及其研究所高水准的学术层次，使它对科技工作者充满了感召力，不断吸引着优秀的科学家加盟其中，从而形成了良性循环。默克的研究人员曾多次获得诺贝尔奖。

默克领先于业内其他公司的秘诀就是致力于内部研发，而其竞争对手则往往从刚刚成立不久的生物技术公司购买研究成果或者与相关专家组织订立合作合同。卓越的科研实力使默克公司具有无与伦比的竞争力。默克仅将其5%的研发经费用于购买外部科研成果上，而其竞争对手在这上面的花费则达到其研发经费的80%。

由于默克在行为方式上与竞争对手泾渭分明，有媒体甚至形容默克为"独行客"，以说明它的另类、不合潮流。从某种意义上讲，默克公司的性格更像是一位知识分子而非商人。它坚持自己的理想，漠视外界的种种诱惑，隐忍而不张扬，做着分内之事，默克的成功更多是源于它拥有把尖端科技转化成突破性新药的能力。正是基于这种坚持让默克100多年来都能傲视群雄。

2.2 河盲症树立全球声誉

1979 年，默克公司的科学家威廉·坎贝尔博士发现，公司销路最好的一种动物用药有可能杀死盘尾丝虫。进一步的研究表明，该动物用药可能衍生出一种安全、简单并且成本低廉的治疗河盲症的办法。

河盲症，即盘尾丝虫病，当时在非洲30个国家及6个拉美国家流行，是导致这些国家大量失明患者的主要病症。坎贝尔和他的团队向默克公司主席罗伊·维格洛斯提出，可以从兽药中开发出一种治疗河盲症的药品。

默克公司的管理层很快就意识到，即使是公司成功开发出这种药，河盲症患者也不可能买得起这种药。为了开发新药所进行的研究和大规模临床试验大约需要1亿美元。即使最终药品的价格足够便宜，让贫穷的患者买得起，但这些患者也不可能方便地买到这些药品，因为河盲症患者居住地通常没有医生、医院和诊所，甚至连药店也没有。默克公司有的经理还表示，如果这种新药对人体有副作用，那就有可能影响到兽用 Inverrnectin[①] 的产品形象，当时兽用 Inverrnectin 每年为默克公司带来 3 亿美元的收入，是公司的拳头产品。而如果有人把这个产品用于治疗动物疾病，最终必然会损害兽用 Inverrnectin 的销售。

默克公司的管理层犹豫不定。经过多次的激烈讨论，公司管理层认为，这种新药将给患者带来的收益如此巨大，以至于这种药品的经济收益如何已不重要。于是在 20 世纪 80 年代后期，默克公司主席维格洛斯正式批准一笔相当大的预算，专门用于开发治疗河盲症的新药。

经过七年的研究和无数次的临床使用，默克公司终于开发出了供人服用的这种

---

① Inverrnectin，默克公司研发生产的一种兽用药。

新药，河盲患者可以在一年之内除掉身体里所有致盲的寄生虫，并且还可以预防新的感染。不幸的是，公司最初的担心变成了现实，根本没有人购买这种新药。为此，默克公司做出决定：所有的新药都免费提供给需要的人群。但即使这样，还存在相当大的困难，正如公司管理层最初预料的那样，根本没有现成的渠道将这些药品运到那些迫切需要它们的穷人那里。为此，默克公司专门和世界卫生组织合作，共同出资组成了一个委员会，专门负责将这些药品安全地送到第三世界国家的病人手里，并且保证这些药品不会回流到黑市移作它用。1996年，这个委员会通过和多个国家政府以及志愿组织合作，将治疗河盲症的特效药送到了几百位病患手中，解除了他们的痛苦，保护了易感人群免受河盲症的威胁。

默克公司为何投巨资开发一种根本不能赚钱的产品，默克公司主席维格洛斯的回答是：当公司发现一种药品可能用来治疗一种足以把人折磨疯的病痛时，唯一符合企业伦理的选择就是"去开发这种产品"。

2.3 万络的危机

几十年来，默克是道·琼斯工业指数中惟一的没有经营污点的制药公司，被视为制药行业领导和权威的偶像。然而，2005年的"万络"案暴露出默克公司的经营漏洞，将默克公司推到了风口浪尖。对此，默克作出的反应引起了社会各界的极大关注。其中，默克公司的万络全球召回事件令人深思。

2005年8月19日，美国德克萨斯州地方法院判决美国制药商默克公司向卡罗尔·恩内斯特赔偿2.53亿美元，其中包括2.29亿美元的惩罚性赔偿金。陪审团认为，默克公司对这位太太的丈夫罗伯特·恩内斯特的死负有责任，后者曾长期服用该公司生产的消炎止痛药万络，正是万络自身存在的缺陷以及默克公司的疏忽导致了罗伯特·恩内斯特的死亡，而默克未能就万络可能存在的风险向医生和患者提出警告。

其实，在德州诉讼最终判决的前一年，默克公司就曾考虑到万络潜在的心脏病风险并进行了大量研究。2004年9月30日，默克总部宣布在全球范围内主动回收万络，并称：回收"万络"的决定是默克公司自愿性行动，基于公司开展的一项名为"万络预防腺性息肉瘤研究"，该研究本来目的是为了观察"万络"是否还适用于预防结肠直肠腺瘤的复发，但在这项为期3年的全新研究过程中发现，病人连续服用万络18个月后，心血管方面危险增加。此次召回所发生的一切费用由默克全部承担，经销商的库存药品，按照其当时从上级经销单位购买的价格进行赔偿。消费者的赔偿额根据其存留并寄回的药物数量按原零售价赔付。同时，在此次"万络"回收的危机处理过程中，默克积极配合并引导舆论，使舆论重点从万络的危害性转到默克不惜花重金亦要保障公众安全上，为默克创造了更高的信任感和品牌知名度。

万络是默克公司治疗关节炎和急性疼痛的王牌药物，自1999年上市后，在全球超过80个国家销售，至2005年底全球已开出超过84万张处方签，2003年其全球销售额达25亿美元。可见，万络对默克来说意义之重大，此次召回事件不仅使默克陷入药品安全危机之中，还使其面临了数十亿甚至数百亿的经济损失。但是，当时默克公司的董事长兼首席执行官雷蒙德·吉尔马丁这样说过："考虑到可以采用替代性治疗，以及数据所揭示的问题，我们断定，主动撤回万络是负责任的做法"。

3 《默克诊疗手册》

为促进科研资讯、推动学术交流与满足公众医学需要，默克公司先后出版了《默克诊疗手册》、《默克老年病手册》、《默克索引》、《默克家庭诊疗手册》等书籍，以促进全球医药事业的学术发展。

无论是医务工作者还是病人及消费者，都有获得全面可靠和可信的医学健康信息的需求。因此默沙东公司在中国翻译并出版其一系列的医学专业参考书，包括被称为"医生圣经"的《默克诊疗手册》，以及《默克老年病手册》、《默克索引》等。1999年默克公司又推出了面向大众的《默克家庭诊疗手册》中文版。

首次出版于1899年的《默克诊疗手册》是连续出版最久、在全世界使用最广泛的英语医学教科书。该书几乎囊括了人类所患的各科疾病，例如：内科、外科、小儿科、妇产科、精神科、眼科、耳鼻喉科、皮肤科和口腔科。一些特殊病症，如烧伤、高温损害、放射反应及损伤、运动损伤等在书中也有所述及。同时，《默克诊疗手册》在未向一般大众宣传的情况下，有越来越多的人在购买此书使用。

但很多人感到该书难于读懂，这促使了默克把《默克诊疗手册》改写为一般大众容易读懂的形式。《默克家庭诊疗手册》就是为满足一般大众对博大精深的医学知识不断增长的需要而出版的。该书可以说是《默克诊疗手册》的普及本。

为了帮助读者了解特殊器官的构造和功能，《默克家庭诊疗手册》在相应的章节增加了解剖概述与生理学知识。有关疾病的进一步知识，如病因、鉴别诊断、治疗等也都已包括在该书内。《默克家庭诊疗手册》是以现代医学能处理什么疾病和能达到什么水平的现实为基础撰写的，与《默克诊疗手册》一样，该书也是由默克研究所作为非盈利性刊物出版的。

同时，《默克家庭诊疗手册》的版面设计和编排有其独到之处，每章各小节、每节标题都标示出来，帮助读者方便快捷地找到有关信息，书内还有一些对照表，也有助于指导读者掌握一些相关知识。

4 尾声

对于医药企业来说，由于医药行业的特殊性，医药企业的产品若出现问题将严重危及到大众的健康和生命安全。因此医药企业除了要履行好企业的职能外，还应该承担一定的社会责任，这不仅有利于构建和谐社会，与医药企业自身的发展也息息相关。

首先，医药企业应该生产出符合社会需要的安全的医药产品，将产品质量安全放在工作的首位，这是作为企业社会责任的首要内容。其次，医药企业的社会责任还表现在对环境的保护上，通过技术革新减少生产活动各个环节对环境可能造成的污染，保护资源和环境，实现可持续发展。再有，医药企业还要严格做到遵纪守法，并尽可能营造公平的就业环境，通过增加投资扩大就业，并保证工作的环境卫生、消除工作安全隐患。再次，医药企业还可以通过各种公益活动，帮助落后地区发展社会保障和医疗卫生事业，帮助落后地区逐步发展社会公益事业。

尽管默克公司的业务是研发、推广新的药品与疫苗，但其始终认为提高人类健康水平、改善大众生活质量是公司的使命。产品创新、专注研发是默克的灵魂，默克在收购先灵葆雅后，评估和整合形成了新的研发线，专注几种特殊病症药物的研发。此外，在产品出现问题时，默克义无反顾地召回了存在隐患的药品。同时，默克公司自成立以来还一直积极参与医药领域的公益性活动，不断支持公益及慈善事业。正如"科研为本，健康予人"是默克公司的价值观与行为准则，默克一直恪守崇高的职业道德操守，致力于优质的专业服务，并通过优良的管理，为病人带来最具价值的医药。同时，默克以其强烈的社会责任意识和慈善之举为构建和谐社会作出了不可磨灭的贡献。

案例使用说明

一、教学目的与用途

1. 本案例适用于管理学中企业社会责任相关内容的讲授。

2. 本案例的教学目的是引导学生了解到企业社会责任的一些表现形式，让学生形象地认识到企业在生产经营过程中，不但要考虑到企业利润，还要考虑到对消费者、对环境、对社会的贡献。

二、启发思考题

1. 请你结合本案例，谈谈默克在哪些方面体现出了高度的企业社会责任感？

2. 如果你是默克公司的董事长，在河盲症事件中你会坚持河盲症药的研制吗？为什么？

3. 默克为什么要出版《默克诊疗手册》、《默克索引》、《默克家庭诊疗手册》等书，你如何理解这种行为？

诺和诺德的"三重底线"

摘要：市场经济条件下，企业在社会中负担着越来越重要的责任。一个成功的企业在发展过程中如何摆正企业与社会的关系，如何发挥企业的社会责任，这些都是现代企业需要深思熟虑的问题。本案例以专注于糖尿病患者健康的诺和诺德的发展历程为例，阐述其在社会责任方面作出的杰出贡献。一家著名的跨国制药企业如何使企业盈利、社会责任、环保责任三者完美统一，企业到底应该肩负起哪些社会责任，担负起这些社会责任后，又将给企业带来什么影响，都将在此案例中有所解答。

关键词：糖尿病；技术；环保；诺和诺德

引言

88 年，对于一个制药企业来说不能算悠久，然而就有这样一家制药企业，仅用 88 年的时间就成长为世界糖尿病领域引领者，它就是诺和诺德。

在 1923 年克劳格夫妇设立诺德胰岛素实验室至今的 88 年时间里，诺和诺德一直专注于其单一的产品线之路。与其他跨国制药巨头丰富的产品线不同，诺和诺德的产品相对单一，主要集中在糖尿病治疗领域，其胰岛素产品在欧洲、北美、日本等地区，都占据绝对领先的地位，市场占有率达到 60% 以上。

总部位于丹麦哥本哈根的诺和诺德公司拥有世界上人胰岛素的最大市场份额，现今在全球 74 个国家设有分支机构，7 个国家设有生产厂。截至 2010 年年底诺和诺德员工超过 3 万名，销售遍及 179 个国家。

1 诺和诺德的历史

诺和诺德公司的历史最早可追溯至 1923 年，其 88 年来一直是世界糖尿病研究和药物开发领域的主导力量。

诺和诺德的创始人奥古斯特·劳格是一位获得过诺贝尔生理学奖的大学教授，他的妻子则是一名患有糖尿病的医生。1922 年，二人去美国旅游时，偶尔得知有两位加拿大科学家能够从牛胰腺中提取胰岛素，用于治疗糖尿病。克劳格夫妇俩对此非常感兴趣，取得了生产许可后，他们于次年春天在丹麦成立了诺德胰岛素实验室（即诺德公司），这便是诺和诺德企业的雏形。

随着不断地发展与壮大，诺德公司吸纳了不少新鲜血液，工程师哈罗德·佩得森和他的弟弟托瓦尔德·佩得森便是其中两位。然而，弟弟因与公司领导相处不洽而被迫辞离。出于兄弟情谊，哥哥也递交了辞呈，并与弟弟一起成立了自己的公司。1924 年，他们也成功生产出胰岛素，并将公司命名为"诺和实验室"（即诺和公司）。至此，丹麦拥有两家胰岛素制造领域先导公司。在此后 65 年并驾齐驱、竞争激烈的发展过程中，"诺德"和"诺和"公司一直运用国际最前沿的生物研究方法，不断推陈出新，开发其他产品，实现各自的多样化发展，并双双成为这一领域的先驱。

1989 年，"诺德"和"诺和"两家公司决定合并重组，同心协力开发糖尿病治疗新产品，征战国际市场，由此，诺和诺德公司诞生了。

2000 年，诺和诺德公司为了扩大公司在相应专业领域的领先优势，决定再次进行结构调整，于是便形成了在世界制药领域占据重要席位的诺和诺德公司。

说到诺和诺德在中国的发展，早在 1962 年，诺和诺德的产品就已经进入中国市场。但是直到 1994 年董事会才通过了中国战略投资计划，建立了诺和诺德（天津）

生物技术有限公司。

2002年，诺和诺德在北京成立了中国研发中心，这是跨国制药企业第一次在中国设立的致力于生物技术基础研究的研发中心，也是诺和诺德在丹麦本土以外设立的第一家研发中心。直到7年后，诺和诺德的全球第三个研发中心才在西雅图成立。

2008年11月，诺和诺德做了公司成立80多年来在欧洲以外的最大一项单笔投资——斥资3.81亿美元在天津建立了一家全球最大的胰岛素制剂与灌装生产厂。

如今，诺和诺德公司已经成为世界胰岛素治疗领域重大发明的先锋，在行业内拥有最为广泛的糖尿病治疗产品，其研制的先进胰岛素给药系统产品包括：人胰岛素、速效胰岛素制剂、长效胰岛素类似物。可以说，诺和诺德公司的研发史同时也是人类利用胰岛素治疗糖尿病的历史。

2 专注糖尿病

据世界卫生组织的统计，目前全球共有1.5亿糖尿病患者，预计到2025年，这一数字将达到3亿。

在不少医药企业的负责人看来，单靠制药、卖药是维持不了公司的长期发展的，因为投入太高、收益太慢，他们或多或少都会涉足资本领域，甚至靠在其他业务上的投资收益来补贴制药主业。诺和诺德88年来心无旁骛，不但一直坚持主攻糖尿病治疗领域，而且还坚持大比例的研发投入。

"80余年来，我们的主攻领域一直是糖尿病治疗。目前，全球糖尿病患者正在增加，这对我们来说是机遇。"

诺和诺德的CEO拉斯·雷宾·索睿森认为，目前诺和诺德的工作重心是进一步开发针对选择胰岛素注射治疗的患者市场。"同行要进入这一市场是有障碍的，成本很高，他们必须投资厂房、设备，并与医生和病人建立关系，但对于我们来说，这一领域很有发展潜力。"

诺和诺德在不断研发并推出好产品的同时，还致力于为糖尿病患者提供糖尿病知识，普及糖尿病教育。在诺和诺德过去88年的历史中，随着科技的进步和胰岛素产业的变化与更新，诺和诺德一直在努力推动糖尿病防治事业的发展。目前诺和诺德拥有全球最全的与糖尿病产品相关生产线，从人胰岛素到胰岛素类似物，再到更为方便的特充，还有符合中国实际情况的笔芯。诺和诺德将致力于陆续推出新产品，力争让患者享受更好的生活质量。

在中国，新医改政策的推行让作为慢性病的糖尿病患者的治疗更多转移到了社区医院。诺和诺德再次先行一步，将胰岛素产品的有效期从市场通行的24个月提高到了30个月，且使用中的胰岛素可以在30摄氏度以下的室温保存。无疑，这样的产品更加适合社区医院对于慢性病的常规治疗。

诺和诺德不仅帮助政府普及糖尿病知识，提供产品，甚至在西藏还推广糖尿病教育，建立糖尿病防治的基础治疗设施，为此，公司投入了大量人力、物力。在那里，诺和诺德是第一个招收藏族员工的国际制药公司。同时，中国已经成为诺和诺德在全球销售的第三大战场，在诺和诺德全球市场中居于非常重要的战略地位。吸引诺和诺德的是，目前中国的糖尿病患者人数已达到 4300 万，位居世界第二，与糖尿病治疗相关的药物销售额达 750 亿元，这些数字对其他跨国制药企业们也有着强大的吸引力。另一方面，形势也不允许诺和诺德有丝毫迟疑。近年来，除诺和诺德之外，礼来、诺华等多家跨国制药企业也都对中国市场进行了大笔投资。2008 年底，礼来在上海建立了中国研发总部，其苏州工厂规模也将扩大一倍；几乎与此同时，诺华制药亚洲最大的研发中心也正在动工，并预计在今后五年增加 5 倍的销售人员。残酷的竞争面前，诺和诺德不会怠慢，索文森再次承诺将对中国研发中心增加一倍的投人。

3 技术至上

"技术至上"一向是诺和诺德的传统，公司每年营业收人的 17% 被用于研发。2008 年，诺和诺德公司的研发投人达到 15 亿美元，即使在以大投入著称的国际医药行业里这个比例和数字也是相当高的。目前，在全球，诺和诺德的研发人员超过 3000 名，占到员工总数的 19%。

当大多数同行还在攻克胰岛素提纯技术时，先行一步的诺和诺德已经将注意力放到了对患者的研究上，发明了胰岛素注射笔，这项里程碑式的技术为诺和诺德带来了一片新的蓝海。目前，在欧洲和日本，大约有 80% 的糖尿病患者使用胰岛素注射笔。

除了在糖尿病药物研发方面不吝投入，诺和诺德在新能源方面也走在前列。2007 年 5 月，诺和诺德与丹麦最大的能源公司 DONG 公司签署跨领域协议，DONG 公司负责帮助诺和诺德找到节能新途径，而诺和诺德则从 DONG 公司购买生产用的绿色风能发电场。二者计划建立丹麦最大的风能发电场。诺和诺德的目标是：到 2014 年，其在丹麦所有工厂的生产都将依靠可再生能源。

经过这样的转换，与 2008 年相比，到 2014 年，诺和诺德公司整体的能源消耗，即二氧化碳排放量将下降 10%。这个数字似乎不够大，但有测算显示，如果不做这个能源转换，诺和诺德的二氧化碳排放量，根据现在的增长速度，到 2014 年应该是现在的 10 倍。因此这个下降 10% 的数字其实等同于 90% 多。

诺和诺德也是一家十分注重环保的制药企业。现在诺和诺德全球接近 90% 的药品生产都在丹麦，主要是原始材料，比如胰岛素以及胰岛索的干粉结品。这里面就有环境保护的成分，比如生产胰岛素需要经过大量发酵，发酵出来的废品公司加工成肥料送给当地的农民，而废水经过处理后成为公司的工业用水和取暖用水，甚至还能够养鱼。

无论是与赚钱紧密相关的研发，还是离企业经营相对远一些的绿色目标，这些细节成就了现在的诺和诺德。

4 "三重底线"原则

诺和诺德公司自成立以来就有着非常强烈的价值观,这个价值观主要表现在以下几个方面:一是诺和诺德是一家负责任的公司,二是诺和诺德是一家公开和坦率的公司,三是诺和诺德是一家对社会和股东承诺的公司,公司信守自己的承诺,一直以来都在遵守公司自己的价值观。

表3-1 诺和诺德公司的发展之道

类型	内容
宗旨	专注糖尿病治疗领域的胰岛素开发和生产
价值观	通过以患者为中心的经营方式来创造价值
	设定远大的目标并追求卓越
	注重财务、环境和社会表现
	不断创新,为利益相关方创造价值
	与主要利益相关方建立和保持良好的关系
	尊重每一个人
	注重员工个人业绩和发展
	有一个健康且富有吸引力的工作场所
	优化工作方式,并力求简单
	在质量和商业道德方面从不妥协
"三重底线"原则	实现企业的财务盈利、社会责任和环境责任三者的统一

对于诺和诺德的发展,这样的一个"三重底线"原则也起到了十分重要的作用。重底线原则即在做某一项业务决定时,要同时实现企业的财务盈利、社会责任和环境责任,并要求员工在每一项日常工作中都综合评估这三大因素。实现财务的盈利不是诺和诺德的惟一目标,同时也要在各自经营的地区乃至全球充分兑现诺和诺德关于可持续发展的承诺。

诺和诺德大概从50年前就开始执行"三重底线"原则。公司在决策方面通常都能够平衡其"三重底线"原则,就是在看到财务增长的同时能兼顾到环境和社会责任。另外,对于业务,诺和诺德也通常更为关注长远的发展。诺和诺德以十年为一个时间点看未来的发展,当把一个事情放长远去看的时候,通常做这个平衡会相对容易一些。

1993年,诺和诺德发表了第一份环境报告,这也是历史上第一家公司发表这样的一个报告。诺和诺德希望同社会、同环境成为一个和谐的整体,同时希望被人尊重、被人信任,诺和诺德相信当诺和诺德被人们尊重和信任以后才可以更好地做公司的业务,才能够更好地开展公司的工作。

此后,诺和诺德公司每年都会作出关于"三重底线"的报告,报告里除了公司每一年的财务年报以外还会记录公司在社会责任方面和环境责任方面所做的工作。

公司财务方面的年报每年都是经过 PWC① 的审计才发布。同时公司在社会责任和环境方面的报告也是由一些相关的机构来认证的，比如说，公司在环境方面有关的数据和事实会通过道琼斯的报告。这些机构会在可持续发展方面给各种公司做一些评估，在所有的这些有关社会责任的报告或者是评估的机构里面，它们对诺和诺德的评价都是最高级别的。

诺和诺德公司全球执行融总裁金丽飒曾这样评价公司的"三重底线"原则："诺和诺德相信有这样一个平衡的"三重底线"，并会持续地坚持下去，让我们的员工感觉到为这样一个公司工作很值得自豪和骄傲，这将是我们公司得以持续发展的一个基础。诺和诺德公司 50 年来发展一直非常成功稳健，公司的股票也一直在上涨，2006 年的时候公司的股票已经超过了美国和欧洲的制药公司，上涨了 54%，这个增幅是非常大的。我们认为之所以能取得这样的成就，就是因为我们公司是一个负责任的公司。"由此可见，诺和诺德将企业的社会责任放在了多么重要的位置。

5 尾声

诺和诺德公司一直在为"开发中国这一诺和诺德最具潜力的市场"而努力，争取成为"中国公认的生物技术领域先导，营造一个充满挑战的工作环境"。

2012 年，诺和诺德斥资 3.8 亿美元在天津建立的全球最大胰岛素制剂与灌装生产厂即将投产。未来几年，诺和诺德对中国市场的重视程度还将不断加强，诺和诺德全球 CEO 索文森也对中国市场充满信心："中国现在已经是仅次于美国和日本的诺和诺德全球第三大市场。下一步中国肯定会超过日本，五年左右，甚至更快。"

案例使用说明

一、教学目的与用途

1. 本案例适用于管理学企业社会责任、战略管理等内容的讲授。

2. 本案例的教学目的是让学生认识到企业社会责任的一些表现形式，并在此基础上联系诺和诺德的案例，让学生思考企业应该如何更好地实践社会责任，同时企业在实践社会责任过程中给企业带来的影响。

二、启发思考题

1. 在社会责任方面，诺和诺德公司有哪些地方值得借鉴？

2. 企业追逐利润与承担社会责任是否矛盾？请你谈谈自己的看法。

3. 请你谈谈，为什么"三重底线"原则对诺和诺德的发展有重要作用？

---

① PWC：Price Waterhouse Coopers 的简称，即普华永道国际会计公司，是由六大会计事务所中规模最小但声望最高的 Price Waterhouse（普华）与 Coopers & Lybrand（永道）合并组成的。

达菲的"专利堡垒"争议

摘要：企业有追求利润的使命，同时也有承担社会责任的义务。作为有道德感的医药企业，不能堕落成资本的奴隶、赚钱的机器，而要成为对社会、对民众有益的公益人、支持者。本案例涉及了与罗氏公司有关的"达菲事件"，从这个事件中透露出制药企业应该负担的一些企业社会责任。尤其对于医药企业来说，只有处理好企业利润与社会责任之间的关系，企业才能够有长远的发展。

关键词：达菲；罗氏；强制许可

引言

成立于 1896 年的罗氏制药是以研发为基础，以创新为驱动的一家大型医疗公司。作为全球最大的生物技术公司之一，罗氏在抗肿瘤、抗病毒、炎症、代谢和中枢神经系统领域拥有切实有效的差异化药品；同时罗氏也是体外诊断和肿瘤诊断的市场领导者。

20 世纪初，公司就开始了国际业务的扩展。60 年代初期，公司推出的镇静剂 Libriu 和 Valiun，使得公司名声远扬。罗氏早在上世纪 20 年代就进入了中国市场，并于 1994 年成立了在中国的第一家合资企业——上海罗氏制药有限公司。

如今罗氏致力于不断创新，为患者提供更多更有效的新药品。罗氏药品部所拥有的众多优秀产品均已成为药物治疗领域的里程碑，也正是基于此，奠定了罗氏在全球医药市场的领导者地位。

1 罗氏发展史

罗氏制药公司成立于 1896 年，总部位于瑞士巴塞尔，在制药和诊断领域居于世界领先位置。

20 世纪初，罗氏公司受到第一次世界大战和十月革命的影响，开始了国际业务的扩展。

1929 年，公司在美国新纳西州的纳特利开始建立制造和研究设施。30 年代，罗氏公司的化学家们合成了维生素 C，随后又合成了多种维生素，对人类的健康产生了重大影响。

20 世纪 50、60 年代，公司通过大力拓展国外市场和加快研究开发来促进公司的发展。此外，公司继续实行多样化经营，先后增加了维生素和香水生产等业务。

1984 年 4 月，罗氏实行结构改组计划，以降低生产成本并提高市场占有率。同年 6 月，公司开发的 Roferon① 获美国食品与药品管理局批准销售使用，成为该公司

---

① Roferon：1984 年罗氏研发生产的一种抗肿瘤药品。

历史上具有里程碑意义的事件。1987 年，罗奇控股公司在美国注册成立。1990 年，罗氏公司花费了 20 多亿美元购买了基因泰克公司 60% 的股份，引起轰动，标志着公司进入了生物技术领域。1991 年，公司购买了尼古拉实验室，从而在欧洲的非处方药品市场上占据了更大的份额。

20 世纪 90 年代后半期，公司进一步大举兼并，同时以更快的速度推出新的产品。如 1997 年获得 Corange 公司，1999 年完全拥有基因泰克公司等等。

2010 年，罗氏全球的员工数量已超过 80000 名，研发项目投资超过 90 亿瑞士法郎。罗氏集团全球销售额达到 475 亿瑞士法郎。美国的基因泰克公司是罗氏全资拥有的集团成员之一，此外罗氏也是中外制药株式会社的控股方。

罗氏与中国的关系可谓源远流长，早在 20 世纪 20 年代罗氏就已进入中国市场，1926 年成立了上海办事处；1961 年在香港设立分支机构；1984 年罗氏重返中国大陆市场，并于 1994 年成立了在中国的第一家合资企业——上海罗氏制药有限公司。上海罗氏制药有限公司总投资额 6235.7 万美元，致力于肿瘤学、病毒学、移植学等关键治疗领域，努力从根本上改善人们的生活质量。

随着 2004 年底罗氏研发（中国）有限公司的成立和 2007 年罗氏药品开发中国中心的开幕，罗氏在华建成了包含研究、开发、生产、营销等环节在内的完整的医药产业价值链。

2008 年罗氏厂区扩建项目的启动和亚洲药品合作部在上海的成立，进一步体现了罗氏致力于在中国发展的长期承诺。

2009 年 9 月 1 日起，罗氏制药亚太地区总部落户上海，罗氏药品开发中国中心也升级为罗氏药品临床研发亚太中心。

然而，就是这样一家国际著名的跨国医药企业，却在近几年的禽流感抗击战中因达菲这一药品而备受争议，让我们来看看这个"达菲事件"的始末。

2 肆虐的禽流感

在过去 100 年间，给人类带来巨大灾难的病毒有三种，分别是：导致西班牙流感的 H_1N_1 型[①]、导致亚洲流感的 H_2N_2[②] 型，以及导致香港流感的 H_3N_2[③] 型。H_5N_1[④]

---

① H_1N_1：是病毒名称的缩写，其"H"指的是血球凝集素（hemagglutinin）、而"N"指的是神经氨酸酶（neuraminidase），两者都是病毒上的抗原名称。H_1N_1 代表：具有"血球凝集素（hemagglutinin）第 1 型、神经氨酸酶（neuraminidase）第 1 型"的病毒，它的宿主是鸟类和一些哺乳动物。

② H_2N_2：是病毒名称的缩写，H_2N_2 代表具有"血球凝集素（hemagglutinin）第 2 型、神经氨酸酶（neuraminidase）第 2 型"的病毒，H_2N_2 型病毒出现后，H_1N_1 型病毒即在人群中消失。

③ H_3N_2：是病毒名称的缩写，H_3N_2 代表具有"血球凝集素（hemagglutinin）第 3 型、神经氨酸酶（neuraminidase）第 2 型"的病毒。

④ H_5N_1：是病毒名称的缩写，H_5N_1 代表具有"血球凝集素（hemagglutinin）第 5 型、神经氨酸酶（neuraminidase）第 1 型"的病毒。H_5N_1 为卫生部新传染病防治法中规定报告的法定传染病，又称人感染高致病性禽流感。

型病毒是一种能够与它们相提并论的强毒型病毒。经过近几年的研究，联合国粮农组织指出，H_5N_1 这种可以通过家禽传染给人类的高致病型禽流感病毒在近几年有不断扩散的趋势。

自 1997 年 8 月，香港报告了全球首个感染 H_5N_1 禽流感病毒死亡的病例以来，几乎每年都有人类感染 H_5N_1 病例的出现。2005 年的夏天，那汹涌而来的禽流感对全球人类的健康产生了挑战。H_5N_1 病毒是三种病毒中最具毒性也最致命的禽流感病毒，是鸟类传染给人类的第一种 H_5 类型的病毒，2005 年，世界卫生组织立即向全球发出警告，如果禽流感病毒无法得到控制，200 至 700 万人将会因此丧命。禽流感的爆发，在全球引起了恐慌，如何研制出防治禽流感的疫苗和药品成为当时社会的焦点。全世界的科学家当时争分夺秒希望开发出一种能够抵御 H_5N_1 的疫苗，但由于受批准时间和病毒变异的影响，研发结果并不理想。而在抵御禽流感的众多抗病毒类药物中，最为有效的当属罗氏公司生产的达菲。不管是从实验结果，还是临床结果来看，都表明罗氏的达菲是抗禽流感的最有效药物。

3 罗氏的达菲

达菲，又名特敏福、克流感，是一种由瑞士罗氏制药公司生产的药品。由于它在抑制 H_5N_1 型禽流感上的奇特效力，因此随着 H_5N_1 型禽流感在全球范围的肆虐而声名鹊起。

3.1 达菲的研发历程

达菲的设计可以一直追溯到 20 世纪 40 年代，并且完全是在现代生物学和化学的指导下设计出来的。当时纽约洛克菲勒研究所的科学家发现，流感病毒在低温条件下能让红细胞凝聚起来；但是加热到 37 摄氏度时，聚集的红细胞就分开了，病毒也脱离了红细胞。后来人们发现，让红细胞聚集起来的是流感病毒表面上的一种蛋白质，这种蛋白质就被叫做血凝素，它和细胞表面上一种叫唾液酸的糖分子结合，让病毒能够混进细胞里去。使病毒脱离细胞的是病毒表面上的另一种有酶的活性蛋白质，它能水解唾液酸。唾液酸是神经氨酸的衍生物，所以这种酶就叫做神经氨酸酶。

神经氨酸酶对流感病毒的繁殖至关重要。流感病毒入侵细胞，制造出许多新病毒后，新病毒还通过唾液酸和细胞连接在一起，要靠神经氨酸酶水解唾液酸，切断新病毒和旧细胞的联系，新病毒才能去入侵其他细胞。因此，如果能够发现一种药物抑制住神经氨酸酶的活性，病毒将无法感染新的细胞，也就抑制住了病毒的繁殖。

1983 年，澳大利亚分子生物学家破解了神经氨酸酶分子的立体结构，发现它是由 4 个一模一样的部分组成的，形状就像一个"田"字，正中央是个窟窿，那就是和唾液酸结合、将它水解的地方。通过一系列的研究，澳大利亚研究人员尝试把羟基换成带正电的基团，最终发现换成胍基最有效，能够有效抑制神经氨酸酶的活性。1989 年，研究人员合成了这种带胍基的唾液酸类似物，取名扎那米韦，经过临床试验证明它确实能够有效治疗流感后，1999年该产品被美国食品药品管理局批准上市，商品名叫"乐感清"。

但是"乐感清"正由于带了胍基，不能口服，只能做成粉末喷剂吸入到肺里起作用，这种方式不符合人们的用药习惯。1992年，美国研究人员找到了新的设计思路，发现唾液酸分子上有一个位置和神经氨酸酶的窟窿没有接触，窟窿具有疏水的性质，如果在唾液酸分子的这个位置添加一个疏水基团，就能解决这个问题了。研究人员据此在计算机上设计出了600多种化合物，在1995年底发现其中代号GS4071的化合物能强烈地抑制神经氨酸酶的活性。但是GS4071和乐感清一样没法被肠道吸收。于是研究人员对它再进行了改造，把其中的羟基变成乙酯，解决了口服吸收的问题。这种新的化合物取名奥司他韦，经过临床试验后，1999年奥司他韦被美国食品与药品管理局批准上市，商品即叫做达菲。

3.2 达菲具有奇效

随着禽流感疫情在全球蔓延，罗氏公司生产的达菲因在实验中显示出抑制H5N1型禽流感的效力而一改昔日的默默无闻，备受社会关注。WHO宣布，瑞士罗氏制药公司生产的达菲，可作为治疗禽流感的有效药物。

达菲对禽流感的治愈具有奇效。与市场上随便买得到的感冒药不同，它们都是镇痛、退烧、通鼻塞等缓解感冒症状的药物，只是"治标不治本"的感冒药，而达菲则能够"治本"，有效抗击流感病毒。达菲不是第一种抗流感病毒的药物，却是用得最多的、最著名的抗流感病毒药物。

有研究表明，奥司他韦口服后经肝脏和肠道酯酶迅速催化，转化为其活性代谢物奥司他韦羧酸，奥司他韦羧酸的构型与神经氨酸的过渡态相似，能够竞争性地与流感病毒神经氨酸酶的活动位点结合，它通过干扰病毒从被感染的宿主细胞中释放，从而减少甲型或乙型流感病毒的传播。

3.3 储量不足且价格高昂

依据2005年世界卫生组织关于储备达菲的建议，各国至少应该买足总人口20%~25%使用的药剂量，但当时美国拥有的达菲储量却不到总人口的1%，储量较多的日本也只有准备总人口12%的药剂量，而对于中国，储备量就更差得更远了。

同时，作有效的甲流治疗药物之一，各国都在积极收购达菲，这使得达菲身价倍增。在全球著名的竞拍网站——美国电子港湾公司，达菲胶囊的交易价格竟然达到了每粒17美元。在中国，罗氏生产的达菲也价格昂贵，市场上达菲价格一般在276元到300元一盒，每一盒10粒，为一个疗程，且一般药店都不出售，多数用于医院治疗甲流患者。

因此，市场需求的飙升使得达菲全球惟一的生产和销售方——瑞士罗氏公司大发了一把流感财。据美联社的报道称，达菲2001年的全球销售额仅7600万美元，而2005年这一数字已飙升至7亿美元。越来越多的国家正在将大把的钞票用于囤积达菲以安抚国民。面对如此巨大的经济利益，罗氏公司却紧紧抓住其全球惟一的生产和销售权，遭到了许多舆论的诟病。

4 罗氏的两难境地

受产能限制，达菲全球供应吃紧。当禽流感从亚洲席卷世界时，各国为平息国民的恐惧，加大了对达菲的储存。而达菲的惟一生产厂家瑞士罗氏产能已跟不上需要。在此情形下，各国力图自己生产达菲。包括联合国秘书长安南、美国国会参议员在内的各方声音，都要求罗氏放弃达菲的专利权，向制药公司发放生产许可证，以保证达菲的足够产量。至此，有关达菲专利权的许可问题，成为事态发展的焦点。

此时，罗氏面临两种选择：其一，主动降低专利许可的条件，授权更多国家生产达菲，以满足各国需要；其二，被动接受各国开出的强制许可条件，以更低的费用许可其他国家生产达菲仿制药。

然而，罗氏制药公司考虑到如果允许其他制药企业进行达菲的授权生产，会迅速加大达菲的产能，同时，降低达菲的市场价格，甚至可能会使降幅超过一半，在目前达菲的国际市场价格节节攀升、一药难求的情况下，罗氏基于利益关系方面的考虑，对达菲的授权生产一直没有明确回复。考虑再三，在2005年10月12日，罗氏制药集团发言人克劳泽尔宣称，该集团决不允许别的公司生产抗流感药物达菲。

罗氏集团所用的达菲药品生产专利证有效期至2016年才结束，此种专利保护是为了保证制药公司巨额研发投入得到回报，在没有回收获利之前，罗氏不可能轻易放手。出于高额利益的原因，罗氏不愿意砍断达菲这棵摇钱树的行为也就不足为怪了。

5 强制许可的规定

尽管达菲的供应已经出现短缺，但拥有达菲专利的罗氏公司以生产工艺既复杂又耗时、药品质量要求高等理由，拒绝放弃专利权。对于以营利为目的商人，用良心和社会责任来要求其放弃权利，看起来有点痴人说梦。剩下的办法就只能是利用法律，运用正当的程序来战胜禽流感了。由于达菲从其基本组分—诞生起，就被用专利这种武器保护了起来，并且通过国际申请将这种保护延伸到了世界上的许多国家。因此，专利法中规定的强制许可制度便跃入眼前，成为当时最有效、也最切实可行的方法。

强制许可是在《保护工业产权巴黎公约》中确立的一项旨在防止专利权人滥用专利权、阻碍发明创造的实施和利用，继而阻碍科学技术进步与发展的基本原则。WTO知识产权中第31号条款也有对"强制许可"的规定。该条款规定，若成员国面临国家紧急危难，且不为商业用途时，则不用与拥有专利权者协商，只需在合理的实际情况允许下"告知"拥有专利权的厂商，便可使用此专利。

中国卫生部部长高强则在渥太华"全球流感大流行准备——卫生部长级国际会议"上提醒罗氏公司：面对可能发生的禽流感病毒流行，援助与支持是相互的，任何国家和企业对其他国家的支持，同时也是对自己的支持。让小利而求大义，是对全人类的贡献。他的发言得到了与会国家代表的热烈欢迎。

在联合国秘书长安南的努力下，在专利应"靠边站"的言词和世界各方压力下，罗氏这个曾经宣称要捍卫药物专利期到 2016 年的达菲独家制造者，其态度逐渐松动，从断然拒绝到向政府提供信息，开始考虑向通过认证的企业发放达菲的生产许可证，以满足市场的渴求。

2005 年，10 月 18 日，罗氏公司终于公开宣称同意将达菲专利权以"再许可"的方式给有兴趣生产此药的政府和企业，并提供生产技术上的合作。同时表示，公司计划在 18 个月内将自身达菲的产量提高 8－10 倍。

据《华尔街日报》网站在 2005 年 10 月 28 日的报道，瑞士罗氏公司初步放开了达菲的生产权，并启动了接受企业申请和罗氏"合作生产"的制度。罗氏的首张生产授权书出人意料地交给了巴尔干小国—塞尔维亚的国内知名制药商 Galenika。

2005 年 11 月 7 日，罗氏公司透露，有多家制药公司向它提出获得生产达菲药品权利的要求。罗氏正与其中 8 个制药公司商谈生产达菲的问题。11 月 8 日，上海医药集团股份有限公司表示，罗氏公司承诺全力提供技术支持，帮助上药集团生产达菲。

"达菲事件"终于落下帷幕，来自国际社会对于其尊重公共健康的呼吁是罗氏迅速转变的重要原因。此外，尽管 WTO 知识产权规定其拥有达菲的专利权，但专利产权第 31 条"强制许可"的规定也成为了禽流感危机下解决类似"达菲事件"的法律依据。

6 尾声

疾病与灾难常常是制药者或从医者名利双收的机遇。作为一个国际性医药巨头企业，考量得失利弊后的罗氏公司必然会走向放开达菲生产这一步，在保持高额收益的同时，更应该将患者的利益放在重要的位置。从另一个方面来说，维护大众的身体健康，促进全球医药事业的大发展，这才是所有医药企业的共同责任。

案例使用说明

一、教学目的与用途

1. 本案例适用于管理学企业社会责任、企业文化等内容的讲授。

2. 本案例的教学目的是让学生认识企业社会责任的重要性，使学生感悟到不管是对企业来说还是对社会来说，企业社会责任都有着重要的意义。

二、启发思考题

1. 罗氏公司在"达菲事件"中犯了什么错误？。

2. 如果你是罗氏公司的董事长，在"达菲事件"发生之后，你会通过什么样的措施挽回公司的声誉？

浙江医药的绿色发展之道

摘要： 企业社会责任是企业形象的一种表现方式，决定着企业能否可持续地发展壮大。对于一家企业来说，如果这种责任能够壮大企业生产，那么领导和管理在一定层面上来说就是成功的，企业的生存和发展才有长远的希望。本案例以浙江医药的绿色医药发展之道为例，重点阐述其在承担社会责任的情况下，在企业创新、环保方面所作的杰出努力和贡献。

关键词： 环保；可持续；浙江医药

引言

浙江医药股份有限公司（以下简称"浙江医药"）是于 1997 年 5 月 16 日成立的浙江省第一家大型跨地区联合企业，主营化学原料药及其制剂产品的研制、开发、生产销售与药品的批发零售，主要生产维生素、氟喹诺酮、抗生素等几大类化学原料药及制剂产品。

经过两年的努力，1999 年，浙江医药在上海证券交易所挂牌上市。2001 年，浙江医药与世界大型化工公司巴斯夫达成生物素供货协议。2006 年，浙江医药商业公司与默沙东联合形成国内战略合作伙伴。2007 年浙江医药技术中心晋升为国家级企业技术中心，国家人事部颁发的博士后流动工作站也在此落户。

目前，公司注册资本为 45006 万元，资产总值 17.5 亿元，其中净资产 6.3 亿元，固定资产 8.7 亿元。浙江医药已经形成了脂溶性维生素、类维生素、喹诺酮类抗生素、抗耐药菌抗生素等系列产品的专业化、规模化生产。其公司维生素 H 产销量全球第一，辅酶 Q10①、合成维生素 E 产销量全球第三，这些使得浙江医药成为一家规模庞大，资金及技术实力雄厚，对全球市场具有影响力的医药制造企业。

1 浙江医药简况

浙江医药成立于 1997 年 5 月 16 日，由原浙江省医药行业三大骨干企业浙江新昌制药股份有限公司、浙江仙居药业集团有限公司、浙江省医药有限公司组建为集团公司，成为浙江省企业强强联合的成功典范。

1999 年 8 月经中国证监会核准，浙江医药向社会公开发行了人民币普通股 A 股 5800 万股，同年 10 月在上海证券交易所挂牌上市。

公司一贯坚持科技创新，每年在新产品和新技术的研发上，都会投入大量人力、财力，公司下属的医药研究院和上海来益生物技术研究中心是公司科技发展的动力

---

① 辅酶 Q10：它是一种脂溶性抗氧化剂，辅酶 Q10 是人类生命不可缺少的重要元素之一，能激活人体细胞和细胞能量的营养，具有提高人体免疫力、增强抗氧化、延缓衰老和增强人体活力等功能。

之源，拥有十余名博士和数十位硕士毕业生，国家人事部颁发的博士后流动工作站也在此落地。近年来，众多新产品纷纷上市，其中盐酸万古霉素、提考拉宁等均为国内首创，已初步取得经济效益，将成为公司新的经济增长点。公司非常注重营销网络的建设，在公司成立后，进一步整合了营销资源，完善了工商一体的全国营销网络，产品不仅在国内畅销，还远销欧美。公司正继续加大技改力度，降低成本，提高技术含量，以便更好地参与到国内医药市场的竞争行列中去。

目前，浙江医药已是浙江省政府重点培育的 18 家大型集团之一，现拥有新昌制药厂、维生素厂、药业公司、浙江来益生物有限公司、上海来益生物药物研究开发中心等多家核心企业和子公司；职工 4000 余人，其中各类专业技术人员 1600 余人，占人员总数的 40% 以上，高中级职称 300 多人。同时，公司拥有国家级企业技术中心、国家人事部颁发的博士后流动工作站。今天，浙江医药的品牌、信誉、产品质量在全球享有盛誉，理论创新、管理创新、机制创新、技术创新等创新之魂也已渗透在企业经营体系之中。

自 1986 年以来，浙江医药以年均 25% 的速度持续快速稳定发展，在行业中被喻为"常青树"。下属新昌制药厂和维生素分厂是国家喹诺酮类药物及脂溶性维生素的生产基地，著名品牌产品来立信（左旋氧氟沙星乳酸盐）、来益（天然维生素 E 软胶囊）以及合成 VE①、利福平、吉它霉素等产品的市场占有率居全国之首。其中，新昌制药作为上市公司浙江医药股份有限公司的主体企业，虽然地处浙中偏僻山区，但在全球的医药行业中却是赫赫有名。

2 创新精神的贯穿

2.1 勇于创新的掌门人

在市场风雨的磨练中，浙江医药脱颖而出，其成功的要素之一是企业的强大领导力，优秀的领导人对企业的发展有着举足轻重的作用。

浙江医药炼就出了一批有事业心、正直、有魄力、敢冒风险、极具创新能力和高效组织能力的领导团队，而且这个领导团队的成员都是在这个大家庭中成长起来的，他们具有很强的决策能力，并懂得如何保证战略目标的实现，这些都体现了管理者厚积薄发的功力。55 年企业经营与管理的实践结果说明，浙江医药的领导团队敢于创新，敢做"第一个吃螃蟹的人"，不断创新思维、创新理念、创新思想，指导企业腾飞。

1997 年，浙江医药的领导人通过 3 个多月的调查，适时提出了"二次创业"的构想，其主题就是"131 工程"（即一切以经济效益为中心，坚持产品开发、市场开发、人才开发、加强科学管理）。在"131 工程"的实施中，"三高二低一结合"（即高科技含量、高附加值、高市场占有率、低消耗、低污染、原料药产品上规模与制

---

① VE：即维生素 E，又名生育酚或产妊酚，在食油、水果、蔬菜及粮食中均存在。

剂产品上档次相结合）的产品开发计划应运而生。经过 6 个月的市场筹划，总投资 3500 万元庞大市场开发计划通过科学论证开始实施。浙江医药开始从简单仿制到"仿创结合，以仿为主"，继而以从"仿创结合，以创为主"到举旗进军原创性专利药物领域。

2.2 浙江医药的创新理念

浙江医药将创新的理念渗透到了战略经营的过程中去，产生了许多为社会所关注的管理思想，其中最为著名的有开门论、一线二线转换论、够本论、新木桶理论。

开门论：人家在搞计划经济的时候，我们要开前门，堵后门；人家在开前门的时候，我们要开大门；人家开大门的时候，我们就拆围墙。

一线二线转换论：在市场经济模式下，企业领导、科技人员、管理人员、销售人员是第一线，生产工人是第二线。企业利润主要是由三方面获得：首先是企业领导的决策与管理，其次是科技开发、财务开发与管理，然后是工人按严格的技术管理，生产优良产品。决策层和科技人员决定着企业的命运，包括工人的生计。

够本论：不要求每个科技人员都出成果，十人中有一人出成果就够本；不要求科技人员一辈子为企业做好事，只要每个人做一二件好事就够本。

新木桶理论：一只木桶能够装多少水，不仅取决于每一块木板的长度，还取决于木板间的结合是否紧密。如果木板间存在缝隙，或者缝隙很大，同样无法装满水，甚至一滴水都没有。新木桶理论强调的是一种团队精神，一种战无不胜的凝聚力和战斗力。按照新木桶理论，一个团队的战斗力不仅取决于每一个成员的能力，还取决于他们彼此之间的相互协作、相互配合的能力，只有这样，企业才能形成一个均衡的、紧密结合的、强大的整体。如果没有团队协作精神，企业就会变成一只"漏水桶"。

在这些理论的指引下，浙江医药在自主创新的路上走得越来越宽。1998 年，浙江医药的研究院成立，公司新增当家品种：氧氟沙星、环丙沙星、氟哌酸、多索茶碱 4 个国家级新产品；1999 年，维生素 E、来立信和利福平 3 个拳头产品占销售收入的 75% 以上；2001 年，上海来益生物研发中心成立，专业从事维生素药物的筛选及其新产品开发；2003 年，浙江医药获得 11 个国家新药、200 多个产品；2008 年，新昌制药已经拥有 20 个国家新药，产品延伸到人类保健品、动物营养、生物农药、天然药物等领域。

浙江医药还先后承担了 5 项国家级火炬计划项目、2 项国家"863"项目、10 多项国家重点新产品及其他国家级科研项目的研究与开发，参与了 2 项国家创新药物与中药现代化项目、1 项国家微生物资源项目、10 多项省级重大及重点科研项目的研究与开发，其中 2 个项目被列为国家高新技术产业化示范工程，4 项成果分别获得国家技术发明二等奖和国家科技进步二等奖。企业共申请专利 151 项，获得授权专利 33 项，其中发明专利 31 项。公司还主持或参与了 39 项国家标准的制定。

3 绿色文化

浙江医药在环保问题上同样毫不含糊。新昌制药有两句名言："发展生产，保护环境"；"保护环境就是保护生产力"。可见，浙江医药获得的种种荣誉，更是浙江医药全体员工在"关爱人类健康"的企业宗旨下注重生态文明，谱写企业绿色责任的劳动成果。

对于社会责任，浙江医药领导人李春波的名言是：每一个社会人都承担着相应的责任，角色不同责任的大小和范围也就不一样。作为一个企业家，他的社会责任相对于一般社会人来说要重得多，如果"把自己所领导的企业带向健康长久的发展轨道，为国家创造财富，使企业的所有员工过上富裕幸福的日子"界定为"小"的话，那么，"保持人类社会的可持续发展"就是大责任了。任何一个企业家，不论是国有的还是民营的，都同样担负着两种社会责任。

浙江医药公司始终坚持以科学发展观为指导，坚信清洁生产有助于可持续发展，以高度的社会责任感自我加压，坚持把发展循环经济、建设资源节约型和环境友好型企业作为企业百年大计来抓。近年来更是不断加大企业的环保工作力度，努力实施以环保为主线的技术改造，积极营造生态文明建设氛围，走出了一条经济效益与社会效益、环境效益和谐统一的发展之路。

在积极响应国家"节能减排"的号召之后，浙江医药开展了绿色化工工艺研究，开发低污染、低消耗的生产工艺，实行清洁生产，发展循环经济，先后投入 1.5 亿元建设和完善环保处理设施。在此过程中，浙江医药取得的宝贵经验是："三废"治理"三到位"，即思想到位、措施到位、资金到位。浙江医药实施产品开发"三高二低一结合"的战略过程中，"低污染"尤其被看重，通过调整产品结构，控制污染源头，对新开发产品投入生产前实行严格的审核制度，坚决不生产重污染工业产品、工艺技术落后的产品和无污染治理措施的产品。如 1997 年投资 400 万元研究开发成功的盐酸曲马多产品，在投入和产前的审核中，由于环保问题而被一票否决。1998年在开发前景很好的胃溃疡良药奥美拉唑产品研发过程中，公司发现该产品工艺收得率低，投产后将会产生较多的废水、废渣，讨论之后也被否决了。

4 绿色技术助阵

在化学原料药制造过程中普遍存在能耗较高、环境污染问题日益突出等关键共性问题，这在医药产业已是不争的事实。为解决这个难题，早在 2007 年，经浙江省科技厅组织，浙江医药同浙江工业大学、浙江大学、海正药业等其他 18 家单位联合申报了国家科技支撑计划项目——绿色化学关键共性技术研究及其在化学原料药生产过程中的应用。

2011 年 6 月底，受科技部委托，浙江省科技厅在杭州组织召开了国家科技支撑计划项目——绿色化学关键共性技术研究及其在化学原料药生产过程中的应用项目的课题验收会。浙江医药参与的"头孢、碳青霉烯系列的绿色合成技术集成与示范"、"维生素系列产品绿色合成技术集成与示范"、"地塞米松系列甾体激素原料药的绿色生产技术集成与示范"等七个课题全部通过专家验收。

经过四年的努力,这七个课题通过产学研联合攻关,重点开展绿色化学关键共性技术研究,已形成了5项拥有自主知识产权的关键共性技术,从源头上消除或减少了安全和环保隐患,提高了产品质量、档次和附加值。浙江医药在其中有着不可磨灭的功劳。

除此之外,浙江医药的循环经济理念几乎覆盖到生产的每个细节。公司不断从废水、废气、固废中"淘"回有用资源返回生产,即便生产规模未变,所投入的辅料却在逐年下降,不但降低了成本,更收回了宝贵的资源,真正实现了污染预防。

早在2001年浙江医药就引进了ISO14000环境管理体系,把环境管理工作落在实处,以取得环境绩效作为评价ISO14000环境管理体系有效性的主要依据,在环境管理理念上远远高出一般国内企业。

近几年,公司更是投入上亿资金进行了清洁生产改造和环境污染整治,其中仅节能减排设备投资就占了6000万左右,实施节能减排改造200多处,共涉及产品结构调整、清洁生产、废气规范整治、废水规范整治、清污分流改造、噪声治理、节水、节电、节蒸汽、环境污染事故应急等方面。工业生产总值则从211000万元增加为303000万元,增长幅度为30%,但在工业总产值增加的同时,企业能耗和COD排放量却在不断下降,其中万元产值能耗下降幅度为43.2%;万元COD排放量下降幅度为78%。

5 尾声

如今,浙江医药已经在发展绿色医药的路上取得了丰硕的成果。并且站在历史新的制高点上,浙江医药已经做好继续向前的准备,秉承着"关爱人类健康"的宗旨,坚持"做人要有精神,做事要有责任"的企业文化,坚持"科技兴企"的方针,牢牢把握住新产品开发这条主线,以产品创新带动机制创新、人才创新、市场创新、管理创新,争取以较小的机会成本与国际接轨。同时,浙江医药也正大力推进"品质标志化、管理国际化、科研原创化、资本市场化"进程,在符合国家基本政策导向的前提下,结合企业的实际情况,利用差别化竞争策略,走"创仿结合"的道路,生产出符合消费者要求的特色产品,为全面实现《十二五发展规划》的宏伟目标和任务而努力奋斗。在绿色医药方面,浙江医药有更为远大的目标,公司未来的目标是达到"零消耗"。浙江医药的目标能否达到,让我们拭目以待。

案例使用说明 ▬▬▬▬▬▬▬▬▬▬▬▬▬▬▬▬▬▬▬▬▬▬▬▬▬▬▬▬▬▬▬▬▬▬

一、教学目的与用途

1. 本案例适用于管理学企业社会责任、可持续发展、战略管理等内容的讲授。

2. 本案例的教学目的是通过浙江医药坚持绿色医药发展的案例，让学生体会到企业社会责任在创新、绿色、环保这几方面的体现，并引导学生思考作为一个企业可以从哪些方面履行对整个社会的责任。

二、启发思考题

1. 结合本案例，请你谈谈浙江医药在哪些方面体现了其"绿色发展"的理念。

2. 你如何理解浙江医药的"开门论"与"新木桶理论"？这两个理论与公司的绿色发展理念有什么关系？

3. 浙江医药在绿色医药方面的"零消耗"目标能够达到吗？如果你是该公司的董事长，向着这个目标，你会采取哪些战略决策？

海正药业的发展之道

摘要：企业社会责任包括了一个企业在法律上和经济上负有的责任，还包括企业对自身承担了"追求对社会有利的长期目标"的义务。实际上，企业在力所能及的范围内进行一些社会责任活动相当于投资，正如本案例所呈现的，海正药业走的是一条生态化创新之路，"创新性、国际化、社会责任"等响亮的声誉已经被镌刻在了这个低调的企业铭牌上，当企业尊重社会，感恩社会时，社会同样也会反过来回馈企业。

关键词：环保；国际化；海正

引言

浙江海正药业股份有限公司（以下简称"海正"）是中国领先的原料药生产企业，始创于1956年。一直以来，海正良好的业绩和持续稳定的表现已吸引了大批投资者关注。

从1989年起，海正开始在欧美市场的药政注册工作。1992年，海正获得了首批FDA[①]认证。2001年，海正率先建立了国家认定的企业技术中心和博士后科研工作站，目前与国内30多家知名的科研院校保持着密切的协作关系。

如今，作为国内最大的抗生素抗肿瘤药物生产基地和主要化学原料药生产出口企业，海正建有国家认定的企业技术中心和人事部批准的博士后科研工作站，主要从事抗生素抗肿瘤药、抗寄生虫药、心血管系统药、抗感染药四大系列原料及制剂的产、销、研，其中8个产品填补了国内空白，7个产品通过了FDA认证，5个为国家级新产品，4个产品被列为国家级火炬计划项目，被业内公认为极具综合竞争力的

---

① FDA：Food and Drug Administration 的缩写，即美国食品及药物管理局。

一流药企，通过美国 FDA、欧盟 EDQM①、澳大利亚 TGA、韩国 KFDA② 等官方认证的品种达到 40 多个，销往全球 30 多个国家和地区。

1 海正的发展之路

海正始创于 1956 年，由浙江海正集团有限公司为主要发起人、联合境内外七家知名投资机构、科研单位和医药企业共同发起设立，总部坐落于中国东南沿海中部的新兴港口城市—台州市。

1976 年，海正药业更名海门制药厂，涉足制药领域。

1997 年，海正药业整体改组成为国有独资公司——浙江海正集团有限公司。

1998 年，集团公司联合境内外七家机构发起设立浙江海正药业股份有限公司。

2000 年，海正发行 4000 万股 A 股在上海证券交易所上市。

2004 年，国务院总理温家宝亲临海正视察，对其产业发展模式给予了充分肯定。海正药业董事长白骅连续三年作为中国医药行业代表，随胡锦涛主席先后参加了在智利、韩国和越南召开的 APEC③ 会议。

2009 年，海正与雅赛利香港有限公司共同设立的合资子公司雅赛利（台州）制药有限公司成立，还荣获"全国五一劳动奖状"，"中国驰名商标"，入选"中国万种微生物基因组计划"和"国家重大（磅）级药物品种产业化技术创新联盟"，并因圆满完成"抗甲流药物中间体生产"的国家任务，受到了省政府的通令嘉奖。

2010 年，海正药业（美国）有限公司在美国新泽西普林斯顿成立，并入选浙江省医药工业"十强企业"，荣获"国内最佳产品线十佳工业企业"称号，同时被誉为"金蜜蜂奖成长型企业"。

经过 50 多年持续稳健发展，公司已成为中国最具竞争力的非专利药生产企业之一和中国最大的抗生素抗肿瘤药物生产基地，研发领域涵盖化学合成、微生物发酵、生物技术、天然植物提取及制剂开发等多个方面，拥有抗肿瘤类药、抗寄生虫类药、心血管系统药、抗感染类药、免疫抑制剂、生物技术药物和中药等七大类 176 个产品。半个多世纪以来，海正药业不但创造了无亏损记录，而且得到了快速发展。1975 年，海正的销售额还只有 100 万元，但从 1976 年到 1990 年企业经济增长了 30 倍；从 1991 年到 2000 年企业经济增长了 20 倍；2001—2006 年企业效益又翻了两番多，实现了纳税与利润的同步增长。企业资产从八十年代初到 2006 年，25 年时间中增值了 500 多倍。海正的卓越业绩和持续发展，得益于海正"创新、国际化、社会责任"的理念和实践。

---

① EDQM：European Directorate for Quality Medicines 的缩写，即欧洲药品质量管理局。

② KFDA：Korea food and drug administration 的缩写，即韩国食品医药品安全厅。

③ APEC：Asia – Pacific Economic Cooperation 的缩写，即亚太经济合作组织。

2 责任与环保

2.1 研究和创新环保治理

制药企业是环境污染的大户，废气、废水、废渣比一般企业更难治理，作为制药企业就必须花大力气治理好环境。通过长期以来为客户和患者提供高质量、低成本的药品，海正不断践行着"搏击世界药海，关爱生命无限"的企业使命，做有责任的企业公民，承担起民族医药企业的责任。

海正的目标是为客户提供高质量的科技创新产品，同时也注重实行可持续性发展战略，降低产品成本。作为中国最大的抗生素抗肿瘤药物生产企业和主要的化学原料生产基地，海正人始终牢记医药企业的社会责任，坚持"善待环境、佑护健康"的环保理念。海正董事长白骅说："我们宁可放弃部分效益，也要做好环境保护和节能减排。"

早在 2001 年，海正就通过了 ISO14000 环境管理体系认证，并一直坚持严格的环保标准。为此，海正专门建立了环保研究室，引进了环境工程博士后，研究和创新环保治理的新工艺、新方法，开展废水、废气、废渣的专项整治，节能降耗减排、清洁安全生产，以实现海正的绿色发展。海正还与国内 4 所大学、国外 2 家环保机构联合攻关废水处理方法的技术关键，并聘请国外知名公司为长期顾问，帮助海正建立和完善 EHS① 体系。

同时，海正还不断加大硬件投入力度，在环境治理方面累计投入 3.2 亿元，每年的运行费用约占当年产品生产成本的 4% ~ 5%。经过多年的努力，海正通过了礼来、辉瑞等几大国际制药公司的 EHS 审计和世界银行金融集团公司 IFC② 的社会责任审计，被誉为"环境友好企业"、"绿色企业"。由于在"节能减排"方面起步和投入较早，海正在"九五"和"十五"期间就被评为浙江省"节能先进单位"。

2.2 降低生产成本

近年来，在国际资源价格上涨、人民币持续升值的大背景下，制药行业微利化已成为趋势。节约能源和资源、降低成本已成为对企业管理能力和是否能够实现可持续发展的考验。

经过科学分析，海正将原材料成本和燃料动力费用定为企业降本争效的重点，通过不断改进生产工艺、加强溶媒回收、主抓点滴节约等措施不断挖掘企业潜力。同时，海正还实施了精细化管理，取得了良好的效果。2006 年，公司产值比 2005 年增长近 11%，能源费用支出却下降了 11%，每万元产值耗电、耗水、耗汽分别下降 26%、16% 和 14%，综合耗能下降 19%，生产成本下降额达到 1.86 亿元 2007 年海正药业万元产值综合能耗同比下降 11.65%。2009 年上半年，在国内原材料、能源

---

① EHS：Environment、Health、Safety 的缩写。EHS 管理体系是环境管理体系和职业健康安全管理体系两体系的整合。

② IFC：International Finance Centre 的简称，即指国际金融中心。

价格持续上涨、宏观调控继续偏紧的经济背景下，海正的节能降耗工作仍然取了得良好的成绩，实现节能降耗 1500 多万元；万元产值综合能耗 0.35 吨标煤，比上年下降 5.6%；超额完成了政府下达的"万元产值综合能耗比上年降低 4%，争取降低 5%"的任务。

2.3 热心慈善事业

在不断成长的过程中，海正积极奉献爱心，持续回报社会，踊跃参与社会慈善公益活动，积极参加贫困山区救灾扶贫、助学助残等活动，资助现金和药品总额达到数千万元。2007 年被《浙江日报》评为"最具社会责任感企业"。海正还加入了中华慈善总会主办的"健行天下"——"股骨头坏死贫困患者"和"白血病患者"两个项目，为这两个项目提供总价值达 5000 多万元的药物，让更多的贫困患者得到援助。在当地设立了 1000 万元定向救助慈善基金；并且每年出资 20 万元支持台州乱弹剧团，拯救地域特色乡土文化。在"5.12"四川汶川发生大地震的第一时间，海正就给当地"红十字会"捐赠 100 万元人民币，并通过设在省城杭州的医药销售公司，向汶川地震灾区捐赠了价值 172 万元人民币的灾区急需药品；同时组织企业员工向灾区捐赠 14 多万元；此外，还以"特殊党费"的形式捐款了 15.6 万元。

一家企业和企业家的社会责任，并不是简单的一次性的为慈善机构和希望工程捐了多少钱，而是说他对于社会、环境、资源、股东、员工等有一种整体的考虑和持续的责任感。只有尽到这些责任，企业发展的生产环境、市场环境、舆论环境、生态环境、社会环境才会更好地促进企业发展，这是企业家社会责任和企业发展真正意义上的互动效应。海正药业成为了"中国上市公司医药行业最具竞争力企业十强"之一。

3 低调中求发展

3.1 稳中求胜

海正的成长让人印象深刻的不仅是数量扩张，其成长的稳定性及增长质量更是了不起：在海正的历史上，几乎没有过亏损，这充分显示出海正业绩增长的非凡稳定性；从增长质量看，海正的成长并不是高度依赖外在投入或各种关系尤其是依赖地方政府支持，而是更多依靠自身市场竞争力提升（建立在国际竞争力基础上的核心能力）、依靠制度创新与技术进步。比如，海正的药品开发能力、其国际产品认证数量均在国内医药行业中名列前茅，海正的创汇能力曾在 2003 年、2004 年连续排名第一。同时，海正还具有良好的资信，多次被评为 AAA 级资信企业。

也许正是因为海正不仅成长快速，而且走得稳，海正成了证券分析师们一致看好的股市未来之星，在投资者的眼中，海正是"中国最好的医药企业"，并将前途无量。

显然，海正是医药产业中改革开放以来中国迅速成长企业的缩影，就像海尔、联想、华为、万科在各自领域里代表着中国崛起一样。

3.2 后发优势

后发优势就是后发国家及其企业可以通过借鉴和学习先行的发达国家的技术来加快经济增长,缩短与发达国家的差距。海正的成长很大程度上就在于它懂得如何站在巨人肩膀上,发挥出它优秀的后发优势。这种后发优势更多地体现在海正进军国际市场的行动中。

1981年,深受当地台州地方文化的影响,海正也顺理成章地成为国内第一批进入外贸领域的企业。然而区别于同期的其他外贸企业,海正一开始就显现出个性:做国际视野下的医药企业这种理念,似乎一开始就根深蒂固于海正的发展轨迹。至今,回顾海正发展历史,每一步的成功都与其主动融入国际,善于向国际先进水平学习密切相关。后发优势转化为市场竞争优势还需要其他条件,包括和平的环境、开放的经济、市场化以及尊重产权等。海正具备了所有后发优势的必备条件,也正是这些条件决定了海正能够充分发挥后发优势,进而后来居上。

3.3 优秀企业家助力

海正的成功在很大程度上得益于白骅这位优秀企业家的贡献。白骅之于海正,犹如张瑞敏之于海尔,柳传志之于联想以及王石之于万科一样。企业家与企业之间的关联难解难分。离开了白骅,很难解释海正的成长;离开了白骅,很可能也没有今天的海正。

白骅是海正药业的董事长,穿着朴素,也不张扬,在形象上与人们对一个大型企业老总的想象相去甚远。白骅总结海正的成功时说"其实没有什么好说的,认准目标,耐住性子,一步一步往前走,就到达了目的地",他的"花钱买鱼——借池养鱼——放水养鱼——筑池养鱼"的"鱼论"哲学催生了独具"海正"特色的新型研发体系,形成了海正特有的梯度产品结构,即"生产一代、研制一代、开发一代、储备一代"的良性循环。"鱼论"哲学是白骅的技术创新哲学,"简单"则是白骅的管理哲学。白骅也因其杰出的管理才能,曾荣获全国医药行业优秀企业家等荣誉称号。

4 尾声

回首50余年的发展历程,海正站在巨人的肩膀上厚积薄发,成为改革开放以来中国医药产业迅速成长的缩影。回顾海正药业从传统制造向科技创新转变的进程中大致走过了三个阶段:第一个阶段是传统发展阶段,其主要特点是研发投入极少,企业以求得生存为主。从1956年诞生到1990年海正的销售收入只有3850万元,研发投入35万,R&D[1]只占到0.91%;第二个阶段是突出技改阶段,其主要特点是通过技术改造来实现装备升级、产能扩张,从"八五"到"九五"期间海正的研发投

---

[1] R&D:Research and Development 的简称,指在科学技术领域,为增加知识总量(包括人类文化和社会知识的总量),以及运用这些知识去创造新的应用进行的系统的创造性活动,包括基础研究、应用研究、试验发展三类活动。

入平均在 5％ 左右，但累计投入技术改造资金达 13 亿元之多；第三个阶段是自主创新阶段，其主要特点是实现从仿制、创仿结合向自主创新的转变，包括原始创新、集成创新和消化吸收创新。每年用于新产品研究与开发的经费占销售收入的比重为 8％ – 12％，5 年实现销售收入翻两番。

区别于许多暴发企业的昙花一现，海正显然是一家决心通过为社会创造价值进而实现自身价值的典范企业。在经历环保部挂牌督办的危机之后，海正是否可以保持长期稳定的成长速度，必将成为其下一步奋斗的目标。

案例使用说明

一、教学目的与用途

1. 本案例适用于管理学中企业社会责任、社会义务等内容的讲授。

2. 本案例的教学目的是让学生认识到企业社会责任的形象概念，并在此基础上联系海正药业的实际案例，思考企业社会责任给社会、企业自身所带来的影响。

二、启发思考题

1. 请你结合本案例，试讨论企业社会责任的内涵与范围。

2. 如果你是海正药业的董事长，遇到生产系统与环保系统冲突的问题时，你会如何处理？

3. 你如何理解白骅的"鱼论"哲学？

本章参考资料

[1] 海猫. 默克：一个简单的传奇 [J]. 中国高新区，2004（7）

[2] 宁静. 默克：诚实接近伟大 [J]. 中国质量万里行，2004（11）

[3] 吴威. 默克公司的道德抉择 [J]. 企业文化，2003（9）

[4] 默沙东中国官方网站 http://www.msdchina.com.cn/

[5] 纤雪. 一个降糖药企的传奇故事——记诺和诺德成长史 [J]. 家庭药师，2011（4）

[6] 罗影. 诺和诺德单一产品的活法 [J]. 英才，2009（12）

[7] 郑立捷. 改变糖尿病是我们的责任——专访诺和诺德公司大中华区总裁柯瑞龙 [J]. 经济，2010（3）

[8] 王鹏. 企业的可持续发展需要"三重底线"——对话诺和诺德公司全球执行副总裁 Lise Kingo（金丽飒）[J]. 人力资本，2007（8）

[9] 洪岩. 达菲强制许可迫在眉睫 [J]. 中国发明与专利，2005（12）

[10] 向利. 主动与被动：达菲的两难选择 [J]. 医药产业资讯，2006（1）

[11] 李璐慧. 药品专利权与公共健康权的矛盾探讨——以达菲专利保护争议为例 [J]. 现代商贸工业，2008（12）

［12］蒋历．达菲困局：专利权碰撞公共利益［J］．医疗保健器具，2005（12）

［13］罗氏官方网站 http：//www.roche.com.cn/

［14］梁言．炼金需要金功夫——浙江医药股份有限公司发展纪实［J］．中国畜牧杂志，2008（22）

［15］浙江医药股份有限公司．浙江医药股份有限公司简介［J］．浙江政报，2005（3）

［16］赵晓．海正复利守则［J］．商界．中国商业评论，2006（8）

［17］王文正．海正魂——零距离接触海正药业董事长白骅［J］．中国质量万里行，2005（11）

［18］徐丛余．创新、国际化与社会责任——海正持续发展的秘诀［J］．观察与思考，2009（1）

［19］白骅．海正药业的创新之道［J］．华人世界，2007（10）

［20］凌朔．传统疫苗证实无效 达菲并非防控良药［N］．中国青年报，2009-5-23（3）

［21］方舟子．达菲是怎么炼成的［N］中国青年报，2009-6-3（11）

第四章

计划职能

为了企业能够进入更为广阔的市场，并在激烈的环境中稳步发展，企业必须研究制定出适合企业发展的战略计划。企业的计划是企业根据外部环境和自身条件，为求得企业生存和发展，对企业发展目标的实现途径和方式的总结运用，它既是企业经营思想的集中体现，又是制定企业规划和计划的基础。在一定层面上，企业的计划有关企业的生死，科学的计划可以提高企业的决策水平和成功率，同时避免企业在重大决策上发生失误。在本章的案例阐述中，将涉及哈药集团和东阿阿胶这两家国企，以及中美史克和赛诺菲安万特这两家跨国制药企业，通过重点阐述它们在品牌定位、营销策略和计划、危机处理方面的做法，将管理工作中计划的相关内容呈现出来。

中美史克的新市场进入计划

摘要：企业的营销计划是确定企业长远发展目标，并实现其长远目标的营销策略和途径。企业的营销计划可以提高企业营销资源的利用效率，使企业资源的利用效率最大化。本案例以中美史克的芬必得这一产品的情感营销作为重点，阐述企业应如何选择营销计划，以及实施计划过程中遇到危机时注意哪些问题。

关键词：情感营销；中美史克；品牌；危机公关

引言

作为最早在华设立的外商合资药厂之一，中美史克早在 1987 年便在中国生根，投资额近 2000 万美元。

1991 年，中美史克的品牌产品芬必得正式投产缓释胶囊，填补了我国在缓释胶囊工业化生产技术上的空白。1993 年，中美史克被评为中国 500 家最大经营规模工艺企业。1994 年，中美史克被评为首届中国十佳医药三资企业，康泰克、芬必得、肠虫清被评为全国 50 种荣誉产品。2002 年，公司获中国艾菲实效广告金奖、铜奖。2006 年，中美史克的芬必得品牌被中国医药商业协会连锁药店分会评选为中国医药零售 20 强品牌。2011 年，中美史克荣膺 2011 中国"最佳雇主"奖。

中美史克主要生产胶囊、片剂、软膏三种剂型，年产能力 23 亿片/粒/支，代表产品有新康泰克、芬必得、必理通、泰胃美、史克肠虫清、兰美抒、百多邦、伯克纳等。在所有产品中，为消费者所耳熟能详的属新康泰克、芬必得、百多邦、史克肠虫清四大 OTC 品牌。

20 多年来，中美史克一直秉承着自己的理念，用优质的产品和爱心回报社会、广大患者和消费者。此外，中美史克还十分注重以人为本，始终致力于创造一个以消费者为根本，以公司核心价值观为行为指南，员工高度敬业的公司文化。公司的"3T"① 文化，即相互信任、开放透明、积极主动，不断引导、鼓励着员工追求卓越，并吸引了越来越多的人才加入中美史克。

1 中美史克发展简史

中美天津史克制药有限公司成立于 1987 年，是全球最大的药厂之一葛兰素史克与国内大型药厂天津中新药业股份有限公司和天津太平（集团）有限公司共同投资设立的消费保健用品公司。

2008 年，在中美史克家族中除了消费者耳熟能详的四大 OTC 品牌新康泰克、芬必得、百多邦、史克肠虫清外，中美史克还成功上市了全球牙医首选推荐的抗牙敏感牙膏舒适达。

2008 年，新康泰克红色包装成功上市；2009 年，芬必得酚咖片新头痛装也成功上市。新康泰克和芬必得两大品牌家族又添新成员，

2010 年，中美史克又一个令人耳目一新的口腔护理新品牌"保丽净"成功上市，为中国广大的假牙佩戴者提供了一种安全高效的护理方案。同年，康泰克鼻贴上市，为中国消费者舒缓鼻部症状开创了一个新的健康选择。

凭借葛兰素史克的全球研发资源，中美史克结合中国国情，其研发中心充分整合了新产品研究、市场分析、消费者沟通、生产供应等相关职能，以增强研发中心的综合实力，加速从技术研发到生产供应及满足市场需求的一体化进程。研发中心设有口腔护理研发中心、分析中心实验室和制剂实验室等职能机构。中美史克现有的 OTC 非处方药品牌，包括芬必得、康泰克、必理通、百多邦和肠虫清等产品的研发均在中国进行。

2 芬必得的情感营销

2.1 芬必得

芬必得是中美史克旗下最大的止痛药品牌，多年来一直牢牢占据市场领导地位。20 世纪 90 年代初的中国，是众多国际企业虎视眈眈的一个市场。特别是人民潜

---

① "3T"文化：即 3 个以 T 打头的英文词，分别代表相互信任，开放透明，自主自发。

在购买力的迅速增长以及品牌意识的增强，都给企业带来了无限的商机。然而，在西药止痛药市场里，长久以来中国人对待疼痛和止痛的固有观念，以及市场上各种各样的本土产品和中药贴膏，使止痛药的市场潜力并不容易开发。人们时常都会出现这样或那样的疼痛问题：头痛、腰酸背痛、牙痛等，但中国人通常认为"是药三分毒"，特别是在西药止痛药领域，副作用更是被过分夸大，如服用止痛药可能会损及大脑，或者说止痛药会上瘾等等。这样，就在消费者中间形成了一种对西药止痛药的畏惧心态。而从消费者心理分析，中国人的历史传统和文化内涵造就了人们对任何苦痛都持以"忍受"的态度，即使出现各种疼痛症状，多数人也会将疼痛视为不值一提的小事，所以他们一般会"忍痛"而不是及时地治疗和缓解。

这样，消费者通常以一种被动的心态对待疼痛问题，非到不可忍受的地步不会寻医问药，没有主动性和动力去了解产品和疾病知识。然而，市场上止痛药产品的滞后发展及与多种本土药品的矛盾，在给消费者的选择带来困扰的同时给新品牌的进入提供了良好契机。

在这种严峻而复杂的市场环境下，中美史克率先在1991年进入中国市场，推出了止痛药品牌——芬必得。今天，芬必得已经成长为中美史克旗下最大的止痛药品牌，也是目前中国止痛药市场上的领先品牌，市场份额达60%之多，多年来一直稳居市场领导地位。

对比市场竞争产品来看，芬必得以非甾体类抗炎药布洛芬为主要止痛成分，采用先进的缓释胶囊技术，使药力在12小时内持续释放，止痛效果更加持久。芬必得可有效治疗多种肌肉骨骼疼痛和炎症，对牙痛和骨关节炎等症状也有较好疗效。

2.2 芬必得的"入市"

1993年，中国药品的市场竞争环境纷杂，而非甾体类抗炎药和止痛药市场更是其中发展最慢的领域之一。此时正值芬必得上市初期，中美史克开始在医院渠道渗透宣传，广告也刚刚投入市场，取得了初步的反响。

从使用角度看，甚至连医生都缺乏足够的产品和疾病知识，何谈对消费者和患者进行正确的教育和推荐，就更不用说普通人了，而且消费者也很少有机会从大众传媒上得到任何相关的影响和知识。

根据当时特定的市场环境，中美史克首先明确了芬必得的定位，即有效针对各种肌肉骨骼疼痛，12小时持续缓解疼痛。芬必得的定位不仅给予了品牌一个清晰的形象，更利用其产品特性形成了独特的竞争关系。同时，中美史克也在消费者教育方面投入了一定精力和财力，为以后品牌的发展打下了基础。

接着，中美史克结合当时对市场和受众的了解，在制定芬必得的初期计划时，决定从对专业领域的沟通入手，将芬必得成分布洛芬的功能和功效告诉医生，开始建立产品"持续有效止痛"的定位；同时，通过大众媒体与普通受众沟通，影响他们的认知，将芬必得建成消费者心目中的止痛药首选品牌。整个传播计划通过对医院渠道展开大规模的教育铺开，设计了几款不同的教育材料，并通过一些临床数据对医生宣传芬必得的适用症、疗效稳定和安全性，促成专业医生对品牌的认可和推荐，形成强大推力。与此同时，中美史克在电视上打响了全国性的广告战役，树立芬必得"有效缓解肌肉骨骼疼痛"的高档形象，在消费者层面形成拉力。

再有，配合新的计划，芬必得的广告片也陆续登场。广告片《红点篇》展示了生活中常见的疼痛产生的情况，如关节痛、腰腿痛和肌肉痛，并通过产品展示，强有力地带出疼痛时刻的景象，以及芬必得解除疼痛后的轻松景象，很好地传达了产品信息，并开始引入一些情感因素，如芬必得令你倍感轻松等。此时，芬必得在医院渠道的工作形成的推力与市场拉力相互作用，形成了芬必得品牌上升的强大动力，使产品的销售迅速上升。

其后几年，芬必得迅速成长为领先的止痛药产品，品牌知名度上升的同时，市场中也开始有更多的其他品牌进入。此后，芬必得开始调整其策略，通过调研发现，上市后其主要处方来自于治疗肌肉骨骼疼痛，而消费者也开始慢慢建立芬必得在此方面的有效和权威的印象。在广告传播方面，芬必得专注地推广其在"肌肉骨骼疼痛"领域方面的专长，通过一系列产品和战术性广告，宣传产品独特卖点，加深"芬必得持续快速止痛"的信息。到1996年，中美史克已经进一步确定了芬必得在市场上的领导地位。

3 芬必得的危机

花无百日红，芬必得在中国止痛药市场热销了近十年后也面临了一次重大的危机。

2005年4月7日，美国食品及药物管理局发布了所有消炎止痛药的最新用药指导声明，综合当时的研究数据，所有的非甾体消炎药均有潜在的心血管风险。美国食品及药物管理局要求所有的消炎止痛药都需要修订说明书，对于可能引发心血管和胃肠道出血加入黑框表示警示，以让患者知情，保证安全使用。

美国食品及药物管理局的警示一石激起千层浪，因其打击面太大，指向了所有生产消炎药的厂家，它列举了21种药，其中比较常用的就包括芬必得、扶他林和西乐葆等。这次声明的影响力是巨大的。作为世界上最权威的药品监督系统，美国食品及药物管理局的任何一个举措，都会为其他国家的药品监管部门带来潜在的示范影响。

这一事件在国内迅速集中到芬必得身上。芬必得不仅是中美史克旗下最大的止痛药品牌，而且在止痛药中占据市场的主导地位。这一定位为"有效安全缓解日常生活中各种疼痛"的品牌，从"无需忍痛"的主题广告"庄泳篇"到作为家庭用止痛药定位的主题广告"刘晓光篇"，再到"无痛世界，自由自在"的概念扩展，历经十年，已经稳居止痛药霸主地位。正是由于这一原因，几乎所有关于这一事件的报道都集中于芬必得。2005年，从4月8日起，"北京扶他林、芬必得销量骤减"、"上海密切监测芬必得等消炎镇痛药"、"芬必得危机沉重打击中美史克""芬必得等止痛药遇危机"、"涉嫌伤心，芬必得重庆市场销量三天降四成"等诸如此类的报道迅速在各类媒体占据了重要版面。

同时，国家食品药品监督管理局正式公开表示，密切关注在我国生产、销售和使用的所有非甾体类抗炎药物的安全性问题；江苏省食品药品监督管理局有关人士也表示，密切关注事态发展，加强对该药的监测；上海成立专门机构对药品服用后不良反应进行监测的 4 年中，已收到关于非甾体消炎药的不良反应报告逾 2000 起，就在美国 FDA 发出消炎止痛药使用声明后，上海不良反应中心加强了相关药性的监测和安全评估。在网站随意搜索，关于"'芬必得'疑有安全隐患"的网页就多达数千页，并且，芬必得在各地的销售也直接受到了威胁，一些药店甚至暂时将芬必得转为处方药，暂停了对芬必得的销售。一时间，"芬必得"这个使用最为广泛的消炎药品站在了风口浪尖上，其产品形象岌岌可危。

关于芬必得的负面报道传播十分迅速，中美史克在争取管理部门尽快明确态度的同时，尽量跑在媒体前面，防范、消除和控制不良影响。经历过康泰克风波的中美史克显然更有经验了，面对这次危机反应迅速，并且发挥了其良好的"危机公关"能力。中美史克在 4 月 11 日发表了声明，表明了自己的立场，就部分媒体刊登与转发的文章与美国食品药品监督管理局 2005 年 4 月 7 日发布的文件的误解之处进行了解释，并有针对性地进行反宣传战，强调"警示"不等于"禁售"，宣传芬必得仍在热销对稳定市场有积极的意义，中美史克通过展示卖场的热销，采访经销商、厂方人员、医药专家和消费者等方式传达观点，让消费者从恐慌中解脱出来。中美史克还公布了热线电话，妥善处理投诉，并强调它是遵守中国法律，以事实说话的，其生产的止痛药芬必得，属于非处方药类，在中国临床应用已有 15 年历史，安全性纪录良好。中美史克就这样脱离了危机，重新巩固了芬必得在中国止痛药市场的不二地位。

4 新产品推广计划

对于跨国制药企业来说，很多在华销售产品上市都比国外晚，为了尽快完善产品线，推进新产品上市，进行有效的推广计划工作已成为很多跨国企业的选择，中美史克亦不例外。以芬必得新头痛装这款产品在中国上市销售为例，中美史克很早就确立了将 OTC 药品当成快消品来卖的销售思路，意欲进发中国消费保健品领域，因此芬必得新头痛装的上市推出便是建立在了系列产品美誉度不断提升的情况下，以快消品的上市营销思路来展开。

2009 年 4 月 29 日，在中美史克中国首款口腔保健产品——舒世达抗过敏牙膏上市恰巧 7 个月之际，芬必得新头痛装高调上市，证明了中美史克向 OTC 与消费保健品两大领域发展的战略思路。芬必得新头痛装的上市，实际上是"借"芬必得布洛芬缓释胶囊的美誉度而推出的主要针对头痛的酚咖片。

事实上，包括布洛芬缓释胶囊、芬必得头痛装以及布洛芬乳膏在内的芬必得家族已经占据了中国止痛类药品市场近 30% 的份额，因此借助芬必得在止痛领域的战绩和品牌效应，推出芬必得新头痛装，细分市场并借机扩大份额是可行的。

与此同时，根据中美史克进入消费保健品领域的计划，2008 年中美史克上市口腔保健产品的行动也是中美史克由一个单纯的 OTC 企业向消费保健品企业迈进的标志。从这些计划和实践的过程中可以看出，面对行业集中度加速增强的现状，中美史克将继续引进其他消费保健品并扩大市场份额的趋势。

5 尾声：未来发展规划

随着近年来我国人口老年化趋势的加快，老龄人口的医疗需求和消费越来越大。同时国家基本医疗保险制度和医疗体制改革也大大加快了非处方药品市场的壮大，我国的 OTC 市场前景十分可观。中国的 OTC 药品直接面向消费者，以消费者为中心，消费者自行选购，不需经过医生，比处方药显出更多的一般消费品的特征，对消费者愿望和需求反应比较敏捷，因而市场具有非常大的潜力。全球性跨国公司如杨森、中美史克、辉瑞已作好抢占中国 OTC 市场的准备，纷纷准备加大研发力度，加速其在华的布局。从国内 OTC 整体市场看，跨国制药企业占据约 30％ 的市场份额，国内制药企业占 70％ 左右。

因此，中美史克未来的发展规划将着力在这块发展空间上，牢牢把握机会制定未来发展计划，除了继续加大"新康泰克"和"芬必得"两个拳头品牌的影响力，同时也会积极发展现有的二线品牌和一些全新的品牌，今后还会将重心放在扩展核心产品、新产品、新销售领域和加速改革创新的层面上，以发展自己本身现有的品牌跟产品为主，但不排除收购的可能性。

案例使用说明

一、教学目的与用途

1. 本案例适用于管理学中战略管理、核心竞争力、情感营销、决策制定等内容的讲授。

2. 本案例的教学目的是通过对中美史克芬必得这一产品的品牌定位、营销规划、危机公关问题的处理情况，向学生灌输一种战略思维。

二、启发思考题

1. 请你谈谈芬必得是如何迅速占领中国的止痛药市场的？

2. 你认为芬必得在进入中国市场时面临哪些风险？

3. 通过上述案例，请你谈谈什么是情感营销？情感营销有何独特之处？

东阿阿胶的产业链整合

摘要： 产业链整合是产业链环节中的某个主导企业通过调整、优化相关企业关系使其协同行动，提高整个产业链的运作效能，最终提升企业竞争优势的一种过程。产业链整合是对产业链进行调整和协同的过程，对于企业的发展来说非常重要。医药企业要在产业链整合过程中处于优势地位，就必须制定周密的计划并努力实践。本案例以东阿阿胶为例，重点阐述其在产业链整合中进行的计划安排及其带来的影响。

关键词：东阿阿胶；计划；整合；产业链

引言

1952 年，山东东阿阿胶厂成立，这就是现在非常著名的山东东阿阿胶股份有限公司（以下简称"东阿阿胶"）的前身。东阿阿胶将企业文化与中国传统文化一脉相承，并使之与现代工业生产和管理体系相融汇，使其拥有了丰厚的底蕴和独特的风格。

东阿阿胶是国家级高新技术企业，在近 60 年的公司发展过程中，公司率先在全国同行业通过 GMP、ISO9001 质量体系标准、ISO14001 环境体系标准三认证，跨入全国医药百强、全国科技百强、全国中药行业效益十佳企业、山东省中药现代化科技示范企业、中国最具生命力的企业百强行列，并连续 7 次入围"中国最具发展力的上市公司 50 强"，连续四届蝉联中国药品品牌榜补益类第一名，第二届中国最具竞争力医药上市公司 20 强。东阿阿胶在国内十大补血品牌中"第一提及率"、"最常服用率"、"尝试率"、"品牌忠诚度"等 7 项指标高居榜首，并荣获全国中药行业排头兵，全国信息化融合 50 强，最佳雇主企业，国家综合性新药研发技术大平台（山东）产业化示范企业，全国科普教育基地等荣誉称号。

截止 2011 年底，东阿阿胶有员工 5665 人，总资产 42.26 亿元。同时，东阿阿胶下辖一个核心公司，17 个控股子公司，现有员工 5600 余人，总资产 36 亿余元，总市值 300 多亿元，生产经营中成药、保健品、生物药、药用辅料、医疗器械等 6 大产业门类的产品百余种，远销东南亚各国及欧美市场；复方阿胶浆为国家保密品种、全国医药行业十大名牌产品、全国十大畅销中药，畅销全国 30 年，累计销量超过 120 亿支。

1 东阿阿胶的发展史

山东东阿阿胶股份有限公司前身为山东东阿阿胶厂，1952 年建厂。

经过二十余年的努力，1979 年，东阿阿胶获山东省优质产品奖。

1980 年、1985 年、1990 年，东阿阿胶三次荣获国家质量金奖。

1988 年，东阿阿胶的复方阿胶浆被国家体委定为 24 届奥运会中国跳水运动员专用滋补品。

1993 年，东阿阿胶由国有企业改制为股份制企业。

1996 年，东阿阿胶成为上市公司，同年 7 月 29 日 "东阿阿胶" A 股股票在深交所挂牌上市，系国内最大的阿胶及系列产品生产企业。

2001 年 12 月，东阿阿胶被中华人民共和国人事部、全国博士后管理委员会命名为"博士后科研工作站";同年被国家经贸委、财政部、国家税务总局授予"国家认定企业技术中心"。

2002年,"东阿"牌商标被认定为中国驰名商标、"东阿"牌阿胶通过原产地标志注册、全国第一家阿胶博物馆——中国阿胶博物馆落成。

2002年,阿胶被国家卫生部列为既是药品,又是食品的药食两用之品。

2004年,公司生产的"阿"牌复方阿胶浆荣获全国医药行业十大知名品牌,复方阿胶浆的销售收入达到了3.2亿元,成为公司的主导产品之一。

2005年,山东东阿阿胶股份有限公司第七次禅联中国最具发展力上市公司50强,并荣获中国最具发展力上市公司资源整合力10强,这是东阿阿胶自99年以来连续七次荣获此荣誉,也是全国中药上市公司以及山东省上市公司唯一一家七次荣获此荣誉的企业。

2008年,东阿阿胶制作技艺被列入国家级非物质文化遗产名录。

2009年,东阿阿胶入围"2008年度影响世界的中国力量品牌500强";东阿阿胶中国阿胶博物馆被国家中医药管理局授予"全国中医药文化宣传教育基地"。总经理秦玉峰荣膺"杰出营销总经理"大奖,并被吉斯尼世界记录誉为"世界最伟大的销售员"

2010年,世界品牌实验室发布2009年度中国500最具价值品牌,东阿阿胶以全国阿胶厂家独家上榜,品牌价值达到34.01亿元,比上年增长4亿元,且第五次蝉联此殊荣。同年,山东东阿阿胶股份有限公司被认定为国家新药研究产业化示范企业,享受国家新药大平台的一切优惠待遇,享受省财政对新药大平台的匹配支持等培育措施。

2011年,东阿阿胶销售收入27.58亿元,净利润8.56亿元,获国家非物质文化遗产生产性保护示范基地、2011上市公司口碑榜——最具成长潜力奖、2011年度中国上市公司价值百强、2011年度中国上市公司市值管理百佳榜、中国企业教育先进单位百强、中国专利山东明星企业、山东省食品突出贡献企业、山东省旅游创新奖等称号。生物药瑞通立和基于生物技术的阿胶质量标准研究双获山东省科技进步一等奖,实现了省科技进步一等奖三连冠。

2 产业链整合

关于东阿阿胶的整个战略计划是:集中优势和资源,聚焦阿胶主业,做大阿胶品类,实施主业导向型的单焦点多品牌发展战略,打造阿胶高端品牌形象,回归阿胶上品价值、回归主流人群,延伸产业链条,通过继承、创新引领阿胶行业发展,产品现代化、市场国际化和资源全球化进程,实现从优秀到卓越的跨越。

其中,不难理解,对于东阿阿胶集团来说,其计划的核心必然与阿胶有关,要通过不断融入现代科技的阿胶质量标准、工艺技术,形成东阿阿胶独具特色的核心竞争力,成为全国阿胶行业的领军企业。

与此同时,对于东阿阿胶来说还有十分重要的一点就是产业链整合。产业链整合是对产业链进行调整和协同的过程，是产业链环节中的某个主导企业通过调整、优化相关企业关系使其协同行动，从而提高整个产业链的运作效能，最终提升企业竞争优势的一种过程。东阿阿胶就计划在公司有一定基础的时候，凭借这种能够方式来提升企业的竞争力，这样一种计划内容贯穿于东阿阿胶公司的每个发展历程之中。

实践证明了一切，2006年完成股份制改革后，东阿阿胶便开始了其产业链整合之路：在上游增加建设养驴基地，加强对驴皮资源的掌控力度；中游制造环节增加产品类别；下游进行文化营销、肃清渠道，并从传统终端销售向传统和现代渠道终端并举转型，逐步实行生产阿胶从养驴开始，用文化营销渗透市场，上中下游齐头并进的全产业链管理。

2.1 上游控制源头

2.1.1 掌控上游资源

为打破上游驴皮资源的限制，东阿阿胶制定了掌控上游资源的计划，并进行了努力的实践。公司一方面加大在国外市场的进口力度；另一方面，自2003年开始，东阿阿胶在国内大力筹建养驴基地和优良驴种的繁殖基地，并采取政府推动、市场拉动、四位一体的养驴模式，提供对驴的育种、培训、收购到屠宰加工服务。2006年，东阿阿胶还成立了山东天龙驴产业研究院，专门研究驴的育种繁育技术。

目前，公司已经在新疆、甘肃、云南、辽宁、山东、山西、河南等地建设了13个驴皮基地（2012年3月22日，东阿阿胶在对媒体报道其产品涉"假"一事作出回应，称公司已经建立了17个养驴基地），并计划在"十二五"期间增加建设至20个。在国际市场，公司已经取得了5个国家的驴皮进口资质，即埃及、秘鲁、俄罗斯、巴基斯坦、澳大利亚。公司对上游驴皮采购有三种渠道：市场收购、自建基地采购和进口。目前，东阿阿胶已经掌控了国内驴皮市场大约80%的份额。自建基地采购是提高毛驴自给度的重大举措。同时，公司大力打造上游乌头驴养殖产业，也为公司的高端品牌"九朝贡胶"保证了原料供给。

2.1.2 探索养驴盈利模式

东阿阿胶在自建基地的同时遇到一个尴尬的问题，阿胶只能用驴皮炼制，而驴皮却仅占整驴价值的10%，不解决好驴肉加工问题，养殖户的长期利益难以保障。2011年报数据显示，在东阿阿胶集团中和养驴相关的公司都出现或多或少的亏损情况。

由此，作为阿胶行业中的领军企业，东阿阿胶担负起了促进行业的发展责任重大。带动毛驴从药用品向商用品转型是其计划中的一部分。一方面，大股东华润集团旗下的五丰行在食品尤其是高端肉类加工、营销、渠道方面有天然优势，而驴肉又营养丰富，素有"天上龙肉、地上驴肉"之说，东阿阿胶将具有进军高端食品的潜力。另一方面，公司也将积极与餐饮业建立战略合作关系，打造驴肉馆和驴肉火锅，从而在驴肉的价值提升方面做好工作。

2.2 中游狠抓制造环节

受限于上游原料供给和产品形象单一的弊端，东阿阿胶在近年来不断扩充产品线，对产品实行差异化管理，计划从药品向养生保健品转变，从而获得公司的长期发展。

2.2.1 打造高端产品

阿胶行业中，东阿阿胶的水质最为适合熬制驴皮胶，能够有效帮助杂质分离和药效发散。水成为东阿阿胶的一个垄断资源，也因此，东阿阿胶也被誉为"药中茅台"。虽然在价格上不及茅台酒，但为实现产品差异化，东阿阿胶也将制定打造高端产品的计划。

东阿阿胶的高端定位主要体现在对阿胶块的"提价控量"策略和炼制九朝贡胶上。目前公司在阿胶块产品中市场占有率在85%左右，阿胶块中含胶量为100%，其战略计划为长期提价，将客户群体锁定在高端消费者领域，最终达到"药中茅台"的地位。而九朝贡胶因独特的99道保密工艺，加上冬至时所取的乌驴皮资源稀缺性，具有奢侈品属性，是高端产品中的一个良品。

2.2.2 打造大众产品

复方阿胶浆是东阿阿胶拥有自主知识产权的一款拳头产品，目前，阿胶浆约占到公司主营业务收入的30%至35%，在同类的补血产品中认可度非常高，市场占有率为65%左右。其阿胶含量很少，远小于阿胶块，每年生产阿胶块和阿胶浆需求驴皮资源的比重约为8:2，有大规模生产并成为大众消费产品的潜力。

针对这点，东阿阿胶计划加强终端销售，积极扩大消费人群。在医院终端渠道中，东阿阿胶的销售将由中医科、妇科扩大到肿瘤科。另外，公司将通过普及教育，增加覆盖基层服用人群，逐步建设基层和社区市场。

截止2011年12月，复方阿胶浆已覆盖进入31个省（直辖市、自治区）2010版地方医保目录，以及国家及省级医保目录、新农合目录、10省1市基本药物目录、全军医疗合理用药目录等四大目录。

2.2.3 打造保健品

药品向养生、保健品转变是当今生物医药行业发展的趋势，一方面契合现代消费人群对健康越来越重视的需要；另一方面，由于受制于上游驴皮市场，用更少的胶生产更多的符合市场需要的产品也是东阿阿胶成就"百年企业"的必经之路。

以桃花姬阿胶糕为例，它是东阿阿胶推出的保健品的一个典范，该产品最先日本市场推出，大受欢迎，此后而转向国内销售。桃花姬采用阿胶为原料，配以香脆的核桃和浓香的黑芝麻，以"速食阿胶"著称，广受白领欢迎。借助桃花姬的成功，东阿阿胶大力打造"桃花姬"固元膏及"桃花姬"子品牌产品线、阿胶原粉和阿胶枣，不断向"滋补保健"领域渗透。东阿阿胶将以阿胶传统膏药方为载体不断扩大产品线品类，逐渐增加保健品类别，培育新的业务增长点。

2.3 下游实现销售转型

配合公司提出的一系列计划和战略，东阿阿胶进行了一系列营销计划和改革。

首先，为打造阿胶块和九朝贡胶的奢侈品形象，公司进行了一系列的文化营销。其次，为实现部分产品的价值回归，公司加大力度肃清渠道，2009 年到 2011 年三年间，东阿阿胶共取缔经销商一千多家，同时实行扁平化管理，对营销进行控制，经销商力争不超过二级，并且向前五强的公司集中。

目前，东阿阿胶零售终端有药店、医院、超市、自建直营店四种模式，产品75% 通过药店渠道销售，15% 通过医院渠道销售，10% 通过超市销售，直营店销售则微乎其微。加强终端推广，除了力争实现药店、商超、医院渠道的销售份额达到更加合理的比例外，探索直营连锁业务，也是东阿阿胶一直寻求突破的重点。

为了打造终端拉动力，东阿阿胶在终端建立了广告拉动需求、处方带动需求、OTC 推动需求、新农合促进需求、社区巡展引导需求五大举措。以处方带动需求为例，东阿阿胶将根据史料整理出来的数千个古典药方，通过和中医院校、研究所的合作，重新订立适应现代人体质和生活环境的药方，将这些药方发放到终端药店，由于有着学术和临床的可信度，这些药方在终端有着很强的销售拉动力。

自建直营店有利于扩大东阿阿胶保健品生产品类。目前，东阿阿胶已经在华润万家超市的华润堂设立阿胶专柜。还与中国中医科学院签订协议，发展健康服务业。直营店将会提供保健产品、健康咨询等全方位服务，目的是以阿胶为主要原料，结合其他膏方，打造遍布全国的养生馆。东阿阿胶还据此开发了上百种膳食养生膏方，多种膏方相组合，迎合不同人群的保健需求，在直营店开展健康保健服务。

3 多元化发展困境与主业回归

3.1 多元化道路不顺利

与大多数山东企业一样，东阿阿胶集团在 1997 年实行的多元化战略带有强烈的政府推动背景。作为一个享誉国内外的老品牌，东阿阿胶被当地政府寄予了太多拉动地方经济发展的希望。

1997 年和 1998 年，东阿阿胶集团收购了当地的医疗器械厂和聊城中药厂。1999年，东阿阿胶收购兼并的对象开始涉足啤酒和印染这些医药业以外的行业。据了解，所收购的企业，虽然当时总体来看运转还算有成效，但部分企业亏损问题并没有解决。2000 年以后，东阿集团又相继组建了保健品公司和医药商业批发公司。

过多的涉足其他产业，并未给公司带来希望的利润。以收购聊城啤酒厂为例，东阿接盘后集团曾投资 1 亿多元改造、扩建该厂，并形成了 10 万吨生产能力，不过这一改造收益甚微。而东阿阿胶涉足的医药商业，利润也是逐步下降。业内人士分析医药商业的平均利润已经下降到了 1% 左右。

拥有老品牌和绝对阿胶生产优势的东阿阿胶在检讨过自己的得失后，自 2002 年起，公司逐步放弃了多元化战略，重新聚焦阿胶主业，围绕阿胶药品、保健食品和驴皮原材料的养驴基地做大做强。华润入主东阿，作为附加条件，华润单独收购了东阿阿胶集团几年前收购的原聊城市啤酒厂，还有临清华威药业、山东阿华保健品、金蓝有限公司这三家与主业无关的企业。可以说这次股权变更，东阿阿胶逐渐走出了多元化发展的困境。

3.2 回归阿胶主业

专注于核心业务是全球化的大趋势，它永不会停止。当商业愈发全球化，竞争对手变得越来越专注时，开辟新业务的确重要，但这只限于那些能增强原有核心业务或者与之密切相关的领域。

2008年，东阿阿胶在经历了多元化发展失败的事实后，通过整合营销、研发等多个环节，进一步促进阿胶主业回归，并在一定范围内收缩战线剔除盈利能力不强的产品，实现产品"瘦身"。同时，将利润点聚焦在包括阿胶块、阿胶浆、补血颗粒、复方阿胶浆等几个热销产品上。现在，东阿阿胶公司已牢固占领补血市场，并由"第一补血品牌"向"第一滋补品牌"发展。

4 尾声

得益于一系列的计划和实施，公司2006年至2011年实现了飞速发展，营业收入复合增长率达19.75%，净利润复合增长率达40.56%。公司的阿胶年产量、出口量分别占全国的75%和90%以上，远销东南亚各国及欧美市场，在行业中处于绝对的领军地位。

近几年，东阿阿胶在已控制了全国90%驴皮资源的基础下，计划进军驴肉制品市场。首先因为驴肉的高附加值能为企业带来利润，更为重要的是能带动养驴农户的积极性，进而促进驴皮原料的可持续供应，进而控制上游原料。东阿阿胶从多元化失败后，回归阿胶主业，并尝试打破困扰阿胶发展的驴皮资源紧缺瓶颈，为企业带来了丰厚的回报。

案例使用说明

一、教学目的与用途

1. 本案例适用于管理学中战略管理、计划等内容的讲授。

2. 本案例的教学目的是通过东阿阿胶制定产业链整合计划的案例，让学生理解计划在战略实施过程中的重要性，使学生能够结合实际情况进行相应的思考。

二、启发思考题

1. 什么是产业链整合，在整合前需要做哪些工作？

2. 通过上述案例，谈谈你对东阿阿胶进行产业链整合的感想？

3. 从你的角度谈谈多元化战略在东阿阿胶的可行性。

哈药集团的营销规划

摘要： 在市场竞争日益激烈、科学技术发展迅速的今天，医药企业生产经营范围不断扩大，生产工艺日益复杂，企业的计划无疑成为了企业发展道路上的一把双刃剑。科学的计划会给企业带来可观的收益，不合时宜的计划则会使企业陷入困境。本案例以哈药集团的"标王"故事为引，将哈药的发展历程做简单的回顾，对其营销策略和品牌定位进行阐述，挖掘其在营销规划问题产生时需要注意的几个问题。

关键词： 营销；品牌；宣传策略；哈药

引言

从 2000 年开始，任何一个中国人恐怕都无法回避一家制药企业，它就是哈药集团。在"高钙片，一片顶五片！蓝瓶的钙，好喝的钙！"等广告词家喻户晓时，"哈药集团"这个名字也已经穿街走巷，深入人心。

1988 年，哈药集团有限公司正式成立。2005 年，哈药集团增资扩股项目获得国务院国有资产委员会批准，国家商务部批准哈药集团通过增资扩股，企业性质由国有独资公司变更为中外合资企业。2008 年，哈药股份在前期已获得直销经营许可的情况下，又获得国家商务部对直销经营业务服务网点的核查备案，至此公司可以开始正式从事直销经营活动。

现在，哈药集团已经是一家拥有 2 家在上海证券交易所上市的公司（即哈药集团股份有限公司和哈药集团三精制药股份有限公司）和 27 家全资、控股及参股公司，融医药生产、科研、贸易为一体的大型综合性医药企业集团。集团注册资本共计 37 亿元人民币，集团拥有"哈药"、"三精"、"世一堂"三个中国驰名商标，有覆盖全国各大中心城市 140 余个营销办事处。

1 哈药的发展历程

哈药集团全称哈药集团有限公司，其前身为哈尔滨医药集团股份有限公司，是 1988 年 5 月 16 日经哈尔滨人民政府批准，在原哈尔滨医药管理局所属的 31 家国有企业的基础上组建成立的。

哈药集团有限公司则是于 2005 年通过增资扩股改制而成的一家国有控股的中外合资企业。多年来，哈药集团秉承"做地道药品，做厚道企业"的企业宗旨，市场份额迅速提升，业务领域不断扩大，部分产品还打入欧洲、亚洲、非洲、中北美洲市场。凭借"以正合、以奇胜、以德存"的企业理念，积极实施品牌创新战略，赢得了社会各界的普遍赞誉。

2003 年底，哈药股份成功获得对天鹅股份的相对控股权，并通过资产置换的方式，将哈药股份所属的三精制药有限公司 96% 股权置入天鹅股份。

2005 年 6 月，哈药集团增资扩股项目获得国务院国有资产委员会批准。7 月，国家商务部批准哈药集团通过增资扩股，企业性质由国有独资公司变更为中外合资企业。

2006 年，哈药集团这个刚刚组建的合资企业经受住了市场竞争考验。2006 年集团公司销售收入达 100.03 亿元；实现利润 6 亿元。上述成果的取得，不仅使集团圆满完成了实现"十一五"规划目标的开篇之作，并且还实现了经营规模首次突破 100 亿元大关、利润指标突破 6 亿元大关的新跨越。

2008 年，哈药集团连续三年名列中国制药百强之首，这标志着哈药集团已经成为中国医药行业的领军企业。与此同时，在中国制药行业的"排头兵"地位及其对地方经济发展所具有的引领和支撑作用日益显现。

2010 年，哈药集团实现营业收入同比增长 15.68%；利税同比增长 18.5%；利润同比增长 26.6%。上述指标再创集团历史新高。哈药集团以"完美再造"的优异成绩继续领跑全国制药工业，在《医药经济报》最近评选的"2010 年中国医药行业十大最具影响力企业"中高居榜首。

截至 2013 年，哈药集团通过与国内外强势企业强强联合方式，结成战略联盟，扩大经营规模、拓宽经营范围、增强企业的核心竞争力，哈药集团已建成了抗感染类、化学合成原料及制剂、OTC 及保健品、现代中药、生物工程药品、动物疫苗及兽药六大专业化生产基地和一个大型医药商业公司。集团拥有 7 大系列、20 多种剂型、700 多个品种的生产能力，具备年产化学原料药 4290 吨、西药粉针 30 亿支、中药粉针 1.2 亿支、水针 1.45 亿支、口服液 18 亿瓶、片剂 136 亿片、胶囊 65 亿粒、中成药 7526 吨的产业规模。

2 标王再现

2.1 新世纪的标王

自从若干央视"标王"① 相继出现之后，2000 年，又一个营销现象引起了广告界以致社会各界的关注与争议，这就是"哈药现象"。

当到处都能听到"哈药集团"的叫卖声，有关哈药无所不在的广告宣传铺天盖地而来时，各种意见纷至沓来。然而哈药与当年的孔府宴、秦池、爱多等具有急功近利的经营行为的"标王们"还是有所不同的，它也成了很多专家和媒体竞相研究、

---

① 央视标王：指对中央电视台每晚天气预报节目前标板广告中标额最高的企业的称呼，这个称呼在 20 世纪 90 年代初开始广泛传播。在众多标王中，以 1996 年和 1997 年的标王秦池和 1998 年的标王爱多最为知名。其中，秦池以 6666 万元、3.2 亿元连夺两届标王，其产品也成为当时中国最畅销的白酒，然而 1997 年，秦池受到"其白酒用川酒勾兑"的系列新闻报道影响，营业额急剧下降，2000 年被迫拍卖"秦池"注册商标；爱多以 2.1 亿夺得 1998 年标王，并找到国际影星成龙拍摄其 VCD 的广告，此后爱多面临 VCD 市场的剧烈竞争打响了价格战，资金链短缺之时其总经理胡志标挪用公司巨资进行虚假注册使公司损失惨重，爱多品牌也被迫拍卖。

破解的对象。特别是哈药对于种种社会的围攻始终采取不漏一面、不会一言的策略之后，更增加了哈药在社会各界心目中的神秘感，究竟是什么让哈药走向了"标王"的地位？这些做法是否有利有弊，又会对企业的发展产生怎样的限制？

2.2 地毯式轰炸的广告计划

哈药认为：广告是扩大品牌公众知名度的有效方式。因此，哈药最初计划采用的是以广告拉动销售量的市场营销策略。当社会各界质疑哈药的广告缺乏品味和创意，并且制作成本低廉时，哈药集团内部高层也为此探讨了多次，什么样的广告才最好、最有销售潜力？

在哈药看来，专家看广告，看美感、看艺术；老百姓看广告，看透彻、看清晰。有些企业的确有很含蓄的广告，画面很美，但是未必有效果。市场是多层次的，市场的表现手法也是纷繁复杂的，最动听的语言也并不一定就是最有力的语言，最华丽的办法也不一定最有用。因此，哈药集团最后还是实践了地毯式轰炸的广告投放方式，欲将"标王"一做到底。

虽然同样曾被称为"标王"，哈药的广告策略与秦池、三株等一代"标王"还是有所区别的，至少哈药没有像他们一样造就虚假繁荣景象，以致崩溃。

首先，哈药的广告策略是对集群产品的宣传，而不是秦池和三株那样只对单一产品的宣传，这决定了哈药的一个产品即使出现问题，对总体业绩的影响不会很大。

其次，哈药的广告策略背后有雄厚的科研力量。公司利润增加后，每年都可以花出大资金用于公司的新品研究和开发。

再有，哈药的基础是扎实的。1998年之前，公司每年都有20亿元左右的年收入，这与三株、秦池等企业有着本质的区别。即使广告战略不成功，哈药也是一家实力雄厚的企业。还有一点，市场是最重要的，通过广告战略，哈药的销售收入急剧上升，市场占有率大幅度提高。有集群产品为支撑，有科研力量为后盾，有扎实的销售基础，哈药的市场占有率和利润水平在当时一直不断上升。

确实，这种不同于秦池、三株的计划、策略及其实践为哈药创造出了极强的市场竞争力，事实证明追求有销售力的广告非常适合哈药集团初期的发展。在哈药没有广告的时期，经销商认为哈药没有广告，产品卖不出去就把它退回去，卖好了再把钱款给哈药，这让哈药苦不堪言，因为药品是有批号的，等商家退回来的时候药品已经过期了，哈药只能报废这些产品。等到哈药的广告出来了，并且越做越大之后，哈药的经营风险明显减小，有些商家甚至带钱提货，两种情况比较起来相差甚远。

3 令人堪忧的营销策略

哈药的轰炸式广告策略给哈药带来了可观的收益，但是各种问题也接踵而至，社会各界对哈药单一的广告宣传策略产生了质疑，与此相关的领先产品缺失、品牌定位问题、单一广告策略、品牌忠诚度问题等质疑也络绎不绝。

3.1 优势核心产品的缺失

由于哈药的广告策略是对集群产品而言的，因此哈药也面临着优势核心产品缺失的问题。从产品结构上看，哈药集团的主营业务为化学药品、中成药、生物制剂和医药商业，但是这些产品的市场竞争能力有多高就不得而知了，其中，盖中盖属于传统产品，双黄连市场又在河南众生的竞争下开始萎缩，同时哈药集团广告带来的巨额收益到底投向了何处，缺少研发投入的哈药如何打造核心竞争力，这些问题都亟待解决。

优势核心产品缺失，产品与产品之间的联系产生了严重的问题。哈药集团大量的广告使其各产品品牌缺乏科学、严谨与统一的整合。在哈药集团所属的制药三厂、制药四厂、制药六厂、世一堂药厂中缺乏品牌整合痕迹，也看不到清晰的品牌结构层次。产品与品牌之间的影响是互动的，有强势品牌的企业在卖产品的同时也在卖品牌的附加值。如果哈药集团不尽快调整营销策略，继续强调打产品广告，资产将继续流失，并且哈药集团永远只会是一个简单的制药大工厂，缺少品牌价值。

3.2 单一广告策略的风险

按照传统营销理论和实践，广告只是营销策略一个小的组成部分。但是哈药的市场营销策略，基本上是单纯靠广告拉动。从电视、杂志、报纸和其他信息渠道来看，哈药并没有其他的营销策略。

以销售渠道为例。哈药在渠道建设方面并非做得很好，反应能力差，频繁发生缺货的现象，补货的速度慢，而且区域市场虽然被广告大幅度辐射，但没有良好的铺货能力，企业未能利用好自己的宣传力度，结果造成了浪费。一味使用产品广告并不是哈药最佳的出路，靠大规模的广告轰炸"炸"出市场，这肯定是短期行为，而且只适用于企业初期发展阶段。

3.3 品牌忠诚度的质疑

在一定程度上，哈药的标王行为在短时间内为哈药打响了名声。但形象力转化为购买力最重要的是品牌忠诚度。哈药的品牌忠诚度很难在短时间内建立起来，单纯的直白叫卖不可能建立起消费者的忠诚度。药品是一种物质含量比较高又非常严肃的产品，而演员式的专家与演员本身的职业特质就是"表演"，用这样的群体为集团产品做广告，知名度容易得到，但在本质上，消费者的行为只是一种广告影响下的"试吃"行为。

广告是提高产品知名度必不可少的手段，但消费者在购买时最终会理性选择。调查显示，社会公众已经对轮番上阵演员的叫卖声和拙劣表演厌烦了。购买行为的发生，一般要经历"认知—选择—购买决策—购买行为发生—重复购买行为发生"等几个阶段。消费者完成第一阶段购买与企业的广告引导和产品的知名度有直接关系，但消费者完成第二阶段的购买则主要取决于消费者的满意度评价。这影响到市场的可持续发展。所以广告并不能无休止地提高产品的尝试率。影响产品销量的因素不仅有广告投放的力度，产品质量、企业服务质量、美誉度等也会影响产品的销量。"试吃"时期过后，市场占有率的本来面目就会真实显现，所以，没有品牌忠诚度的建立，就不可能有集团的持续、稳定的发展。哈药的投放策略应该进行战略性的调整，调整的方向应是立足于市场的可持续发展。

4 向直销巨人进发

哈药集团在产品营销策略上的探索从未停止。2008年11月，哈药集团获得了商务部颁发的直销经营许可证，可以在黑龙江省内12个市及大兴安岭地区82个区、县（县级市）从事直销活动。哈药集团凭借其在全国医药市场的优势和自身具备的优越条件，在中国所有医药企业中率先突围采用直销的营销策略应该也是实至名归的。

哈药股份董事长秘书孟晓东曾这样说道："直销是我们新增的一种销售方式，也是我们不可能放弃的一种销售方式。"事实上，哈药一直在对自身业务模式进行调整与规划。同时，依托政策良好的支持背景，首先在法律程序上已经奠定了哈药集团在批准的区域内开展直销业务的合法性；而在地方政府的支持力度上，由于黑龙江省是中国的老工业基地，市场经济推动的企业体制改革和农业产业化导致了大量的再就业人员存在；加之哈药集团是具有社会责任感的知名企业，企业开展直销业务必将促使市场经营需求与剩余劳动力资源的有机结合，地方政府的优惠政策支持也随之而来。

同时，哈药品牌知名度随着市场交易量和服务区域的不断扩大在迅速提升，可以说目前哈药品牌的知名度是国内众多直销企业所不能比拟的。哈药集团拥有强大的产品生产实力，其旗下拥有9个现代化生产基地，并且它们全部通过了GMP认证，综合生产能力位居全国制药企业第一名。哈药集团的直销产品将通过其现有的生产能力进行加工，在不投入巨大的设备和人力资源条件下进行产品生产，可以不断降低产品的生产成本和费用，尽最大限度让利于消费者或经销商，在同行或同类产品市场上取得竞争的主动权。

目前虽然政府职能部门暂时批准允许哈药集团直销五种产品（1种保健品，4种化妆品），但是，有哈药强大的科技队伍和研发能力做后盾，加之对现有产品的筛选与申报步伐不断加快，哈药集团未来的直销产品线可以更加丰富多彩。

众所周知，在市场经营中资金是企业发展的血脉，哈药集团注册资本金有37亿元人民币，作为一家拥有雄厚资本实力的企业，它必能在从事直销经营的过程中更快地将其直销领域中的产品研发、生产、渠道建设和品牌宣传快速推出。同时，哈药集团近期也在十分积极地进行资源重组拟加速其在海外上市的步伐，从而为企业的长远发展融入更多的资金。哈药还成立了直销公司开展直销业务，并越来越突显这一销售方式的重要性。在人才方面，哈药则引入业界知名的职业经理人郑凤强出任公司顾问。郑凤强曾担任天狮中国区总裁，并在多家直销公司担任要职，有着丰富的直销管理经验。郑凤强的加盟扫除了许多对哈药直销经验缺乏的质疑。

再者，哈药集团是有着20年市场经营历史的大型企业，经过多年的市场资源开发与积累，目前已经形成了以东北三省为根基，以覆盖全国30多个省市的服务机构为支撑点，以面向国际市场为着眼点的市场经营体系。直销作为哈药集团未来市场经营发展的一部份，其原有的经营渠道所形成的品牌度和公共关系必将与直销业务实现共享，用最小的投入、最快的速度实现哈药集团整体利益最大化，有力地促进哈药集团快速成长。

5 尾声：品牌形象的危机

单一靠广告来撑起营销这张大网的局面并不长久。继哈药集团制药总厂废水、废气和废渣违规排放被央视曝光后，哈药的环保问题成为社会热点话题。其实哈药的超标排放问题已非首次被披露，当地媒体几乎每一两年都要曝光一次。哈药集团的公众形象面临危机。

据统计，仅2005年至2011年7年间，哈药集团被媒体和国家或地方食品药品监督部门曝光的违法违规广告就多达十余次。

面对社会种种质疑，哈药也在不断努力之中。近年来，集团已累计投入4亿元用于清洁生产和环保治理，主要建设了废水预处理及污水处理、气味、锅炉烟气、噪声等各项污染处理设施，每年各项环保设施的运行费用约5000余万元。同时，直销计划也预示着哈药将一改其单一的营销策略，向着中国直销新巨人的方向进发！哈药集团的种种计划和策略，是对还是错，有待事实的考量，但是单从国有大型制药企业进入直销领域这个大胆创举来说，哈药已经做得非常成功了，就算有质疑，就算有非议也是这个过程中的必经之途。

案例使用说明

一、教学目的与用途

1. 本案例适用于管理学中战略管理、计划、决策制定等内容的讲授。

2. 本案例的教学目的是通过哈药集团的品牌定位和营销策略案例，让学生认识到计划的重要性，并在此基础上引导学生思考如何对企业进行适宜的计划以及在此过程中应该注意的一些问题。

二、启发思考题

1. 请你根据以上案例，总结哈药在营销规划上的问题，并讨论解决的措施。

2. 面对社会的质疑，如果你是哈药集团的董事长，你会对哈药的品牌进行怎样的定位？

3. 哈药集团为什么要采用直销的营销策略？你认为此举是否妥当？试解释原因。

赛诺菲安万特的多元化战略

摘要：多元化战略指企业同时经营两种以上基本经济用途不同的产品或服务的一种发展战略。产品可以多元化，市场可以多元化，投资区域和资本也可以多元化。随着全球经济形势的不断好转，医药行业又掀起新一轮兼并重组高潮，本案例以2004年赛诺菲—圣德拉堡出价收购安万特，以及赛诺菲安万特并购后的差异化并购战略为重点阐述对象，揭示赛诺菲安万特制定多元化战略的目标和差异化并购策略的原委。

关键词：赛诺菲；安万特；多元化；并购

引言

2004年世界医药行业发生了一个重大的兼并收购事件，这就是赛诺菲—圣德拉堡和安万特两家公司的合并。经过此次合并收购，组建后的赛诺菲安万特集团成为了欧洲排名第一、世界排名第三的制药公司。

2005年赛诺菲安万特实现净销售额达273.11亿欧元，同比增长9.3%。它是全球领先的制药公司之一，分布在全球100多个国家，员工达10万名。2011年，赛诺菲安万特公司经股东同意决定把公司名称从"赛诺菲—安万特"缩短为"赛诺菲"，同一时间，赛诺菲的新LOGO①也一并正式发布。

截止到2010年，公司在全球一百多个国家开展业务，拥有员工10万余人，在世界药品市场上占有十分重要的地位。公司的科研开发中心富于创新且成绩卓著，目前有15个研究开发中心。公司在中国上市的主要产品有：安博维、乐沙定、波立维、西艾克、民诺宾等。

1 赛诺菲与安万特

赛诺菲安万特集团由赛诺菲—圣德拉堡和安万特两家公司在2004年合并成立。

其中，赛诺菲—圣德拉堡公司（以下简称"赛诺菲"）是一家以研究为基础的全球性医药公司，1999年由赛诺菲和圣德拉堡两家公司合并组成，总部设在巴黎。公司在全球100多个国家拥有业务，有员工2.9万余人，在世界药品市场上占有重要地位。公司在涉足的4个主要治疗领域：心血管/血栓类、中枢神经系统、癌症和内科用药领域，均有世界领先的产品。公司的科研开发中心富于创新且成绩卓著，目前有15个研究开发中心。赛诺菲的主要股东为：道达尔（Total）石油公司，持股24%，拥有33.74%的表决权；Opeal公司，持股19.5%，拥有26.87%的表决权。

---

① LOGO：即徽标或者商标的英文说法，logotype的简写。

2002 年集团营业额为 74.48 亿欧元，净利润 17.6 亿元。赛诺菲在中国上市的主要产品有：安博维、乐沙定、波立维、西艾克、民诺宾等。

安万特医药公司由两家世界著名公司德国赫司特公司与法国罗纳普朗克公司在1999 年 12 月合并完成。安万特公司的主要股东是科威特石油公司，持股 13.5%。公司业务主要集中在医药和农药方面，致力于处方药、疫苗、治疗用蛋白、农作物生产和保护、动物保健和动物营养等领域的创新产品，以改善生命质量。公司的主要市场是北美，市场占有率为 42.2%；以及西欧，市场占有率为 40.1%。安万特在中国上市的主要产品有：罗力得、泰索帝、易善力（肝得健）、凯福隆、巴特芬等。

两家公司合并后的赛诺菲安万特集团总部位于法国巴黎，是世界上第三大制药企业，也是欧洲排名第一的制药公司。赛诺菲—安万特致力于医药产品的研究、开发、生产以及销售，依靠世界级的研发组织，开发创新的治疗方案，赛诺菲—安万特在七大治疗领域居领先地位，它们是心血管疾病、血栓形成、肿瘤学、糖尿病、中枢神经系统、内科学和疫苗。

2 "以小欺大"的收购案

赛诺菲公司的企业战略及计划似乎一直都是以"兼并收购"为主题，这得从赛诺菲安万特自身的并购案开始说起。

2.1 赛诺菲的意图

2004 年 1 月 26 日，赛诺菲公司发布了一项大胆的恶意竞标，欲出价 480 亿欧元收购安万特公司。这项投标立即遭到安万特的一口回绝，并称赛诺菲的出价至少比公司实际价值低 30%。尽管法国长期以来希望这两个公司合并，但令人惊奇的是作为出价方的赛诺菲公司，销售收入仅为安万特公司的一半，赛诺菲为何如此大胆呢？

原来，赛诺菲决定向公司最大的竞争对手安万特公司发出敌意收购竞标，是为了避免在下一轮行业整合浪潮中成为牺牲品，希望通过收购使公司立于不败之地。考虑到友好收购会浪费时间，且友好收购意味着无休止的讨价还价，因此公司决定进行恶意收购。当时，赛诺菲作为排名第十四位的大型医药公司，主要的销售活动集中在美国。对于赛诺菲来说，合并将增强公司在北美的生产和销售地位，2003 年，赛诺菲在北美医药市场的销售额是 18 亿欧元，而安万特在北美医药市场的销售额是62 亿欧元。因此，赛诺菲指出，如果交易能够实现，2004 年将为公司节约 10% 的支出，相当于税前节约 16 亿欧元。同时，赛诺菲预计，收购的交易、整合费用约为 2亿欧元。但收购安万特所带来的协同效应，将为公司节省资金。协同效应的 10% 将在 2004 年实现，60% 在 2005 年实现，从 2006 年开始，公司将享受合并带来的全部协同效应。安万特拒绝这项交易并指出，对方的恶意收购是一种试探，是想将他们的风险转嫁给安万特，事实非常清楚的表明，赛诺菲需要安万特，但安万特不需要赛诺菲。

2.2 诺华的介入

"白衣骑士"策略，是指企业自己寻找并购企业的方法，引进并购竞争者，使并购企业的并购成本增加。安万特为避免被赛诺菲敌意并购，于是寻求"白衣骑士"，但基于成本和地域文化差异，其中最具可能性的是瑞士的诺华和英国的葛兰素史克。

2004年4月下旬，诺华决定开始与安万特进行合并谈判。法国总理办公室和财政部官员竭力避免保护主义言论，因为此类言论可能令法国面临遭诺华起诉的风险。诺华此举实际上等于向法国政府亮出底牌，公司认为法国总理不会选择阻碍形成法国最大制药公司的收购。

当时法国政府没有表态，这表明政府可能在采取一种消极进攻的策略，而不是毫不掩饰的保护主义。终于，法国政府的立场得到了代表安万特员工的法国工会的强烈支持。工会宣称，强烈反对公司与诺华进行任何形式的合并，并在一封致财政部长的信中承诺，将竭尽全力使合并计划流产。同时，欧盟表示，委员会将像对待赛诺菲的敌意收购一样，对诺华的收购也保持中立立场，并将批准赛诺菲的收购计划。最终，迫于各种压力，瑞士诺华宣布退出对安万特的收购竞标。

2.3 法国政府的支持

安万特与赛诺菲的合并是强强联合，从某种程度上来说也是对计划过程的一个实现。法国政府希望安万特与赛诺菲合并，以造就法国制药业巨头，法国财长甚至认为，赛诺菲恶意收购安万特"也许是一件好事情"。当时，也有业内人士认为，不止是法国，整个日渐昏沉的欧洲制药业都需要一剂强心针，而赛诺菲恶意收购安万特一旦成功，将缔造出欧盟最大的制药企业，成为仅次于美国辉瑞和英国葛兰素史克的世界第三大制药巨头。数据显示，以2002年销售额计算，赛诺菲与安万特合并后，在全球药物市场的占有率将达到6.3%，高于默克公司的5.4%，仅次于辉瑞制药的10.1%和葛兰素史克的7.1%。

因此，有专家预计安万特会面临来自法国政府的潜在压力，虽然公司将竭尽全力抵制这一收购但可能并不轻松。

事实证明这些专家的预测一点也没错。诺华介入并购案后似乎令法国政府措手不及。诺华公司在退出声明中透露：退出是因为来自法国政府的强大压力。此前法国政府曾明确表示支持赛诺菲和安万特合并，因为这样做的结果是将公司的职位和决策权留在了法国。

在诺华这个强大竞争对手退出的同时，赛诺菲趁热打铁，将收购价从每股不到60欧元提高到近70欧元，最终把安万特留在了法国。安万特也最终接受了赛诺菲540亿欧元的收购价格。法国财政部4月25日宣布，法德合资的安万特制药公司已接受法国赛诺菲的新要求，两家公司将合并组成继美国辉瑞和英国葛兰素史克之后的世界第三大制药企业。法国总理拉法兰立即发表声明表示祝贺，称合并符合法国的战略利益，有利于增强法国和德国在制药领域的优势。

3 重组先生：魏巴赫

在赛诺菲安万特的企业战略中，并购重组的理念深深镶嵌于内，这与公司的领导人也不无关系。作为全球领先的多元化医药健康企业赛诺菲安万特的全球CEO，魏巴赫先生的一举一动都会引来业界关注的目光。魏巴赫于2008年12月接过了赛诺菲安万特全球CEO的权杖，之前，他在葛兰素史克公司工作了20年，是一位资深的医药产业精英人士。

当时，赛诺菲安万特正面临着史无前例的市场竞争压力：无法足够快地开发出新产品以应对仿制药的激烈竞争；美国FDA拒绝批准其减肥药Acomplia①上市；公司也未能阻止抗血栓药波立维的仿制产品上市。可见魏巴赫的工作是多么富有挑战性。

上任伊始，他就对企业进行了大刀阔斧的变革和重组，关闭和出售了27家工厂中的8家，并撤销了16个最无希望的研究项目；将业务单元重整，收缩为新兴市场、疫苗领域、健康药业、糖尿病治疗，以及创新产品等六大增长平台，使公司步入发展的快车道；同时，他向新兴市场大肆扩张，使公司走向多元化发展的道路，并在疫苗和动物健康等较少受到专利过期影响的领域实施并购，奠定了赛诺菲安万特在新兴市场领导者的地位。由于一连串的成功并购，他获得了"重组先生"的戏称。

但是，魏巴赫义无反顾。他认为，赛诺菲安万特其实是几个公司的结合，是并购的产物，在之前的很长一段时间里，赛诺菲安万特都是非常成功的，因此，成功的公司很难适应新的环境。在魏巴赫接手赛诺菲安万特的时候，正是危机四伏的时刻，譬如专利到期危机，譬如研发的薄弱，譬如中国市场的扩充等。在这种情况下，魏巴赫认为，如果不变革，风险会更大。魏巴赫带来的最大改变还是在策略上。当时，新的产品接不上来，赛诺菲安万特的产品又面临专利危机，这使企业丢掉了25%的销售额。于是，魏巴赫为公司创造了一个新的计划，不光能够弥补这些损失，而且能够把公司带入全新的成长轨道，这就需要并购重组，以此调整公司的资源和架构。

4 差异化并购计划

2010年10月31日，赛诺菲安万特以5.206亿美元收购了中国药品生产商兼分销商BMP太阳石集团，借此拥有了国内最大的小儿感冒咳嗽药品牌"好娃娃"，并凭借BMP太阳石在感冒咳嗽和女性健康领域的强大平台，加速发展健康药业，挺进了中国三四线城市。

2010年11月3日，赛诺菲安万特与杭州民生药业组建合资公司的协议正式获得商务部批准。收购金额无法考究，但赛诺菲占合资公司60%的股份。一直为国内消费者熟知的"21金维他"正是杭州民生药业旗下的主打产品，今后，该产品也将改由上述合资公司生产。

2011年4月8日，赛诺菲安万特完成了对美国生物技术公司健赞的收购，使之

---

① Acomplia：赛诺菲安万特当时研制的一种减肥药药名。

成为赛诺菲的全资子公司。这项交易是生物医药领域有史以来金额第二大收购交易。

魏巴赫上任后，一连串的并购重组仍在继续。魏巴赫说，并购健赞是考虑到赛诺菲安万特需要加强在生物科技方面的力量，以及在美国的实力；同时，健赞的研发模式很与众不同，转化医学这样一个研发模式可以给赛诺菲安万特更多的启示。另外，跟民生药业的合资，也证明赛诺菲安万特跟很多跨国公司一样开始在非处方药市场上寻求新的发展空间，这使得赛诺菲安万特进入了中国非处方药最大的两块市场：维生素和矿物质。还有，收购 BMP 太阳石集团，也使赛诺菲安万特得以进入中国医药市场最大的两块细分市场：维他命及矿物质补充营养品与感冒药市场。

5 创造有价值的并购

从全球角度来说，赛诺菲安万特的全球并购策略是：每年计划花 10 ~ 20 亿欧元的钱在并购方面，并基本集中在新兴市场。

赛诺菲安万特的频繁并购并不是盲目的，在进行企业多元化目标战略部署的过程中，魏巴赫也提到，除了看品牌，还要看渠道，看能否通过并购把赛诺菲安万特自己的渠道建立起来。同时，必须创造有价值的并购。当然，做法肯定要跟别人不同，赛诺菲安万特有很宽泛的并购策略，具体买什么公司，要能够跟赛诺菲安万特的增长平台结合起来。具体在什么时间做什么样的交易，也要看机会。

案例使用说明

一、教学目的与用途

1. 本案例适用于管理学中战略管理、并购策略等内容的讲授。

2. 本案例的教学目的是通过对赛诺菲安万特差异化并购策略的案例，阐述有关企业并购的问题，引导学生思考重组并购可能给企业带来的益处，以及发展计划和发展战略在其中的职能。

二、启发思考题

1. 你怎样看待赛诺菲并购安万特这个并购案？

2. 你认为魏巴赫的"创造有价值的并购"这样的理念是否可取？为什么？

本章参考资料

[1] 程传勇，杜修鸿．浅谈企业危机管理——中美史克成功处理危机的分析 [J]．科技创业月刊，2006（6）

[2] 吴汉荣．中美史克：两条腿走路 [J]．成功营销，2010（Z1）

[3] 中美史克官方网站 http：//www.tskf.com.cn/

[4] 邓羊格．哈药变革从营销到产权 [J]．中外管理，2003（11）

[5] 陕丹．哈药直销 扬帆起航 [J]．知识经济（中国经济），2010（3）

［6］ 叶茂友. 品牌营销四大误区［J］. 财会月刊，2001（5）.

［7］ 刘德良. 营销界的"空军模式"——广告驱动型企业盛宴之后的得与失［J］. 中国机电工业，2007（11）.

［8］ 哈药集团官方网站http://www.hayao.com/

［9］ 冯嘉雪. 赛诺菲—安万特并购是一条捷径［J］. 中国新时代，2011（9）.

［10］ 苏晓渝. 兼并收购中的"以小吃大"——赛诺菲收购安万特［J］. 国际化工信息，2004（6）.

［11］ 曾立平. 魏巴赫：再造赛诺菲［J］. 经理人，2011（8）.

［12］ 高蕊. 东阿阿胶，掌控全产业链［J］. 企业管理，2011（12）.

［13］ 赛诺菲官方网站http://www.sanofi.cn/

［14］ 东阿阿胶集团官方网站http://www.dongeejiao.com/

［15］ 姜伟. 东阿阿胶：发力还需收拳［J］. 当代经理人，2008（10）.

第五章

组织

现代企业面临着日逾激烈的市场竞争，企业规模也在不断扩大，要使规模庞大的企业有效地工作，就离不开管理组织的结构和设计。管理组织的重点在于把个人变成组织的非凡人，把靠个人不能完成的问题，变成靠组织可以顺利解决和实现问题。有了管理组织才可能有人才的聚合，并产生出聚合力。本章选取了在医药企业中非常典型的 3 个组织变革与创新的案例，通过杜邦公司成功的组织变革和华源集团略显失败的组织调整，以及清州清杨药业实施的"国退民进"并购变革策略的案例，引出管理组织结构与设计的重要性。

组织变革之典范——杜邦公司

摘要：在动荡的商业环境中，企业的组织结构是随着社会生产力发展水平、企业规模的变化和生产工艺的变化而不断变化的。换言之，为了改进和提高组织的效率，适应市场环境，企业内部的组织变革就应运而生了。本案例将以组织变革的典范——杜邦公司为例，将其在每次变革时期所表现出超强的组织适应能力作为阐述重点，对其在特定的时代背景下采取的不同组织结构进行梳理。

关键词：杜邦；组织；变革

引言

杜邦公司是一家面向市场的科学企业，提供以科学为基础的产品及服务。杜邦公司成立于 1802 年，它是世界上最大的化学公司，建立至今已有 200 余年的历史。

19 世纪初，杜邦主要是一家生产黑火药的公司。

20 世纪之后，杜邦公司的业务重心转向全球的化学制品、材料和能源。

至 21 世纪的今天，杜邦公司以"提供以科学为基础的产品及服务"为宗旨，其业务涉及了人们生活中的方方面面。

杜邦如今在全球拥有 60000 多名员工，业务遍及 90 多个国家和地区，以广泛的创新产品和服务涉及农业与食品、楼宇与建筑、通讯和交通等众多领域。

一家依靠生产军火发迹的家族企业，怎样成就了它的化工帝国？历经 200 多年，作为美国最古老的大型家族企业之一，杜邦家族仍然掌握着公司的命运，并且将其发展成了一个化学、化工帝国，在家族式的管理下杜邦到底采取了什么样的管理手段使其平稳渡过了危机并且不断壮大，这些我们可以从杜邦的发展史中来一探究竟。

1 杜邦的发展史

历史上的杜邦家族是法国的贵族。18 世纪 60 年代出身于钟表世家的老杜邦撰写了一系列国民经济研究文章，得到了伏尔泰和杜尔哥等人的关注。但他的重农主义思想却受到了政治压迫。

1773 年，老杜邦被迫离开法国，虽然几经周转后他重回了法国，但一场改变欧洲的大革命——法国大革命却在等着他。

1799 年，为躲避战乱，老杜邦绝意离开政坛，在获得几笔投资后，老杜邦带着两个儿子伊雷内和维克托逃离到了美国。1802 年 1 月，杜邦家族在美国特拉华州威明顿市的白兰地酒河畔创建了杜邦公司，公司总投资 36000 美元。由于战争的需要，工厂很快站稳了脚跟并发展起来。由于杜邦生产的火药性能比其它火药明显更优质，所以深得军方的推崇，生意十分火爆。

1820 年，杜邦成为当时美国政府最大的火药供货商。在 1848 年美国对墨西哥的战争中，政府采购了 100 万磅火药。南北战争期间，杜邦更是向联邦政府销售了大约 400 万磅火药。

此后，功成名就的老杜邦把这份家产传给了对政治没有兴趣，却十分喜欢化学的小儿子伊雷内·杜邦。在伊雷内这个化学天才的领导下，公司向其他领域探索，化工产业成为其转折的关键点，与化工密切相关的医药产业也包含在内。当战争结束时，杜邦公司已成功转型为一个生产多种化工产品的化学公司。这是杜邦公司第一次转型，也是其第一次技术创新获得成功。1834 年，伊雷内去世，将家业继承给了他酷爱化学和数学的长子艾尔弗雷德。当时，家族的所有成员都住在位于工厂附近的房子里，在杜邦公司工作的所有家族成员也都不支取薪水，家族财产属于公司，日常所需皆由公司供给。

1850 年，杜邦公司领导权转给艾尔弗雷德的兄弟亨利，公司自此走入了"凯撒型经营管理"的时代，这段时间长达近 50 年。

1899 年，杜邦家族企业转型为股份制公司。

1902 年，当时公司的总裁尤金·杜邦去世，公司创始人的三个曾孙托玛斯·克莱蒙·杜邦、阿尔弗雷德·伊雷尼·杜邦和皮埃尔·塞谬尔·杜邦买下了杜邦公司，对公司进行了改组，制定了杜邦公司向新的方向发展的计划，并首创集团式经营的先河。

1923 年，杜邦从一家法国公司获得玻璃纸生产权后成立了杜邦玻璃纸有限公司，对薄膜和喷漆进行了研究，并生产出了一种新的快干型汽车喷漆 Duco ®①，大大加快了汽车生产的速度。

1930 年，杜邦致力于开展基础研究。杜邦研究人员阿诺德·科林斯和华莱士·卡罗瑟斯发明了一种通用合成橡胶氯丁橡胶。同年，研究人员朱利安·希尔首次发明了一种合成纤维，这种纤维成为尼龙的前身。

1958 年，杜邦公司成立国际部，公司开始进行大规模海外投资。

1990 年，杜邦同默克制药公司成立医药合资企业，杜邦—默克制药公司，它的建立标志着杜邦正式进军医药领域。

1998 年，杜邦收购了默克制药公司在合资企业中的股份，首次推出了每天只需服用一次的治疗 HIV② 和艾滋病的新药 Sustiva？③。

进入新世纪，杜邦一直保持着其持续发展的态势，如今杜邦，在中国已经拥有39 家独资及合资企业，完成投资逾 8 亿美元，产品和服务涉及化工、医药、食品与营养、电子、纺织、汽车等多个行业。

2 杜邦的单人决策时代

1850 年，随着公司领导权转给艾尔弗雷德的兄弟亨利后，公司走入了单人决策经营的模式，因为亨利毕业于西点军校，接任公司以后完全是一副军人做派。亨利不懂炸药技术，技术上完全信任热爱化学的侄子拉摩特，但他在管理和经营方面能力很强。在长达 39 年的任期内，亨利以其军人式的严厉粗暴的铁腕治理着公司，他实行的一套管理方式曾被人们称为"凯撒型经营管理"，他也被称为"亨利将军"。

这套管理方式实际上是经验式管理。公司的所有主要决策和许多细微决策都要由他亲自制定，所有支票都得由他亲自开；所有契约也都得由他亲自签订；他一人决定利润的分配；亲自周游全国，监督公司的好几百家经销商；在每次会议上，总是由他发问，别人回答；他也全力加速回款，严格支付条件，促进交货通畅，努力降低价格。直到 72 岁，亨利仍不要秘书的帮忙。在任期间，他亲自写的信不下 25万封。亨利接任时，公司负债高达 50 多万美元，通过这些做法，他令杜邦帝国迅速发展起来，并使公司成为行业内的领头羊。1872 年，美国经济出现严重的衰退，各行业都面临危机。亨利劝说所有大公司加入"美国火药同业公会"，并通过持股的方式实际操纵了"公会"。公会成员按照统一价格销售，并各自有固定的销售领，这是继洛克菲勒帝国之后美国的第二家托拉斯。

在亨利的时代，单人决策式的经营基本上是成功的，由于公司规模不大，经营

---

① Duco 是一种喷漆的名称，1924 年，杜邦公司发明了世界上第一种可以喷涂的汽车涂料 Duco 硝基漆，引进全新的工作程序把汽车涂装得五彩缤纷，从而引发了一场汽车涂装业的革命。

② HIV：human immunodeficiency virus 的简称，人类免疫缺陷病毒，是一种引起获得性免疫缺陷综合征和相关疾病的 RNA 病毒。

③ Sustiva：即萨斯迪瓦，是由杜邦制药公司研制成功的一种治疗艾滋病的新药，已获美国食品药品管理局批准。

品种比较单一，加之公司产品质量占绝对优势以及竞争市场不甚复杂等原因，公司采用直线制组织结构，实行"凯撒型经营管理"取得了较好的成效。

直到1889年，亨利去世，杜邦公司的大权交给了尤金·杜邦，尤金是公司的第三代继承人。但是尤金很难与亨利相比，他也试图承袭其伯父的作风经营公司，采取绝对控制，亲自处理细枝末节，亲自拆信复函，可是由于经验不足，很快就使公司陷入到了错综复杂的矛盾中，企业面临衰退的窘境。

3 集团式经营的首创

1902年，尤金突然离世。几个年迈的董事措手不及，无人愿意担当杜邦的新领袖。正当杜邦公司濒临危机，无人继承并将被低价卖给其他公司的关键时刻，尤金的三位堂兄弟艾尔弗雷德、托玛斯、皮埃尔接手了步履维艰的杜邦公司，他们就是日后为人们所津津乐道的"杜邦中兴三巨头"。

这三位堂兄弟不仅具有管理大企业的丰富知识，并且在矿业、铁路、电气和机械行业中积累了丰富的管理经验。同时，他们意识到单人决策的局限，果断抛弃了"亨利将军"那种单枪匹马的管理方式，决定实行集团式经营的管理体制。新的管理架构决策权依然掌控在家族手中，但是在执行层面上，他们不再亲力亲为，交由执委会执行。值得纪念的是，杜邦公司也是在美国历史上第一个把单人决策改为集团式经营的公司。

杜邦公司集团式经营最主要的特点就是建立了执行委员会，它隶属于最高决策机构董事会之下，是公司的最高管理机构。在董事会闭会期间，大部分权力由执委会行使，董事长兼任执行委员会主席。执委会每周召开一次会议，听取情况汇报，审阅业务报告，审查投资和利润，讨论公司的政策，并就各部门提出的建议进行商讨。

同时，公司还抛弃了当时美国企业流行的体制，建立了预测、长期规划、预算编制和资源分配等管理方式。在管理职能分工的基础上，建立了制造、销售、采购、基本建设投资和运输等职能部门。在这些职能部门之上是一个高度集中的总办事处，它控制了销售、采购、制造、人事等工作。

在集团经营的管理体制下，由于实行了统一指挥、垂直领导和专业分工的原则，公司各岗位的职责十分清楚，效率显著提高，大大促进了杜邦公司的发展。20世纪初，单杜邦公司生产的5种炸药就占当时全美国总产值的64%－74%，生产的无烟军火则占100%。

4 从集团式经营到多分部体制

随着杜邦公司不断兼并不同行业的企业，杜邦成功转型为多元化生产经营的化学公司，但问题也随之而来：每次收购其他公司之后，杜邦公司都因多角化经营而遭遇到严重的亏损，毕竟化学用品并不像火药之类的产品买主都是大批量进货，小批量生产的化工产品已显示出亏损的态势。尽管这些产品在市场上的份额很大，按照常理，规模经济会带来成本优势。与此相反这类产品的其他小企业都收获了不菲的利润。行业是没有问题的，看来是杜邦出现了问题。

销售部门最先发现了问题之所在：首先，多元化对生产部门的影响不大，可是销售完全乱了套，杜邦从不考虑要进行推销式的零售和批量的分销，因为这条路走得艰难；再者，多样的产品也给业务员带来了一定的困惑，他们不能很快掌握种类繁多的产品知识，在这种情况下又何谈销售额的稳步提升呢？

杜邦强烈意识到，企业需要一种能力，即易于根据市场需求的变化而改变商品流量的能力。若继续保持那种使高层管理人员陷入日常经营之中、不去预测需求和适应市场变化的组织机构形式，杜邦只能走向衰落的境地。而此时一个能够适应大生产的销售系统对于一个大公司来说，已经成为至关重要的问题。

在这种情况下，杜邦公司又发现集团式经营权力过于集中，没有弹性，不能适应市场的变化，杜邦需要进行营销体制创新势在必行，于是，杜邦进行了一次历史上最重要的创新重组，实行多分部体制，把权力下放，在集权和分权之间作再次调整，使得公司很好地适应了市场变化。杜邦公司将集中型的营销体制转变为按产品来划分部门的多部门结构模式，以体现"决策集中，经营分散"的特点，在执行委员会下，除了设立由副董事长领导的财力和咨询两个总部外，还按产品种类设立分部，而不是采用通常的职能式组织如生产、销售、采购等。在各分部下，则有会计、供应、生产、销售、运输等职能处。各部分都是独立核算单位，分部的经理可以独立自主地统管所属部门的采购、生产和销售。

这次营销体制的创新，使杜邦的营销难题很快便得到了解决，并顺利地适应了市场的变化。

5 "三架马车式"体制

市场是不断地变化的，20 世纪 60 年代，杜邦公司又不断遇到各种新问题：许多产品的专利权纷纷到期；公司在市场上受到越来愈多竞争者的挑战；杜邦家族拥有的 10 亿多美元的通用股票被迫出售；家族控制的美国橡胶公司被洛克菲勒家族抢走等等。公司面临着重重危机，要想生存下去，就只能不断地完善自身以适应环境的变化。

1962 年，家族的第五代掌门人科普兰·杜邦临危授命，出任公司的第十一任总经理，担任起"危机时代的起跑者"。为应对这场困境，科普兰制定了新的经营方针，运用独特的技术情报，选取最佳销路的商品，强力开拓国际市场；发展传统特长商品，研制新产品；稳住国内势力范围，争取巨额利润。

1967 年，科普兰史无前例地把总经理一职让给了非杜邦家族的马可，财务委员会议议长也由别人担任，自己专任董事长一职，从而形成了"三头马车式"的体制，体现了"三层金字塔"的组织形式。科普兰认为，这种组织层次，是未来世界性大公司必须采取的安全组织层次。这种"有效的富有伸缩性的管理工具"的建立，标志着杜邦公司实现了第三次转变：由家族企业向现代巨型公司的转变。

科普兰无疑是杜邦家族历史上最重要的人物之一，在科普兰之前，杜邦家族只是个传统的家族，杜邦家族以外的人不能担任最高管理职务，家族内部甚至采用落后的同族通婚方式以防止家族财产外溢。在科普兰之后，固步自封的家族习俗被抛弃，虽然杜邦公司一直由家族力量控制，但是董事会中的家族比例越来越小。科普兰发起了一场跨时代的变革。

科普兰的变革取得了令人满意的效果，杜邦公司很快恢复了活力，除了化学事业之外，又向建筑、汽车、医药、农药、钢铁等行业发展。进入 20 世纪 80 年代，杜邦公司以"创造科学奇迹"为理念，加速企业发展。现在，杜邦公司已成为一家全球性的工业界领导，带着"责任关怀"的核心价值观进入了公司持续发展的第三个百年，继续为人们的"衣食住行"创造科学奇迹。

杜邦公司所创设的组织机构，不仅反映了企业组织发展演变的一般特点，还成为美国各公司包括著名大公司效法的对象。有许多人喜欢抓住过去不放而杜邦更喜欢抓住未来，已 200 多岁的美国杜邦公司至今仍保持年轻态，其"秘诀"就是"随变"而不"僵化"。其中，杜邦对与未来发展战略不相匹配的产业采取了非常果断的处理手段，曾经卖出了与公司发展战略相悖、却能获取高额利润的石油业务，现在又卖出了最赚钱的莱卡，全力向生物科技领域进军。

6 尾声

建立之初，杜邦公司只是一个生产单项产品的家庭公司，科研规模很小。从1900 年至 1950 年间，公司的科研规模和方式发生了巨大变化。到 1982 年，总销售额已达 333 亿美元。截止 2012 年，杜邦公司已成为一家以科研为基础的全球性企业，拥有 60000 多名员工，足迹遍布北美洲、南美洲、欧洲、非洲、亚太、中东等90 多个国家和地区。

作为一家科学公司，科学以及创新的管理模式已经成为杜邦的工作核心之一：不断创新产品，时刻关注客户需要，保证创新是基于切实市场机遇的结果。杜邦在全球有超过 200000 家客户，设立专门的团队为其提供服务，各团队之间互相合作，帮助客户寻找创造价值的机会。杜邦将众多分散的项目整合到一起，实现了固定成本生产率目标。并通过对全球供应链和各职能部门的不断优化和标准化，提高了效率从而节约了成本和流动资金。

总体而言，杜邦公司始终坚持不懈地将"致力于安全、健康和环境、遵循最高的职业操守以及尊重人与平等待人"的核心价值观渗透到公司所有经营活动中，并致力于提供能提高人类在食物与营养，保健，服装，家居及建筑，电子和交通等生活领域品质的科学产品或服务，已名至实归地成为世界上最具创新能力和管理典范的公司之一。

一、教学目的与用途

1. 本案例适用于管理学中组织设计与调整、分权与集权等内容的讲授。

2. 本案例的教学目的是通过对杜邦公司的发展史，尤其是在时代环境变革中发挥出相应的组织变革能力的实例进行详细阐述，引导学生思考组织结构对公司管理带来的益处，让学生认识到在什么样的环境情况下需要什么样的组织结构。

二、启发思考题

1. 你如何看待亨利在早期的杜邦公司建立的管理组织？

2. 请你从分权和集权的角度来谈谈单一决策和集团式经营的异同点？

3. 你认为杜邦"三架马车式"的体制可取吗？如果你是杜邦公司的董事长，面对 20 世纪 60 年代所发生的困境，你会采取哪些措施？

4. 谈谈你从杜邦公司的组织结构改革中得到了哪些启示？

华源集团组织变革危机

摘要： 正如人的思维具有探索性一样，对企业组织机制的调整也有一定的探索性。现在许多企业都在发展中制定了多元化策略，有的甚至走向了跨国企业这个方向，组织机制是否需要进行调整以及如何调整？是企业发展的关键问题之一。本案例引入了华源集团这个国有控股企业的多元化发展案例，通过对其产生财务危机的因素进行归纳，总结出组织调整在其中的重要性。

关键词： 组织；多元化；华源

引言

中国华源集团有限公司是经国务院批准，于 1992 年 7 月在上海浦东新区成立的国有控股有限责任公司，是直属国务院国资委监管的重要骨干企业之一。

1992 年 7 月华源集团成立后，通过资产经营得到了跨越式的发展，营业规模、资产总值、出口创汇连年翻番，并在塔吉克斯坦、尼日尔、乌干达和墨西哥等地进行了直接投资。

1998 年年底，华源获得了高速发展的丰硕成果。已拥有全资和控股子公司 27 家，其中专业进出口公司 10 家，集团下属自营进出口工业企业 7 家，与外方合资企业 16 家，4 家上市公司，海外公司和办事处 7 家，企业职工近 4 万人，集团形成了纺织、动力机械、高科技、国际贸易和资产经营五大板块。

2004 年，华源迎来了其发展的又一高峰，总资产在 2004 年底达到了 556 亿元，主营业务收入实现 485 亿元，注册资本金由 1.4 亿元增加到了 9 亿余元，以营业收入 4946116 万元位列中国企业 500 强中的第 27 位，位列 2004 年上海市百强企业集团销售排行榜第三位。

2007 年，由于财务危机爆发，中国华润集团有限公司重组纳入华源（集团）有限公司。

自此，华源集团转变成为一家新重组的高科技股份制公司，主要涉足健康食品、药品、环保研发、生产、销售，国际贸易、咨询服务等领域，特别是在中草药"西药化"的制造技术方面，处于国内领先地位，并通过中国华源健康网站向全国销售产品及咨询服务。

1 华源曾经的辉煌

1992 年 7 月，肩负着探索国有企业改革道路、发展民族工业的历史使命，中国华源集团有限公司经国务院批准在上海浦东新区成立。1992 至 1995 年，华源集团抓住上海浦东开发开放的机遇，以国际贸易、高科技产业园区等轻型产业结构起步，抓住引进高新技术产业和扩大对外出口的机遇，初步实现了原始资本积累，完成了发展历程中的第一次大跨越。

1995 至 1998 年，华源集团又抓住了国有经济战略性改组的机遇，以"资产重组加上市"为主要途径，实现了华源集团的工业化，建立了以出口创汇为主体的纺织产业板块，并依托高分子化学纤维和大服饰产业进入国内外资本市场，募集设立了华源股份、华源发展两家上市公司，实现了由贸易型企业转变为科工贸结合、以工为主、跨国经营的大型企业集团的目标。

1999 年，华源集团提出，以技术进步和技术创新实现集团的再次高速发展，确定了优先发展大生命产业，优化发展大纺织产业，积极培育和提升国际竞争力的战略举措，并将大生命产业确立为华源集团的核心产业。

此后，华源集团便向着大生命、大纺织的产业体系和国际化的经营格局着力发展。华源凭借长期以来积累的资本、管理、技术和人才等诸方面的优势，运用市场化的方式，通过大规模的联合重组完成新的产业进入，进而在全国范围内实现生产要素的优化配置，迅速抢占了行业的制高点。

2002 年，华源集团实现了对上海医药集团的战略性重组。经过两年的大力度整合之后，上药集团在结构调整、科技进步、产业升级、企业转型四个方面打了一场硬仗，在优化资源配置、突出核心业务、提高增长质量等重要领域取得了突破性的进展，各项主要经济技术指标都超过了历史最高水平，净利润连续两年实现了倍增，基本具备了上市公司的条件。

2003 年，以"生物、医药、健康"为主旨，涵盖医药工业、医疗器械、医疗健康、生物技术等领域的中国华源生命产业有限公司在上海正式成立。该公司的成立象征着华源已经构建起以医药制造和流通为基础，以现代医疗健康服务为支撑，以生物制药和数字化医疗器械为方向的完整"大生命"产业体系。在这一年，华源集团的资产总规模达到 414.2 亿元，海外资产规模超过 3 亿美元，职工人达到 12.5

万人。

为人们所熟知的还有华源医药网。华源医药网是安徽华源电子商务公司运营的一家大型医药电子商务和信息服务网站,是经过国家食品药品监督局批准的经营性网站,也是中国最大的医药电子商务网上交易平台。华源医药网依托华源集团强大的信息资源优势、全面的产品品种和价格优势、完善的物流配送体系、严密的质量管理体系,为中国的医药业提供了优质的医药信息服务和电子商务服务,提升了中国医药流通业的整体水平,促进了民族医药的进步和发展。

在此基础之上,华源集团"大生命"产业已经形成了上海和北京南北两大产业基地,依托药品分销、物流配送与连锁零售药店相结合的完整业态,已构筑起国内目前经营规模最大、营销网络最广、市场开发能力最强的药品流通网络。与此同时,华源集团也积极探索建立连锁医院集团,创建全国性医疗服务网络,拓展华源生命医药产品的消费终端,巩固在国内医药市场中的领先地位。

在 2004 年,华源集团拥有全资和控股子公司 11 家,并拥有华源股份、华源发展、华源制药、上海医药、双鹤药业、万东医疗和凯马 B 股[①]等一批上市公司。总资产在 2004 年底达到了 556 亿元,注册资本金也由 1.4 亿元增加到了 9 亿余元。2004年 4 月 18 日,华源中原医院管理公司在河南省新乡市揭牌,标志着华源正式进入医疗卫生领域。同年 11 月 13 日,华源又与北京医药集团实行正式的战略性重组。但是这次的重组却没能给华源集团带来理想的利益。

2 危机的到来

华源集团是一个不折不扣的市场后来者,凭借着良好的国资背景,发展机遇,通过不断的兼并、收购、实现了超高速发展。从一个资产仅为 1.4 亿元的小公司,到一家资产高达 572 亿元的大集团,华源集团的快速成长得益于大手笔的并购。在不到 13 年的时间里,由其主导的并购有 90 多起,产业范围囊括了原料药、大输液、制剂、天然药品、零售、医疗、医疗器械等领域,创造了中国资本市场的奇迹,成为当之无愧的中国医药和纺织行业的巨头。

然而,快速扩张带来的是消化不良,虽然华源集团在规模上已经成为纺织和医药行业的龙头企业,但集团利润并不乐观。并且由于集团的资产极为分散,没有得到有效整合,加之华源长期以来的南征北战,其银行贷款一直居高不下,多达数十亿元。2005 年 9 月中旬,华源集团由于企业贷款偿还逾期,在短短几天内遭到了上海银行、浦发银行等十几起诉讼,涉及金额超过 12 亿元。债权银行冻结了其下属部分公司和上市公司的部分股权,这使得华源集团的股票价格发生波动,生产经营受到制约,引发了集团的债务危机。随着多家债权银行起诉,多年来以巨额举债实现快速扩张的华源集团陷入了财务危机。很快,危机浮现的华源集团及其重组成为了

---

① B 股:其正式名称是人民币特种股票。它是以人民币标明面值,以外币认购和买卖,在中国境内(上海、深圳)证券交易所上市交易的外资股。

社会各界的关注的焦点。

3 危机背后的问题

3.1 组织结构失衡

组织结构失衡是华源集团产生危机的重要原因之一。公司层层控股，管理链条过长，使个别企业的突发事件对整个集团产生了不可逆性的影响。

华源集团财务总监顾旭曾这样形象地描述过华源组织结构之庞大："集团所属的400多家子公司，7－8层控股层级，每个月连财务报表合并都做不过来，让人头疼……10万多名员工遍布全国，当时公司内部开玩笑说，就是自己在火车站跟人吵了，也可能吵完了才知道大家都是华源的员工。"这主要是由于集团企业扩张速度太快，致使管理失控，现有组织结构无法适应那么快的企业扩张速度所致。

组织结构的失衡导致华源财务体系、审核体系、预算体系等方面的复杂性，致使集团总部不能完全掌握子公司的运行情况，集团各地、各级子公司的财务管理水平也参差不齐，集团内审体系十分薄弱，在预算管理、授权经营、业绩考核等集团管控的重要方面的流程也不够完善。

3.2 母子公司的管理

华源危机表现在资金上，但根源其实不在资金，而在华源的发展战略与其集团公司管控能力严重不匹配上。华源在高速发展和扩张过程中碰到了与集团公司管控密切相关的这样一个问题，如何兼顾母公司有效控制和子公司的专业化经营？

对于华源集团来说，高速成长型的"烙印"与生俱来。它是直属国资委管理的181家特大型重要骨干企业集团之一，国资背景的华源在建立初期，条件就非常优越，经常以较低的代价进行一系列的并购、重组，进而很快成为行业的领头羊。

华源认识到，目前很多大型国有企业都走上了多元化的道路，但大部分充其量只是规模的扩张，核心业务不突出，导致核心能力难以打造。出路只有一条：聚焦核心业务，打造核心竞争能力。频繁的公司重组并购只是其达到目的的手段之一。与此同时，华源集团母公司空心化的倾向也显露无疑，因为国有企业在上市过程中，一般会分拆子公司进行上市，而上市后的子公司又会进行多元化扩张，从而产生下一层子公司；这样产生的子公司又再进行上市，如此循环往复，导致了母公司的空心化，股权结构复杂，管理的宽度过大，成本很高，效率却逐步降低，公司运营风险越来越大。

3.3 频繁并购，并非最佳时机

华源集团在当时国家宏观环境和货币政策变化的时候，并没有适时调整自身的组织机制。在国家货币政策逐步趋紧时，资金实力不够的企业一般不适宜进行大规模的股权并购，但是华源依旧凭借自身资金并不宽裕的条件进行大规模的资本运营，公司又没有适当的组织机制来应对这个难题，这必然导致了其财务状况的恶化。

同时，华源集团又陷入了急于求成的困境，在投入巨资控制了上药集团之后，明知信贷政策从紧，却依然义无反顾，逆势而为，又斥巨资并购了北药集团。很明显，融资环境发生如此重大的转折，企业应当高度重视，纵使能够大量融资，也很可能因政策变化而被银行要求提前收回或缩减融资规模，更何况把信贷资金用于股权投资本身就被信贷政策所限制，这无疑会给企业的财务状况带来潜在的风险，明智的企业应当采取措施回避环境变化所可能带来的风险。

另一方面，华源集团财务政策比较激进。集团的合并报表资产负债率长期处于65%以上，在企业偿债能力明显下降的情况下，再用银行短期借款进行长期投资，其结果必然是把企业推到了风口浪尖上。如果华源在当时能够适时、适度、适宜地进行资本运营策略的调整，或许可以躲过那场财务危机。

3.4 产业投资布局的缺陷

资本运营是企业实现产业聚集的重要手段，但是华源集团一味的多元化经营策略，造成了集团产业分散、优势不够集中的问题，同时也让人力、物力、财力和技术受到了制约。

华源集团对于产业投资一贯实行"大而全"的方针，从而出现了大而不强、大而不精的现象。例如，在纺织业上，华源集团可以算是全国的老大，但是在单个企业规模或单个品种上，华源的纺织不如国内的鲁泰、海螺、杉杉和雅戈尔等企业，更不能与一些国际著名品牌相比。尽管华源对于此现象在后期有所觉悟，但是为时过晚的战略决策未能给华源带来新的利润增长点。在医药产业方面，华源比不上跨国企业，也比不了国内同行，华源的医药产品种类繁多，但是没有哪个单品在国内处于翘楚地位，此时的华源亟待解决主业集中、企业集中、品牌集中的问题。

虽然华源从事了许多资本运营活动，但却没有通过其拿手的资本运营手段来解决行业内的多元化问题，同时也忽略了其在组织机制上应该做到的调整，显然，华源在产业投资布局的缺陷，严重限制了其进一步向高层次发展的可能。

4 华源重组

华源集团最初成立时的注册资本金只有1.4亿元，此后股东再未进行追加投资，并购所用资金多为银行贷款。因此，实际上华源的资金链具有天生的脆弱性，这种脆弱对于其并购后的推模、管控能力提出了很高挑战，如果不能从并购企业的管理中实现稳定、充裕的正现金流，华源的发展模式将难以为继。

然而，华源显然没有处理好资金链的问题，大动作的收购和资本市场的收获也不能阻止问题的蔓延和危机的爆发。本来就先天不足的资金链日趋吃紧，并购企业业绩普遍不佳，并不断下滑，更为可怕的是这种厄运还蔓延到集团内原有的核心企业上。华源的组织机制也未能适时进行调整，直接导致资本市场、银行、政府渠道的政策性资金全线紧张。同时，在国家开始宏观调控、银行信贷体制改革加快的情况下，华源实施整合、压缩银行负债的速度也没有达到银行收缩信贷规模的要求。

虽然由于央企特殊的身份，华源的股权得以解冻，但由于债台高筑，重组的命运不可避免，随后有多家公司向华源抛出了橄榄枝。2006年4月，华润集团以获得华源集团70%的股权正式入主华源。最终总部设于香港的大型央企、总资产达1400亿港元的华润集团在这场商战中获得胜出。

华源集团在深沪交易所拥有8家上市公司，在医药方面，华润一直力图打造医药集团，华源医药板块是其最为青睐的目标，尤其是华源集团参股的上海医药集团和北京医药集团，是国内少有的优质医药资产。而收购前华润集团也控制了4家上市公司，分别是华润锦华、万科A、S吉生化和S阿胶。因此，此次华源重组造就了一个拥有12家A、B股上市公司和4家香港上市公司的超级企业集团。

5 尾声

国有企业的改革一直备受关注，改革的难度大是原因之一，多元化情况下的组织调整问题也是一个问题。面对如此庞大繁杂的集团构成，华源难免会"犯错"，但是当时集团高层在危机来临之前也已经有人考虑到华源的问题，但集团仍旧遭遇"滑铁卢"，可见在多元化发展过程中组织机制的地位有多重大。一个企业如果能够在多个领域都做到领先当然最好，但是盲目走上多元化的道路，组织结构却不能相应调整的结果则最好不要发生，否则它最终只会拖垮整个企业。

自2004年，一度被视为中国产业整合者代表的德隆、格林柯尔相继倒下。而以央企身份整合的华源，虽然有先天的贷款优势，亦未能幸免于难。

由此可见，目前中国企业更应该走专业化道路，在组织结构的调整和变革上多花心思，对于高成长企业而言，更应该拒绝诱惑，排除干扰，在战略的选择上小心翼翼，集中优势资源，迅速做大做强，再图发展。企业在收购的同时，更加艰巨的任务就是整合，分拆优质、劣质资产，组织一个适应公司发展的组织机制，这样才能有出路。

案例使用说明

一、教学目的与用途

1. 本案例适用于管理学中战略管理、组织设计与调整等内容的讲授。

2. 本案例的教学目的是通过对华源集团多元化发展产生财务危机的案例讲述，引出组织设计与调整的问题。同时，让学生们可以学习并掌握到组织调整对于企业发展的重要性，巩固学生对于组织职能知识的理解。

二、启发思考题

1. 你认为频繁的并购可以给华源带来哪些优势？

2. 你认为还有哪些原因可能导致华源的财务危机？

3. 如果你是华源集团的董事长，是否会在企业多元化并购的过程中采取调整组织机制的策略？为什么？

4. 请谈谈从华源重组的案例中你得到了哪些教训？

横向一体化——清州清杨药业的组织变革

摘要： 本案例结合企业并购变革管理的基本理论，介绍了清州宏大制药集团股份有限公司并购变革的起因、并购变革的程序、并购变革的内容以及并购变革的困难，并从一个新的视角逐步开展分析和讨论，对实施"国退民进"并购变革策略的企业，分析了它的变革管理工作，同时引出新兴的民营企业如何并购中小型国有企业，开展企业的并购变革管理等问题。

关键词： 并购；变革；清州清杨

引言

清州清杨药业股份有限公司的"开山元勋"于 1941 年在抗日革命根据地太行山脚下创建了清州清杨药业的前身抗日民族企业——中华卫生材料厂。

此后，清州清杨药业作为一个老牌的国有企业进入了高速发展期，为国家的经济建设和发展作出了很大的贡献。1958 年到 1970 年，为打破国际上对中国的经济封锁，清州制药厂努力发展医药原料，填补了国内空白，试制成功非那替丁钠、血可凝、回心素等全国独家产品。八十年代末期，清州制药厂研究所成功研制成我国当时最新的抗生素二类新药，第三代喹诺酮类药物——罗赛宁，并于 1991 年获得的其正式生产批准文号。1995 年，清州制药厂在市政府的批准下正式转变为公司制的国有股份制企业——清州制药集团股份有限公司。

2002 年 5 月，海南宏大集团控股清州清杨药业，并开展了以内部组织结构变革为纲的一系列变革管理工作。显然，组织变革给清杨药业带来了新的希望，公司也得到了平稳的发展。

1 清州清杨药业发展沿革

回顾清州制药厂作为国有医药企业发展历程，这是一个与时俱进的历程。

1941 年，清州清杨药业的前身抗日民族企业——中华卫生材料厂，这个为打破敌人封锁的战地制药厂诞生了。随着中国革命的胜利，1950 年，国营清州制药厂在清州市湖水之滨创立了。

1958 年到 1970 年，为打破国际上对中国的经济封锁，清州制药厂试制成功新产品共 59 种，投入生产 12 种。其中非那替丁钠、血可凝、回心素、止血敏和丙醇基等为全国独家产品，两大宗规模原料药被评为国家优质产品。

1976 年清州制药厂独家研制的太克明滴眼液用于临床，1981 年 8 月，其原料及滴眼液正式批量生产。1988 年，太克明荣获"国家质量银质奖"。

八十年代末期，清州制药厂研究所开始研制第三代喹诺酮类药物——罗赛宁，

1991 年获正式生产批准文号，成为我国当时最新的抗生素二类新药。

我国实行《新药审批办法》以后，清州制药集团加快新药研制步伐，先后获得批准的品种有国家二类新药 3 个，四类新药 11 个。

经过 45 年的艰苦的创业和无私奉献后，清州制药厂于 1995 年在市政府的批准下，通过定向募集的方式由工厂制转变为公司制的国有股份制企业——清州制药集团股份有限公司。

1995 年企业改为公司制企业后，公司内部也尝试了许多变革，如：1995 年下半年实行分兵突围的办法，在企业内部推行分厂制，将原料药与制剂分开核算管理，这些取得了一定的效果和效益。

随着中国的改革开放，到 1998 年底，面对清州制药集团面临生存危机的现实，企业不得不进行调整，开展企业自我管理模式的摸索，并精简了企业 300 余人员，采用公开竞聘的方式在企业内部选拔管理人员，同时针对市场竞争激烈的医药原料药产品，实行按市场价格进行生产成本倒算，使企业的产品具有更多的市场竞争力。

与此同时，清州制药集团股份有限公司正式更名为清州清杨药业集团股份有限公司。

2000 年，清州清杨药业的高层管理人员积极抓住政府推出的国有中小企业改制的机会，确定了企业改制的目标是通过以职工工龄购买企业的股份即职工持股的方式，使国有资本退出了控股地位，企业进入民营企业行列。2001 年 5 月 29 日，清州清杨药业在主管部门的会议室举行了部分国家股股权转让仪式。

2 清州清杨药业发展出现的问题

清州清杨药业虽然每年均在上级主管或者董事会的指导下制定当年销售计划。然而，自 1994 年企业实行股份制改造以来，销售收入以每年呈 2% -5% 不等的比率在下降，销售收入始终在 3 亿元人民币以下徘徊。销售利润率也仅在 0.3% -4% 左右。企业的净利润每年也仅维持在 100～200 万元左右。企业的销售收入水平和盈利水平均低于行业平均水平，企业的生存面临严峻的挑战，国有资产部门向清州清杨药业的高级管理团队施压，要求其监控并改善今后的业绩。

回顾清州清杨药业六十多年的发展历史，企业曾经拥有辉煌的历史，并购前面临着困难和压力。困难主要体现在几个方面：

首先，由于企业历史比较悠久，近十几年来国家基本上没有对其投入一定的资金，企业目前运作的一切资本都是来源于企业自我积累，也就是说企业后期没有大规模的资本投入，企业资本投资的收益来源受到了阻力。

其次，清州清杨药业尽管在历史上做过两次改制，即 1994 年和 2001 年，但因为当时的条件和法律环境，实现上企业的改制是不规范的，从而造成了清杨药业成为一个不太规范的股份制企业。没有形成一个比较科学的法人治理结构。从营运的结果来看，某种意义上还带有很大程度上的国有企业的烙印，与现代企业差距还是比较大的。

第三方面，企业收款问题十分严重。清州清杨药业由于历史的原因以及中国计划经济遗留的三角债等问题，收支受到了严重的考验。在每年实际运营过程中，有的月份应收账款余额甚至达 1 亿元以上。企业一般规定的付款期限为 30 ~ 60 天，而客户的实际付款时间大多在 60 ~ 90 天，虽然有部分客户是现款运作，但有的客户回款期甚至要超过 200 天。收款是一个及其严重的问题，这样就使企业的现金流动比较紧张。

3 海南宏大集团并购清州清杨药业

清州清杨药业于 2002 年 5 月加盟海南宏大集团，企业在经过了一段时间资产核实和盘点工作以后，开展了以内部组织结构变革为纲的一系列变革管理工作。

3.1 海南宏大集团概况

海南宏大集团公司创建于 1995 年民营企业，其在起步阶段主要涉足家电和房地产等行业，并在较短的时间内取得了快速发展，现在已成为一家以投资为主营业务的投资公司，投资大致上在四个领域进行：分别是家电、医药、IT 和房地产等方面。

海南宏大集团公司将投资重点转向医药行业后，在制药领域大致投资分为四块：一是以发酵药为主的西药生产企业和以生物制药为基础的基因工程生产企业，二是中药老字号为品牌，以生产传统的中药和中药西制产品为主导产品的企业，三是以生产血液品为主的生产企业，四是以医用耗材为主的企业。

海南宏大集团管理医药企业主要取决于两个方面：一是靠医学事业部，医学事业部是宏大医药产业中负责管理的最高部门；二是靠资产管理部门，所有制药企业的投资以及后续的投资、整合、重组、改制等都是由资产管理部门负责。海南宏大集团通过这两个部门，输出自己的理念、管理、制度，使下属的制药企业逐渐从传统的国有企业演化成现代企业制度下的新型企业。

3.2 并购策略的制定

3.2.1 清州清杨药业的并购策略

在清州清杨药业加盟进入海南宏大集团的并购事件中，清州清杨药业的并购策略则主要侧重于成立相应的并购工作小组深入并购工作。

2000 年 6 月，清州清杨药业试图通过并购增强公司实力的事情成为了全公司的焦点。为此，公司专门成立了以董事长为组长的并购领导小组，在领导小组下，又成立以总经理为组长的并购工作小组，企业设立了并购工作部，负责并购的日常工作与协调，同时，为了进一步宣传和学习并购内容，相应地，企业内部的各部门也成立了并购工作小组。

根据当时的并购情况和并购进程要求，并购工作小组成员与各部室部长（主任）分头深入工作联系点，通过指导基层并购动员学习宣传活动，参与部门管理人员工作例会，广泛收集员工对并购的意见和要求。并购工作部就清州清杨药业并购的有关问题组织了抽样问卷调查。

针对分析得出的问题，自 2000 年 10 月之后，企业并购工作小组召开多次会议，对各单位反映的意见和要求进行了认真的分析和研究。最终得出下一步工作的重点：一是广泛发动员工，对公司五年规划案进行可行性研究，以增强共生双赢的信心和力量；二是要重视员工作用的发挥，员工在完成本职工作的同时，要关心和监督企业行为，把自己的利益和企业的利益融为一体；三是由于职工持股后会是股东权益的代表，必须制定好职工持股会章程和职工持股方案；要坚持民主原则，选举理事会，确立理事会职责；规范民主管理与民主监督的程序，增强民主管理与民主监督的意识和能力。

3.2.2 海南宏大集团的并购策略

海南宏大集团通过四、五年的时间在制药领域进行了投资，并取得了一定的成就，但是对清州清杨药业进行并购时也存在着一定的困惑，集团进行了多方面的思量。

首先，从投资的地域来看，海南宏大集团的主要投资产业全在沿海地区，这样就面临着生产成本大幅度提高的问题。因此，需要进行产业区域的转移，在内地特别是中部地区发展产业是非常必要的。与此同时，清州是中国的交通要塞，历史上就是一个商务非常繁华的地带，再者这个地方无论是信息流、物资流、人才流都是非常集中的地方，因此海南宏大集团也期待在这个地方进行投资并获得一定收益。

其次，从工艺的配套上看，海南宏大集团当时有自己的发酵药生产工艺生产厂，也有清州宏大制药营销部出口公司策划中心，也有自己的血液品生产厂，恰恰没有化学合成工艺的生产厂，这样就使得在产品结构的调整上面临着非常大的困难。另一方面，海南宏大集团在并购清州清杨药业前，也曾在国内中部地区调研了几家制药企业，如九龙药业、清州民生和大江制药等几家制药企业，最后重点对清州清杨药业进行了调研和分析，从调研的结果来看，清州清杨药业是中部地区最大的合成制药企业，在过去做了一定的改制工作，有一定的基础，同时又与海南宏大在产品结构上有一定的互补性，基本上符合宏大集团下一步进行扩张的基本条件。

再者，从并购目的来看，海南宏大集团并购清州清杨药业的主要目标为：对清州清杨药业进行并购，在后续发展的 5 年内，企业能够从 2002 年不到 3 亿元的销售规模逐渐地发展为销售收入 10 亿元的大公司。在这其中有两条主要的发展线路：一条是以西药制剂为主的发展线，这条主线主要以品牌品种为领导者进驻市场，海南宏大将大力投资和扶持该主线，从而使品牌产品在相应的市场中占有一定的市场份额；另外一条主线是以原料药为主的发展线，在并购清州清杨药业后就能够真正达到原料药生产的规模效益。

与此同时，海南宏大集团还计划能在其他方面有所突破：从剂型上，进行并购后的清州宏大制药集团将会重点发展基本药物和 OTC 药物，如滴眼液、耳鼻喉科用药和大输液等；从企业的结构上，企业将建立高效的、完善的股东会、董事会、监事会和经理层，使清州清杨药业真正地成为一家规范的、具有法人治理结构的一家上市公司；从职工的福利来看，在优先考虑股东的合理回报的前提下，大力开拓职工的福利，主要就是搞薪酬改革、搞福利改革；从培训方面来看，公司将对不同层面、不同机构、不同工种的人员进行一系列的培训，主要是针对员工工作岗位进行培训，不是脱离实际的培训。

在对并购策略进行反复权衡，并对并购对象进行深刻剖析之后，海南宏大集团就开始大踏步地进行了其对清州清杨药业的并购。

3.3 并购顺利进行

2002 年 4 月 25 日，清州清杨药业召开了第一届二次职工代表大会，职工代表投票表决通过职工持股会所持有的部份股份和部份国有股份转给海南宏大集团，海南宏大集团占控股地位。自此企业步入了民营企业行列，清州清杨药业按《公司法》的程序更名为清州宏大制药集团股份有限公司（以下简称"清州宏大制药集团"）。

随后，清州宏大制药集团借并购契机，对公司的用工制度、分配制度进行了改进，建立了公司员工之间平等的雇佣关系。并且根据海南宏大集团的要求，先后制定了《劳动合同管理制度》、《劳动用工若干问题实施细则》、《违反和解除劳动合同的经济补（赔）偿办法》、《公司员工违纪处理规定》等制度，并依照上述管理要求，公司与员工解除原有的劳动合同，使员工"国有"身份不再存在，然后按照新的劳动关系，与员工签订新的劳动合同。在并购期间，公司共办理内退 602 人，全年买断工龄、解除劳动合同共 75 人，企业的在职人员由 2560 人下降到 1650 余人，企业的员工包袱提到了一定程度的缓解。

4 组织机制的调整与变革

原清州清杨药业管理团队由高层管理团队和中层管理团队组成。由于历史的原因，他们长期工作和生活在企业之中，基本没有跳槽的经历，他们基本上是以厂为家，每天上班均提前半小时到厂，下班往往是基层员工都走了，他们还在厂里加班工作，并形成了习惯。

对于这个问题，海南宏大集团在并购清州清杨药业时曾承诺原则上不会直接介入到企业的生产经营中去，但是作为集团的成员企业，宏大集团则通过一定的方式将自己的理念、文化和组织机制输出。

具体而言，2002 年 5 月，海南宏大集团控股后，原来清州清杨药业的高层管理人员董事长、总经理、副总经理及总监等全部没有变动，海南宏大集团仅仅是从总部向清州宏大制药集团派来了财务总监、人力资源总监及董事会秘书等三位高管人员，其中，财务总监和人力资源总监都是在收购清州清杨药业的同时，面向社会招聘的员工。

首先，新的财务总监曾长期在国外和外资企业工作，同时具有国外大学的 MBA[①] 教育背景，具有较好的外企的工作经验。新财务总监一到位，首先将原来的

---

① MBA：Master Of Business Administration 的简称，即工商管理硕士。

财务部调整为核算部、内控部及资金部；然后还简化了财务报销程序，由原来报销费用6人左右的签字审批改为2~3人终极责任审批；其三，又重新制定了审批权限，出台了权限一览表，规范管理人员的权限与责任；再有，他还清理了企业人员的应收账款，将企业人员在企业的个人借款予以全面收回或处理、处罚；最后，对现有在岗人员当日工作未完成的按次现金处罚，规范现有人员的工作行为。其次是新的人力资源总监，与新财务总监不同，他曾在国内的外企长期工作，同时还兼任着某大学的人力资源客座教授一职，在国内经常被有一定知名度的管理咨询公司聘请讲课。人力资源总监出台了一系列的主要办法：一是摆脱考核流于形式和碍于面子，将考核和奖金激励直接挂钩，企业的绩效考核最终由人力资源总监签署后方可发放；二是将考核和工作的改进相联系起来；三是从销售部门开始淘汰不合格员工；四是首次解除因上班在公司外打牌的四名员工的劳动合同，打开了人员企业用工制度改革的大门；五是开始名为"朝阳计划"的企业管理后备人才培养计划。

还有则是新的董事会秘书，新董事会秘书则没有相应的外企工作经验，只是曾在国企进行过短期的工作，在集团内属老员工，对宏大集团的工作甚是了解。董事会秘书一上任则主要抓董事会的工作程序及总经理的工作制度等。

并购后管理团队的调整获得了十分明显的效果，2003年，经过并购变革，清州宏大制药集团完全独立运行了一年，企业经过上述的一些变革工作，当年即实现税后利润1560万元，是近十年的利润之最。

5 清州清杨药业并购变革前后的企业绩效

清州清杨药业的并购变革，使企业的体制得到了根本性改变，由于企业的民营机制得到了发挥，企业的自有市场能力和人员的工作能力都得到了有效的释放，企业变革前后的企业绩效变化明显。首先，看看企业的销售收入，变革前的三年分别是从3.1237亿元到2.87亿元，从2.87亿元到2.71亿元，从2.71亿元再到了2.48亿元；变革后销售收入增为3.02亿元，增幅达到21.8%。其次，在净利润方面，变革前企业的三年净利润分别是74.1万元、112.3万元和210.3万元；变革后企业的净利润是1560万元。再有，四个主导的效益品种的销售比例由变革前的40.52%提高到56.24%，有力地提高了企业的市场竞争力。

6 尾声

清州清杨药业作为一个老牌国有企业，在计划经济和改革开放的初期，为国家的经济建设和发展作出了很大的贡献。清州清杨药业辉煌的时候，是处在计划经济年代，企业的效益和贡献都纳入了国家的国民收入的二次分配，不仅仅交了利润，就连折旧都是全额上缴。但是当整个国家体制进行重大改革的时候，企业已经步入了设备陈旧、职工和退休职工人数较多、税务和社会负担较重的时代，也不再有任何特殊待遇，所以背上了比较沉重的经济负担。多年来，由于产权不清晰，职责不明确，国有企业传统的观念和运行体制，处于竞争激烈的市场经济环境中，已显得非常不适应，特别是竞争性的行业和产品，这个矛盾就显得更为突出。

伴随并购变革方案的推进，并购后的清州宏大制药集团的体制得到了根本性改变，企业绩效也得到了明显提升。可见，如何采取措施减轻员工的压力和抵制现象，提升企业变革管理能力，推进企业的组织文化变革，这些都成为了公司讨论的重要议题。

附件

面向社会公开招聘总经理

2001 年 9 月 28 日，清州市各媒体竞相刊载清州清杨药业集团向社会公开招聘总经理的消息。此举在社会上引起强烈反响，该市经委、人事局等有关部门领导认为，这是本市国有企业老总由组织委任走向由市场配置的新尝试。

清州清杨药业为什么要向社会公开招聘总经理？这是因为：一是关于国有企业经营者职业化、社会化、市场化问题，积极探索适应现代企业制度要求的选人用人新机制，把组织考核、推荐与引入市场机制公开向社会招聘结合起来。只有引进职业经理人，才能使国有企业按规范化运作，才能打破根深蒂固的人情网、关系网。二是由掌握现代化的管理思想、方法、手段的经营者，实行有效的经营管理，才能提高企业的市场竞争力。提高企业的竞争能力，说到底就是人才的竞争。三是企业实现这种跳跃式的发展目标，必须要有剧烈变革的大手笔，包括股本结构、用人机制、管理者的素质和能力都要有跳跃式的进步。通过向社会公开招聘的形式，把实践经验丰富、政治素质高、市场开拓和管理控制能力强、学识水平较高、年富力强的优秀人才选聘到总经理岗位，目的在于为实现企业根本性变革的目标提供人才支持。

清州清杨药业 80 万元年薪招聘总经理工作在清州清杨药业总经理招聘领导小组组织下有序地开展，自清州清杨药业刊登招聘总经理的广告后，全国各地有 33 名起点学位为硕士、其中 5 人为博士的人员报名，参加笔试的为 23 名，其中四名应聘者特意从外地赶来。笔试成绩前 8 名进入了面试程序。这些人才不仅学识高，而且普遍具有非一般的业绩，其中不乏阅历丰富和业绩显赫者。经过报名、初审、笔试和面试等程序，于 2001 年月 10 月 25 日定下了新的总经理。清州清杨药业正期待着在新的总经理的运筹下实现"跳跃式"的变革发展。

案例使用说明

一、教学目的和用途

1. 本案例适用于企业管理中组织变革内容的教学活动。

2. 本案例的教学目的是通过对清杨药业并购变革管理案例的研究，让学生可以了解到企业并购、组织变革的原因和过程，以及发生问题时的一些处理方法。

二、启发思考题

1. 企业在并购过程中应该如何应对员工的抵制情绪？

2. 清州清扬药业在变革管理中存在什么样的缺陷？

本章参考资料

[1] 刘建辉. 最长寿的世界 500 强公司存活之道杜邦 200 年家族企业的危机管理 [J]. 英才, 2007 (12).

[2] 王新业. 杜邦：创新路上的战神 [J]. 现代企业文化（上旬）, 2008 (12).

[3] 张存禄. 企业管理经典案例评析 [M]. 北京：中国人民大学出版社, 2004.

[4] 杜邦公司官方网站 http://www.dupont.cn/

[5] 刘涛. 华源重组之困 [J]. 中国企业家, 2007 (7).

[6] 考金昌. 谨防资本运营后遗症——华源集团资本运营缺陷分析 [J]. 财会学习, 2008 (3).

[7] 邱红光, 陈智. 华润重组华源（二）巨额收益与艰难挑战并存 [J]. 上海国资, 2007 (4).

[8] 袁飞. 我做华源财务总监的 900 天 [N]. 第一财经日报, 2006-12-4 (A5).

[9] 张邦国. 清州宏大制药集团并购变革管理的案例研究 [D]. 湖北：华中科技大学, 2004.

第六章

领导职能

　　领导是在一定的社会组织和群体内，为实现组织预定目标，领导者运用其法定权力和自身影响力影响被领导者的行为，并将其导向组织目标的过程。一个好的团队必须有一个强大的领导者，原因就是因为领导有其不可替代的作用：领导具有指挥作用，站在群体的前列去促使人们前进并鼓舞人们去实现目标；领导具有激励作用，激励和鼓舞下属的斗志，发掘、充实和加强人们积极进取的动力；领导具有协调作用，协调各方面的关系和活动，保证各个方面都朝着既定的目标前进；领导还具有沟通作用，在管理的各层次中扮演上情下达、下情上达的角色。本章中节选了"最佳雇主"诺华、扬子江药业董事长徐镜人、新兴药房连锁有限公司董事长郭生荣、拜耳中国大区总裁李希烈感性管理以及白云山制药公司激励系统的案例，从各个角度全面深入地阐释了做领导者所应该具备的素质。

"最佳雇主"诺华：成长是对员工最好的激励

　　摘要：本文主要介绍了诺华公司员工激励的案例，强调企业对员工职业发展需求的重视，既帮助员工设立自己的职业发展目标，又针对不同层面员工的需求培养他们向新的职业目标前进的能力，让员工能够清晰地体会到自己的职业成长，而领导者则用自己的成长经历激励员工迅速成长。

　　关键词：诺华；自我成长；激励

引言

　　"人尽其才"已经成为诺华实现长久、高速增长非常重要的保证。诺华坚持以绩效为中心的企业文化，绩效包括两个部分：一是指标的完成率；二是员工的行为是否能够达到公司对每个员工的要求。后者包括是否诚实、是否愿与人合作沟通、是否有纪律性等，诺华看重员工的主动性。雇佣双方的共赢是诺华一直以来孜孜以求的境界，诺华认为：成长是对员工最好的激励。

1 企业发展及现状

1996年3月7日，瑞士两大化学生命科学巨头山德士公司（Sandoz）和汽巴－嘉基公司（Ciba－Geigy）合并为现在的诺华（Novartis）。诺华公司总部位于瑞士巴塞尔，在全球拥有98000名员工，业务遍及世界140多个国家。诺华有限公司（NYSE：NVS）致力于维护健康、治疗疾病、提高生活品质，在全球制药行业居领先位置，诺华专注于医药保健的增长领域，拥有创新药品、质优价廉型非专利药品、预防性疫苗和诊断试剂以及消费者保健产品等多元化的业务组合，以此最好地满足患者和社会的需求。2010年底诺华与爱尔康达成全面合并协议，将业务拓展到眼科护理领域。现今，诺华是唯一在上述五大领域均处于领先位置的公司。

诺华制药在华产品覆盖心血管、内分泌、抗感染、肿瘤、移植免疫、风湿疼痛、骨代谢、眼科、中枢神经系统等9大领域，拥有30多种国际一流的创新产品。2009年北京诺华制药在多个领域上市了5个创新产品：密固达（骨质疏松）、米芙（移植）、来适可缓释片（降血脂）、曲莱口服混悬液（抗癫痫）和依思汀（抗高血压），为广大患者提供更多有效、安全的药物选择。2010年，诺华在心血管领域上市了两个创新产品：其中一个为全球第一个ARB/CCB单片复方制剂倍博特，成为十年来唯一研发成功的新一类降压药物——直接肾素抑制剂锐思力。

在行业内外，诺华高质量的人才，员工工作中的热情，无与伦比的凝聚力和企业绩效一直是其他企业只能望洋兴叹的。诺华何以能够如此，这与其用人理念和激励机制密不可分。

2 诺华的用人理念

"人尽其才"已经成为诺华实现长久、高速增长的重要保证。诺华坚持以绩效为中心的企业文化，绩效包括两个部分：一是指标的完成率；二是员工的行为是否能够达到公司对每个员工的要求。后者包括是否诚实、是否愿与人合作沟通、是否有纪律性等，诺华看重员工的主动性。

诺华对于所招募的人才有着严格的要求，首先是专业能力，其次要对诺华有文化认同感，第三，诺华看中员工加入公司的动机。在中国，诺华现有员工1600多人，业务涉及全国127个城市。

诺华注重与员工的沟通，不仅关注与员工的单向沟通，对双向沟通的工作也做得十分细致。例如：诺华由人力资源总监主持的内部网络论坛，增加了员工与领导的自由交流和沟通的机会。在诺华，总经理也亲自带队做沟通的工作——每月举行一次"总经理午餐会"，邀请10位员工参加，员工可以通过这种面对面的沟通方式把各部门的问题提出来，这样大大促进了沟通效率。同时，公司全体员工都可以在诺华的内部网络看到有关"总经理午餐会"的内容。

3 诺华公司与员工并肩成长

3.1 成长，不只是一句口号

21世纪不可抗拒的历史潮流是经济全球化，经济全球化最基本的特征就是跨国公司发展成为全球公司，全球公司最根本的特征是从资本到技术，到人力资源，以至于到市场都是在全球化范围内进行配置。因此，现代的企业，未来的企业，一定面临着全球化的全方位竞争。而在这种竞争中间，人力资源的素质是核心竞争力。而在人力资源的核心竞争力中，领导层、经营层、管理层的素质又是具有决定意义的。诺华在人力资源的配置，特别是在经营层和管理层的配置上面下了苦工。

诺华认为：人才，是竞争对手无法仿制的核心竞争因素。因而诺华在人才的发展上充分考虑员工的职业发展需求。在这方面，诺华有很多颇具创意的做法，如：组织人才回顾、员工职业发展规划、领导力发展中心等。这些无疑成为帮助员工成长的"助推器"，让"成长"成为可见的、可实施的、可实现的，而非让它仅仅成为一句口号。

3.2 让"成长"切实可行

在员工的培养方面，诺华的做法一直为业内人士所称道，其中组织人才回顾、员工职业发展规划、人才培训项目以及管理者现身说法鼓舞员工是其主要组成部分。

3.2.1 组织人才回顾

诺华的组织人才回顾，实际是对组织人才的盘点。每年诺华全球从年初的绩效目标设定时就同时开始设计组织人才回顾的流程，组织中的关键人才在直线经理和人力资源部的支持下，对自己的优势和弱势给予分析和评估，并与直线经理讨论自己的发展方向，确定自己的潜力评估，最终制定个人发展计划，并将其登录到人才管理在线系统中。而直线经理，则有责任在高管会议上进行人才讨论，并拟定接班人计划。人力资源部随后会针对人才发展配合关键人员和直线经理安排人才发展项目，包括：离岗以及在线培训、在职训练、内部导师、外部顾问辅导、能力测评与反馈、特别发展项目以及岗位轮换等。

3.2.2 员工职业发展规划

员工职业发展规划，实际是诺华为员工提供的一个在线的职业发展通路。员工在进入诺华后可以通过内部网络进入职业路径（Career Path），了解到组织结构的岗位描述，并可以根据自身的发展需求，确认自己在组织中的发展途径，明确未来相应岗位的岗位要求，并利用公司提供的发展工具，有效地制定自己的发展计划。

3.2.3 人才培训项目

作为诺华中国人才发展的重要组成部分——诺华中国领导力发展中心于2005年9月成立。并逐步形成了以北京大学国际MBA项目、全球领导力培训在华项目、诺华中国领导力培训项目，以及诺华中国网上学习中心四个重要组成部分。

3.2.4 管理者现身说法鼓舞员工

诺华在中国市场最大的挑战就是怎么样快速地发展人才。为了解决这一问题，公司建立了诺华中国领导力发展中心。通过与国内外知名院校合作，为从各个事业部挑选出的有发展潜力的人才，搭建了针对中国市场的"领导力"课程。而设计这些课程的目的，不止是培养职业技巧使人才更好地工作，也是给他们一个机会去思考、得到新的观念和知识，从而对他们将来的职业发展有一个长期影响。到 2009 年 7 月，伴随着中国业务的发展，诺华总部在给与中国业务极大关注的同时，加大了对中国人员发展的投入，把中心升级为"诺华中国大学"，开始引入全球著名的商业院校对诺华本土人才进行集中的培养。在结合以往同本地院校合作的基础上，诺华中国大学形成了一整套人才发展的阶梯课程，针对不同阶段的本地人才、不同层面的管理人员的发展需求，使其不断接受培训并得到成长，最终形成了一个人才培养的快速通道，即"人才输送管线"（talent pipeline）。总部在中国的人才发展方面作了很多长期投入，目标是为中国培养本土化人才（local talent development），长期把中国作为业务发展的战略核心，从而实现可持续发展，和中国一起成功。

除了培养本土化人才，诺华在中国的人才发展还有更高的目标。总部在考虑中国人才的未来发展时，希望他们可以有国际化的发展。诺华在中国的发展先后经历了两个时期：在 20 多年前，总部派遣了很多外籍管理者来到中国，搭建公司的框架，然后开始本土化发展，撤回外籍高管；但从去年开始，总部又派遣外籍管理者来中国，目的是来带领中国的团队，加速中国人才的国际化发展。同时，诺华中国也在派出中国人才做国际交换，让他们积累国际经验。所以，在诺华中国，本土化与国际化是一个螺旋上升的发展过程。

诺华中国与北大国际 MBA 合作开发了一个为期 18 个月的 MBA 精华版培训课程。这些课程所涉及的许多案例都来自诺华中国区。比如：管理者财务课程，就是用诺华的年报来分析。培训课程除了由北大国际 MBA 的教授讲课外，诺华中国区的管理层也亲自授课。这些高管在讲课时除介绍公司的运营方式外，还介绍一些实例，如：诺华中国新的组织结构为什么如此调整、如何支持公司的愿景等实例。与教授侧重于理论教学不同的是，诺华中国的高层侧重于案例。在培训过程中，学员们的案例分析和分组讨论结果，会反馈到诺华中国的高层。如果说这种分组讨论是一种非正式的量化分析，那么诸如领导力、企业文化的调查就是一种正式的量化分析。这些调查结果对于诺华中国区进一步了解企业实际情况（尤其是中高层员工的想法）以利于正确的决策，是很有帮助的。

在已经进行了三届的"CCTV 年度雇主调查"中，对培训机会的看重一直排在员工挑选雇主的最主要的选项中。相当多的企业也都非常注重员工的培养，但由于缺乏战略规划，培训项目之间缺乏协调，培训像撒胡椒面一样看不到效果，更糟糕的是员工对于企业在这方面的努力缺乏系统的、真实的感受。像诺华这样把员工的职业生涯规划与员工在不同岗位不同阶段的培训需求制度化，让职业能力培养和升职、加薪一样成为可清晰判断的预期，培训的价值才真正体现出来，成长也就自然成为最好的工作激励。

3.3 转变激励机制理念，确立"以人为本"的企业员工激励机制

为了提升企业的竞争力，企业必须改变传统的激励理念。构建企业员工激励机制要转变激励理念，树立"以人为本"的激励机制。真正做到关心人、尊重人，创造各种条件，促使人的全面发展，企业的激励制度才能迅速走上正确的轨道。要通过对不同类型人的分析，将他们的需要整理、归类，搜集与激励有关的信息，全面了解员工的需求和工作质量的好坏，不断地根据情况的改变制定出相应的政策并有针对性地进行激励。要在广泛征求员工意见的基础上出台一套大多数人认可的、科学的、公平合理、透明的、行之有效的的激励机制，让员工在开放平等的环境下展示自己的才能，激发员工的竞争意识，充分发挥人的潜能，最大限度地激发员工的积极性。在建立了激励机制之后，必须完善绩效考核机制与之相配套，使二者相得益彰。并且要注意长期坚持严格执行。

1999 年，诺华制定了第二年的销售目标。2000 年，大家完成了任务。300 名员工浩浩荡荡地前往泰国开会。这也是对大家的一个奖励。他们大部分是一线的医药代表，当然只有表现好的销售代表与市场人员才能去。2001 年，销售计划是比上一年提高 20%，结果出来提高了 25%。奖励自然难免，澳大利亚成了最终的庆功地，一共去了 400 人，连当地的政府官员都惊动了，一下子来了这么多中国人着实震惊了他们，最后他们也参加其中。后来一次是去澳门，人数多达 1080 人，包下了三家酒店。此行人均消费 10000 元，费用计入公司成本。总经理跟总部协调这件事情，因为超额完成任务，总部自然举双手赞成，把一部分利润留在中国。这样可以鼓舞员工士气。

3.4 充分考虑员工的个体差异，实行差别激励的原则

激励的目的是为了提高员工工作的积极性。在制定激励机制时一定要考虑到个体差异。每个员工的思想、性格、学识、教养、道德水准不同，千差万别，企业员工激励机制也要正视个性差异、区别对待。年轻的员工自主意识比较强，对工作条件等各方面要求的比较高，因此"跳槽"现象较为严重；而中年员工则因为家庭等原因比较安于现状，相对而言比较稳定。有较高学历的人一般更注重自我价值的实现，既包括物质利益方面的，但他们更看重的是精神方面的满足，例如工作环境、工作兴趣、工作条件等；而学历相对较低的人则首要注重的是基本需求的满足。管理人员和一般员工之间的需求也有不同。因此企业在制定激励机制时一定要考虑到企业的特点和员工的个体差异，这样才能收到最大的激励效果。

在福利方面，诺华有专门的员工福利委员会，由他们来安排相关的福利活动。这里有两个层面。一是员工层面，有的时候部分员工自发组织一些集体活动，譬如一些体育活动、娱乐活动等等，公司与员工可能都会出部分钱。二是公司层面，这主要与业绩奖励挂钩。诺华对完成任务的销售代表，以及公司的行政人员会有一个相当诱人的回报。

诺华公司员工福利的一个重要方面是特色化的培训计划。原来，诺华只是考虑提升员工的工作能力、业务能力，没有太多的考虑员工职业生涯的规划。所以，2003 年，诺华成立了员工培训中心。2004 年，诺华与北京大学国际 MBA 项目有一个合作。这样，公司一次就送 50 名员工参加学习，一共 18 个月的课程。员工培训是公司一贯的传统，诺华经常会送一些高级管理人员去瑞士、美国等商学院学习，以获得进一步提升的机会。

3.5 建立企业与员工的全方位的沟通机制

企业要重视反馈的激励作用，在企业内部建立全方位的沟通机制，形成管理层与部门领导、部门领导与普通员工、管理层与普通员工、普通员工之间的多层次交流对话机制，这样员工就会产生觉得被信任和被尊重的感觉，意识到管理层乐于倾听他们的意见，他们所做的一切都在被关注，从而增强管理者和员工之间的理解、相互尊重和感情交流，员工就会有效地激励自己。诺华总经理的午餐会就是一个最好的例证。

领导与员工之间的沟通，可以改变一个公司的精神气质。1999 年，从诺华台湾公司来的 CEO 刘贞贤掌管诺华中国公司，他常年坚持做了三件事情：

第一，为新员工讲课。每年诺华招聘新员工都有一个 10 天的培训计划。他会给他们上第一堂课。所以，诺华中国公司的员工都听过刘贞贤的课。总经理给他们介绍公司的发展战略、公司文化，让他们了解公司的历史。他的课没有少过一次，也没有让别的经理代替总经理讲课。他觉得 CEO 为新员工上课，这本身就是一次难得与员工沟通的机会，也是公司文化的一个重要组成部分。这不仅仅是培训本身，CEO 到场与不到场，意义是完全不一样的。

第二，总经理的午餐会。这个午餐会从 1999 年就开始了，每个月举行一次，公司 10 个部门各派一名代表来，与刘贞贤一起吃饭。只要是诺华的正式员工都有机会来参加这个午餐会。午餐会开头 10 分钟，是总经理介绍公司的发展状况，接下来员工有问题，可以直接问总经理，有的问题在现场就可以解决，每次午餐会人力资源部都会有人负责记录。成立员工培训中心的建议就是在午餐会上提出来的。这个午餐会已经开了 6 年了，有 700 多人参加过这个会。有销售代表、生产工人、送货工人、司机等等。当然，这些代表主要是诺华北京的员工。他刚到诺华北京的时候，就想改变员工心目中 CEO 高高在上的形象。总经理希望与员工做一些有效的平等的沟通，让他们知道他们可以改变公司的现状，只要他们发表自己的见解。总经理的日程表一般都会排得很满，但午餐会一定会参加。实在排不过来，午餐会的时间会变一下，但总经理到场是不会变的。每次会议之后，会议纪录会发到各地员工的手里，让他们也好及时了解公司的状况，这也是一种有效沟通。

第三，与外地的销售代表吃饭。每年，刘贞贤都会在中国各地飞来飞去，有一件事情总经理会经常记着，那就是与销售代表们一起吃饭。有一次在温州，刘贞贤完了事情，一打听台州有公司的销售代表，当时刘贞贤赶到台州与几个销售代表一起吃晚饭。总经理与太太还有两个孩子在青海西宁度假的时候，晚上西宁的一个销

123

售代表与总经理全家一起吃晚饭。这种沟通的方式，多多少少让销售代表们感到意外，但很温暖，让他们产生了一种归属感。

3.6 培养员工的自我激励能力，发展员工职业生涯激励

职业发展作为内在激励因素，对员工具有很大的激励作用。要唤起员工的自我管理和自我激励的意识，让员工意识到企业给了自己发展的空间，自己要有意识地对自己的发展负责，独立工作承担责任的同时，也要独立承担自我发展的责任，对自己进行激励和提高。公司要让员工有权处理自己业务范围内的事情，同时也要授予他们与其职责相适宜的决策权和行动权，如：参与企业的管理和重大问题的决策权，使职工个人利益和企业利益紧密结合起来，群策群力，共同为企业的发展而奋斗。这样，员工就会有责任感地去工作，也会在工作中不断提高自己、不断激励自己。

诺华充分了解员工的个人需求和职业发展意愿，为其提供适合其要求的晋升道路，使员工的个人发展与企业的可持续发展得到最佳的结合，这样，员工们在工作时会乐在其中，热爱自己的工作，千方百计地把工作做得完美出色。对有一定能力的职工，要给他一个发挥才能的空间，让他把所有的潜能都发挥出来，达到最大限度的激励作用。

3.7 建立全面薪酬体系，采用多种激励方式

全面薪酬是基于员工各方面需求而制定的一种比较科学的激励机制。薪酬分为"物质"的和"精神"的，它包括工资、奖金、津贴、罚款四项内容，前两项内容属于"硬件"，后两项属于"软件"，只有"软硬兼施"，才有可能达到显著效果。激励的方式还有多种，对优秀人才实施倾斜激励政策，凭业绩决定薪资水准、奖效水平，采用高薪、优厚的福利、提拔晋升、表扬等。俗话说"小功不奖则大功不立，小过不戒则大过必生"只有做到奖功罚过、奖优罚劣、奖勤罚懒，才能使先进受到奖励、后进受到鞭策，真正调动起人们的工作热情，形成人人争先的竞争局面。

薪酬福利一方面在员工激励方面起到较大的作用，它就像一个杠杆，通过激励能不断使员工发挥最大潜力，另一方面它是跟成本联系在一起的。诺华公司人力资源的管理者充分意识到，要很好地平衡二者间的关系，就是两方面都要做好。

诺华的薪酬福利一是参照公司业绩，二是参照每个职位的市场数据。薪酬水平跟绩效联系非常紧密，员工业绩的好坏在他的薪酬里就会有很好的体现。每个部门每个人在年初时会定好自己一年的目标，年终总结、打分。业绩评估完成后，员工看到的工资就是公司给他的一个信号，公司对他是认可还是不认可他都是很明白的，另外，薪酬也会传达出职位晋升的某些信号。通常情况下，诺华员工的工资涨幅是根据绩效考核的结果围绕平均工资涨幅上下浮动的。

诺华认为，每年的工资涨幅不能超出预算，但涨幅太小又不足以激励真正优秀的团队和员工，这是一个比较难解决的矛盾，诺华的做法是强调"全面薪酬"的概念，除了看得见的薪酬，像工资、津贴、假期、生日会、春游、健身，公司还为员

工提供海外培训机会、工作轮换机会等等，使员工自身能力和自身价值得到提高。另外，员工在诺华工作，完善的工作系统和流程以及每一个项目都会给他带来价值，在这儿工作一年的收获可能比在别的公司工作五年还要大，这是无法用金钱来衡量的。

3.8 营造宽松的环境，用企业文化提高员工凝聚力

企业文化激励是精神激励中的主要部分，是人力资源管理中的一个重要的激励机制。企业文化是无形的，但其激励作用是巨大的。管理在一定程度上讲就是用一定的文化塑造人。只有当企业文化能够真正融入每个员工个人的价值观时，他们才能把企业的目标当成自己的奋斗目标。未来的员工队伍将呈现出更为多样化的特点，要尊重并充分利用人际差异，就需要营造一种企业文化来统一人们的价值取向，并将其作为凝聚人心的力量源泉，形成一股强大的精神动力来吸引员工。要为职工创造宽松环境的内容，员工要成长、发展和自我实现，都需要一个健康和谐的工作环境和积极向上的企业文化氛围，所以，为了企业的持续发展，为了确保企业目标的顺利实现，为了更好地激励员工，企业要努力建立公正公平、自由和谐、肯定个人价值、鼓励创新、信息通畅、知识分享的企业文化氛围。对职工鼓励是创造企业宽松环境的基础。要关心职工生活，实事求是地帮助职工解决生活、工作的困难，解决职工的后顾之忧，才能使职工真正热爱企业，忠于企业，为企业的发展尽心尽力。要创造优越的工作环境、人文环境，激情的企业文化，宽松、人性化的管理氛围。对坚持不懈、努力学习科学文化员工进行大力的表彰，对安于现状、得过且过、不思进取、吃饱了混天黑的员工给予必要的惩戒，形成良好的学习风气，提高全体员工的知识素养，开阔他们的精神境界。

对于诺华这样一家大型跨国企业，其企业文化无疑是非常深厚的。"创新求是，严细认真，弘扬诺华精神"是诺华的企业精神，它领导着诺华这家大型制药企业进行全球化的经营业务扩张，并为诺华的员工以及领导注入活力，不断带动着诺华企业上下的努力奋斗。

3.9 为职工提供终生教育的机会

明智的企业，应该为本企业的职工制定一个终身的、目标明确的教育规划，根据企业的发展目标，将短期专职培训和长期业余培训相结合，让职工根据企业发展不断调整自己的知识结构，不断用新知识武装自己的头脑，以适应企业的发展。要为职工提供继续深造的机会，使他们为企业创造更多更好的财富，激发他们热爱企业的精神。

诺华为员工提供的职业发展规划体现了该公司在员工终生教育上的远见卓识和博大胸怀。员工可以根据自身的发展需求，确认自己在组织中的发展途径，明确未来相应岗位的岗位要求，并利用公司提供的发展工具，有效地制定自己的发展计划。通过全方位的培训，使员工的知识技能得到更新，创新能力得到提高。同时，公司充分考虑员工的特点，提高其知识技能和创新能力，使员工在自我发展的同时不至

于偏离企业的发展方向，激发他们的工作热情和积极性。

4 最佳雇主收获的企业成长

1999 年的时候，北京诺华公司的销售额是 3.8 亿元。2004 年的时候，北京诺华的销售额是 15.5 亿元。到 2005 年底，这个数字变为 18 亿元。到 2010 年，北京诺华的复合增长为 30%。目前，北京诺华在外资制药公司中国医院市场排名第 3 位。在整个诺华制药集团中，北京诺华公司已经成为增速最快的公司之一。

这些数字给了诺华总部一颗定心丸，由于这些惊人的成长速度。诺华把相当一部分的利润留存中国，而这些利润给诺华成为中国最佳雇主打下了坚实的物质基础。雇主与员工最终实现了共同成长。

总之，诺华公司的成长激励机制的建立和完善，引领了下个时代管理理念新的浪潮。诺华坚持以人为本，建立起多维交叉的员工激励体系。管理是科学，更是一门艺术，人力资源管理的激励机制是管理人的艺术，是运用最科学的手段、更灵活的制度调动人的情感和积极性的艺术。诺华重视员工自身的成长，根据员工不同的需求量身制定各种激励机制，改善员工的工作质量和生活质量，以提高其满意度，真正建立起适应企业特色、时代特点和员工需求的开放的激励体系，使企业在激烈的市场竞争中立于不败之地。

5 尾声

在诺华激励机制的引导下，诺华成了人才的集聚地，用良好的激励机制吸引人才、留住人才，成了诺华获得公司内外广泛认可的重要原因。

2005 年，诺华北京公司获得了来自翰威特①的一份大礼：诺华北京公司当选为 2005 年中国最佳雇主。这是中国第一家得到这个奖项的医药公司。这是对懂得与员工并肩成长的诺华企业最好的赞赏与鼓励。

2011 年 2 月 12 日，《Barron's》周刊在线公布了"2011 年度世界最受尊重企业"的评选结果，诺华公司成为制药或生物技术类别排名最高的公司。

表 6－1　2011 年度世界最受尊重企业中关于诺华的调查结果

年度	排名	平均分	非常尊重	尊重	较尊重	不尊重
2011	24	2.72	16%	48%	27%	1%
2010	27	2.90	20%	46%	19%	3%

未来的诺华，将进一步努力在人才激励方面进行改革，制定更加有吸引力的激励机制，使得个人与企业的利益进一步相辅相成，刺激员工的内在潜力，从而吸引更多的有识之士为集团贡献自己的力量，充分发挥自己的聪明才智。

---

①　翰威特咨询公司：（现更名为怡安翰威特咨询公司）具有六十多年的丰富经验，是全球最早提供人力资源外包与咨询服务的公司。

医药企业管理案例集

一、教学目的和用途

1. 让学生深入员工激励的环境中，了解公司与员工共同成长带来的好处。提高对员工管理工作的正确认识，同时对医药行业的正确领导有一个更加全面的认识。

2. 教学对象为医药方面管理类专业学生。

二、案例思考题

1. 员工与公司一同成长的激励措施有什么优点？

2. 给员工提供过多的受教育机会，是浪费企业的资源吗？为什么？

人格的魅力——记扬子江集团董事长徐镜人

摘要： 领导者是商场上指点江山的领袖，是企业去往何方的风向标，是员工们的意志领袖。一个优秀的领导者，能够指引一个企业从黑暗奔赴光明，获得不断的发展。扬子江集团的总经理徐镜人，以其独特的人格魅力，谦逊的品质和对行业由衷的热爱，引领企业迈向了一个又一个高峰。这样的领袖，就是企业运转的灵魂所在。

关键词： 扬子江；领导；人格魅力

引言

1971 年成立当初，扬子江只是泰兴县口岸仪表厂的一个制药车间。在计划经济时代极度困难的情况下，企业没有伸手向国家要过一分钱，硬是凭着一股不服输的闯劲，冲破种种束缚、克服重重困难，一步一步走向新生。企业从 1980 年的产值 60多万元，到 1988 年产值突破 1 亿元，创下连续八年翻八番的奇迹，实现了第一次腾飞，成为当时泰兴县、扬州市工业企业的佼佼者。截止 2012 年，扬子江药业集团完成产值 336 亿元、销售 335 亿元，集团总部缴纳税收 16.26 亿元，又一次跻身全国医药工业企业百强榜前三甲，也成为江苏首家产销双双超过 300 亿元的制药企业。

1 企业发展及现状

1985 年 11 月，经扬州市计委批准，泰兴制药厂口岸分厂改名为"扬州市扬子江制药厂"，历经 10 余年艰辛奋斗，企业终于赢得了一块名正言顺的牌子。

进入 20 世纪 90 年代，扬子江技术全面升级，产业规模快速扩张，带动了企业第二次腾飞。一方面，建立健全了辐射全国的营销网络；另一方面，贯彻"科技兴企、科技强企"的发展方针，加大科技创新的投入，全面实施 GMP 改造工程。随着胃苏冲剂、银杏叶片、罗红霉素胶囊等一批新产品陆续问世，扬子江实现了又一次

"蜕变"。从 1996 年起，企业综合经济效益连续多年排名江苏医药行业首位，1997 年起跻身全国医药前五强。

进入 21 世纪，扬子江在管理、技术、公司治理等方面加快了与国际先进水平的接轨步伐，实现了向国内一流企业的跨越。集团加快实施战略扩张，进一步做大做强规模，构筑发展优势。在泰州总部征地 600 亩，投入 10 多亿元，建设中国（泰州）医药城南园。如今，这座高起点规划、高尖新装备的现代化医药工业园区已经全面建成投产。为抢占高端城市的人才、信息、地域和资源优势，企业相继在北京、上海、广州、南京、成都等地成功实施了战略布点。"扬子江"多年保持质量抽检合格率百分之百，成为全国医药界公认的质量管理"梦之队"。如今，扬子江药业已有 20 多个产品质量达到欧美最新药典标准。企业海外市场销售额增长 30%，新增 6 个外销品种，另有 8 个品种获得海外注册证书。这家位于扬子江畔的企业，能有今天的显著成就，与一个人所付出的努力密不可分，这就是扬子江的董事长——徐镜人先生。1971 年，徐镜人创办了扬子江药业集团的前身，一家以生产纯中药板蓝根冲剂为主的制药小厂，这位"板蓝根大王立志要谱写中华医药的神奇篇章。从 1980 年起，企业开始爆发式增长，创造了产值、利税连续八年成倍增长的骄人业绩，2012 年，扬子江药业集团完成产值 336 亿元、销售 335 亿元，集团总部缴纳税收 16.26 亿元，又一次跻身全国医药工业企业百强榜前三甲，也成为江苏首家产销双双超过 300 亿元的制药企业。徐镜人是第十届全国人大代表。这家企业先后被中华全国总工会授予"全国劳动模范"、"五一"劳动奖章等称号。一位白手起家的商业巨亨，成就如此辉煌，这里面究竟有何秘诀？

2 徐镜人与扬子江

徐镜人追求事业的成功，而不追求个人的成名；他钟情于改革的宏图大业，而淡漠自身的荣辱得失；他树立的是企业现代形象，而不塑造个人的老板表象；创业时，他有进取之心，无限却之意；坎坷时，他有拼搏之志，无懦夫之悔；这就是徐镜人的人格，这人格所产生的魅力，至今仍影响着他的企业。如果探讨"扬子江"集团成功的经验，人们可以总结出百条千条。徐镜人作为这个企业集团的带头人，他的人格魅力，也是成功的经验之一。俗话说，国有国路，人有人格。做为一个企业，是否也有一种"格"呢？

2.1 对于民族医药行业的热爱

徐镜人似乎有些"保守"，他曾对媒体表示：不合资、不上市、不兼并、不接受风险投资、不搞多元化。在他看来，跨国公司虽然可以帮助中国的医药公司提高国际水平和质量，但中国医药产业的真正提高要靠自己，很多跨国公司到中国来的目的也仅仅是利用中国的资源。扬子江曾向外资开出双方各出资 50%，扬子江负责合资产品的国内市场销售，合作方把药拿到国际市场去销售，国内国际市场明确分工、不得混淆，但几乎没有外资企业同意。

徐镜人从事医药行业已近40年，在看似"古板"的经营策略下，掩藏的是对中国医药行业的热爱与守望，他目前最大的希望就是政府能给中国的医药企业一个公平竞争、质价相符的宽松市场环境，推动中国本土制药企业参与国际竞争。

2.2 毛泽东情结

个人崇拜，总是被冠以各种贬义的形容词，似乎这总意味着偏激。然而，当"毛泽东情结"深深扎根于徐镜人的思想中时，这似乎成了他成功领导这家庞大企业的一大利器，在红色年代的光芒中，这家企业似乎熠熠生辉。

顶烈日、战风雨、劈山崖、填沟壑，正是凭借着毛主席当年的精神，一个小作坊在徐镜人的带领下成长壮大成为了中国的药业巨头。他和年轻人讲自己的经历，谈起吃苦和困难对人的磨练，谈起了中外古今成功者的奋斗故事，每每谈及毛泽东，徐镜人总是眉飞色舞，他用这位时代伟人的事迹，为年轻人树立了信心，鼓励他们书写出了青春的辉煌。

每每谈起经营之道，这位集团的掌舵人的话语中，总是带着有着那个时代的人难以摆脱的"毛泽东情结"，合资、上市、兼并、多元化——这些都是时下最时髦的企业经营战略。然而，扬子江的经营战略和这些却背道而驰，恰恰坚持了"五个没有"——没有合资、没有上市、没有兼并、没有风险投资也没有搞多元化。

其实，扬子江并不排斥合资，但闻名而来的外国制药企业都不能接受其开出的合资条件。现在的合作者们都志在从国内市场上淘金，对于如何把产品销往国际市场却没有诚意。多年来，不下百余家企业先后寻求与扬子江药业集团的合作，但扬子江至今未与任何一方联姻，依然孑然一身。"我们的战略的核心就是独立自主，一切从实际出发，因此条件不合适，我们就不搞合资，坚持自己发展。"徐镜人说道。

对于上市，扬子江十分谨慎，"如今的国内上市公司质量堪忧，股价涨跌非常不理性，我认为不是上市的好时机，只有市场规范了，我们才会寻求上市。"为了更形象地说明，徐镜人借用了朝鲜战争期间毛主席写给彭德怀信中的一段话：战场上不能盲动冒险，要稳扎稳打，夺取战争的胜利。

在兼并方面，当年因为各种原因，扬子江曾经参与到政府行为当中，做过两次兼并的案子，但均告失败。总结失败的原因，徐镜人认为虽然目前在国际上兼并成为世界趋势，很多企业也照葫芦画瓢，大肆宣扬兼并重组。但是企业不应该为了兼并而兼并，"要把马克思主义理论与当代中国的实际相结合，不能照搬照抄。"徐镜人说。

在扬子江，新进员工一律执行军训，每年的"七一"，集团都要组织革命歌曲合唱比赛，用革命精神振奋公司士气。扬子江的企业文化——开展批评与自我批评更是这种浓浓的毛泽东情节的产物。

开展批评与自我批评，进行思想斗争，是保证党内生活正常化、增强党的团结、提高党的战斗力必不可少的重要条件。对于这段话，徐镜人认为，销售人员因为经济利益的驱动，很容易会为了达成销售额而夸大事实，甚至欺瞒客户，扬子江则时刻保持对这种现象的警惕。公司定期开展批评和自我批评，纠正工作中滋生的不良思想倾向，坚持对客户的诚信原则。

2.3 谦逊的品质

当盛赞袭来之时，徐镜人并没有躺在功劳簿上睡大觉。谦逊的他却如是说："'扬子江'只能算是中国制药业的'大个子'，放之世界还显得很弱小，要走向世界，仍然有漫长的路要走!"他用"大"与"小"的辩证观，过滤、思辨眼前的业绩，将目光看得更远。"首先，与世界500强甚至省内、国内其他行业的大企业集团相比，我们的个头还很'矮小'。其次，放眼世界医药市场，与国际医药巨头相比，我们的实力很'弱小'。

2.4 大胆放权

一家医药公司的销售总监曾向《胡润百富》杂志透露说："扬子江的销售模式和队伍是其独到之处，其产品绝大部分是直接销往医院的处方药，销售业绩很大程度上依赖于业务员和医院。"一般他们会给自己的业务员较大的自主权，而业务员在缴纳了一定的押金后，扬子江会划拨相应的药品和销售区域给业务员去开拓。医药代表如果要获得高额收入，只有努力地去销售。

用徐镜人的话说，扬子江是"能者多劳，多劳多得"的践行地。而业务员从销售中得到的回报也是远高于行业水平。但扬子江对业务员的监管也是最严格，大部分的业务员直接来自于泰州，上岗前要人担保，离职时要审计，确保货款、药品和客户的安全。

2.5 强烈的社会责任感

徐镜人常常教育自己的员工，要求他们怀抱一份回馈社会的感恩之心。在这份社会责任感的指引下，自2001年起，扬子江连续三年联合国家五部委承办大型社会公益活动——"关爱西部健康行动"，累计投入4000多万元，行程三万余公里，向西部地区10多个省、市、自治区"送医、送药、送知识"。2003年"抗非"斗争中，扬子江向全国各地医疗卫生机构捐赠了价值500万元的药品，并捐资100万元设立了"扬子江抗非救助基金"。集团成立了"扬子江慈善会"，捐资数十万元用于组派医疗队，为西部地区生活贫困的老年白内障患者免费施行复明手术。2012年汶川地震期间，扬子江药业第一时间捐款捐物数千万元，派车队直接开往灾区。至今扬子江药业已累计向社会捐款、捐药、捐物达2.6亿元，恪守了一个优秀民族制药企业崇高的使命感和责任感。

3 扬子江的领导观

3.1 领导者，而非管理者

管理者执行，领导者创新。管理者维持，领导者开发。管理者控制，领导者鼓舞。管理者关注短期，领导者关注长期。管理者询问怎么发生、什么时候发生，领导者询问发生了什么、为什么发生。管理者模仿，领导者创造。管理者接受现状，领导者挑战现状。

约翰·科特在《变革的力量——领导与管理的差异》中就领导与管理的基本差别的论述为：管理主要着眼于计划和预算、企业组织和人员配备、控制和解决问题。领导主要着眼于确定企业经营方向——对未来，通常是对遥远未来情况高瞻远瞩，并为实现远景目标而制定变革战略；联合群众——对需要其合作的人讲明，即制定经营方向，以形成联盟，对远景目标形成共识并投身于实现这一目标；激励和鼓舞——通过唤起人类非常基本但尚未能得到满足的需求、价值和情感，来使群众战胜阻碍变革的主要政治、官僚和资源障碍，沿着正确方向前进。简单地说：领导与管理的差别在一个系统中表现为战略与战术的区别。然而，在一个更大的系统或一个不同的系统中，战略和战术是可以相互转换的。

不管是从上文的字里行间推断，还是有切实的了解，我们都会知道，徐镜人，断然不是一个处理具体事务的管理者。他虽然没有事必躬亲，却能够促使业务平衡而又迅速运转。方向的领导是他关注的焦点，他为公司的发展做出远景规划，而且思想与行动统一，为公司培养了一批鞠躬尽瘁的优秀人才。他向本单位的人清晰地描述了"扬子江"的原则，并通过讨论、倾听与诉说来获得一个普遍接受的共识。这样，每一位成员就可以根据达成的共识，朝着成功的目标迈进。

"领导人，像罗斯福、丘吉尔和里根等人，他们有办法激励一些有才干的人，让他们把事情做得更好。"徐镜人和年轻人讲自己的经历，谈起吃苦和困难对人的磨练，谈起了中外古今成功者的奋斗故事，使这些年轻人树立了信心，书写出了青春的辉煌。他清楚地告诉员工如何做得更好，并且能够描绘出远景构想来激发他人努力奋进。

3.2 精神的指引

在这个速度致胜的商业时代，企业不仅仅要技术的创新，更要管理的创新。传统的管理模式已经过时，21世纪需要每个人自动自发的创新。管理者不是带着管理模式加盟企业，而是根据企业迅速地创新。优秀的领导者不仅要在战略思想上遵循"下雨打伞"的自然法则，同时，在管理风格上要随势而变，像水一样灵活。徐镜人的领导方式正是这样一个集大成之作。他的身上随处可见优秀的领导人所不可或缺的各种特质。

领导人必须摸清下属的内心愿望和需求，并给予适当的满足，才可让众人追随，大多数员工都希望他们的工作能得到公平的报酬，同样的工作得到同样的报酬。员工很希望自己在伙伴、上司眼里显得重要，希望自己的出色工作得到认可，希望在工作中能得到晋升。向前发展是至关重要的，没有前途的工作会使员人产生不满，除了有提升的机会外，员工还希望工作有保障，能在舒适的环境中从事有兴趣的工作，如果员工对所干的工作不感兴趣，那么再舒适的工作场所也无济于事。

4 尾声

徐镜人愿意理解自己的员工，信任他们，同时也用自己的行为去影响他们。员工不仅感到自己应归属于员工群体，而且还感到自己归属于公司，成为公司的一部分。所有的员工信赖他们的领导者，他们愿意为那些能作出正确决策和行为公正无私的领导者工作，员工最不希望的就是碰上一个"窝囊废"来充当他们的上司。徐镜人的实际行动给了员工们一种内心强大的归属感。在如今物欲横流的社会面前，强大的精神的散播是一个领导者所不可或缺的重要品质。

案例使用说明

一、教学目的和用途

1. 本案例为描述性案例，主要目的是为了使学生通过对案例的分析和讨论，知道行业管理者和领导者的异同，并讨论分析一个优秀的领导人需要具备的主要素质，使学生掌握与领导相关的理论。

2. 本案例适用于医药方面管理类学生的教学。

二、案例思考题

1. 请以"扬子江"为例，说明领导者与管理者的异同。

2. 成功的领导者应具备什么样的素质？

新兴药房郭生荣：借"力"军事管理

摘要：郭生荣是石家庄新兴药房连锁有限公司董事长。他在 1996 年接管连续亏损两年的新兴药房，同年公司销售就实现扭亏为盈；新兴药房从最初的 1 家小店，发展到如今 200 家直营门店——郭生荣这个有着 16 年军旅生涯的"老兵"，领着他的军事化团队，不断创新零售药店管理理念。用他独特的军人气质，谱写着企业管理的傲人篇章。

关键词：郭生荣；人格魅力；军事化管理

引言

由国家食品药品监督管理局南方医药经济研究所、中国非处方药物协会、中华全国工商业联合会医药业商会等单位联合指导，依托国内权威的医药信息研究机构，经过近半年的调研最终形成了《2011 年度药店连锁百强榜（直营）》。在调研数据的基础上，主办单位邀请业内专家对品种、品牌和人物等进行了审评，形成了《2011 年度药店最具魅力人物榜》。

2011 年 11 月 30 日，第二届中国连锁药店百强高峰论坛暨 2011 年度药店排行榜颁奖仪式在郑州举行。在这场实力比拼的竞赛中，石家庄新兴药房连锁有限公司董事长兼总经理郭生荣先生凭借独特的直营药店管理理念、业内不凡的影响力以及闪光的人格魅力被评选为"2011 年度药店最具魅力人物"。

有熟悉新兴药房的人士对记者说："以郭生荣个人的人格魅力和口碑，加上新兴药房的实力和管理水平，他获得最具魅力人物，实至名归，谁都会服气！"

1 公司发展及现状

石家庄新兴药房连锁有限公司成立于1996年，2003年改为股份制企业，同年首家通过GSP认证。由最初8个人组成的公司，到今天拥有员工2000多名和五家全资子公司：河北新兴医药有限公司、北京新兴德胜药房连锁有限公司、张家口新兴南山堂药房连锁有限公司、沧州新兴药房连锁有限公司、唐山新兴药房连锁有限公司。

公司现拥有180家省市医保定点药房，营业面积近22000平方米。库房也从1000平方米的普通库房发展成一个现代化配送中心，仓储面积3847平方米，其中阴凉库2719平方米，常温库1104平方米，冷库24立方米；药房经营：中成药、中药饮片、化学药制剂、抗生素、生化药品、生物制品六类，10000多个品规。销售额以每年30%的增幅高速发展，2012年销售突破5个亿。

新兴药房本着守法经营、诚信经营的原则，连续多年被评为"守合同重信用单位"、"河北省商贸服务名牌企业"、"中国AAA级信用企业"、"中国药店竞争力百强企业"。新兴药房更是凭借着雄厚的实力、快速的发展步伐跻身于"2012年中国药品零售企业综合竞争力百强"第41名，位于"2011年度中国药品流通行业零售连锁企业销售收入排序"第38名，并荣获"2011年中国药店零售企业竞争力百强榜成长力冠军"、"中国药店十大金牌雇主"等称号，又一次入选"中国连锁药店百强"。多年来，公司始终贯彻"顾客健康至上，质量永远第一"的方针，秉承勤奋、团结、拼搏、奉献的企业精神，以不骄不躁、求真务实、取精创新的企业特点，在同行中树起了一面崭新的旗帜。尤其是自2002年开始，公司董事会克服重重困难险阻、大刀阔斧的进行体制改革，深谋远略的制定营销战略，使企业在竞争中经受住了考验，取得了骄人的成绩，开辟了新兴公司的历史新天地。这些都和公司总经理——郭生荣有着息息相关的联系。[6]

2 郭生荣的借"力"军事管理

郭生荣是石家庄新兴药房连锁有限公司董事长兼总经理。1961年3月，中共党员，本科，副主任药师。石家庄新兴药房连锁有限公司、河北新兴医药有限公司是具有独立法人资格的零售、批发医药专业公司。郭生荣毕业于上海第二军医大学药学系，共产党员。曾任白求恩国际和平医院药剂科副主任药师。1996年1月，郭生荣同志授命于危难之时，接管了连续两年亏损的企业。上任伊始，他凭借军人特有的雷厉风行、坚决果敢的工作作风，本着廉洁奉公、光明磊落的高尚品格，在既无市场也无资金的困境中，率领全体员工以力挽狂澜的魄力进行了大刀阔斧的改革，采取了一系列切实可行的措施：建章立志，狠抓科学化管理，强化业务学习；树立品牌，使企业在较短的时间里呈现出了强劲的扭转势头。郭生荣总经理将闪光的人格魅力融入到经营之中，形成了从严管理，求实创新、恪守信誉、稳步发展的企业精神，使企业渐渐深入老百姓的心中。

从1996年接管连续亏损两年的新兴药房，同年公司销售就实现扭亏为盈；从最初的1家小店8个人，到如今的200家门店员工约2000多人——郭生荣，这个有着16年军旅生涯的"老兵"领着他的军事化团队实现着一个又一个新的飞跃。他的借"力"军事管理一直为人津津乐道。

2.1 学习力

"这是一个非常团结的团队。"亲切、幽默、饱含激情的郭生荣如是评价1996年与他从同一办公室跳槽出来、又一同筹钱接管新兴药房的8人组合。

管理是这个8人组合当初的弱项，但军旅生涯锻炼了他们的意志，也赋予了他们学习力。在新兴药房发展过程中，"那些大的药店就是我们的老师，有很多好点子并不是我们想出来的，但我们做得更细致、更周到。"郭生荣说。

早在1996年，新兴药房就率先在石家庄点亮了昼夜服务的第一盏灯。而此前，业内已在探讨24小时售药的可行性，直到现在，成本问题依然困扰一些药店。

"那些纠结于成本问题的药店，其实没有认真做过24小时售药。"郭生荣认为，尽管运营成本有所提高，但并非没有收获。不仅如此，新兴药房收到的社会效益也是不可估量的，现在，石家庄居民只要夜间买药就会想到新兴药房。

当然，在学习的过程中也付出过代价。新兴药房曾经开过一家500平方米的大卖场，用了44个员工，但是效果不理想。郭生荣在对前人的案例进行反复分析后做出一个决定：改为闭架销售。效益随后骤升。当时新兴药房和其他企业相比没有多少优势，只能走差异化道路，把服务做好，先解决生存的问题，于是郭生荣推出了免费送药。另外，郭生荣也号召不断加强培训，先是他自己帮员工做培训，然后是优秀的店长、店员给其他店长、店员做培训，队伍逐渐成长起来。

2.2 行动力

行动力是郭生荣对自己的要求，这样的要求他也同样用在了自己的管理团队身上。"我们的高管人员60%以上来源于部队，不仅学习力强，行动也快。"郭生荣说，一个好的点子，马上学了，马上行动，就能马上见效果。

为了能用最短的时间、最快的速度解决顾客的问题、满足顾客的需要，郭生荣在运营中建立了一支快速反应"部队"——专门的人员，配备专门的装备，做专门的事情。譬如，有人需要一些产品，但最近的几个门店都没有，接到情况后，快速反应"部队"第一时间联系有关方面，第一时间订货，第一时间发货。

郭生荣曾统计，快速反应"部队"一年完成的销售额，相当于多开了15家门店。在竞争残酷的今天，这一创新模式无疑令同行惊讶。

2.3 亲和力

郭生荣的手机号码是公开的。早在10多年前，新兴药房店内显眼处就贴有一个牌子，上面写着"如果你对我们的员工的服务不满意或者有其他地方不满意你就打

×××手机号码，我们会在两个小时内回复。"这个手机号码正是郭生荣的。

对此，新兴药房内部是有过一些分歧的：会不会有很多骚扰电话？但郭生荣坚持公开电话的理由是："譬如一次战役小结，一定得让参加本次战役的战士来讲，而不是战地记者。战士讲，可以直截了当，指导员可以收到最直接的信息；如果是战地记者讲，可能会加有很多感叹词。"

"因为顾客真正想帮助我们改进工作，他才会打这个电话，这是一种善意。"据悉，郭生荣迄今接到的 20 个电话中，仅有 1 个为投诉电话，其他均为来电表扬。

有一次郭生荣正在和厂家代表谈生意，刚好有消费者打来了要求送药的电话，但公司的人全都出去送药了，于是他对厂家代表说，对不起，我要去送药了。郭生荣说：你不能光要求别人去做而你自己不去做，我送去的药，消费者的感觉会不一样的。

不仅仅是对顾客，对自己的员工，郭生荣也是如此。2013 年 2 月 8 日农历腊月二十八，在春节到来之际，郭生荣和书记孙伟、副总经理尹国英、胡海鹰等冒着严寒走进门店慰问员工。公司领导送上了对员工节日的问候，询问了员工过节安排情况，特意嘱咐店长：一定要让员工吃上热乎可口的年夜饭，保证门店的安全和正常运营，确保大家度过一个祥和、幸福的春节！郭生荣等领导先后走访了平山、新乐、灵寿、高邑等郊县门店，为大家带去了过节的礼品。郭生荣的到来极大的鼓舞了一线员工的士气。

2.4 战斗力

2.4.1 果敢

果敢是军人最重要的品质之一，是战斗力的根本源泉。在物竞天择、不进则退的竞争市场，尤其是医药零售市场更是千帆竞发。为了扩大规模效益，在河北石家庄医药市场占有一定份额，郭生荣总经理审时度势，采取自营、收购双管齐下的办法，自 1996 年的一家店，迅速扩张到十家分店（其中省医保五家，市医保十家）。几年来，医保定点药房连续被评为先进单位，无论从经济效益还是社会效益均取得了长足的发展。

"今年新兴药房的发展目标是 100 家直营店，营业销售额为 3 亿~3.5 亿元。"郭生荣给企业立下军令状式的目标。

以往为实现目标，郭生荣要求在每家新店正式营业之前，店长必须发出 2000 张名片、发展 1000 名会员。而老店则"包干到户"，进店的顾客一个也不能放过，而且要制定出一个给顾客成为新兴药房会员的理由。

"1000 名会员是最起码的要求。"郭生荣认为，门店每新开到一个地方，就应该把周边社区发展起来，这相当于打局部战役，很关键，要打好。郭生荣对他们这个屡试不爽的招式颇为满意。

2.4.2 雷厉风行

起初新兴药房也是亏的，前三年做得比较艰难，但郭生荣有一个经营理念，做就要坚持到底，一开始、一次性把工作做好，时刻保持高效、快速。比如说，晚上顾客按门铃，店员必须要在多少分钟内出来，而且必须着装整洁，不能蓬头垢面。新兴药房是按制度来执行，违反了就要处罚。郭生荣认为做药店不只是卖药品，更重要的是为消费者提供服务。不但学习别人在服务方面做得比较好的地方，而且还做别人不愿意做的、做别人不敢做的、做别人做不到的。

2.4.3 战略眼光

战斗力更与郭生荣的战略眼光密不可分，郭生荣认为，药店促销的吸引力永远比不上品牌商品固有的力量和能量，大厂名牌商品线全，陈列到最好的位置，中高低价格的药品全面覆盖，店内所有广告位、堆头统统给名牌商品占领。员工不需要走出去到市场上找顾客，顾客会主动到门店找我们、找名牌商品。不仅把最好的货架给品牌厂家，郭生荣还对品牌厂家开放数据库。为了让供应商主动关注产品的库存情况，新兴药房建立了面向上游企业的数据库，上游企业可查询自身企业产品的库存情况和流向；而上游企业也为新兴药房的员工提供专业的培训，共同促进产品的销售。郭生荣说，2013 年年底，新兴药房品牌药品的销售额预计达 1.2 亿元。现在，新兴药房共与 22 家名牌厂家建立战略合作关系，毛利达 50%。

3 尾声

郭生荣这个有着 16 年军旅生涯的"老兵"，领着他的军事化团队，不断创新零售药店管理理念。凭借着独特的人格魅力和骄人的管理业绩，郭生荣先后荣获：石家庄市劳动模范、2004 年中国优秀企业家、2011 年中国医药儒商奖、2011 年度药店十大最具魅力人物、2011 年中国药品零售业年度十大经济人物等荣誉！新兴药房的快速发展不仅得到业内众多人士的认可，更是成为众多同行切磋学习的对象。新兴药房由最初 8 个人组成的公司，到今天拥有 200 家直营店、2000 多名员工和五家全资子公司大型药房连锁企业；2009 年在河北省率先拿到了 B2C 网上药房资质；2012 年销售收入突破 5 亿元。军队同样需要一个体恤员工的领导者。新兴药房的茁壮成长离不开董事长郭生荣的辛勤付出。

案例使用说明

一、教学目的和用途

1. 本案例为描述性案例，主要目的是为了使学生通过对案例的分析和讨论，了解军事化管理者的特征的异同，使学生掌握与领导人特质相关的理论。

2. 本案例适用于医药方面管理类学生的教学。

二、案例思考题

1. 请以"新兴药业"为例，说明其管理成功的要素。

2. 还有那些企业曾以军事化管理闻名，请查阅相关资料并举例说明？

感性管理——拜耳中国总裁的沟通艺术

摘要：领导沟通是指领导者与被领导者之间，基于一定的目的，通过语言、文字、图像、行为等方式进行思想、观点、情感、信息的交流，以期达成共识、形成一致的活动。本文介绍了拜耳医药中国区总裁李希烈与员工之间沟通的故事，他通过卓有成效的感性管理，将员工看作一个个有着鲜活个性的个体，与其平等的交流，将员工的利益摆在首位，他为我们树立了一个纵向沟通的典范。

关键词：默沙东；领导；沟通

引言

拜耳先灵医药中国/香港区新任总裁兼拜耳医药保健中国区总裁李希烈认为，工作都是人来做的，人是公司发展最重要的要素。管理者应充分尊重和信任下属，把责任与权利赋予下属，并引领员工热情地投身工作。管理者的首要职责是创造良好的工作环境和氛围，使员工发自内心地愿意在这个组织中工作，在工作中体会到成就感和自豪感。只要做到了以员工为本的感性管理，业绩的提升就是自然而然的事。而这一理念正是李希烈成功管理的核心思想。

1 企业发展及现状

拜耳公司于1863年由弗里德里希·拜耳在德国创建。1899年3月6日拜耳获得了阿司匹林的注册商标，该商标后来成为全世界使用最广泛、知名度最高的药品品牌，并为拜耳带来了难以想象的巨额利润。1925年公司同其他几家化学公司合并建立法本化学工业公司，战后被拆散。1951年成为独立的法本继承公司，称拜耳颜料公司，1972年取名"拜耳公司"。

拜尔公司总部位于德国的勒沃库森，拜耳公司有3家子集团公司，分别是：拜耳材料科技，拜耳农作物科学，拜耳医药。拜尔在六大洲的200个地点建有750家生产厂，拥有120000名员工及350家分支机构，几乎遍布世界各国。

高分子、医药保健、化工以及农业是拜尔的四大支柱产业。公司的产品种类超过10000种，是德国最大的产业集团。拜耳的发展史就是对更高生活质量的不断追求。公司在中国上市的主要产品有：拜新同、西普乐、美克、拜唐苹、尼膜同、优妥、优迈、特斯乐、拜斯明等。[8]

2010年1月1日，李希烈担任拜耳先灵医药中国/香港区总裁、拜耳医药保健中国总裁。就在李希烈上任的同一天，拜耳先灵医药中国区成为直接对接总部的独立大区。在医药界，李希烈几乎是一位无人不知的高管，他的感性管理在业界广为传颂。

1 李希烈的感性管理

1.1 李希烈简历

和大多数制药公司 CEO 一样，拜耳先灵医药中国/香港区新任总裁兼拜耳医药保健中国区总裁李希烈的职业生涯也是起步于医药代表。

1990 年 6 月，李希烈自美国雷鸟大学国际管理研究学院 MBA 毕业后，进入了美国默沙东制药公司，成为一名普通的医药代表，并由此进入了医药行业。虽然当医药代表并非李希烈的初衷，但既然公司的传统是新员工都必须去营销一线锻炼，李希烈就暗下决心必须取得好的成绩。但是，对于他这样一位刚刚踏入美国社会 6 年的"初涉世事"者，向专业医生推销药品绝非易事。况且，许多医院一旦使用了某家制药公司的产品，就不会轻易转而使用另一家公司的产品。

在这种情况下，李希烈绞尽脑汁，努力寻找潜在市场。通过观察，他发现，在主要收治来自中国、日本、韩国、马来西亚、菲律宾等国家的少数族裔患者的医院中，白人医药代表很少光顾，所以，那些少数族裔的医生很难接触到制药公司的新药信息。因此，李希烈瞄准了这一市场。对于李希烈的到来，这些少数族裔医生非常欢迎。而且，除了母语韩语外，李希烈还懂英语、汉语和日语。大型制药公司的医药代表能用自己的母语进行药品讲解，推荐新产品，这让少数族裔医生们倍感亲切。但即便如此，医生们也绝不会盲目决定购买意向。对此，李希烈的诀窍是经常站在对方的立场上想问题：对方需要什么？如何做好服务？对于使用阴历月历的华裔医生，他送上了标明中秋节的中国月历作为礼物；对于日本裔医生，他准备了营养品；他又为韩国医生带去了祖国的报纸。这些贴心的举动并不是单纯的礼物攻势，而是站在顾客的立场思考问题，这便是李希烈成功的关键。

进入公司 4 个月后，李希烈创下了个人营业额 350 万美元的纪录。第二年第一季度，在进入公司不到 1 年的时间，李希烈就在公司 18000 多名医药代表中取得了销售成绩第一名的业绩，成为了公司的销售冠军。随后，在陪同公司 CEO 访问韩国、与三星公司洽谈合作，担任亚太地区业务发展经理，建立公司在韩国的业务等工作中，李希烈的工作成绩和能力不断得到公司的认可。2 年 7 个月后，他成为了公司最年轻的理事总监。1997 年，李希烈加盟百时美施贵宝，帮助百时美施贵宝建立了韩国公司，并担任韩国公司总经理；2003 年，他开始担任施贵宝公司亚太地区总裁，管理包括澳大利亚、新西兰、韩国和中国香港等地区的业务运营。2005 年 9 月，李希烈加盟拜耳医药保健，担任拜耳医药保健有限公司的中国总裁职务。2006 年 7 月，他开始担任拜耳先灵医药亚太区总裁，其间连续 3 年被公司评为"全球最佳表现地区"奖。

1.2 感性管理的由来

李希烈认为，工作都是人来做的，人是公司发展最重要的要素。管理者应充分尊重和信任下属，把责任与权利赋予下属，并引领员工热情地投身工作。管理者的首要职责是创造良好的工作环境和氛围，使员工发自内心地愿意在这个组织中工作，在工作中体会到成就感和自豪感。只要做到了以员工为本的感性管理，业绩的提升就是自然而然的事。而这一理念正是来自李希烈自身的成长经历。

初入职场的李希烈在美国百事公司面试时，对百事公司花费巨大心思安排应聘者的接待事宜印象深刻，这种做法使应聘者感受到公司对他的高度重视，感受到百事那种"把人放在第一位，第二位还是人，除此之外，别无他物"的管理理念。这在很大程度上促成了李希烈成为一名以员工为本的感性经营者。李希烈从一名前任上司那里进一步受到了以人为本的感性领导的巨大影响，发现了感性经营管理的本质。

这位名叫马克·盖农的上司对李希烈花费心思、实地调查后制订的进军越南市场的计划报告书不仅完全同意，还说："那是下属职员倾注心血制定的报告书，难道不应该相信和推行吗？"并称赞李希烈是公司最优秀的越南市场专家。这让李希烈备受鼓舞，并感到上司并不是只在员工身上施加创造销售业绩的压力，还充分尊重自己、信任自己。李希烈从这位上司那里学到了许多感性管理方面的东西，并在日常的细小事情上加以应用。比如，李希烈每年都不忘给每位员工寄一张卡片；职员过生日的时候，他还会送上葡萄酒或生日蛋糕等礼物。

李希烈经常思考的一个问题是：还能再为员工做些什么？这样做，员工会不会喜欢？并经常为此绞尽脑汁。当然，李希烈深知感性经营并非简单地提高员工待遇。以人为本的感性要素已经被他带入到家庭、职场，以及其他诸多社会生活当中，成为他的一种风格。

1.3 如何实施感性管理

1.3.1 预约员工的时间

自从 1990 年，李希烈加入美国默沙东公司后，他的职业生涯都是在跨国医药企业中度过。"无论老板的做法是对是错，他都是你的老师。"当李希烈还是个普通员工的时候，他就开始注意观察老板的言行举止。很多年以前，一个部门经理经常心血来潮，忽然通知自己手下的员工，晚上要开晚餐会议。"我们普通员工也有自己的生活。"李希烈对此很不满。那时候，他就告诉自己，即使是最低的层拜耳员工，对下班后的时间也有自己的规划。就算你是领导，也需要预约员工的时间。

小人物也需要尊重，这是李希烈从当年这个领导身上学到的一课。当后来他自己成为部门主管、区域领导者后，每次要和员工一起吃饭，总是提前很多天就通知，并且尽量安排在中午的时间。有时候周五下午快下班前，一些员工还主动跑来讨论公司的业务，李希烈总是将他们拒之门外，"这个问题下星期再讨论"。李希烈相信，让他们好好地过一个周末，等星期一再来解决时，很可能效率会更高，甚至会有更多的灵感涌现。

1997 年，李希烈被任命为施贵宝公司亚太区总裁。他也有机会在更大的范围内扩展自己的感性管理方式。当他在韩国工作的时候，发现很多员工总是习惯于加班。"时间越长，并不一定工作越好。"为了让员工学会在规定的时间内完成工作，每当时针指向下午5点钟，李希烈就会强制将办公室的灯关掉，甚至在周末的时候将办公室的门锁上。

做自己该做的事情，不把它显露在表面，这是李希烈的处事风格。有时，他发现某个员工因为家庭原因出现财务危机，他会偷偷地告诉人力部门，再让人力部门去帮助这名员工。由于怕这名员工因为自己财务困难公诸于众而感到丢脸，这样的资助一般都是暗中进行。

2004年，李希烈总结自己近十年的管理体验，用韩文出版了《感性管理》一书。"很多管理书籍要么是西方人写的，要么就是理论性的，跟大家有距离感，我希望写一些更实用的东西。"为了进一步减少这种距离，他甚至用被派驻地的语言来写作，比如用英文写了《市场业务》。现在他正筹划着一本如何在中国进行市场管理的著作，这本书将用中文写作。

1.3.2 恰到好处的赞扬

李希烈说："称赞是需要多费点儿心思的。"李希烈在澳洲 BMS[①] 制药工作时，有一位医药代表连续三年在墨尔本地区取得销售第一名的优异业绩。他想告诉这位优秀的医药代表，因为他的突出成绩，公司得到了发展。他之前先问这位医药代表：前任社长跟你一起拜访过客户吗？得到的是否定的回答。于是他决定跟这位医药代表一起去拜访客户，并嘱咐他按平时的时间表行动就可以了。同时，李希烈拒绝了当地支店的销售部长和支店长的陪同。在与这位医药代表工作的一天，李希烈对他的优点逐一进行了赞扬，还把自己事先买好的高级钢笔送给他作礼物。而正是这份小小的礼物和几句称赞，带给了这位员工很多美好的回忆。

很多管理者都喜欢亲临现场视察，可是，李希烈认为，他们的到来却经常给现场带来诸多不便。有些管理者还会事先准备好资料，打算举行发布会。这就使亲临现场视察的意义大打折扣。员工们整天忙前跑后，甚至耽误了业务。管理者如果想在亲临现场视察的时候得到特别的礼遇，那么他此行就没有什么现实意义了。

1.3.3 关心职员

李希烈认为，对于职员的关心应该大于管理人员，对于打工者的关心应该大于职员，对于清洁工的关心应该大于打工者。李希烈说，"只有满足其余的80%，而不是上层的20%，企业才会成功。应该把满足最上层的20%的人的时间用来满足最下层的20%的人。"如果花费更多精力在落后的20%的人员上面，反倒会对企业的经营有所帮助。这也是 CEO 和管理者应该做的事情。企业应该进行成功的经营，使所有员工都能得到满足。为什么要抛弃占绝对多数的80%，而只想满足20%的员工呢？李希烈这位卓越的经营者在管理中深谙此道，这便是一种智慧，一种管理中的重要哲学。

---

① BMS：即中美上海施贵宝有限公司。

1.3.4 CEO 的顾客是员工

"对管理者来说，顾客并非来自公司以外的顾客，而是公司的员工。"这是李希烈常常挂在嘴边的一句话。李希烈认为，把员工当做顾客，首先，对待员工要像对待顾客那样，有要为员工服务的精神。还应该思考，员工想要什么、需要什么、公司该怎么做？在员工提出要求之前，应该首先想到如何解决他们的问题。另外，领导对待员工的态度也要发生改变：由指示型变为请求型、托付型。这时，绝对不能有权位差别的意识。最后，尽管领导自身处于指挥者的位置，但要和员工成为平等关系中的合作者。

1.3.5 与老板斡旋

与对员工的温情脉脉相比，李希烈在处理和老板的关系时，又表现出称为"大痛"（bigpain）的特质。

1997 年亚洲金融危机的时候，刚到施贵宝公司不久的李希烈，就接到总部的命令，要求裁员 10%，他不同意。于是，总部提出另一个方案：员工减薪 30%。他还是不同意。当公司受环境影响业绩较差时，如果降薪裁员，在李希烈看来是一种短视的行为。"如果要减薪就应该从高层减起。"由于李希烈的态度强硬，这次降薪裁员计划就此作罢。过了一段时间，他甚至调高了员工的薪水。"任何一个公司的领导都会说，员工是自己最大的财富，但当危机来临时，却很少有人这样去做。"李希烈在公司困难的时候维护了员工的利益，后来的几年，当时小小的"损失"却换来了公司业绩的大幅增加。"自己要升迁有两种办法"，李希烈说，一种是去总部，告诉老板，自己有多好，压根儿不提自己的员工；第二种就是告诉老板自己的员工有多好，要求给他们晋升。员工晋升了，自己也就水涨船高了。李希烈的方法自然是第二种。

2005 年 9 月，李希烈来到拜耳任中国区总裁。他开始以平均每个月去两次德国的频率，到自己的老板那儿争取更多的资源和空间。在有一次会议中，德国总部要求一些区域提高明年的目标利润率，其中中国区的利润增长希望达到 13%。其他一些地区的总裁都纷纷同意，李希烈却和自己的老板说："如果只是要求提高利润，那么明年、后年我都能做到，但往后的业绩只会越来越差。而加大投资，却能在未来的几十年获得高利润。"

2 案例透视

李希烈的感性管理案例，是现代企业纵向沟通案例中一个十分典型的代表，是员工与领导之间信息流顺利传递的一个典型案例。这其中，有许多方面对于行业中的其他企业都有着长足的借鉴意义。

2.1 领导做好沟通工作的意义

有一项社科研究得出这样的结论，即"管理有三个 50%"。一是管理中 50% 的问题是因为沟通不够造成的；二是 50% 的管理问题是需要通过沟通去解决的；三是管理者 50% 的时间应该用于沟通。这项成果给领导者的启示是各级领导一定要高度重视沟通问题。领导者如果一天到晚忙于业务、疏于沟通，日积月累，队伍中的矛盾和冲突就会与日俱增，以致出现白热化，到头来会越发不可收拾。千里堤坝毁于蚁穴。领导者一定要有防微杜渐意识，重视和加强日常人际沟通，防患于未然。一个不善于沟通的领导者一定不是好的领导者。

2.2 沟通中的技巧

2.2.1 沟通态度

真诚关心，不做表面文章。每个员工都渴望得到同事特别是领导者的关心、理解和帮助。李希烈在沟通过程中正是真正做到了心灵的沟通，才能赢得员工的尊重与信任，他注意观察下属员工的言行、举止和工作方面的微小变化或波动，在发现员工的反常表现后，他能主动创造机会，帮他们分析担心、忧虑和烦恼，并尽全力为其排忧解难。再加上一些分析和引导，设身处地为他们出主意、想办法，就会使其倍感组织的温暖，放下思想包袱，积极投入到工作中。表达对员工的关心，应当是真诚的、负责的，虚情假意、做做样子不行，不负责任更是有害。

2.2.2 站在下级的角度考虑问题

俗话说，设身处地，将心比心，人同此心，心同此理。作为领导者，在处理问题时要换位思考。比如说服下级，说而不服，可能不是没有把道理讲清楚，而是由于没有替对方着想，带来了消极抵触。问题是领导者所谈的内容，是否为下级心悦诚服接受。如果换个角度，领导者放下架子，站在被劝说人的位置上认真思考，同时，又把被劝者放在领导者的立场上陈说苦衷，抓住对方的关注点，沟通就容易成功。领导者为下级排忧解难，下级就能替领导者全力以赴。领导者的说服工作，在很大程度上是情感的征服，只有善于运用情感技巧，以情感人，才能打动人心。情感是沟通的桥梁，要想说服别人，必须架起一座桥梁，才能到达对方的心里。在与员工的沟通过程中，李希烈不抱有任何个人目的，或是不良企图，而是真心实意地为下级着想，认真负责，开诚布公，全心全意通过各种渠道为员工争取利益。设身处地地为对方考虑，这样进行沟通，双方的心就会不断贴近，才会为了实现群体目标而形成整体合力。

案例使用说明

一、教学目的和用途

1. 本案例为描述性案例，主要目的是为了使学生通过对案例的分析和讨论，知道沟通在领导过程中的重要作用以及做到有效的沟通必须把握的要点。

2. 使学生掌握与沟通相关的理论。

3. 本案例适用于医药方面管理类学生的教学。

二、启发思考题

1. 请比较管理者与员工的沟通及其与同级之间沟通的异同。

2. 要想实现有效的沟通需要考虑哪些要素？

白云山制药公司的激励系统

摘要：21 世纪的企业面临着前所未有的变革和激烈竞争，企业之间的竞争已转向知识和科技的竞争，从根本上讲是知识与科技的"承载者"——人才的竞争，而企业人才竞争，更多依赖企业领导者管理人才的水平和能力。激励是领导的重要职能之一。文章介绍白云山公司的激励系统，从"有薪"和"无薪"的激励措施以及激励措施与战略的匹配性等方面做了描述。

关键词：白云山；激励；有薪无薪

引言

公司的员工离职率忽然增加了，这成了白云山的一大难题。思来想去，经理们觉得这和公司的薪酬制度有关系。过去的白云山认为，以岗位工资为主的薪酬分配制度应体现"按劳分配，效率优先，兼顾公平"的原则，必须以岗位工作评价为依据，突出岗位的因素。但从实际的情况看，公司目前执行的岗位工资还是粗犷型的，岗位评价工作做得不够，造成各个岗位的工资水平依据不充足，不能合理衡量岗位的相对价值。于是，设计"有薪"和"无薪"的激励措施开始被提上了议程。

1 企业发展及现状

广州白云山制药总厂创立于 1973 年，为全国著名的抗生素专业化生产企业。现有员工 1700 人，拥有 11 个剂型超过 300 个品规的产品，尤其是声势浩大的抗生素产品群，几乎涵盖了所有抗菌消炎常用品种。2006 年，"白云山"商标被认定为中国"驰名商标"，2008 年，"白云山"品牌价值为 105.2 亿元。2005 年，总厂提出了"打造中国口服抗生素第一品牌"的战略目标，2008 年，推出抗菌消炎药统一品牌——"抗之霸"，首次评估品牌价值达 21.03 亿元，2012 年"抗之霸"商标被认定为中国"驰名商标"。

企业坚持诚信经营。践行"爱心永恒，质量至上"的工作方针，坚持五级质量管理体系与全员质量管理，全面保障产品质量。作为广东省首批质量授权试点单位，白云山大力开展全员质量管理工作并取得良好成绩，2008 年至今，白云山已有 8 个 QC 小组获得全国优秀 QC 小组，15 个 QC 小组获得全国医药行业优秀 QC 小组。在全国首家实行药品销售五包，获得百姓放心药品牌、百姓放心药等企业荣誉，连续 24 年获得广东省守合同、重信用企业，连续 4 年被评为广东省最佳诚信企业。

企业努力自主创新。拥有国内外发明专利 35 项，成功培育出世界上唯一由中国人自行研制、拥有自主知识产权并首先应用于临床的半合成头孢菌素——头孢硫脒，获得国家技术发明二等奖；自主研发的头孢菌素类全新化合物——头孢嗪脒获美国专利授权认证与国家科技部重大新药创制专项支持；在研一类创新药 BYS03 首批进驻呼吸疾病国家重点实验室产学研基地；自主创新项目入选广东省现代产业 500 强项目，企业被认定为广东省高新技术企业与创新型企业；作为广东省知识产权优势企业、广东省知识产权示范企业，总厂知识产权成绩优异，2011 年凭借优异的知识产权管理、创造、保护、运用等业绩，获得了广州市首届保护知识产权市长奖唯一一个一等奖，2012 年荣获首批广东省专利实施效益奖；总厂大力推进人才队伍建设，聘请中国工程院院士唐希灿为首席科学家，与中山大学、北大药学院等进行产学研合作，实行科学的研发管理机制——项目集成管理。

2 薪酬制度不能有效地激励员工

2.1 白云山制药公司之前的薪酬制度

白云山制药公司实行差别化的薪酬制度，公司因不同的岗位系列有着不同的薪酬模式。九家企业的经营者及其领导班子成员，按广药集团的分配制度，实行年薪制；在生产岗位上，针对工人劳动的特点，对工人实行计件工资制度；对行政管理人员和专业技术人员实行岗位工资制度；对营销人员则实行基础工资和提成相结合的制度。

对过去的白云山而言公司总体薪酬水平较高，但却不能形成有效的激励，究其原因，主要存在以下问题：

(1) 现行薪酬结构是"高工资，低奖金"的模式，基本没有与个人绩效挂钩，缺乏应有的激励作用。工资结构中各组成项未能反映个人的绩效情况，干好干坏一个样。

(2) 现行工资未与公司的效益挂钩，从而使员工并不关心公司的效益。

(3) 收入水平与员工的工作量和努力程度脱节。相对于员工的工作量、职责而言，有的员工工资偏高，有的偏低，相同工作量但工资水平不同，不能体现公平原则，造成员工积极性下降。

(4) 与薪酬的外部竞争性相比，它更为强调薪酬的内部公平性，换句话说，为了避免内部关系紧张，公司把所有的部门经理的工资水平定在同一档次上（如人力资源部经理与行政部经理），并不去考虑在外部市场上几种工作的薪资水平是否相同。

(5) 岗位等级过多，而同一等级档次较少，如果职务不晋升，很难有加薪机会而言。

(6) 党政、工会的一些职务薪酬等级过高，带有浓厚的国有企业色彩。党政、工会的角色在现代化企业中逐渐减弱，其相关岗位的工作难度、工作技能与责任比不上同级的关键部门，却能享受相应的待遇，使员工产生不公平感。

2.2 白云山制药公司的薪酬体系与战略的匹配问题

作为"科技创新"的战略，薪酬策略应是以个人绩效为基础的、具有差别化的体系，能够吸引和留住高素质和高能力的员工。目前公司的薪酬体系，较倾向于中、高层管理人员，而且强调工龄，比较难留住希冀晋升的年轻大学毕业生。对于高素质的科研人才，虽采取了特殊的福利和津贴，但相对于管理人员的薪水，也会使其产生不公平感。

2.3 绩效考核流于形式

对白云白药来说，绩效考核是一个特别棘手的问题，无法实现其应有的作用。公司属下各个企业各有自己的考核办法和标准，并制定了一些相应的规章制度，但并未真正实施绩效考核，标准归标准，考核归考核，只当考核是一项任务，并不能真正通过考核来提高员工的绩效，更谈不上有效支持企业的战略目标。具体存在的问题如下：

（1）绩效考核的标准要素不全面、不科学，并且可衡量性较差。

所确定的标准不够明确，标准中很少量化的语言，例如象"能够很好地从事招聘工作"这样的标准是没有实际意义的。工作绩效评价如果要具有客观性和可比性，就必须使用实际绩效相对于标准的进展程度或者标准的完成情况是可以衡量的。可以衡量的绩效标准既包括数量上的标准，也包括质量上的标准。

（2）考核中存在的偏误较多，居中趋势严重。

考核结果都是平均主义，绝大多数是中等，优秀的很少，最差的几乎没有。管理者对绩效的判断通常是主观的，凭印象，不同管理者的评定不能比较，而且存在的偏误较多，如个人偏见、晕轮效应等。

（3）考核结果不能进行有效的沟通和反馈。

考核结果不能进行有效的沟通和反馈，提出改善绩效的措施，考核结果只是用来帮助做出晋升方面的决策，而且与工资的关系不大，达不到激励的目的。

3 调整白云山制药公司的薪酬激励机制

3.1 设立雇员激励者

为了改变企业激励机制不完善的现状，公司首先任命了雇员激励者。担任雇员激励者这一角色，必须努力使雇员感觉到组织是值得效忠的，能够对组织具有奉献的精神。在白云山制药公司的人力资源管理中，这种角色与地位仍需要加强，应尽量满足雇员的社会需求，引导直线经理保持雇员很高的士气。人力资源管理者还应成为雇员的代表，在管理讨论中代表他们的利益，为雇员提供资源和成长的咨询服务。

3.2 "有薪"和"无薪"的激励措施

充分调动人的积极性，最大限度地挖掘人的潜力，是人力资源开发和管理追求的目标。要想达到这样一种境界：企业中每一个职工都能够将企业的整体利益放在首位，并为企业的目标利益甘愿贡献自己的一切。职工这样的一种思想和精神状态，在现实中是难以实现的，但却是企业家、管理者孜孜以求和所要挑战的极限状态，要接近这样一种状态，只有通过企业内部的有效激励。企业管理工作的重中之重是人力资源的管理，而人力资源的管理核心是激励。

近三年白云山平均每年约5%的离职率是相当低的。一方面是由于企业整体薪酬水平较高，收入稳定；另一方面是企业员工年龄相对较大，转换工作不容易；并不是完全由于物质的激励因素，相反它没有起到应有的主导作用。精神和文化的激励，由于重组后公司处于整合过程，也未能很好地倡导和弘扬。长期如此，势必会造成有用人才的流失，降低企业的竞争力。为了更好地激励雇员，白云山制药公司采用了"有薪"和"无薪"两个方面的激励措施。

3.2.1 "有薪"的激励

差别化的战略强调创新、风险承担，因此它与这样一种工资战略是联系在一起的：与员工共同分享风险，同时还使得他们能够通过分享企业的未来成功而有机会在将来获得较高的收入。这就意味着企业需要采用的报酬方案应当是：在短期中提供水平相对较低的固定工资，但是同时实行奖金或股票选择权等计划，从而使得员工在长期工作中能够得到和企业一起成长的丰厚回报。根据"科技创新"的战略，白云山决定首先加强公司薪酬结构的激励性，具体如下：

（1）改变现有的"高工资，低奖金"的模式，建立以绩效为导向的薪酬结构。减少基本工资部分，增加奖金部分，并使奖金与绩效、利润、贡献等考核挂钩。设绩效奖金、一次性功绩奖、特殊贡献奖、利润分享。绩效奖金是根据绩效的考核等级发放，按每季度发放；一次性功绩奖是发给业绩优秀的员工，按年度发放；特殊贡献奖是鼓励创新的奖金，对合理化建议和技术革新者提供报酬，按年度发放；利润分享是根据公司每年的财务成果来确定，利润增长高则分成多。

（2）核心科研人才应与高级管理人员一样，采用年薪制，以激励其研发能力。年薪分为四部分：基薪占25%，奖金占25%，长期奖励占20%，风险金占30%。风险金是实行沉淀制度的，任职期满经审计后兑付；如果因个人原因提前离开本岗位，是不能领取风险金的。

（3）实行岗位工资的管理人员引入"宽带薪酬设计模式"，将原来较多的薪酬级别，合并压缩为几个级别，同时拉大每一个薪酬级别内部浮动的范围，即级别少了，但每一级别内档次多而且差别大了。这使得员工有可能在很长的一段时间内，做同一个职位，但因为个人能力的提高或者个人业绩的提升等原因，收入得到显著的提高，这种宽带的体系与白云山将要改革的"扁平型"的组织结构是相对应的。

（4）专业技术人员的工资等级应与管理人员不一样，重点在于鼓励他们的创造性和解决问题的能力。要合理拉开科技人员与普通员工、做出重大贡献的科技人员与一般科技人员的工资收入差距，企业可以同科技人员签订工资协议。其次，可以借鉴国外的员工持股计划。据调查，美国500强中90%的企业实行员工持股，美国上市企业有90%实行员工持股计划。把员工持股企业和非员工持股企业进行比较，员工持股的企业比非员工持股企业劳动生产率高了1/3，利润高了50%，员工收入高了25%～60%。针对中国股市的趋势和企业的实际情况，员工持股应坚持自愿原则，针对不同的对象可以设计不同的持股形式，以员工出资认购为主，也可对员工实行奖励股份。经营管理人员、业务和技术骨干的持股可以高于一般员工，但企业的股份不能过分集中在少数人手中，经营者的持股数额一般以本企业员工平均持股数的5～15倍为宜。另外，应积极试行技术入股，采用国际通行的技术要素参与收益分配办法，通过公平的分配体制，实现个人利益与企业利益的高度一致，使员工把精力集中在工作上，发挥创造性和主动性，真正实现个人与企业的共同发展。

3.2.2 "无薪"的激励

白云山认为，"薪水"和"奖金"对员工的激励，固然起到很重要的作用，但是物质激励不是万能的。"无薪"的激励，在一定程度上不仅可以弥补物质激励的不足，而且还可以成为长期起作用的决定性力量。白云山开始从事业和精神两个方面对员工开展"无薪"的激励。

（1）事业激励

①建立心灵契约，留住人才

在快速变化的环境中，雇员的忠诚度变得越来越低，而企业也无法像以前一样，用终生雇佣向雇员表明对他们的忠诚。因为建立在合同基础上的终身雇佣制与环境越来越不和谐了，取而代之的是建立在"可雇性"基础上的新雇佣合约。在新的契约中，雇员要尽力保证自己和自己所属的公司或部门的竞争力；作为回报，白云山保证不断地为雇员提供培训和教育，扩展其知识技能，任何时候都具备在其他企业找到理想工作的能力。现在，公司中已达成这样一种共识："你是一个人，必须为自己的生活负责。你若愿意贡献精力于公司的成长、进步，公司也会增加你的成长、进步的机会。"所以，为不畏竞争的人提供最好的训练和发展的资源，提供个人的专业成长机会，这才是白云山现实可行的心理契约。白云山为职工提供不断学习、训练的机会，又能为其创造发展提供所必需的资源，能使其施展才能实现自身价值，这种环境变得非常有吸引力，也换来了队伍的稳定和忠诚。

②人尽其才，人事相宜

优秀的人才总是在意自身价值的实现，而是尽力追求适合自身的有挑战性的工作。并不满足于被动地完成一般性事务，这种心理上的成就欲、事业上的激励。白云山尽可能为员工提供实现自我的环境与机会。满足感也正是企业可以采用工作扩大化、工作丰富化和内部公开招聘等制度，让专业人员接受多方面的锻炼，培养跨专业解决问题的能力，并发现最适合自己发展的工作岗位。白元山不仅从数量上，也要从质量上对人员和岗位进行分析，同时"扬其长、避其短"，建立了精简、高效的组织结构。

③提高员工的工作技能和基本素质

满足员工拓展个人空间的需要，是企业留住人才的有效手段之一。之前白云山制药公司在人才开发问题上存在一定程度短视，"只使用、不培训"，"只管理、不开发"，这也是国有企业共同的特点。没有以企业为主导的培训与开发，将使员工的知识迅速老化，智力储备很快枯竭。而在核心人员从优秀走向平庸的同时，企业也丧失了发展后劲，最终无法摆脱被市场淘汰的命运。高新技术的动态性也决定了科技型企业应该特别重视对现有人才的培训和开发，使他们的技术与知识的更新速度走在行业前列，以长期保持企业的人才优势，进而形成并保持企业的整体竞争优势。而现在，白云山能重视员工职业生涯设计，充分了解员工的个人需求和职业发展意愿，为其提供适合其要求的上升道路，使员工的个人发展与企业的可持续发展得到最佳的结合，员工才一有动力为企业尽心尽力地贡献自己的力量，与组织结成长期合作、荣辱与共的伙伴关系。因此，企业应注重对员工的人力资本投资，健全人才培养机制，为员工提供受教育和不断提高自身技能的学习机会，从而具备一种终身就业的能力。

（2）精神激励

①体现对员工人格的真正尊重

尊重是人与人之间基于价值评价而产生的一种态度和行为。尊重之所以能激励人的积极性，根本原因是人的价值得到承认。因为自身的价值得到承认，人才能产生自信，才有满足感和上进心。知识型的员工大都受过良好的教育，受尊重的需求较高，尤其是研发人员，他们自认为对企业的贡献较大，更加渴望被尊重。企业把"以人为本"的理念落实到了各项具体工作中，切实体现出对员工保持不变的尊重，也赢得了员工对企业的忠诚。在白云山，对员工的尊重主要通过"肯定个人尊严"理念与活动体现出来：

尊重人的生命价值。对生病员工白元山总会有来自公司第一时间的慰问、对有家庭困难职工的补助，更能转化为员工对企业的忠诚。

尊重人的兴趣和生活方式。宽松的工作环境，激发员工创新的思想。

尊重人的劳动方式和劳动成果。及时对员工的劳动成果进行评价，增强了他们的成就感和享受成功的喜悦。

尊重人的个人目标，实现组织目标与个人目标的结合。尊重员工的自我价值，激发员工的工作热情和创造精神，以此保证组织目标的实现。

当然，尊重也不需要刻意表现出来。在白云山，一个生日蛋糕，一件小小的礼物似乎无时无刻不在带给员工感动，带来人才的聚拢和企业的收益。

②强调以人为本，重视沟通与协调

白云山在谋求决策的科学性的过程中，更多强调求得员工对决策的理解，定期与员工进行事业的评价与探讨，吸收他们的意见和建议，建立上下畅通的言路，员工有各种方便的渠道来表达他们对某些事情的关注和看法，并能够很容易地得到与他们利益有关的一些问题的答案。定期进行调查和回馈，设立确保所有员工在不满和处罚事件上得到公平对待的"超级"不满处理程序。每月公司会组织进行一次公司范围内的沟通。让员工知道公司这一个月的销售情况、重要交易、经营业绩和重大事项，这可以使员工及时了解公司的情况，尤其是那些振奋人心的合同、业绩、人物和事件能够很大程度上鼓励和刺激员工，激发大家的荣誉感和归属感。白云山制药公司是大中型企业，属下企业经营地较为分散，可以通过局域网的形式进行沟通。

早在 20 年前，迪斯尼公司就开始实行公司范围内的员工协调会议，每月举行一次，公司管理人员和员工一起开诚布公地讨论彼此关心的问题，甚至是很尖锐的问题，必须由高层管理者马上做出解答。员工协调会议是标准的双向意见沟通系统，虽然有些复杂，但是却可以在短时间内增进高层管理者与员工的沟通，解决一些棘手问题，提高高层管理者的威信，并可以大大提高管理的透明度和员工的满意度，对管理者来说，是一个巨大的挑战。每周一次的上下级沟通不仅可以及时发现工作中的问题，而且可以增进双方的感情和关系。沟通并非"独角戏"，而是"交际舞"，需要双方密切配合。一方面要求主管能够循循善诱，让员工打开心扉，畅谈工作中和思想上的问题和建议，另一方面，也要求员工能够开诚布公，畅所欲言。

不少国有企业的经理不善于沟通或者不屑于沟通，其实有效和及时的沟通不仅能解决许多工作中现存的和潜在的问题，更能激发员工的工作热情，形成和谐的团队。很多跨国公司都非常重视企业内部上下级之间的沟通。在 Motorola 公司，每个季度第一个月里中层干部都要与自己的下属进行一次关于职业发展的对话，回答"你在过去三个月里受到尊重了吗"之类的 6 个问题。这种对话是一对一和随时随地的。Motorola 的管理者们为每一个下层的被管理者们还预备出了 11 条这种"Open-Door"式表达意见和发泄抑怨的途径，其中包括总经理信箱、内刊、局域网、热线电话等。

③促进竞争与合作，个性化与团队精神的结合

为了调动员工的积极性、主动性、创造性，白云山一直确保的公司内部保持着一定的竞争压力。同时，白云山强调打破论资排辈，在"公平、公正、公开"的基础上展开竞赛，让优秀人才脱颖而出。科技型企业要发挥人才的作用、知识的力量，既需要有竞争机制，又要提倡团队协作精神，以发挥知识的协同效应。根据公司的特点，在知识型员工当中，尤其在科研项目小组中进行团队建设，从而更好地激发创新的思维。团队成员的类型也做到了合理搭配，有技术专长型的成员，有分析决策型的成员，还要有人际沟通型的成员。他们都是某一方面的专家，相互之间的地位是平等，共同分担风险、分享利益，形成持续高效运作的团队。

4 尾声

白云山采用的薪酬激励机制，这种最重要的、最易运用的方法是企业对员工的回报和答谢，以奖励员工对企业所付出的努力、时间、学识、技能、经验和创造，是企业对员工所做贡献的承认；白云山又为员工设置明确而稳定的工作目标，至于采用何种方式去实现这一目标，则应由员工自己来决定。另一方面则为其提供创新活动所需要的资源，包括资金、物质上的支持，以及对人力资源的调用。员工在解决问题方面所拥有的自主权能有效地激发他们的内在动机，使他们产生了对企业的归属感，并使他们能最大限度地利用所掌握的专业知识、技术和创造性思维的能力。

案例使用说明

一、教学目的和用途

1. 本案例为描述性案例，主要目的是为了使学生通过对案例的分析和讨论，知道激励在领导过程中的重要作用以及企业常见的激励方法。

2. 使学生掌握与激励相关的理论。

3. 本案例适用于医药方面管理类学生的教学。

二、启发思考题

1. 物质激励和精神激励的关系是什么？

2. 试阐述文中运用到的激励理论。

本章参考资料

[1] 诺华公司官方网站：http：//www. novartis. com. cn/

[2] 刘戈. 诺华：成长是最好的激励 [J]. 中外管理，2008 (11)

[3] 刘良鸣. 徐镜人　打造世界级企业航母 [N]. 中国企业报，2009 - 9 - 3 (9)

[4] 徐水元，刘秀霞，刘良鸣. "船长" 徐镜人 [N]. 医药经济报，2006 - 5 - 24 (A7)

[5] 李旭芬. 徐镜人：难解 "毛泽东情结" [N]. 中国经营报，2003 - 12 - 22

[6] 季洪泉，刘良鸣. 拉满生命之弓的人——记十届全国人大代表徐镜人 [N]. 中国中医药报，2003 - 3 - 12

[7] 石家庄新兴药房官网 http：//www. xinxingyaofang. cn/

[8] 戴丹. 郭生荣：借 "力" 军事管理 [N]. 医药经济报，2010 - 4 - 2 (7)

[9] 拜耳公司官方网站：http：//www. bayer. com. cn/

[10] 颖一，松涛. 拜耳中国区总裁如何上下沟通　李希烈的感性管理 [J]. 英才，2006 (10)

[11] 阿斯利康制药有限公司官方网站：http：//www. astrazeneca. com. cn/

[12] 阿斯利康企业并购内部传播案例 [J]. 国际公关，2005 (3)

[13] 广州白云山制药总厂官方网站：http：//www. byszc. com/

[14] 林雯. 白云山制药公司的人力资源管理研究 [D]. 暨南：暨南大学，2004

第七章

控制

所谓控制，是指管理者为了保证实际工作与计划的要求相一致，按照既定的标准，对组织的各项工作进行检查、监督和调节的管理活动。控制的内容按照美国管理学家斯蒂芬·罗宾斯的观点，其主要包括五个方面：作业控制、人员控制、财务控制、信息控制和组织绩效控制。控制是管理的重要职能之一。有效的控制是确保组织的整个管理过程乃至组织本身有效运转和实现组织目标的关键。控制是完成计划任务，实现组织目标的保证；控制是及时改正缺点，提高组织效率的重要手段；控制又是组织创新不可或缺的推动力。本章将就作用控制和人员控制展开讨论，分别以启元药业的采购成本控制、西安杨森的赊销信用控制体系以及湖北午时药业的预算控制案例为背景，展开详细论述。

启元药业的采购成本控制

摘要：现代成本管理理论是现代企业成本控制的重要理论，在本节的案例中启元药业对现行成本管理系统进行分析，发现其中存在的问题并进行原因分析，然后进行成本管理体系的设计。针对企业当前成本管理系统不健全、成本控制缺乏科学性和连贯性以及会计工作不规范等问题，提出了构建成本控制体系的新思路，即转换成本管理思路，以竞争机制、激励机制、决策机制、约束机制和人才机制共同推动企业的成本管理，并根据价值链的基本思想，得出了关于成本控制体系的整体规划。

关键词：启元药业；成本控制；价值链

引言

20世纪90年代中期，启元药业效益逐年下滑，在成本控制方面，问题尤为突出，1995年之后，企业采购成本呈逐年上升趋势。启元药业没有严格按照全面预算成本控制方法和全面性成本控制原则编制材料预算和组织材料采购，没有建立健全的采购成本控制制度，结果造成企业材料采购失控，材料成本不断攀升。针对成本管理系统不健全、成本控制缺乏科学性和连贯性以及会计工作不规范等问题，启元药业提出了构建成本控制体系的新思路，即转换成本管理思路，以竞争机制、激励机制、决策机制、约束机制和人才机制共同推动企业的成本管理，并根据价值链的基本思想，得出了关于成本控制体系的整体规划。

1 企业发展及现状

宁夏启元药业股份有限公司于 1990 年由宁夏制药厂、宁夏中药厂改制合并重组而成，作为国家重点高新技术企业、科技兴贸全国百家重点出口企业，启元药业生产设备先进、技术力量雄厚，主要生产中西药制剂产品、四环素原料、红霉素原料等，产品曾获部优和省优称号，产品有效益、有市场、有销路，曾是银川地区利税大户企业。其主导产品盐酸四环素原料药以其品质优良、生产规模大、技术领先而享誉中外，占居全世界 70% 的市场份额，畅销欧洲、南美、非洲、东南亚、香港、台湾等数十个国家和地区。

在迅速发展的过程中，启元药业不可避免地遭遇了一些制约因素——利润遭遇了滑坡，居高不下的成本——尤其是采购成本，是造成这一现象的主要原因。加入 WTO 使我国加快了市场经济的国际化步伐，我国企业正面临着竞争更加激烈的国际市场环境。为了保持持续运营和发展，提升企业自身的竞争力是唯一的出路。在寻找企业核心竞争力的过程中，对产品成本的控制被提高到战略高度。产品成本是关系到企业核心竞争力的主要问题，也是企业获得比其它企业更多利润的重要途径。因此，现代企业应对成本控制问题足够重视，从成本控制挖掘企业的利润空间。

启元药业意识到，中国医药企业的相对优势就在于低成本，中国企业要想"以弱胜强"，必须将低成本的相对优势发挥到极致。这也是拯救启元药业利润危机的不二法门。在启元药业，尤其是采购成本，这一方面存在的问题十分严重，要想提高企业的竞争力，有效的整改必不可少。

2 采购成本控制问题重重

首先，启元药业没有严格按照全面预算成本控制方法和全面性成本控制原则编制材料预算和组织材料采购，没有建立健全的采购成本控制制度，结果造成企业材料采购失控，材料成本不断升。例如，公司采购从找供货商、定价、签合同、买进和付款全部由一个人负责到底，采购权力过于集中，加之又没有材料成本的制约、监督和控制制度，这就从客观上不可避免地造成了采购环节管理上的漏洞。有的采购人员主观思想不正，花高价购入材料、自己得回扣。如玉米淀粉是抗生素产品的主要原材料，也是产品第一大成本，占产品成本比重的 50% 以上。该材料单价高为 3000 元/吨，年耗用量为 1.08 亿元左右。采购人员不负责任或者是吃回扣给公司带来的损失按 5% 计算，仅此一种材料每年多支付材料款高达 540 万元，直接增大材料采购成本 540 万元。由此可见，材料采购失控，企业材料采购成本高，造成生产成本提高，经济效益下降。

其次，启元药业没有建立健全的生产成本控制制度，无章可循。也没有严格的材料、工资、制造费用的消耗定额和费用标准。材料消耗、废品损失以及制造费用可以随意发生，据实际列支，无人控制。同时企业内部计量工作差，电表没有按分厂、车间、各职能部门设置和控制，也没有按生产用电与辅助用电分开设表计量，电力局统一按生产用电计量，每年多收电费 130 万元左右，增加生产成本与负担。给企业造成不必要的损失。

2.1 采购成本管理

对采购活动来说，采购价值可以说是基于时间和质量的一种竞争，顾客满意的标准是以最低的成本及时供应以满足其要求。对价值流中不能增加价值的环节，要通过减少浪费来节约成本，包括时间、人力和物力的浪费。真正创造采购活动价值的是选择供应商和收货入库。

因此控制采购成本的焦点问题之一是来源管理，即发展新的可靠的供应商；之二是供给管理和物料管理系统。对这些重要环节的管理应体现在日常的采购活动中，而不是等采购计划下来以后才开始这一步。与供应商的关系是采购工作的核心，集中体现在供应商数据库、供应商的发展和评价、谈判策略和能力、因供应商而异的采购技术、与供应商的合作及相互参与共同开发等，这一部分应是采购活动的重点。

物料管理系统，要解决经济库存与订货提前期的关系、仓库的合理布点、物品的合理放置和保管等问题，为提高采购活动质量和效率提供需要的准确数据信息。通过对其分析，可以得到整个价值链的实际成本信息。控制采购成本对一个企业的经营业绩至关重要。由于启元药业的材料成本占直接生产成本的比例往往达到40%以上，因此，控制好采购成本并使之不断下降，是启元药业不断降低产品成本、增加利润的重要和直接手段之一。而在可能影响材料成本的各部门中，采购部门是敏感性最强的部门，是材料成本控制的关键部门，因为采购价格完全由他们决定，因而必须加强采购成本的控制。

2.2 采购成本管理的重点

2.2.1 完善采购制度，做好基础工作

根据成本战略管理的思想，启元药业完善采购制度从以下几个方面开始着手：

第一，建立严格的采购制度。建立严格、完善的采购制度，不仅可规范企业的采购活动、提高效率、杜绝部门之间扯皮，还能预防采购人员的不良行为。采购制度必须明确规定物料采购的申请、授权人的批准权限、物料采购的流程、相关部门（特别是财务部门）的责任和关系、各种材料采购的规定和方式、报价和价格审批等。比如，在采购制度中规定采购的物品要向供应商询价、列表比较、议价，然后选择供应商，并把所选的供应商及其报价填在请购单上；还可规定超过一定金额的采购须要三个以上的书面报价等，以供财务部门或内部审计部门稽核。

第二，建立供应商档案和准入制度。对企业的正式供应商建立档案，供应商档

案除有编号、详细联系方式和地址外，还应有付款条款、交货条款、交货期限、品质评级、银行账号等，每一个供应商档案应经严格的审核才能归档。企业的采购必须在已归档的供应商中进行，供应商档案应定期或不定期地更新，并有专人管理。同时建立供应商准入制度。重点材料的供应商必须经质检、物料、财务等部门联合考核后才能进入，如有可能要对供应商生产地进行实地考核。企业制定严格的考核程序和指标，对考核的问题逐一评分，只有达到或超过评分标准者才能成为归档供应商。

第三，建立价格档案和价格评价体系。企业采购部门对所有采购材料建立价格档案，对每一批采购物品的报价，首先与归档的材料价格进行比较，分析价格差异的原因。如无特殊原因，原则上采购价格不能超过档案中的价格水平，否则要做出详细的说明。对于重点材料的价格，建立价格评价体系，由公司有关部门组成价格评价组，定期收集有关的供应价格信息，来分析、评价现有的价格水平，并对归档的价格档案进行不断更新。这种评议视情况可一季度或半年进行一次。

第四，建立材料的标准采购价格，对采购人员根据工作业绩进行奖惩。财务部对所重点监控的材料应根据市场的变化和产品标准成本定期定出标准采购价格，促使采购人员积极寻找货源，货比三家，不断地降低采购价格。标准采购价格亦可与价格评价体系结合起来进行，并提出奖惩措施，对完成降低公司采购成本任务的采购人员进行奖励，对没有完成采购成本下降任务的采购人员，分析原因，确定对其惩罚的措施。

2.2.2 加强对采购工作的监督力度

在工作中，启元药业通过设立原材料价格监督小组来对采购价格进行考核控制。采购部门是材料成本控制的关键部门，因为采购价格完全由该部门决定，但是其他相关部门决不能袖手旁观，可以通过发挥监督职能来间接控制采购价格，具体的做法是建立"原材料价格监督小组"。在设立原材料价格监督小组之前，财务部门对原材料采购价格进行监督控制，采取的办法是进行市场价格调查，通过订阅原材料价格刊物、网上查询、同行业交流等形式来搜集价格信息，这些方法给监督控制原材料采购价格方面提供有用的信息。但原材料市场价格瞬息万变，而且采购过程中还可以讨价还价，同时买多买少价格不一样，是否长期订货价格不一样，有需业务人员登门求购的，也有供货单位找上门联系的。因此，靠财务部门到市场搜集信息或查询价格，实际上受到很多限制。

为了更好地控制原材料采购价格，公司成立由若干部门人员兼职工作的采购价格监督小组，工作重点从公司外部转向公司内部。采购价格监督工作的内容之一，就是要求采购部门将每月所购的原材料按品种、数量、价格以及供应商的情况向"小组"报告，监督小组根据采购部门的报价，在公司内进行比较并定期审查，以此来制约各种原材料的采购价格。

在这个过程中，财务部门的具体做法是：每月末开始汇总搜集采购部门当月采购原材料价格的工作。即要求采购部门当月采购的原材料不管是否收到发票，当月必须办理入库，并在入库单中列明实际价（或合同价）。财务部门将当月入库单（仓库联）收上来后，对每种原材料进行分供货厂家、数量、税前价、税后价的汇总统计，并将审核无误后的价格汇总上报集团"价格小组"，同时反馈给采购部门领导，为防止业务人员在填写入库单价格有误，还要在业务人员收到发票上报财务后进行定期检查，以核实入库单的价格是否与发票价格相符。这项工作的开展，有利于公司价格监督小组对采购部门上报价格对比核实，监督其报价，防止虚假；有利于采购部门领导充分了解其部门业务的进货渠道变化，各原材料品种价格波动，防止业务人员作假和暗箱操作；避免了业务人员在采购过程中的人情价、关系价；有助于财务部门及时掌握价格，分析价格趋势，预测采购成本的需要。监督小组的成立，可改变财务监督控制的方式，使监督工作从外部搜集信息转向进行内部价格比较，使各种原料的采购价格向较低者看齐，从而使全公司的原材料采购价格逐步降低，达到控制采购价格、降低采购成本的目的。公司通过开展这项工作可以保证其上报价格的真实性。

2.3 "比质比价" 降低采购成本

2.3.1 实施"比质比价"，降低采购成本

进入市场经济时代，同许多国有大中型企业一样，启元面临着严峻的挑战。产品竞争十分激烈，产品价格一再下滑，而物资采购价格却居高不下，在这种情况下企业成本急剧上升。此时，企业要想生存、发展，除了努力开拓市场，扩大产品销路之外，最重要的是要扼住原材料的供应这一源头，把物资供应的价格压下来。基于这种思路，启元药业可以实行大宗原材料"比质比价"采购招标制度。运用管理思想，在原有的物资采购管理制度的基础上，建立一套完整的物资管理体系，如：《物资采购招标管理》、《物资采购价格管理》、《定点物资采购管理》、《分承包方评价管理》、《零星购置设备采购管理》和《采购人员业务评价管理》等。这个管理体系既要明确采购工作程序和分承包方的选择标准，同时也要对采购人员的业务和业绩的评价办法做出明确规定。在实施中，按照闭环管理的要求，以管理办法为依据，定期进行采购工作的审核，对不符合规定的行为，及时开具审核不合规报告，并责成受审核单位分析原因，制定纠正措施，在规定的期限内纠正。在此基础上再由审核组进行检验，确保采购过程符合规定要求。

为了改变采购过程权力过于集中、缺乏有效监督的状况，还应将承包方评价、采购计划和付款计划的审核从物资供应部门分离出来，划归生产管理部门管理。物资供应部门从既管分承包方的选择、又负责采购计划的审核改为仅负责物资采购的实施。采购物资进厂由物资供应部门单独验证改为由物资供应部门、采购物资标准制定部门、使用部门共同验证。将由供应部门提供供货单位名单改为由供应部门提供初步供货名单，经监督委员会审核后在更大范围内决定供货投标单位。将由供应部门对采购人员进行内部考评，改为内部考评和主管部门组织评价相结合。启元药业必须通过完善采购管理体系，才能有效地克服以往的缺陷，使采购过程中隐蔽的

权力公开化，集中的权力分散化，使采购资金在各职能部门的严密控制下，在透明状态下有序流动。

企业通过以下方法降低原材料成本：

第一，通过付款条款的选择降低采购成本。如果企业资金充裕，或者银行利率较低，可采用现金交易或货到付款的方式，这样往往能带来较大的价格折扣。

第二，把握价格变动的时机。价格会经常随着季节、市场供求情况而变动，因此，采购人员应注意价格变动的规律，把握好采购时机。如有一年，启元药业的主要原材料玉米淀粉，一般年初的价格为 2.55 元/公斤，而到了八九月份，价格上升到 3.00 元/公斤。采购部门只有把握好时机和采购数量，才会给企业带来很大的经济效益。

第三，以竞争招标的方式来牵制供应商。对于大宗物料采购，一个有效的方法是实行竞争招标，往往能通过供应商的相互比价，最终得到底线的价格。此外，对同一种材料，应多找几个供应商，通过对不同供应商的选择和比较使其互相牵制，从而使公司在谈判中处于有利的地位。

第四，向制造商直接采购或结成同盟联合订购。向制造商直接订购，可以减少中间环节，降低采购成本，同时制造商的技术服务、售后服务会更好。另外，可与有条件的几个同类厂家结成同盟联合订购，以克服单个厂家订购数量小而得不到更多优惠的矛盾。

第五，选择信誉佳的供应商并与其签订长期合同。与诚实、讲信誉的供应商合作不仅能保证供货的质量、及时的交货期，还可得到其付款及价格的关照，特别是与其签订长期的合同，往往能得到更多的优惠。

第六，充分进行采购市场的调查和信息收集。一个企业的采购管理要达到一定水平，应充分注意对采购市场的调查和信息的收集、整理，只有这样，才能充分了解市场的状况和价格的走势，使自己处于有利地位。如有条件，企业可设专人从事这方面的工作，定期形成调研报告。

2.3.2 建立采购评价标准

实施"比质比价"，企业应具有健全的评价考核制度，以便于对采购活动、供应商、采购人员等做出公正的评价。启元药业评价考核制度的建立健全从以下几个方面入手：

第一，公司对物资供应部门的考核，必须建立明确的采购质量、数量、价格考核指标体系，并实施"采购成本、采购质量"否决制，分解考核到每一个采购员。

第二，对采购员进行评价，制定《采购人员业务评价管理》的办法，建立采购人员业务档案，采购员的每一笔业务执行情况都记入计算机，编制成个人档案，以备抽查考核。除按月考核采购物资质量、价格等指标外，还由公司纪委监察部门与采购人员签订廉政责任书，规范采购人员的行为。实行采购人员末位管理，年终业绩评价排名最后的采购人员要实行换岗。对不称职或严重违纪、违法的采购人员实施调岗、下岗或开除以至追究法律责任。只有这样做，才能使公司采购业务人员的责任心明显得到加强。

第三，对供货单位，公司实行动态管理，按照《分承包方评价管理》的规定，在签订中标合同的同时，供货方必须签订"廉政守法"合同，并将供货资料存入计算机，进行日常统计，年度综合评价，对在供货质量、供货期、数量及与公司采购人员的关系方面多次出现问题和发现对采购人员有行贿行为的供货单位，除了按合同要求进行处罚外，在第二年的供货招标中予以淘汰，情况严重的，当年即取消其供货资格。

第四，对供货商、采购员实行走访制度。每年公司要召集部分招标委员会成员、监督委员会成员定期走访供货商（分承包方）。一方面可以考察、了解供货商的能力、信誉和生产的质量、价格。另一方面可了解与该供货商相关的采购员，获取该采购人员有关业务能力及其他方面的情况。采购成本作为控制成本的重要一环，实行采购材料招标管理，把价格管理工作重点放在财务部门，由其负责材料采购和联营扩散产品价格的制定、审批，并配备电话、计算机，通过因特网等多种途径获取材料价格信息，对不同的商家予以比较、筛选，并根据收集的价格信息及对市场的预测，对每种材料采购价格制定一个最高限价，并随市场行情及时调整限价。采购部门接受财务部门的价格监控，按最高限价节奖超罚，这样其采购成本可得到有效控制。

3 尾声

通过这种基于价值链的成本控制方式，启元药业的采购成本得到了大幅的降低，利润开始呈现上升趋势，并且趋势逐年明显。启元药业，终于找到了困扰自己多年的"老大难"问题，节约下来的成本被投入到了研发等领域，企业也因此实现了向研发型企业转变的重要步伐，发展的重要基石就此奠定。

采购成本的降低，作为成本控制中的重要一环，一方面帮助启元药业增加了利润，摆脱了竞争日趋激烈的形势下四面楚歌的困境，在调控经济、扩大就业和改善公用事业等方面发挥了重要作用，同时还有效降低了当地政府财政，以及纳税人负担，其存在价值得到了彰显；另一方面，采购成本的降低又为企业提供了抵抗内外压力、求得生存的主要保障，之前几年庞大的成本开支迫使启元药业提高售价，而这一度引发了经销商和供应商相应的提价要求和增加流转税，为企业造成了极大的负担，自从成本控制的措施实施以来，启元药业来自这一方面的压力得到了大大的缓解。

在启元药业成本控制体系中，价值链思想的引入使得采购和存货成本控制更加有效。对采购成本进行控制，除了要制定好计划和标准，还要利用财务系统对采购过程进行严格的制度约束。

一、教学目的与用途

1. 本案例主要用于医药企业成本控制方面的教学，使学生对此有一个直观的理解。

2. 学生在学习时，重点应把握成本控制的一般方法。

3. 本案例主要适用于医药管理类学生的教学。

二、启发思考题

1. 什么是成本控制管理？

2. 医药企业内部控制体系建设相对于一般企业有什么特别之处，有什么需要特别注意的？

西安杨森的赊销信用控制体系

摘要： 西安杨森制药有限公司是中外合资优秀医药企业的代表，西安杨森所处的医药行业，特别是医药流通业值得分析和研究，根据行业状况和西安杨森的管理目标，西安杨森充分运用了先进的信用风险管理理念和分析技术，建立赊销信用风险管理体系，并在此基础上进行不断完善。因此其在应收账款管理方面取得了良好的效果，公司的逾期账款比率和坏账率大幅下降，资金周转效率大幅提升。

关键词： 西安杨森；赊销信用控制；风险管理

引言

西安杨森制药有限公司是中外合资优秀的医药企业，成立于1985年的西安杨森制药有限公司，是中外合资兴建的现代制药企业，是美国强生公司在华最大的子公司，也是中国最大的合资制药企业。目前，公司总部设在北京，生产基地位于西安，在华员工超过3000人。公司业务包括生产和销售高质量的药品，产品主要涉及胃肠病学、神经精神学、变态反应学、疼痛管理学、抗感染、生物制剂和肿瘤等领域；除此之外，公司还致力于提供与健康相关的服务及开展大众健康教育。

1 企业发展及现状

西安杨森制药有限公司着眼于未来，不断引进新的药品，并努力提高中国的医疗卫生水平，以服务广大的中国患者。

西安杨森的产品销售模式主要是通过医药商业流通企业进行分销，即先将产品销售给一级经销商，再通过一级经销商销售到二级分销商，以及二级分销商销售到三级分销商的层层分销最终进入医院或药店等终端进行销售，同时一级经销商或二级分销商也可以将产品直接销售到医院或药店等终端。

西安杨森 90% – 95% 的交易都是以赊销的方式完成的，然而由于渠道客户的信用问题，导致应收账款不能及时收回，甚至有些欠款成为了呆坏账，这也成为公司从 1990 年至 1998 年一个最大的管理难点。从 1990 年到 1998 年，公司的逾期应收账款每年都在增加，其中 1997 年最高，达到了近千万元呆坏账，严重影响了企业的发展。因此，西安杨森从 1999 年开始尝试建立针对赊销客户的信用风险管理体系，公司的应收账款回收状况和现金流得到了明显的改善。

2 西安杨森的赊销信用控制体系

2.1 西安杨森的信用管理模式和管理流程

按照全程信用管理模式，西安杨森的信用风险管理以客户的筛选和信用控制开始。首先将其原来客户的资信状况和销售能力进行全面调查分析，最后筛选出信用好的客户开展信用销售业务。目前西安杨森在全国有八十多家一级经销商，在销售中，公司严格按照预先为每个客户评定的信用限额发货，并严格监督每笔账款的回收。在这方案开始实施时，有人担心会大幅度减少客户，会降低销售额。但事实证明，公司的销售额不仅没有减少，反而大幅地上升。这是因为他们在减少信用不良客户的同时，对信用好的客户扩大销售量，真正让客户成为"最大的财富来源，而不是风险损失的最大来源"。

西安杨森在销售当地都有商务代表负责客户的订单、产品分销的相关工作，西安杨森同时通过商务代表对客户的应收账款进行管理，公司的商务代表同时承担了催促客户回款的责任。信用管理人员需要了解客户的财务状况，定期对客户进行信用调查，同时提供先进的应收账款管理经验。这种间接管理的信用管理方式的成本较低，同时可以很好地使用商务代表同客户之间的良好关系，有利于客户优先安排资金及时付款。但这种管理方式会导致信息传递过程中被削弱或失真，造成信用决策的延迟，甚至会延误决策的时机。

在内部管理上，依据全程信用管理的思想，对交易前、交易中和交易后这三个环节建立严密的管理流程。对交易前的客户进行严格的审查，对其财务状况和市场销售能力等方面进行评价；交易中主要依靠 ERP 系统的信用控制功能对订单流在信用额度和账龄进行控制；在交易后对客户的欠款根据其以往的付款习惯进行跟踪和控制。

2.2 西安杨森的信用管理控制渠道

西安杨森在建立信用管理的初期，通过对公司所处的医药行业和公司的销售模式进行详细的分析，并据此制定了适合于西安杨森的信用管理政策，主要包括信用客户的发展标准、现金折扣政策、信用期限和信用限额、信用控制政策、账款监控及回收、坏账准备和核销等。

公司在设立信用管理职能和制定赊销信用管理政策时，将赊销信用管理政策书面化，并且对公司的高层进行培训，使公司高层认识到赊销管理在公司中的重要性，同时也获得公司高层对信用管理部门的支持。在公司的赊销信用管理政策中应明确相关部门的职责，特别要明确的是销售部门、财务部门和信用部门之间相互配合的合作关系。

西安杨森在对公司高层进行培训的同时，也不定期的对公司的所有销售人员进行培训，书面的赊销信用管理政策使与客户接触的每一个销售人员都清楚公司的赊销原则，并对客户进行相应的解释，也有利于赊销信用管理政策的贯彻实施。最后，公司书面的赊销信用管理政策对指导信用人员的日常工作也有积极的作用。

2.2.1 信用客户的发展标准

西安杨森的信用客户的发展标准是指公司是否应向公司的销售客户提供赊销信用的条件，一般用指标值表示。对不符合指标值要求的客户，被称作高风险客户而不对其提供赊销信用额度支持或需要提供公司认可的资产抵押或法人保证等方式才提供赊销信用额度支持；而对符合指标值要求的客户则被看作信用状况良好的客户而对其提供赊销信用。

西安杨森的新客户一般被要求在初期交易的六个月到一年时间内进行现金交易，如果需要申请信用额度成为信用客户，则需要提供公司认可的抵押或担保。在交易六个月到一年后，则会对申请信用额度的客户从客户的财务状况、现金流状况、销售贡献、行业内信誉等状况进行评估，决定是否发展为信用客户。

2.2.2 货款结算方式

西安杨森的销售客户分布在全国各地，有些客户在西安当地，因此货款的结算方式有：现金、转账支票仅限西安本地客户、银行汇兑等几种结算方式，其中有90%左右的货款是用银行汇兑的方式进行结算的。

近几年，由于银行收缩银根，许多客户提出了以银行承兑汇票的方式进行结算，针对一些信誉状况比较好的客户，可以有选择地采用商业承兑汇票结算，但需要客户指定银行进行买方付息贴现，西安杨森收到全额的货款。针对银行承兑汇票结算，在信用管理人员、客户和第三方银行的共同努力下，开发了买方付息代理贴现结算方式，是指由买方所在地的银行和卖方签订银行承兑汇票代理贴现的协议，由买方代理卖方在银行承兑汇票进行背书，再交由买方所在地银行进行贴现，由买方支付贴现息，并将贴现款全额付给卖方指定的银行账户，此种操作方式简化了买方用银行承兑汇票付款的流程，节约了买方开票的提前期。

2.2.3 现金折扣政策

西安杨森的现金折扣政策是公司整体信用政策和商业政策的一个重要的组成部分，当公司给予客户一定的信用期限后，便会使应收账款多占用资金，为了加速资金的回收和周转，减少坏账损失，公司制订了现金折扣政策，采用向客户提供现金折扣的办法，以吸引客户早日付款，现金折扣率的大小与付款期限是紧密联系在一起的，付款期越短，则折扣率越大。客户在某一期限之内付款，则该客户可以得到一定的价格优惠，这一优惠采用折扣的方式在客户付款后再付给客户。现金折扣政策中包含着两个要素：折扣期限和折扣率，折扣期限指的是在多长期限内给予客户现金折扣优惠，折扣率指的是在折扣期限内给予客户多少折扣。目前西安杨森的现金折扣为模糊控制法（如表7－1所示）：5/30，4.5/45，4/60，即分信用期限享受不同的折扣，方便客户安排付款资金，但这种方法增加了付款期限管理的难度。

表7－1　西安杨森现金折扣

付款天数（天）	现金折扣比率（%）
0	6
1－30	5.5
31－35	5.4
36－40	5.4
41－45	5
46－50	4.8
51－55	4.4
56－60	4
>60	0

一般来说，客户在最短的信用期限内付款所享受的最高现金折扣是很优惠的，因为在30天内5%的现金折扣率意味着很高的贴息，这一贴息对客户来说相当于增加30天信用期限需要多付5/95的利息，这一利息又相当于64.03% {[（5/95）/30]×365} 的综合资金成本，因此公司的客户会有非常强的欲望来争取这一贴息，大部分客户选择在30天之内付款。

2.2.4　信用额度的设定

西安杨森授予客户的赊销限额，在ERP系统中设定，客户在一定的限额内可以循环运用。公司采用以下两种方法给信用客户设定信用额度：

（1）低额启动，随交易时间增长。一个非常普遍和实际的方法是从小金额开始供货，如果该客户按时付款则逐步增加金额。在刚开始可以给客户一个低限额或仅够第一批购买的金额。随着与客户往来的增多，客户证明他们能支付更大的金额，则信用部门可以逐步提高限额以使客户能够支付更大的购买。如果客户的支付能力不足，信用部门将维持或降低现有的信用额度以限制客户的购买。

（2）建立信用评估模型，使用公式方法计算出信用额度。这种方法以财务数据和历史交易数据为基础，如净资产、流动资产、净利润、购买额和平均付款天数等开发一些管理系统和模型以便做出信用决策和设定信用额度。

2.2.5　信用期限

信用期限是指企业允许客户从购货到支付货款的时间间隔。因为西安杨森以非处方产品销售为主，也有处方类产品，由于非处方类产品以二级分销商分销为主，处方类产品以医院终端销售为主，医院的付款周期较长，因此，其将赊销客户的付款期设置为从30天到60天，客户可以根据自己的货款回收状况和现金流状况合理安排自己对西安杨森的付款，但不同的付款天数享受不同的现金折扣。

2.2.6 信用控制政策

西安杨森的信用控制政策是指客户在超出信用限额或信用期限的处理方法和措施。由于客户的购货频次的原因，现有的欠款都在信用期限内，但可用的信用额度不足以支持客户的本次订单金额，需要特别的支持或控制，信用管理部门可以根据客户在过去一段时期的付款状况和财务状况做出信用决策，再根据公司的审批流程实行审批（如表7-2所示）。但由于客户资金不充裕的原因，在欠款到期时不能付款，信用部门应立即同销售人员和客户进行沟通，了解其财务状况和不能付款的原因，以保障货款安全回收。

表7-2 超出信用额度审批限额

超出信用限额	审核批准				
	区域销售经理	信用经理	全国销售总监	财务总监	总裁
低于 100 万元	X	X			
超出 100 万元，但低于 300 万元	X	X	X		
超出 300 万元，但低于 500 万元	X	X	X	X	
超出 300 万元	X	X	X	X	X

2.2.7 坏账准备和核销

坏账是企业信用管理部门收不回来的客户欠款，或者说逾期应收账款中收不回来的部分。由于客户的原因已确定无法收回的应收账款，不能产生现金流量，不能为企业带来收益，已不符合资产的定义，故应将其从资产中剔除，转作损失或费用处理掉，即及时确认为坏账。

按《企业会计制度》的规定以及会计的谨慎性要求，西安杨森制定了坏账准备政策。西安杨森会在期末分析各项应收账款的可回收性，并预计可能产生的坏账损失计提坏账准备。按应收账款的余额和账龄核算相应的坏账准备金，同时，还对部分资产负债率比较高或信用风险较高的客户单独提取较高的坏账准备金。

2.3 西安杨森的客户信用信息库

西安杨森公司在建立赊销信用风险管理体系初期是通过专业信用管理咨询公司——邓白氏公司的咨询进行信用管理流程的梳理和设立，同时利用邓白氏公司的专业信用管理软件 RAM（风险评估管理）建立了西安杨森的信用客户的信用信息库。西安杨森的客户信用信息收集有两个信息渠道：内部信息和外部信息。

内部信息主要是指从公司内部收集客户的信用信息，信息的来源主要有以下几个方面：

（1）客户的信用申请信息，主要包含客户基本信息以及市场和销售情况的描述；

（2）客户的历史采购额；

（3）一定时期的付款信息；

（4）销售人员反馈的信息；

（5）信用管理人员的实地调查，信用管理人员定期对客户进行走访，了解客户对产品和服务的满意度，对账单有无异议等信息。

外部信息主要是指从公司外部获取客户的信用信息，信息的来源主要有：

（1）客户的资质证书（四证一照），主要包括客户的注册资金、客户的主要负责人以及业务经营范围等信息；

（2）客户的年度财务报表，西安杨森要求信用客户每年年初在签订协议时提供上一年度的财务报告，并对其财务数据进行核实和分析；

（3）每年年末时通过专业信用征信机构获得一些高风险客户的信用报告，以第三方中立机构的专业评价获得高风险客户的信用信息。

（4）关注与公司客户相关的财经报道，将报道及时传递给公司的管理层。

3 尾声

西安杨森处于急剧变化的医药行业，医药工业和医药商业的盈利水平快速下降，导致医药行业中的工业企业和商业流通企业处于困境之中，西安杨森需要不断完善赊销信用风险管理体系，通过梳理和评价客户系统，有效降低公司的应收账款回收风险，提升企业的现金流周转效率。

罗伯特·卡普兰和大卫·诺顿曾在《平衡计分卡》这本书中说：你评价什么，就能得到什么。对于赊销信用风险管理也是一样的，正确的赊销信用风险管理绩效评价的实施，对西安杨森的信用管理工作起到了极大的促进作用：

（1）对企业信用管理工作给出专业的评价识别工作瓶颈，发掘突破口；

（2）为企业流程再造提供依据，减少工作中的失误；

（3）缩短订购时间，提高客户满意度；

（4）减少客户抱怨，提高客户保持率；

（5）改善企业的财务表现，鼓舞员工士气；

（6）使员工培训更有针对性，提高生产力；

（7）增加现金流入，节省费用；

（8）减少坏帐率，对员工和部门的工作业绩做出公正的评价。

案例使用说明

一、教学的目的和用途

1. 本案例的学习可以帮助学生了解赊销信用控制体系建立的基本步骤和具体内容，并了解其在实践中是如何加以运用的。

2. 本案例主要适用于医药管理类学生的教学。

二、启发思考题

1. 什么是赊销信用控制体系？

2. 西安杨森是如何建立赊销信用控制体系的？还有什么可以改进之处吗？

午时药业的预算控制

摘要： 21 世纪的头十年，随着我国国民经济持续快速增长，我国医药行业也被带入快速发展的轨道。然而，金融危机席卷全球，这个朝阳行业也不能幸免于难。此时我国众多的制药企业中出现了一个普遍现象：资产负债率、原材料消耗等指标总体偏高，但资产保值增值率、成本费用利润率以及流动资产周转率等指标却相对偏低。为了使我国众多制药企业能够有效利用资源，我国制药企业就需要在国内外激烈的市场竞争中花大力气在预算控制方面进行流程再造，从而不断提高资源利用度，进而提高制药企业的经济效益，不断增强竞争力。本节拟就流程再造为前提对午时制药集团的预算控制进行研究，这一案例不仅具有重要的理论价值，而且具有重要的现实意义。

关键词： 午时；预算控制；采购

引言

午时药业于 1997 年经过企业改制成为股份制企业，并具备了现代企业的基本特征。

为适应企业管理控制及发展的需要，自 2004 年起，该企业便开始推行全面预算控制。但由于在预算组织机构设置、预算编制方法、预算控制机制、预算考核办法等方面存在问题，因而其预算控制并未得到有效执行，未能发挥企业管理控制的统领作用。通过对企业在预算控制存在问题的深入剖析，以及对发达国家企业在全面预算控制的成熟经验借鉴，午时药业如须有效推进全面预算控制，必须明确全面预算控制流程再造的原则，有效把握全面预算控制的总体政策，继而选择合适的预算编制方法，确定适宜的预算编制步骤，有效地节约了企业成本，并最终增加了资本运作效率。

1 企业发展及现状

湖北午时药业股份有限公司创建于 1970 年初，生产基地坐落于李白故里——湖北省安陆市美丽的涢水河畔。企业前身为湖北安陆制药厂，1997 年经过股份制改造更名为湖北午时药业股份有限公司，之后改造为民营股份制企业，并于 2002 年 12 月整体通过国家 GMP 认证。午时企业是集研发、生产、销售、物流为一体的大型医药企业，下辖一个现代化制药基地、两家医药销售企业、一家物流公司和一所科研机构。其生产基地占地面积 12 万多平方米，布局合理、环境优雅，拥有固定资产 8610 万元，主要设备 1000 余台（套），公司员工 1100 余人，各类专业技术人员占公司总人数的 36%，其中，高级职称 4 人，中级职称 65 人，初级职称 360 人。2009 年实现产品销售收入近 4 亿元，创税 2 千余万元，产品行销全国各地以及欧洲、东南亚等国家。预算控制是企业将发展战略与日常经营活动对接的有效工具，企业通过实施预算控制来明确企业目标，通过将企业目标分解，把企业战略层面的思想分解为操作层面可执行的具体行动方案及措施，确保企业战略有效传达到操作层。正是基于此，午时集团发现了自身预算控制机制中存在的严重不足，并嗅出了其中存在的重要改革意义。

2 午时药业预算控制存在的问题及问题原因

午时药业于 1997 年经过企业改制成为股份制企业，并具备了现代企业的基本特征。

为适应企业管理控制及发展的需要，自 2004 年起，该企业便开始推行全面预算控制。但由于在预算组织机构设置、预算编制方法、预算控制机制、预算考核办法等方面存在问题，因而其预算控制并未得到有效执行，未能发挥企业管理控制的统领作用。在制药行业市场竞争不断加剧的情况下，其预算控制体系所存在的缺陷已影响企业的稳定发展，为此，必须对其存在的相关问题进行剖析，以便进一步采取措施对其预算控制体系进行完善。

2.1 午时药业原有预算控制的主要弊端

通过对午时药业现有的组织结构、机构设置以及 2009 年之前的工作流程的调查，可看出其主要存在以下问题：

第一，从午时药业的预算编制流程看，午时药业各项预算均以上年度的实际发生数为基础，在此基础上进行一定幅度的调整，即采用的是固定预算编制方法。这种固定预算编制方法通过对预算的分解，只能落实到职能部门，而职能部门无法将预算目标再继续进行细分，也就无法形成从公司高层领导到部门领导再到基层部门的目标分解体系，最终导致预算体系出现断层，责权无法充分落实和对应。同时，午时药业的预算从头至尾都由财务部门来全权负责，没有设置相应的内审机构进行监控，也缺乏外部审查机构的有效约束。

第二，由于午时药业一直存在着"预算是财务部门的事"和"为预算而预算"的错误思想，所以在午时药业将预算控制委员会设在财务部，由财务部进行预算编制、监控及考核等相关工作，而没有设立以午时药业高层领导直接挂帅的"预算控制委员会"，这就大大削弱了预算编制工作的权威性。

第三，对于午时药业大部分员工而言，一是他们没有深入理解预算控制理念与公司战略，没有真正掌握预算控制的实施要点，因此仍停留在对传统预算的理解上；二是预算控制没有做到动员全员积极性，预算控制无法与公司业务管理紧密联系起来；三是预算控制过程中，在组织机构设置、预算责任划分、编制方法等方面也存在诸多问题。

2.2 午时药业预算控制存在问题的原因分析

由于没有将预算控制理念与公司战略相结合，午时药业的预算控制体系还有很多漏洞，从而造成公司管理水平低、工作效率低、成本高等弊端并且难以有效克服，这也导致午时药业在 2009 年之前的全面预算控制实施效果并不理想，其主要原因在于：

2.2.1 全面预算控制制度层面问题分析

第一，没有建立权威的高层预算控制机构。午时药业虽然成立了专门的"预算控制委员会"，但由于没有真正建立健全财务预算控制制度，未把财务预算制度作为组织生产经营活动的法定依据来落实，各职能部门主管没有真正参与预算编制，当预算控制中出现矛盾和冲突时，就缺少专门的机构来进行协调和仲裁，进而在出现责权不对等，互相推诿的现象时，"预算控制委员会"无法起到实质性的作用，预算成为摆设。

第二，没有完全摆脱传统预算控制理念的束缚。一是预算编制缺乏灵活性，由于午时药业难以顾及未来药品市场不确定性的影响，导致预算编制更多地表现为一种不完全的业务方案或业绩合约，这就导致午时药业在预算编制中缺乏灵活性，不能鼓励相关业务部门捕捉新机会，导致业务部门开展工作时束手束脚；二是午时药业相关部门，尤其是两个药品销售部门在预算编制过程中存在"讨价还价"行为，使预算编制程序成为一种规模和风险"极小化"的操作，为了能够轻易地完成预算，就会设法给自己留有余地，这就导致预算指标失去了应有的监督、考核、促进之功效。

2.2.2 全面预算控制过程机制层面问题分析

第一，预算编制的基础资料不够简练和准确。从预算报表格式和内容上看，并没有体现出企业决策层的实际需要。由于报表编制者从自身利益出发，或由于编报人员缺乏足够的医药专业知识以及对会计政策理解程度不够，从而导致报表中的很多信息不够客观、真实和准确，甚至在经历了内部审计部门的监督环节之后，很多报表仍然没有按照审计意见对报表信息进行修改。从报表内容上来看，内容大量重复的现象比比皆是。由于午时药业没有对报表进行统一规划和管理，报表在完成过程中，并没有考虑到企业决策层对信息的实际需求，有很多报表仅在格式上略微有所区别，但内容几乎完全一致，这种大量的重复性投送造成了"报表炸弹"的尴尬局面。

第二，预算的反馈系统不完整导致信息反馈不及时。午时药业各职能部门没有建立本部门的预算台账，数据主要是由财务部门计量核算汇总后，定期反馈给各职能部门。这样一来，就无法对本部门的预算执行情况进行及时了解，各部门无法进行"事中控制"，费用预算超支的现象时有发生，预算执行的严肃性受到损害。

第三，缺乏与考核结果相对应的激励措施。从午时药业预算控制的实际运行情况看，预算执行情况既未与绩效考核挂钩，也没有建立相对应的奖惩制度。事实上，无论是奖励还是惩罚，只要运用得当，均会对部门以及员工在今后的工作中产生良好的激励作用。由于午时药业没有建立和考核结果相配套的、恰当的奖惩制度，使考核工作逐渐流于形式，最终丧失了预算指标的约束作用，导致整个预算工作无法有效地展开和继续进行。

2.2.3 全面预算控制过程配套环境问题分析

第一，缺少内部审计机构的有效监督。预算控制需要建立一套独立的监督机制，而这一任务在企业中一般由内部审计机构承担，由于内部审计机构具有相对的独立性，因此可以保证预算执行过程的监督作用的充分发挥。然而，在午时药业的组织机构中并未设立内部审计机构，预算的全部工作都由财务部门承担。正是由于缺乏独立的监督机构，才造成午时药业的预算控制难以满足企业发展要求。

第二，预算无法体现市场的变化。午时药业在预算编制过程中忽视了对市场的调研与预测，以封闭的心态搞预算，使很多预算指标难以被快速变化的药品市场接受，与公司所处的外部环境不相容。而且，由于预算指标缺乏弹性，缺乏对市场的应变能力，这也使午时药业的预算工作难以有效推行。

3 午时药业开启全面预算控制流程再造

通过对午时药业在预算控制存在问题的深入剖析，以及对发达国家企业在全面预算控制的成熟经验借鉴，午时药业如须有效推进全面预算控制，必须明确全面预算控制流程再造的原则，有效把握全面预算控制的总体政策，继而选择合适的预算编制方法，确定适宜的预算编制步骤。为保证预算的有效执行，还必须做好预算执行过程的监控和考评工作。

3.1 午时药业全面预算控制流程再造机制的原则

为保证午时药业全面预算控制能够符合企业发展的要求，午时药业在进行预算控制流程机制再造时，主要遵循了以下原则。

3.1.1 独立性与权威性原则

在预算控制组织体系设计时，应保证预算组织的权威性和独立性。预算控制委员会应置于董事会领导下并对董事会负责，预算控制办公室则在预算控制委员会的领导下独立开展工作，在预算编制过程中应根据企业的战略目标和年度生产经营计划进行有关指标的分解，而不应受到各部门的干扰，禁止各部门为本部门利益而"讨价还价"。

3.1.2 成本效益与增值性相结合的原则

全面预算控制的目的之一就是实现资源的有效配置，从而提高企业的效益。因此在对进行全面预算控制流程再造时，午时药业充分关注了成本效益和增值性，对企业的生产经营流程进行价值分析，分析流程中价值增值关键点，在进行流程再造时予以了充分关注。

3.1.3 风险控制原则

为了保持企业健康、持续、稳定地发展，企业必须不断增强风险调控能力，在预算编制时保留一定的冗余度，以便影响企业发展的因素发生重大变化时，企业能够迅速地加以调整。

3.1.4 协调性原则

午时药业在进行全面预算控制体系构建时，必须充分关注协调性，以保证预算控制在企业各部门能得到有效执行。

3.1.5 系统性原则

午时药业在进行全面预算控制流程再造时，认识到全面预算控制不仅涉及企业产品研发、物料采购、产品制造、市场开拓等各个部门，也涉及从预算编制、到预算执行与监控、直至考核与奖惩等各环节，可以说预算控制渗入到企业的每一个层面，为了充分发挥预算控制在企业生产经营中的统领作用，就必须严格采取系统性的理念进行预算控制体系的建设。

3.2 午时药业预算编制方法的选择和预算编制步骤

3.2.1 午时药业预算方法的选择

午时药业为了使预算更能反映企业的实际生产经营状况，针对不同的预算内容，企业灵活地采用了不同的预算编制方法。

滚动预算法是午时药业的整体预算方法，其目的在于使午时药业的决策者能从动态中把握企业的未来，保持预算的完整性、持续性。午时药业将预算期连续不断地保持 12 个月，当一个季度过去后，根据新的情况，修订下一个季度的预算，如此往复，不断滚动。

生产预算则采用弹性预算法进行编制，使能够与医药市场的整体情况及午时药业的产品销量紧密结合起来，使生产预算能够灵活应对药品的不同销量水平。

午时药业各职能部门在编制费用预算时则采用零基预算法，各部门在编制本部门费用预算时均不得考虑以往年度支出情况，而是根据本年度企业预计的生产经营计划来研究分析本部门各项预算是否有支出的必要和支出数额的大小。

3.2.2 午时药业全面预算的编制流程

午时药业的预算编制程序经历了自上而下和自下而上的多次往返，主要包括以下六个步骤：

步骤一：午时药业于 2010 年 11 月上旬召开预算控制委员会专题会议，分析当前和上一年度的生产经营情况，提出下一年度生产经营计划，部署下一年度预算工作和要求。

步骤二：各职能部门根据预算控制委员会专题会议要求编制下年度预算，并上交预算控制办公室。

步骤三：预算控制办公室对各部门提交的预算草案进行初审、汇总、计算，编制出公司预算草案，并与预算控制委员会专题会议提出的要求相对照，找出问题和差异，并要求各部门重新修改、调整部门预算草案。

步骤四：经过不断往返修改，由预算控制办公室计算、汇总、编制出整体预算。

步骤五：将公司预算在 12 月上旬上报预算控制委员会审阅通过后，总经理基于预算报告，就下年度公司战略目标、经营目标、运作计划召集各分管副总召开讨论会，在公司领导层面先达成共识后，提交策事会审议。

步骤六：预算控制办公室根据董事会批准的预算，把指标分解到各责任单位来执行

4 取得的成效

2010 年午时药业采用重新设计的全面预算控制方式后，在公司落实长期战略、控制公司成本和费用支出以及合理配置公司各项资源等各方面，都起到了明显的预期效果。

4.1 较好地遵循和落实了公司的长期发展战略

通过午时药业 2010 年上半年的具体实施情况和结果来看，午时药业的全面预算控制体系有效地将公司的发展战略进行了细化和分解，并把相关项目落实到了相应的责任中心。主要原因是由于午时药业 2010 年新实施的全面预算控制体系是以午时药业的总目标作为起点，据此确定了各级责任中心及相应的目标体系，同时以此作为各责任中心的考核评价的依据，从而从制度上保证了公司发展战略的落实和分解。如果午时药业在今后的工作中，在指标体系的设计上能进一步完善，将能够更有效地为公司的发展战略服务。

4.2 在一定程度上降低了公司的成本费用

午时药业在排除了 2010 年度预算执行过程中物价上涨的因素之后，企业在成本费用节约方面取得了一定的成绩。经调查得知，主要在于午时药业将会计核算与预算控制紧密结合，有效地强化了事中控制，使各责任主体均做到精打细算、进行成本效益分析测算，有效地控制了公司的额外成本费用的发生，避免了费用发生后"不得不报账，年底费用超支"的情况。

5 尾声

午时药业通过采用新的全面预算控制，构建了一个操作性强的计划与控制体系。计划、执行、控制和决策是午时药业企业管理的四项基本职能，其中计划和控制是最重要的两项，计划用来确定目标，控制用来执行目标。午时药业采用的全面预算控制是一个通过预算编制来做计划，并进一步通过预算执行和调整控制来形成的计划和控制系统。午时药业在预算控制委员会的全面领导下，各相关部门全员参与预算的编制和执行工作，定期上报预算执行情况，对预算目标中不合理的部分进行调整，在年终对预算的执行情况进行考评，这样一个完善的计划和控制系统有助于午时药业负责人有更多的时间对企业的长期发展战略进行更加系统和深入的考虑。

案例使用说明

一、教学的目的和用途

1. 本案例的学习可以帮助学生了解预算控制的意义和基本方法，同时直观地了解预算控制在实践中是如何更加恰当地加以运用的。

2. 本案例主要适用于医药管理类学生的教学。

二、启发思考题

1. 午时药业的预算控制是如何落实的？

2. 预算控制在现在的经济背景下有什么样的特殊意义？

本章参考资料

[1] 何兰芬. 启元药业全面成本管理体系设计 [D]. 西安：西安理工大学，2004.

[2] 西安杨森官方网站 http：//www. xian－janssen. com. cn/

[3] 孟凡勇. 西安杨森赊销信用管理体系的建立和完善 [D]. 天津：天津大学，2007

[4] 赵尊飞. 全面预算控制流程再造机制研究 [D]. 北京：财政部财政科学研究所，2011

第八章

企业战略管理

企业战略是指企业根据环境的变化、本身的资源和实力选择适合的经营领域和产品，形成自己的核心竞争力，并通过差异化在竞争中取胜。企业如果没有战略，就好比没有舵的轮船，只会在原地打转。有人做过统计，有战略的企业和没有战略的企业在经营效益上是大不相同的。本章将分别介绍哈药集团及强生公司的多元化战略、重庆桐君阁大药房的 SWOT 分析和云南白药的品牌延伸战略案例，希望读者能对企业战略产生一个感性的认识和理性的思考。

哈药集团——多元化战略的运用

摘要：制药行业国际竞争是激烈且残酷的，企业要在激烈的市场竞争中求生存，谋发展，就必须自觉地从实际出发，对企业的未来做出总体运筹和谋划，制定并实施企业的发展战略。哈药集团作为国内为数不多的大型制药企业之一，其怎样实施多元化战略取得竞争优势，推动自身的发展，有待于我们对哈药集团实施的多元化战略做更深入的研究。本案例以哈药集团为对象，通过分析哈药集团实施多元化战略的现状和不足，提出改善多元化战略的具体对策。

关键词：哈药集团；多角化；改进

引言

2005 年，哈药集团有限公司通过增资扩股，改制成为国有控股的中外合资企业。其拥有在上海证券交易所上市的哈药集团股份有限公司和哈药集团三精制药股份有司，以及 27 家全资、控股和参股公司。其注册资本达到 37 亿元人民币，资产总额为 146 元人民币，所有者权益为 89.6 亿元。截止到 2010 年底，集团有 18382 名员工，有 12 家医药生产企业下属于集团。

哈药集团集医药制造、贸易、科研为一体。哈药集团所属生产企业已经全部通过 GMP 认证，主要流通企业也已通过 GSP① 认证，哈药总厂、三精制药等部分集团所属企业通过了 ISO9001、ISO14001、OHSAS②18001 国际管理体系认证。哈药集团有 130 多个销售处，建立在全国 30 余个主要城市区，零售连锁药房有 200 余家，构建的营销网络具有覆盖广、功能强的特点。

1 企业发展及现状

哈药集团一直以来秉承的企业宗旨是"做地道药品，做厚道企业"，其市场占有率提升快速，业务领域不断扩大，部分产品已输入到了欧洲、亚洲、非洲、中北美市场，年出口创汇 1 亿美元以上。其在"以正合、以奇胜、以德存"企业理念的前提下积极实施品牌创新战略，社会各界对其普遍称赞。

2005 年，经过北京名牌价值资产评估国内品牌价值权威评估机构的评估，哈药集团的品牌价值达到 160.62 亿元，集团成为国内最具价值的医药品牌之一。哈药集团目前拥有 3 个中国驰名商标："三精"、"世一堂"、"钙中钙"，这些使其成为全医药行业及东北三省之最。国家商务部公布了 2005~2006 年度中国最大的 500 家外商投资企业，哈药集团排第 88 名，2006 年荣膺中国制药工业百强之首，2007 年度荣获"中国最受尊敬企业"，2008 年第四次蝉联中国制药工业百强之首；哈药集团控股的上市公司——哈药集团股份公司被评为全球华商医药百强冠军；哈药集团控股的上市公司——哈药集团三精制药有限公司在 2006 年最佳成长性上市公司 50 强医药类公司中高居首位。

新一轮医药行业并购重组热潮在国内外风起云涌。华药与冀中能源实施重组，上海医药与上实集团实施重组，制药巨头辉瑞与惠氏实现了合并，在国内产业和跨国巨头身上发生的变化，印证了新的国家医药卫生制度将加速推进医药产业整合的事实，目前医药市场已进入激烈竞争的阶段。人们健康意识不断提升导致对药品需求的增长和医改方案有条不紊的细化落实，必将催生整个医药市场大幅扩容，从而对医药经济结构、经营模式和竞争格局的演变产生深远影响。

自中国加入 WTO 以后，国外一些大型医药企业先后抢占进入中国医药市场，由于这些国际医药企业的规模、技术、市场占有率都强于国内企业，因此给国内企业带来了前所未有的压力和困难。哈药集团作为国内为数不多的大型制药企业之一，应该怎么实施多元化战略取得竞争优势，推动自身的发展？下面我们将对哈药集团实施的多元化战略做更深入的介绍。

---

① GSP：Good Supply Practice 的缩写，即药品流通质量管理规范。
② OHSAS：即职业安全健康管理体系，它是继 ISO9000 和 ISO14000 之后企业持续发展的又一个重要的标准化管理体系。

2 哈药集团的多元化战略

2.1 哈药集团多元化战略实践历程

哈药集团有限公司于1989年5月注册成立，主要业务包括医药制药、医疗器械及医药器械制造、医药化工原料和医药商业等。发展到2001年，哈药集团股份有限公司包含11家分公司，主要生产抗生素原料药及制剂、中药粉针剂、滋补保健品、高档中成药、生物工程药品六大系列。

集团公司自成立以来，一直致力于六大生产基地的建设与整合。2005年，哈药集团与亚洲最大的动物疫苗生产企业合资建厂，生产30多种具有国际先进水平的动物用疫苗，这一合作完善了哈药集团自身的产品结构，提高了产品的技术水平，使哈药集团的动物用疫苗产业迅速跻身全国先进行列。2007年，哈药集团对中药二厂、中药三厂的产业资源进行合并重组，迅速增强了集团中药产品的市场竞争能力。同时集团对生物制品一厂实施资产重组，成立了哈药集团生物疫苗有限公司，其成为了中国最大的名牌动物疫苗生产基地。2008年哈药集团成立了中药有限公司，将中药板块由零散经营转变为规模化经营，实施新的营销策略，增强了经营规模优势。2010年6月哈药集团成功竞购美国辉瑞公司猪支原体肺炎疫苗项目，使得集团在大众疫苗的产品上取得了均衡的发展。

哈药集团以多元化的方式扩大市场份额，增强企业竞争力。2000年以来，哈药三精收购了黑龙江省的明水药业、东宁药厂、黑河药厂等企业。2007年哈药三精通过参股、控股的方式在成都、山东、陕西、吉林、内蒙等地成立商业公司，并与合作伙伴合资组建澳门三精中央大药厂、哈尔滨三精女子专科医院，形成了工商并举式发展的新架构。2006年，哈药集团大力推进哈药房地产开发项目，对哈药品牌及资产进行多元化产业延伸，形成新的规模效益增长点。哈药集团还挖掘哈药品牌的衍生资源进入旅游业。例如哈药集团旗下的支柱企业哈药三精、哈药六厂、世一堂药厂、中药二厂尝试以哈药品牌的知名度、美誉度为基础，发展工业旅游。2008年11月，哈药股份获得直销资质，将制药主业拓展到了保健品领域。哈药集团于2009年1月正式启动直销，并增加了保健食品、日用化学品的生产和销售（仅限分支机构）项目。

目前，哈药集团的经营范围包括：直销、购销化工原料及产品（不含危险品，剧毒品），进出口业务；医疗器械、制药机械制造（国家有专项规定的除外）、医药商业及药品制造、纯净水、饮料、淀粉、饲料添加剂、食品、化妆品制造、包装、印刷；保健食品、日用化学品的生产和销售。

哈药集团拥有抗感染类、化学合成原料与制剂、非处方药物及保健品三大主营业务。抗感染类药物业务的目标是建设成为国内外最具有影响力的抗感染类药物生产和出口基地，化学合成原料与制剂业务的目标是构建国内领先的缓控释制剂药物专业化生产基地，非处方药包括保健食品的主要业务是发展非处方药及大众健康产品，兼顾发展矿泉水、功能保健饮品。

2.2 哈药集团产品现状

2.2.1 抗生素产品

哈药集团制药总厂是生产抗生素产品的主要代表，是中国重点的抗生素生产基地。目前，哈药集团具有年产8500吨抗生素原料及中间体、30亿支西药粉针的生产能力。主要生产青霉素类、头孢菌素类抗生素等30余个品种，其中头孢噻肟钠原粉、头孢唑林钠原粉以及头孢唑林钠粉针的产量和市场份额均居全国第一位。青霉素工业钾盐通过美国FDA认证，部分原料药和制剂通过南非卫生部的GMP认证等等。产品在世界二十余个国家和地区销售。

2.2.2 化学药物制剂

哈药集团三精制药有限公司和哈药集团制药四厂是化学药物制剂的杰出代表。生产心脑血管系统、抗感染类、激素类、消化系统以及维生素类等多门类综合性治疗药物。企业具有完备的制剂生产手段，可生产中西药小容量注射剂、口服液、粉针剂、胶囊、片剂等16种剂型、700多个品种。目前哈药集团拥有年产水针剂1.4亿支、片剂136亿片、胶囊65亿粒的生产规模。主导产品司乐平片、脑安片、胃必治片、强力脑清素片、"三精"葡萄糖酸钙口服液、"三精"葡萄糖酸锌口服液、人参蜂王浆等在同类产品中占有较强的竞争优势。2004年，国家工商管理局将"三精"评定为中国驰名商标，实现了东北三省医药行业"零的突破"。

2.2.3 非处方药及保健食品

哈药集团制药六厂是生产非处方药及保健食品的重要代表。其主要生产非处方类药物及保健食品，品种齐全，可生产输液剂、糖浆剂（包括中药提取）、片剂、口服液、胶囊剂、颗粒剂等7个剂型、110余种产品。主导产品"新盖中盖"牌高钙片、补雪口服液、护彤、"为消"牌乳酸菌素片等品种在国内市场具有较高的知名度和占有率。另有跨行业的"纯中纯"牌无菌纯净水和系列饮料。哈药集团制药六厂于2003年一次性通过黑龙江省保健食品GMP审查，成为全省首家通过GMP审查的企业，这标志着哈药集团的药品生产质量管理跃上了一个新台阶。

2.2.4 中药产业

哈药集团中药二厂、哈药集团世一堂制药厂和哈药集团中药三厂是中药产业的重要代表。其拥有全国乃至全亚洲最大的中药粉针剂生产基地。主要生产双黄连粉针、刺五加脑灵液、六味地黄九、丹参粉针、世一治感佳、冠心泰、逍遥九等200余种中药产品。其中具有世界首创的中药粉针生产技术，属专利产品。目前，哈药集团中药粉针年生产能力达1.2亿支，形成了全国最大规模。国家将国际注册的"世一堂"牌商标评定为中国驰名商标、"中华老字号"。

2.2.5 生物工程

生物工程主要以哈药集团生物工程有限公司为代表。现上市产品有注射用重组人干扰素（商品名：利分能）、重组人干扰素软膏（商品名：里亚美）、重组人粒细胞集落刺激因子注射液（商品名：里亚金）、重组人促红细胞生成素注射液（商名：雪达升）和注射用重组人粒细胞——巨噬细胞集落刺激因子（商品名：里亚尔）等生物工程产品。其中注射用重组人干扰素的市场占有率在国内居于首位。该企业是国家发改委认定的国家级企业技术中心，科技部认定的国际级企业研发中心，科技力量非常雄厚。另外有两个国家级一类新药，还有多个在研品种。

2.2.6 医药流通

医药流通主要以哈药集团医药有限公司为代表。该公司下设 200 余家药品零售连锁店，规模排黑龙江省第一。目前，主要经营化学药品、中成药、医疗器械等八大类、3000 多个品种规格。1995 年，公司在全国医药行业首创价格、质量、服务三承诺和 24 小时免费送药服务，在社会和广大消费者中树立了良好的形象。哈药集团是国家商务部列为"药品物流配送体系建设"重点扶持的企业，其大力发展药品连锁经营、电子商务、现代化物流配送等现代营销方式，通过三至五年的规模运营，建设成了全国销售规模最大、市场覆盖最广的特大型医药流通企业。

2.2.7 动物疫苗及兽药

动物疫苗及兽药主要以黑龙江省生物制品一厂为代表。该厂是中国农业部专业生产动物用生物制品及各类治疗药物的定点生产企业，是"中国动物保健品 50 强企业"。主要生产优良的动物预防用生物制品及保健产品，年产 100 亿份动物疫苗。主导产品鸡传染性法氏囊病活疫苗获得了第二届中国农业博览会金奖。2006 年 3 月份该厂的禽流感重组鸡痘病毒载体活疫苗（HS 亚型），获得国家生产批准文号，标志着哈药集团在抗击禽流感过程中，形成了自己的品牌。

3 哈药集团实施多元化战略存在的问题分析

3.1 发展规模不均衡

哈药集团下面所属各企业发展规模不均衡，重复建设的现象比较严重。目前，哈药集团的三大支柱企业有哈药集团制药总厂、哈药三精制药、哈药六厂，其余单个企业的规模都较小，产品销售主要面对国内市场，尚未形成另外的大规模优势企业，这样容易出现中间断层，不利于运用哈药核心能力，进而影响哈药集团的总体健康发展。

3.2 产品差异化小、附加值低

虽然哈药集团的三大主营业务核心产品在产量和销售量上都居国内领先地位，主营业务与同行业的制药企业相比，产品技术水平处于国内领先地位，但是产品差异化较小。这样就很容易被其它企业模仿甚至赶超，难以保持持久的竞争优势。哈药集团实施多元化战略开发了较高比例的低价格、低附加值、低利润产品。化学原料药与制剂作为主营业务之一，主要以生产化学原料药为主，创造的利润不高，制剂加工层次也比较低，开发深度不够，是其它企业能够销售的替代性很强的普通品种。低附加值严重制约了盈利水平。由于药品不同于一般的商品，专利药具有研发周期长、耗资大、专利药法律保护不健全等特性，使得 97% 以上的我国制药企业都在做仿制药。当前，哈药集团主要是通过仿制过期的专利药品，凭借其强大的成本优势与专利药开展竞争。虽然这暂时缓解了资金问题，但是无法帮助哈药集团形成自己独特的竞争优势，无法进入高端医药市场，不利于形成后发优势，不利于集团长远的发展。

3.3 技术创新能力不足

我国的医药技术是通过学习美国等发达国家而发展起来的，一直将仿制国外同类产品作为自身新产品开发的主要途径，较少进行自主的研发工作。与国外先进的工艺、技术水平、产品质量相比，仿制产品水平存在很大的差距。哈药集团生物药品大多数也是以仿制为主，自主创新药品相对较少，专利数量少，在生产技术上与国外还存在着一定的差距，这严重制约了哈药集团生物制药核心技术的形成。哈药集团虽然已经创建了"一个中心五个分中心"的科研开发体系，不断完善自主创新体系和壮大科研队伍，但是目前药品科研和技术开发主体仍是科研机构和高等院校，科技开发能力、自主创新的能力薄弱，同时高级技术人员的缺乏也制约着技术创制能力的发展。目前，哈药集团的技术创新的体系尚未完全形成。

3.4 融资渠道单一

目前，哈药集团投资的资金一方面来自于股东投入的资金，另一方面主要是依靠银行贷款，融资渠道相对比较狭窄。然而由于银行十分重视资金的安全性和流动性，对于高技术投资的贷款，银行非常谨慎。同时，哈药集团基因工程制药还处于成长的初期阶段，银行贷款要求资产抵押的限制使得企业融资能力明显不足，企业发展所需的资金很难从一般融资渠道中获得，因而发展资金严重不足已成为哈药生物制药发展的巨大障碍因素。

3.5 科研资金投入相对匮乏

制药业是一种高投入、高风险、高回报的产业，如果资金短缺不足，社会上的风险投资机制不健全，产业发展基金没有启动，最终会导致企业的开发和生产经营活动受到制约。研发一种新药，在西方发达国家耗资约需 5－10 亿美元，在我国至少也要 2 亿人民币。然而哈药集团仅投资 1 亿多元在研发上，还达不到企业销售额的 1%，因而严重制约了企业药品研发的能力。虽然资金投入与研发并不是严格意义上的正相关关系，投入资金多，并不等于研发能力强，但如果不投入资金，就无法进行研发，就更谈不上具有研发能力了。因此，资金的投入是药品研发的关键影响因素之一，哈药集团的研发资金投入力度还有待加强。

3.6 缺乏关键的高端人才

医药产业对科技的要求很高，企业获取核心竞争力的前提和基础是技术人才。管理人才不仅可以帮助企业整合各类资源，而且可以监督企业实施多元化战略，从而保障企业良好运行，而优秀的营销人才是保证产品能够实现最终价值的关键，是他们为企业带了盈利。因此人才的质量和数量是影响国内制药企业在全球医药行业竞争地位的关键因素之一。目前，哈药集团科技研发中缺乏高层次、高学历、高技能的人才，缺乏具有国际药品市场运作经验的专业人才，进而影响了哈药集团研发能力和国际化的进程。

4 哈药集团改善多元化战略的对策

4.1 强化核心能力的建设

哈药集团需要把握自身资源，强化核心能力的建设。在夯实各业态发展的同时加快业务整合和创新，优化盈利结构，合理利用有效资源，加强成本的控制力，充分发挥企业各自优势，全面提升质量、效益、发展三大业绩，加速推进集团做好做大做强，将哈药集团造就成为一个与国际医药接轨的化学药品生产基地，融入全球医药经济。同时，根据环境的变化对其核心能力进行修订，形成能抗衡跨国医药企业的全方位的核心能力。

4.2 强化技术创新能力

（1）创新最终产品

化学药物在将来相当长的一段时间内，仍然是临床用药的主题药物，它占据了医药市场的核心地位。创新最终产品，企业可将普药作为企业的利润基础，以新药、特药作为企业的利润增长点，对企业的资源进行全方位的经营。哈药集团应该在现有技术水平的基础上，加强制剂技术的研究开发，提高制剂设计与工艺水平，使化学药物的产品结构得到合理调整，不断保持竞争优势。同时，应该制定出品种可持续发展战略，要考虑实际生产能力、生产水平、剂型构成、市场需求、品种科技含量、品种的利润附加值、品种的市场容量、品种的竞争状况等等。

（2）仿制与创新相结合

仿制药在国内医药行业有着巨大的市场空间和发展前景。一味的仿制却使我国医药企业缺乏与国外医药企业相抗衡的能力，无法成为医药业的主流，无法获得世界领先地位。因此，在不忽视专利药研究的前提下，最佳选择是进行仿制与创新相结合。哈药集团应该以充分回避国外专利为基础，合法地开展品种的仿制与自身创新工作。在仿制过程中不完全照搬欧美药的工艺、配方，逐步增加创新内容，仿中有创，以仿促创，形成部分知识产权，从而为集团创造利润。

4.3 健全融资体系

财务支撑是企业成功实施多元化经营的重要保证。医药产品的市场竞争已经越来越激烈，哈药集团要想在竞争中保持优势，必须走资本运营的捷径。健全融资体系可使哈药集团获得强大而稳定的外部支撑条件，具体应该重点从发展风险投资、多渠道筹集资本、采取资本联盟组合这三个方面来健全融资体系。

4.4 实施管理创新

实施"管理创新"工程，能够增强哈药集团的专业化经营和功能化管理能力。在精简、高效、统一原则的指导下，加强企业文化建设、调动人才积极性以及对薪酬制度进行再设计。

（1）创新企业文化建设。哈药集团需要加强企业文化建设，从而增加员工的归宿感、责任感和荣誉感，体现以人为本的管理思想，进而将哈药集团成功实施多元化战略的愿景与员工实现个人价值的愿景紧密地联系起来，提升哈药集团的整体绩效。哈药集团属于高技术企业，错误的文化倾向，会导致集团缺失创新文化，有效的创新文化对哈药集团的创新绩效起着至关重要的作用。因此，哈药集团要努力提高和维持本企业的创新能力，把创新的文化建设放在首要的位置。

（2）培养优秀的管理者。哈药集团除了需要开发和引进先进的技术之外，更需要培养大量优秀的经营管理人才。优秀的管理者懂得把技术性与专业性的工作放手交由他人去做，自己则利用一切资源对员工进行激励，发挥和提高管理的效果。

（3）薪酬制度的再设计。哈药集团需要激励各层次的员工，核心的激励制度就是对薪酬制度进行再设计。薪酬制度的再设计可明确地将企业目标与个人报酬相结合，从而达到激励的目的。设计公平有效的绩效考核评价体系，将企业目标与员工薪酬结合起来，必定会大大提高企业各层次员工参与企业活动的积极性。

4.5 发挥战略联盟的效用

哈药集团改善多元化战略可借助战略联盟这个外力的作用。哈药集团要积极推动与大型跨国公司的对外经贸科技的战略合作，在实施战略联盟时，不仅要考虑那些与自己处于同一产业或相关产业的大企业合作，而且要考虑将自身并不精通的业务环节进行外包，或者与其他企业进行技术合作。在选择合作伙伴时，要认真筛选，优先考虑与资金雄厚、掌握先进技术的公司进行合作，保证项目的顺利实施并产生预期的经济效益。

5 尾声

医药产业是本世纪最具有发展潜力和国际竞争最激烈的高技术产业之一。一方面由于人们对医疗健康的日益重视，另一方面医药产业经济在国民经济中占据了举足轻重的地位，这就给哈药集团带来了前途无量的机遇。尽管哈药集团在多元化战略的实施过程中已经取得了一定的成就，但还是存在诸多不足，这也是其他医药企业在实施类似战略的时候，需要借鉴改进之处。

案例使用说明

一、教学目的与用途

1. 本案例主要用于企业发展战略中多元化战略的教学，指导学生直观、系统地认识多元化战略，并通过文章的阅读，找出哈药集团战略实施的方法、存在的问题以及采取多元化战略的实质。

2. 本案例主要适用于医药管理类学生的教学。

二、启发思考题

1. 分析本案例哈药集团在企业战略规划上体现出何种特征？

2. 哈药集团多元化经营的实质是什么？有何利弊？

3. 结合当前医药企业经营实际，分析本案例传达的经验和启示。

强生公司——启用多元化战略

摘要： 制药行业国际竞争是激烈且残酷的，只有拥有多元化战略的企业才会在国际竞争中展现出巨大的优势。作为一家在国际上占据重要地位的大型企业，应该怎么实施多元化战略取得竞争优势，推动自身的发展，有待于对强生公司实施的多元化战略做更深入的研究。本文以强生公司为对象，介绍其收购大宝并完善其化妆品产品链的过程。

关键词： 强生公司；多元化；大宝；收购

引言

在大宝历时近两年的挂牌出售事件中，雅芳、联合利华、宝洁等众多跨国日化巨头都客串过"买方"，正当人们对此事渐渐淡忘之际，一直低调的强生悄然出手，以 67 亿元人民币的高价整体收购大宝，并创下中国日化行业的并购纪录。是什么让大宝选择"委身外嫁"，又是什么促使强生巨资"买宝"？两个品牌背后演绎着怎样的品牌故事？并购大宝之后，强生的品牌体系会出现怎样的变化？大宝品牌的未来之路又会何去何从？

1 企业发展及现状

十九世纪末，美国内战期间，一位著名的英国医生——约瑟夫·李斯特，发现了手术室内通过空气传播的细菌，率先创立了"看不见的细菌"这一学说。在当时，担任过战地医疗工作的罗伯特·伍德·强生将军，成为最早慧眼认同李斯特这一理论学说的人。

1886 年，强生和他的两个兄弟在美国新泽西州的新布鲁斯威克，共同开创了一个全新的事业——生产无菌外科敷料，并正式创建了强生公司。他们雇佣了 14 名员工，并在同行业中始终保持着领先地位。

随着业务的扩大与发展需要，强生自 20 世纪 20 年代开始陆续于美洲、欧洲、非洲、亚洲与澳大利亚等地区相继成立新国际性公司，生产高品质的健康产品，推动着全球的健康发展。

经过一百多年不曾松懈地努力与创新，美国强生公司名列全美 50 家最大的企业之一，同时也被列入全世界阵容最为强大的药品制造商之一。

至今，强生已在全球 57 个国家建立了 230 多家分公司，产品畅销于 175 个国家和地区，拥有约 11 万 6 千余名员工，成为目前世界上最具综合性、分布范围最广的健康护理产品制造商和相关服务提供商，生产及销售产品涉及消费品及个人护理产品、医药产品和医疗器材及诊断产品市场等多个领域。强生公司旗下拥有强生婴儿、露得清、可伶可俐、娇爽、邦迪、达克宁、泰诺等众多知名品牌。强生是世界上规模大、产品多元化的医疗卫生保健品及消费者护理产品公司，也是中国最大的外资制药有限公司。

2 收购大宝——强生的多元化之舞

2.1 大宝之忧与强生之痛

大宝始创于1985年，曾以"大宝天天见"广告语风靡大江南北。大宝可以说是民族日化品牌的一面旗帜。难怪有人惊呼，大宝的"沦落"，标志着本土民族日化品牌几乎"全军覆没"。

近年来，大宝一直都陷入品牌竞争力持续下降、市场份额不断萎缩的困境之中。大宝SOD蜜成就了大宝昔日的辉煌，从1997年开始，大宝连续夺得护肤类产品的销售冠军，在大宝的多个产品品种中，大宝SOD蜜占公司整体销售的80%以上。但过分依赖单一明星产品，产品创新严重滞后，使大宝成长后劲乏力。当SOD蜜的竞争品不断涌现时，其市场份额自然愈来愈少，而大宝又无法寻找到新的明星产品做发展支撑，大宝开始渐渐衰退老去。并且大宝始终固守低价位路线，一直没有建立有上有下的产品金字塔体系，随着洋品牌不断抢滩国内日化市场，企业的利润空间越来越小，突出重围的可能也在迟缓的变革中不断消逝。最终，在内外的压力面前，大宝选择了出售自己。与此同时，强生在华发展的道路也不平坦。强生是在1985年来到中国的，与大宝同岁。但直到现在，大多数中国人心中的强生，还停留在婴儿护理产品上面。其实，美国强生品牌已逾百年，是世界上最具综合性、产品最为多元化的医疗卫生保健品及消费者护理产品供应商。但是强生在国际上的优异表现，并没有让它在中国市场实现飞跃性的全面发展。尤其是在消费者及个人护理品上，尽管强生拥有强生婴儿、可伶可俐、露得清等多个品牌，产品涉足护肤品、彩妆、美容美发、香水、洗护发等多个领域，几乎覆盖了化妆品行业的每个细分市场，但在每个细分市场上，强生旗下产品的市场占有率都没有达到前十位，强生似乎被定格成了"小众才用的品牌"。

在强生看来，要想在华赶超其他跨国日化巨头，最佳、最快捷的办法就是收购一个本土品牌，扩大自己的品牌延伸度及渠道覆盖率，让旗下品牌及产品被更多的人看到、认识与购买。大宝无疑是强生实现这一战略目标的最佳选择。

2.2 一笔看似完美的生意

从多个方面来看，强生并购大宝都是一场相当划算的生意。首先，从大宝的品牌"家底"来看，尽管近年来有所萎缩，但还算殷实。大宝每年还可以贡献5000万左右的净利润。更重要的是，大宝品牌的知名度和美誉度都相当不错；其次，大宝产品定位低端，在二三级及农村市场拥有良好口碑，强生主要产品定位中高端，渠道网络也集中在大中城市，大宝在中小城市及农村市场的健全渠道网络，正好与之形成渠道互补。并且，中小城市及农村市场由于中国特有的国情，外资自有品牌目前还较难介入。借道大宝，强生可以更迅速、更有效地开拓中小城市及农村市场；第三，大宝的终端资源相当丰富，它在全国拥有 350 个商场专柜和 3000 多个超市专柜。如此庞大的终端资源，不论是让大宝继续沿用，还是"曲线变脸"，铺上强生旗下其他品牌与产品，都是一笔巨大的市场财富；第四，因为强生是全资收购大宝，拥有了对大宝品牌及其他资源的绝对支配权，也就从根本上避免了各种可能的问题纠纷。强生整合大宝的过程，将变得更加顺畅。

2.3 演绎品牌多元化

在全球，强生是以总公司与子公司分权模式闻名，在强生母品牌下，强生拥有几十个子品牌，涉及医药产品西安杨森即为其旗下企业、医疗器材及诊断产品、消费品及个人护理产品等几大行业。而在化妆品行业，强生拥有强生婴儿、可伶可俐、露得清等多个品牌，新近又添加了大宝。

针对强生母品牌在中国认知度不强的窘境，强生在成为北京奥运会赞助商后，有意加强了强生母品牌的感性传播，以图与旗下子品牌产生更紧密的品牌联系。"强生：因爱而生"的品牌理念推广三年来，强生品牌的满意度提高了两倍，强生母品牌影响力的增强，也有力地带动了旗下子品牌的协同发展。

大宝并入强生之后，强生旗下化妆品类品牌形成了更为完整的品牌体系。强生婴儿主要针对婴幼儿护理市场，可伶可俐则立足祛痘等功能性化妆品市场，露得清定位于中高端护肤化妆品领域，大宝则面向中低端、大众化妆品市场。四大主力化妆品品牌互为补充，可以最大限度地覆盖各大护肤化妆领域，形成品牌发展的合力。

至于大宝将何去何从，外界也有不同的预测。强生曾表示：作为深受中国消费者欢迎的品牌，大宝的品牌将保留，原有的产品线暂时也不会发生变化。

从种种迹象来看，强生收购大宝并不是看中大宝的品牌，而是看中大宝在二三线市场强大的营销网络。因为，渠道下沉已经是化妆品行业不争的事实，欧莱雅、宝洁等跨国日化巨头都已经紧锣密鼓地向中小城市甚至农村进军。强生在中高端及一线城市的争夺中，已经稍逊一筹，自然不想再失去二三线市场与中低端化妆品领域的话语权，借道大宝在二三线市场强大的营销网络，会极大地加快强生渠道下沉的进程。

因此，强生可能会两条腿走路。一方面，暂时保留大宝品牌"静观其变"。但是，如果大宝品牌依然延续整合前逐渐衰退的态势，强生很有可能会像其他跨国日化巨头收购本土品牌那样，将大宝"雪藏"。因为，强生清楚地明白：让一个老去的品牌复兴，远比打造一个新品牌困难得多、也复杂得多；另一方面，强生可能会借助大宝的中低端市场营销网络，推出更多的大众日化产品。因为，强生拥有长达百年的全球研发和品牌推广的经验，强生进入中国二十余年，对中国消费者的了解程度也相当自信。不管具体方式和策略如何，强生一定会抓住整合大宝的契机，丰富自己的大众日化产品线，在中低端市场及二三线城市展开更凌厉的攻势。大宝不是强生旗下的第一个子品牌，也不会是强生品牌体系中最后一个子品牌。西安杨森也好，大宝也罢，强生在华采取的一系列营销举措，目的是与其全球的战略定位一脉相承，那就是构建多品牌、多元化、全方位发展的健康护理用品企业集团。

3 尾声

多元化可以帮助企业扩大生产经营规模，降低成本费用，强生通过并购大宝，企业规模得到扩大，形成了有效的规模效应；这次收购帮助强生提高了市场份额，提升了行业战略地位，收购大宝之后，强生在日化品方面的市场份额能过得到迅速提高；实施品牌经营战略，提高企业的知名度，以获取超额利润。品牌是价值的动力，同样的产品，其至是同样的质量，名牌产品的价值远远高于普通产品。并购有效提高了强生的品牌知名度，提高了企业产品的附加值，获得了更多的利润。为实现公司发展的战略，通过并购，强生取得了大宝的管理经验，经营网络等各类资源，并购活动收购的不仅是企业的资产，而且获得了被收购企业的人力资源，管理资源，技术资源，销售资源等。这些都有助于强生整体竞争力的根本提高，对公司发展战略的实现有很大帮助。强生并购大宝，是一条非常精明的计策，是一项深思熟虑的战略尝试。

案例使用说明

一、教学目的和用途

1. 本案例主要用于企业发展战略中多元化战略的教学，指导学生直观、系统地认识多元化战略，并通过文章的阅读，找出强生集团成功的经验，采取多元化战略的关键点。

2. 本案例主要适用于医药管理类学生的教学。

二、启发思考题

1. 多元化战略对于企业自身有什么要求？试结合强生的案例具体说明。

2. 强生多元化经营的实质是什么？有何利弊？

3、多元化一般分为哪两种，强生采用的是哪一种多元化形式？

4、与强生类似，三九集团同样是医药行业多元化的典型代表，然而，三九集团的多元化战略却以失败告终，试比较这两家公司战略的异同。

5. 结合企业的实际经营情况，分析本案例传达的经验和启示

重庆桐君阁大药房巧用 SWOT 分析

摘要：重庆桐君阁大药房连锁有限责任公司是全国首批首家通过国家 GSP 认证的药品零售经营企业和首批跨省经营的大型药品零售连锁企业。在它成长壮大的过

程中，SWOT 分析方法的正确运用为企业的发展指明了方向，企业通过对内部优势、劣势，外部环境机会、威胁的分析，终于找到了自己的战略方向。

关键词：桐君阁大药房；SWOT ；战略抉择

引言

"中华老字号"百年品牌桐君阁始建于 1908 年，1998 年与太极集团资产重组成为太极集团商业发展战略平台。桐君阁大药房秉承发展中药特色经营、弘扬国粹的理念不断创新，率先在各大药房中医馆开展用药咨询、名医诊治、四季养生、代客熬药等服务；率先在全国探索村级药品专柜之路；率先在重庆市引进社区自动售药机等。它不断改革创新，为广大顾客提供更周到的服务，让"桐君阁"这块百年金字招牌散发出亮丽的光辉。

1 企业发展及现状

重庆桐君阁大药房连锁有限责任公司是全国首批首家通过国家 GSP 认证的药品零售经营企业和首批跨省经营的大型药品零售连锁企业。2010 年，桐君阁大药房已拥有分店 7506 家，位列全国第一，销售排名全国第二。桐君阁大药房先后获得了"中华老字号"、"中国商业名牌企业"、"重庆市放心药房"、"山城百店无假货示范店"、"百姓最满意的五星级药房"等荣誉称号。

2 重庆药品零售连锁的发展情况

目前我国药品连锁零售格局大体上四种类型连锁药店并存：平价连锁药店、全国性连锁药店、跨区域连锁药店和本市连锁药店。

与全国其他地方相比，重庆医药商业格局有其突出的特点，即国有药品零售企业已取得压倒性胜利。重庆市最大的两家医药公司分别为桐君阁及和平药房，主营大厂家、大品牌的药品。在民营医药公司方面，则有昌野、时珍阁、福利、全兴、万和、全发等。2008 年底，位列重庆民营连锁药店次席的双叶药房因经营不善，被重庆金冠科技公司接管，此时，距曾经的"老大"时珍阁拍卖刚刚过去一年。

中国药店百强排行榜自 2001 年以来已连续发布了 8 期，其中 2005 年是重庆市企业上榜最多的一年，除桐君阁与和平药房两大巨头外，还有双叶、康济、昌野、时珍阁 4 家民营药房上榜。在此前后，双叶药房曾以 665 家门店的成绩排名第 8，时珍阁曾在 2006 年排名第 30 位，全发、麦克等民营企业也曾以 500 多家和 600 多家连锁店数量榜上有名。而 2008 年中国药店排行榜上，桐君阁与和平两大"巨无霸"榜上有名的同时，重庆民营药房全军无一上榜，集体交了"白卷"。

第八章

企业战略管理

表 8 - 1　重庆主城区主要连锁店的优劣势

竞争品牌	优势	劣势
桐君阁	信誉度、中药特色、质量、专业服务	价格、服务态度
和平	品牌、新特药、质量、品种齐	价格、收银速度
万和	价格因素、交通便利、服务态度	专业技术、品种
全兴	价格、促销、交通便利	质量、专业服务
健之佳	购物环境、交通便利、收银速度	医保、药品品种、额外服务
华博药房	广告品种、价格因素	专业服务、质量、服务态度

2008 年重庆桐君阁大药房连锁公司销售总额为 20.5 亿元,同比增长 2.8 亿元,增幅为 15.82%,门店数 6010 家,同比增长 402 家,增幅为 7.16%。从各分公司销售数据分析,虽然均为正数,但部分门店仍处于亏损状态。

3 桐君阁大药房连锁公司发展的外部机会

3.1 市场扩容

中国拥有世界最大的健康消费市场。中国人口基数庞大,但人均药品消费仅为日本的 1.6%,美国的 2.3%。中国有望成为全球第五大处方药市场。预计未来 30 年间,中国医药卫生费用占 GDP 比重将上升至 9%,尤其是,2008～2020 年期间,受医改驱动,市场表现出较高的成长性。随着人们生活水平逐年提高,身体健康问题逐渐摆在居民消费的重要位置。而医药是作为预防疾病、健康身体最重要的保障品,将会有巨大的消费市场。

3.2 相关政策扶持

"以药养医"机制导致的不合理用药和药价虚高,使许多老百姓看不起病。胡锦涛总书记在十七大报告中明确提出"医药分开"后,各地也准备采取措施进行探索,医药分家势在必行。同时,随着医药分销领域的对外开放,为了促进我国医药零售业特别是医药连锁企业的发展,国家有关部门出台了一系列产业扶持政策。例如,在《全国连锁经营"十五"发展规划》中提出了要促进建立 10 个左右国内外知名的、拥有网点超过 1000 个以上的医药零售连锁企业的目标;国家经贸委将把医药连锁企业的物流配送中心建设、信息化建设等,列入国债贴息项目给予重点支持。从政策上来看,国家是鼓励企业做大做强的。

3.3 医保人群覆盖面加大

截止 2012 年年末全国参加城镇职工基本养老保险人数 30379 万人,比上年末增加 1988 万人。其中,参保职工 22978 万人,参保离退休人员 7401 万人。年末,2566 个县(市、区)开展了新型农村合作医疗工作,新型农村合作医疗参合率 98.1%;1-9 月新型农村合作医疗基金支出总额为 1717 亿元,受益 11.5 亿人次。

3.4 中药行业迎来发展新机遇

新医改方案中提到，要充分发挥中医药在医疗服务中的作用。其中还特别强调"坚持中西医并重"，把中医药作为推进医疗卫生体制改革的重要组成部分。中医药的养生保健、预防疾病等独特的核心价值契合了新医改的发展战略思路，为中医药的持续发展创造了前所未有的机遇。已公布的国家基本药物目录中有一半品种是中成药和中医药，而且在医保报销比例上明显高于其他的药品。

4 桐君阁大药房连锁公司外部威胁

4.1 地方保护，影响跨省连锁经营的发展

由于国家宏观政策等主客观因素，医药零售行业在发展中遭遇区域分割和地方保护主义壁垒、连锁经营规模不经济、发展资金缺乏等经营困境。如重庆桐君阁大药房连锁公司在成都只能叫"太极大药房"，而到了绵阳只能冠以"天诚大药房"的名称，这些方面体现出各地在医药整合竞争中设置了障碍。

4.2 部分地区拆迁，造成药店数量减少

近年来，重庆大兴土木，政府对江北、沙坪坝等区域进行拆迁改建，造成桐君阁直营网点急剧减少，江北片区所有自有药店均为租赁店，租金奇高。在政府对重庆解放碑八一路拆迁涉及的路段中，渝中区一个年销售上千万的大店也在范围中。

4.3 外地同行进入

自药品零售市场开放以来，云南健之佳、一心堂、中外合资的美信药房、中联大药房、同仁堂、德仁堂在重庆生根，并已形成气候。2006 年外国资本开始进入国内医药连锁企业，经过国家宏观调控的梳理，医药零售市场已突破 1000 亿元规模，外资企业进入中国医药零售行业势不可挡。

4.4 医保定点困难

根据最新的政策，医保定点药店要求新开店面积不得低于 $60m^2$，且周边 500 米内不得有药房。这在药店集中度极高的重庆，除了不成熟社区，几乎无法新开医保店。但在不成熟社区，就意味着 1~2 年的预亏，对于桐君阁这种大型国企不可能承受这样的预算，而云南健之佳的预亏时间则长达 5 年。

4.5 国家信贷政策相对较紧

由于国家银根紧缩，商业贷款还了之后再行借贷十分困难，且借贷不再实行信用担保，只能用实物担保，加重了企业的负担。

4.6 质量问题困扰

从 2007 年以来，中国医药行业不断遭受药品质量问题困扰，"鱼腥草事件"、"欣弗事件"、"齐二药事件"等医药行业的重磅地震之后，约束了企业的生产行为，这在一定程度上促进了医药企业的健康发展。可是 2012 年的毒胶囊事件说明我国的

医药行业并不健康，不禁让人担心未来中国医药行业的发展前景。

5 内部资源优势

5.1 品牌优势

桐君阁创建于清光绪34年（公元1908年），开业后桐君阁在产品质量和疗效上狠下功夫，受到了广大商客的信赖，自此民间便流传着"北有同仁堂，南有桐君阁"的说法。桐君阁在重庆本地有很高的知名度，是其他企业不可复制的资源优势。

5.2 中药特色经营

桐君阁以中药起家，中药专业人员都有传帮带的老传统，"中药为本"的思想意识也深植于桐君阁人脑海中。因此在中药特色经营上，无论在渠道还是人员上桐君阁都有得天独厚的优势。

5.3 产业链完整，利于自营品牌发展

桐君阁连锁公司是桐君阁股份公司全资子公司，上有太极集团和桐君阁的制药产业支持，中间渠道有重庆批发公司和成都西部，两者均为川渝医药批发调拨巨头，下辖成都太极大药房、绵阳天诚大药房、重庆桐君阁大药房、重庆西部药城等。

5.4 政府扶持

桐君阁是国有控股的大型企业，自建国以来，一直是重庆市两家"国家医药储备定点单位"之一。在2003年的非典战役中，桐君阁配合政府承担了稳定药品价格，保证药品供应的重要工作，并率先推出"抗非典"饮片配方，稳定了老百姓的不安情绪。

6 内部资源劣势

6.1 传统经营方式导致毛利率低

我国医药连锁行业长期以来运行效率低下。2008年，行业十强近两成利润不足1%，费用率达到6.84%。传统的药品利差已在多次价格战中消失殆尽，受金融危机的影响，向厂家要费用也越来越难，即使是在百强中，也有相当一批企业在亏损与微利的边缘挣扎。如不能及时改变盈利模式，百年桐君阁将不复存在。

6.2 资金链相对紧张，库存结构不合理，缺货问题较为突出

由于银行信贷困难，桐君阁连锁公司资金较为紧张，且库存结构不合理，造成缺货问题突出。

6.3 人力资源不能满足公司发展要求

由于桐君阁是老国企，人员负担较重，加之国有企业人员工资普遍不高，近年来，流失到民营企业的骨干人员不在少数。且药品实行分类管理以后，对从业人员专业技术水平的要求提高，加之门店发展较快，人员数量和质量均不能满足要求。

6.4 物流制约

物流配送大部分还是人工操作，没有最大限度利用电脑整合资源（如合理设定安全库存、采购批次等），因此造成配送费用高、配送效率低，且准确度也较差。

7 SWOT 分析

7.1 桐君阁大药房连锁公司战略分析

下面将通过 SWOT 分析法来推演桐君阁大药房连锁公司的发展战略。

SWOT 分析是一种识别企业内外部环境间相互作用的分析技术。企业都不可避免地面对 4 种因素：外部环境中的机会与威胁，内部环境中的优势与劣势。其中，S 代表企业内部的优势（strengths），W 代表企业的劣势（weaknesses），O 代表企业外部的机会（opportunities），T 代表对企业的威胁（threats）。这 4 种因素在市场中处于动态运动状态，其重叠或离散，都会给企业带来战略机遇，也会带来一定的威胁。其中，主要有 4 种不同组合（表 8 - 2），其对企业生存和发展都会产生一定的作用和影响。

表 8 - 2　四种不同的战略组合

	优势 S： 1. 品牌是不可复制的资源 2. 中药特色经营 3. 产业链完整，有利于工商一体化（纵向一体化） 4. 政府扶持	劣势 W： 1. 基础设施不完善 2. 资金链紧张，库存结构不合理 3. 人员紧缺 4. 物流配送效率低、费用高 5. 经营毛利低
机会 O： 1. 市场扩容，发展潜力大 2. 政策扶持 3. 医保人群覆盖面加大 4. 中药行业发展新机遇	SO 战略： 1. 利用桐君阁的品牌优势，加大宣传和推广，强化百年品牌。 2. 在集团公司工业企业的支持下，做好底价代理 3. 加快市场占领 4. 抓好中药特色，避免同质化经营	WO 战略： 1. 完善基础建设，提高物流效率 2. 加快人员的培养和储备工作，建立合理的薪酬制度 3. 调整库存，加快资金周转率 4. 调整经营模式，加强中药特色化经营，提高经营毛利 5. 加快加盟店发展，减少使用公司自有资金
威胁 T： 1. 地方保护主义较强，造成省外发展不理想 2. 政府拆迁，直营网点减少 3. 医保定点困难 4. 国内外竞争者进入 5. 医药行业质量问题堪忧	ST 战略： 1. 保证经营品种质量，保证药店信誉度 2. 争取政府支持，多发展医保定点药店，并用实物抵押等方式要求银行加大信贷力度 3. 调整经营结构，找出差异化盈利模式，大力发展中药，扩大经营上的特色化和差异化 4. 采取整体收购或者联合冠名等多种方式，加快门店发展，打破跨省发展的壁垒	WT 战略： 1. 调整库存结构，保证品种安全库存 2. 重视质量安全 3. 加快医保定点步伐 4. 改进物流配送系统，降低费用、提高效率 5. 提高管理水平，开源节流，提高单店运行质量

7.2 桐君阁大药房连锁公司战略模式比较及选择

以上四种发展战略是在分析桐君阁大药房连锁公司内外环境的基础上, 针对不同的特点和企业现状得出的, 主要区别如表 8 - 3 所示。

表 8 - 3   四种发展战略模式比较

战略模式	目标	目标实现方式
SO 模式	强化品牌, 扩大公司规模	采用进攻性行动、注重宣传, 增加门店数量, 抓好中药特色, 促进企业发展
ST 模式	提高服务建立赢利模式	采用进攻性行动, 保证经营质量, 进一步扩大差异化经营
WO 模式	提高竞争能力	提高管理水平, 进行差异化经营
WT 模式	强化自身管理, 提高生存能力	采用防御性行动, 降低费用, 保证生存

由表 8 - 3 可以看出: 四种战略的目标和目标实现方式存在着一定的差异。四种战略的方向是一致的、目的是相同的, 都是以发展为导向, 以规模和效益来谋求企业的生存与发展。如果单独使用某一种战略, 只能实现公司的单个目标, 不利于企业长期发展。因此, 应该有选择、有侧重地采取综合战略, 既要充分发挥优势, 又要最大限度地利用环境提供的机会, 从而保证公司营销战略目标的实现。根据公司内、外部条件评价, 结合四种战略模式的特点, 桐君阁以 SO 战略和 ST 战略为主, 同时结合 WO 战略和 WT 战略。通过 SO 战略来迅速增加公司规模, 以促进企业发展; 通过 ST 战略来寻找公司的差异化盈利模式, 提高公司竞争能力; 将 WO 战略和 WT 战略综合起来, 改进公司内部资源的不足, 以适应市场竞争, 提高公司生存能力。

8 尾声

在为将来做计划时, 确定企业的能力和资源代表的是可利用的优势还是劣势, 这一点是很重要的。成功的决定因素指的是那些公司成功所必须具备的能力和资源。把这些与成功的决定因素放在一起, 就可以形成一个表格, 它反过来可以为管理者做一下比较。自己企业的能力和资源与行业中重要的能力和资源的比较, 这将有助于让管理者识别出公司目前的优势与劣势。任何一个企业在发展过程中都会遇到各种各样的问题, SWOT 分析法提供了分析的框架, 这一方法注重三个要素: 目标、外部环境、内部条件, 它是一种非常简捷明了的方法。通过内部与外部之间的比较, 重庆桐君阁确定了企业应该实施什么样的战略, 这在其今后的发展道路上, 将发挥举足轻重的作用。重庆桐君阁是百年品牌, 有着其他企业无法复制的优势, 在面临未来医药市场的扩容及中药行业的新机遇, 桐君阁大药房必须要克服内外部困难, 才能找到属于自己的发展之路。

一、教学目的和用途

1. 本案例主要用于企业发展战略中 SWOT 分析的教学，指导学生直观、系统地认识品牌延伸战略，并通过文章的阅读，找出桐君阁集团 SWOT 分析成功的经验，并尝试在解决问题中使用 SWOT 分析。

2. 本案例主要适用于医药管理类学生的教学。

二、启发思考题：

1. 什么是 SWOT 分析？

2. 使用 SWOT 分析方法的步骤有哪些？请结合文章具体阐述。

云南白药品牌延伸战略

摘要：品牌延伸（Brand Extensions）是指企业将某一知名品牌或某一具有市场影响力的成功品牌扩展到与成名产品或原产品不近相同的产品上，以凭借现有成功品牌推出新产品的过程。对于企业的决策层而言，审慎地布局品牌延伸是一个事关企业生存和发展的重大问题。本案例介绍了云南白药公司成功的品牌延伸实践，讲述了云南白药公司从小小的创口贴蔓延到庞大的日化市场的过程，这一有价值的经验，可为企业的决策管理层提供参考。

关键词：云南白药；牙膏；品牌延伸

引言

云南白药这个品牌，既有中医药文化的内涵，又是传统中药与现代生活完美结合的典范，同时能够兼容人类最新的医药科技和医药成就。云南白药，在坚守"药"这个根本的同时，不再拘泥于传统意义上的、与"病"相对应的"药"的范畴，而是不断进行跨界拓展。试水和涉足涵盖医疗卫生、营养保健、健身休闲、健康管理等多个与人类健康紧密相关的生产和服务领域。

"云南白药"商标于 2002 年 2 月被国家工商行政管理总局商标局评为中国驰名商标。2011 年 9 月 15 日，国际领先的综合性品牌战略顾问和设计公司 Interbrand 在2011 年夏季达沃斯论坛期间揭晓"2011 最佳中国品牌价值排行榜"，云南白药从2010 年的第 30 名跃居到第 27 名，品牌价值为 58.77 亿元，品牌价值增长了 54%。如今，云南白药已经不再仅仅以一种药的形式出现在我们的视线中，而是活跃在从创口贴，到日化产品的更加广阔的产品领域，实现这一切，云南白药经历了一段复杂的可圈可点的品牌延伸历程。

1 企业发展及现状

云南白药集团股份有限公司，前身为成立于 1971 年 6 月的云南白药厂。经过 30 多年的发展，公司已从一个资产不足 300 万元的生产企业成长为一个总资产 76.3 亿多，2011 年底，公司市值达 368 亿元，是 1993 年上市之初的 135 倍，稳居医药类上市公司之首。经营涉及化学原料药、化学药制剂、中成药、中药材、生物制品、保健食品、化妆品及饮料的研制、生产及销售，糖、茶、建筑材料、装饰材料的批发、零售、代购代销，科技及经济技术咨询服务，医疗器械（二类、医用敷料类、一次性使用医疗卫生用品），日化用品等领域的云南省实力最强、品牌最优的大型医药企业集团。公司产品以云南白药系列和田七系列为主，共十种剂型七十余个产品，主要销往国内、港澳、东南亚等地区，并已进入日本、欧美等国家、地区的市场。

2 云南白药品牌延伸的历程

2.1 云南白药从创可贴起步

在严酷的市场竞争条件下，即便是云南白药这样一个响当当的品牌，也曾遭遇过挫折。20 世纪 90 年代以前，云南白药公司的主打产品还是传统的散剂，其核心功效是止血，可就在这个强项上，云南白药也摔了跟头。1992 年，强生公司的邦迪创可贴进入我国市场，由于它简单易用，满足了消费者内在的需求，在短短几年的时间里，中国快速止血市场上，到处都是邦迪创可贴，云南白药公司散剂的身影逐渐消失。

痛定思痛，云南白药公司开始觉醒：在市场竞争的条件下，如果不进行品牌延伸，无异于慢性自杀，不仅现有的局面难以维持，而且老的品牌地位也会被竞争对手蚕食，直至丧失。从 90 年代末期开始，云南白药公司开始有意识地围绕其传统的白药生产线大做文章，实施品牌延伸策略。

几年之后，云南白药毫不费力地在邦迪身上撕开了一条火辣辣的大口子，邦迪终于发现，在中国每年 5 亿元的小创伤护理品市场上，有近一半市场份额将不得不拱手让给云南白药。到 2007 年，云南白药创可贴的销售额已经从 2001 年的 1000 万元飙升至近 2 亿元，短短几年间，云南白药创可贴已经成为与邦迪并驾齐驱的创可贴市场第二大品牌。

2.1.1 邦迪的独角戏

20 世纪初，美国强生公司的一名员工埃尔·迪克森将粗硬纱布和绷带粘合在一起，发明了一种外科轻微创伤用快速止血产品，公司将它命名为 Band - Aid（邦迪）。邦迪创可贴实际上是由具有弹性的纺织物与橡皮膏胶粘剂组成的长条形胶布。

中国人在肢体受到轻微创伤时有一个习惯，就是喜欢用嘴将伤口一吸或者干脆扯一根布条将伤口简单包扎一下。强生公司从中嗅到商机，随即将邦迪创可贴投放中国市场，这个方便实用的小发明，由于符合中国人对小伤口的护理习惯，一举占据了中国小创伤护理市场的半壁江山，到 2001 年，邦迪创可贴累计销售超过 1000 亿片。

事实上，在邦迪来到中国之前，中国的小创伤护理市场一直由云南白药散剂占据着，白药散剂虽然不能为云南白药带来巨额利润，但这个有着近百年历史的名牌产品足以让云南白药日子过得滋润而富足，但这种惬意的好日子在遭遇强生公司后便不复存在。经过邦迪连续多年的精心布局，此时的云南白药散剂，一度在各大城市的药店中鲜见踪影。

邦迪的成功意味着"小胶布"止血市场有着巨大的空间，这也是市场上不断有新的创可贴产品纷至沓来的原因所在。遗憾的是，在传统观念里，创可贴始终被看作一种同质化消费品，是被认定为"不可能作出花样来"的商品。认知高度，决定了竞争的高度，在邦迪"垄断"中国市场的同时，绝大多数中国创可贴品牌都在追逐模仿邦迪的产品形式，只是为了在邦迪做大的市场蛋糕上获得一点分食的机会，价格战毫无悬念地成为各个品牌争夺市场的唯一选择。于是在中国市场上，创可贴品牌杂乱，产品雷同而缺失个性，仅有的一点差异，无非是多了几个消费者根本记不住的生产企业名称而已。

2.1.2 借助品牌的差异定位，白药颠覆创可贴市场

在以邦迪为主导的创可贴市场竞争中，邦迪和创可贴几乎成为一个捆绑，在消费者的心目中，创可贴就是邦迪，邦迪和创可贴紧密联系在一起。既然消费者将邦迪和创可贴捆绑在一起，形成了一个概念认知链，那么要想在同质化的背景下破局，云南白药创可贴就必须打破邦迪设定的产品概念认知链，避开邦迪传统的竞争优势元素，构建自己的竞争优势。

云南白药很快发现在消费者的认知领域中邦迪创可贴实际上等于一条胶布，那就好办了，云南白药就可以由此进行认知的切割，进行概念再造。云南白药创可贴是"含药"的创可贴，这样就在整个行业里，建立了一个新的认知规范。当这种认知范式建立之后，云南白药创可贴的产品定位马上就可以提炼出来了。

邦迪创可贴的确有其致命"死穴"，严格说来，它不是药，仅仅是一块应急的小胶布。而白药是药，胶布和药的界限相当清晰，泾渭分明，这恰恰为云南白药抗衡邦迪提供了一个机会：为"胶布加点白药"，"从无药到有药"，将"含药"作为市场突破点，对产品进行差异化定位，云南白药创可贴与邦迪的核心差异立刻显现出来。产品差异化定位，这个历久弥新的钻石法则为云南白药创可贴带来的是巨大的竞争优势。

2.1.3 开辟新战线，迅速分割市场

云南白药创可贴以"含药"作为与邦迪相区别的产品差异点，这就使得白药创可贴以极短的时间在消费者心目中获得了一个据点，在毫无竞争优势的情况下，凭借"含药"概念迅速占据既能止血又能消炎、止痛这块凭空分割出来的战略高地。

如果从正面进行竞争，云南白药几乎没有抗衡邦迪的可能性。云南白药创可贴的"含药"定位，避开了与邦迪发生正面冲突，这样的错位竞争手法有其高明之处。

帮助白药创可贴开辟"新战线"，完全颠覆了邦迪主导的游戏规则，使得云南白药无须在传统的创可贴市场上与邦迪白刃相见，而是构建了一个创可贴新品类，而且这个新品类的竞争规则，自然是由云南白药主导的，邦迪如果想在这个新品类市场上有所作为，将被消费者视为模仿者、学习者。而颇有绅士风格的邦迪如若甘心追随，显然是自毁形象。

2.1.4 借势成名，以强治强

在产品竞争中，一种产品的优劣是用另一种产品来进行对比衡量的。创可贴是一种实用性产品，虽然邦迪的诉求是快速止血，站在了第一需求的层面。但从严格意义上讲，邦迪创可贴并不是一种治疗外科创伤的药品。

云南白药恰恰找到了邦迪的最薄弱环节，"给邦迪加点白药"，这无疑是告诉消费者，白药创可贴是"含药"的创可贴，不是普通胶布，仅凭这一点云南白药创可贴就站在了邦迪的肩膀上，邦迪在小创伤市场多年来殚精竭虑的打拼，瞬间变成了为"含药"、创可贴"打工"。云南白药借用强生公司奠定的市场基础，结合白药更明显的疗效，轻而易举地实现了"借势成名，以强制强"的竞争目的。

2.1.5 替代效应

在云南白药没有提出"含药"概念之前，因为没有参照物作对比，消费者并未意识到邦迪只是一块临时救急的小胶布。云南白药推出"含药"概念的创可贴，让消费者恍然大悟：原来能止血不等于能治疗伤口。顷刻间邦迪的优势就变成了短处。

事实上，云南白药的止血、消炎功能早已为中国消费者所熟悉。"含药"概念一经提出，白药创可贴的优势、特色、风格马上就凸现出来了，在不含药占了绝对优势的小创伤护理产品中它卓尔不群，一说起治疗小伤口就离不开它，而且以天下第一的形象呈现在世人面前。

2.2 进军日化行业

随着公司的发展，云南白药公司发现日化行业有较高的利润率，而且通过日化行业可以非常有效地进行品牌延伸，扩展公司的业务范围。

基于此，云南白药公司强势进入了日化行业。其实早在 2003 年云南白药公司就有意识地进行了布局。这一年的云南白药股东大会上，通过了"在营业范围内增加食品、日化用品内容"的《公司章程》修改议案，这为云南白药公司进军日化行业作出了规划。2004 年，在一片质疑观望中，云南白药牙膏被开发出来，投向牙膏的高端市场。令业内人士大跌眼镜的是，在竞争高度激烈的高端牙膏市场，云南白药公司硬是抢占了相当大的一部分市场份额，和传统的高端牙膏巨头（佳洁士、高露洁和中华）鼎足而立。正如云南白药董事长王明辉所言："对于云南白药而言，无论进入哪个领域，产品只是一个载体，其中所蕴涵的白药活性成分及其所具备的独特功效才是云南白药的真实卖点。"这就是云南白药品牌延伸的核心实质！在牙膏市场，云南白药还在不断推出各种新型牙膏，以满足不同的细分市场，拓展品牌延伸的广度和深度。

云南白药牙膏由云南白药活性成份、高档硅磨料、高级洁净剂和润湿剂组成。

云南白药牙膏是以牙膏为载体，借鉴国际先进口腔护理、保健技术研制而成的云南白药口腔护理保健产品。它的产品类型是保健品。"云南白药牙膏内含云南白药活性成份，具有迅速抵制牙龈出血，修复口腔溃疡，改善牙龈肿痛，祛除口腔异味的作用，同时具有防止牙龈炎、牙周炎、牙龈萎缩等问题的作用"。这是该款牙膏的广告语，正是这一与品牌密不可分的独特定位，给了云南白药在竞争激烈的牙膏红海中一份新的生存空间。

根据云南白药牙膏营销全案策划，云南白药牙膏目标消费者是白领，口腔问题人士，特殊人群，包括心脏病、高血压、糖尿病等患者。

云南白药以往的销售渠道大多集中于药店，相对于普通的日化企业，云南白药对药店有着熟悉度高、资源广、消费者心智成熟的优势，这些都有利于专业性的品牌建设。云南白药牙膏上市之初，在销售方面采用了"药店＋商超"模式。从药店渠道转到日化渠道，在树立专业性的云南白药品牌时，兼顾到了普通消费者的购买习惯。

云南白药牙膏以牙膏作为载体，将云南白药用于口腔保健，使白药的功效在牙龈、口腔等软组织发挥其独特功效。辅以云南白药百年的品牌力，云南白药牙膏区隔出了一个不同于普通牙膏的新品类——非传统口腔全能保健牙膏，这就是云南白药牙膏的品牌定位。依靠这个独特的定位，云南白药牙膏迅速撬开了市场。

此外，云南白药公司还开发了沐浴露、洗发水、"鞋爽"气雾剂、"车爽"气雾剂等产品。这些不断推出的新产品既丰富了云南白药日化产品线，也能够在整体上实现较强的产品销售协同效应，达到品牌延伸的目的。

3 云南白药品牌延伸的经验

云南白药成功进行品牌延伸的案例告诉我们，实施品牌延伸策略应重点把握以下几个方面：

（1）既有品牌的支持

既有品牌的支持主要体现在既有品牌强势度的支持上。既有品牌的强势度是决定能否进行品牌延伸的最关键因素。一个公司要想成功地进行品牌延伸，其既有品牌必须在广大的消费者中有相当强的美誉度和知名度。既有品牌的知名度、美誉度和定位度是影响既有品牌强势度的三个关键性指标。云南白药在品牌强势度方面绝对在全国企业中屈指可数，这正是其品牌延伸战略成功的重要基础。

（2）既有品牌与延伸产品的相关性

一般来说，延伸产品与既有品牌的相关性越高，品牌延伸也越容易成功。这种相关性主要体现为产品核心价值的相关性和消费者认知的相关性两个方面。

第一，品牌核心价值的相关性。

如果既有品牌和延伸产品的核心价值的相关性越高，那么延伸产品越容易借鉴既有品牌的研发、生产及营销等方面的有效资源，受众接受新产品也越容易。比如，云南白药公司生产的创可贴是依托云南白药的核心价值进行延伸的，在这种品牌延伸中，白药的核心价值——"高效止血"被传导到创可贴的"止血"功效上，与此同时，云南白药创可贴的成功又转过来增强了既有品牌"高效止血"的核心价值。两者相互作用，构成了良性的循环互动，取得了很大的成功。

第二，消费者认知的相关性。

如果消费者对延伸产品的认知和对既有品牌的认知的相关性越高，那么，既有品牌对消费者的优势就越容易渗透到延伸产品中去。从这个角度来看，云南白药的系列延伸产品基本上都继承了云南白药"高效止血"的功效，消费者可以很容易地从延伸产品上找到和既有品牌——云南白药的一致性，他们对这两者的认知有高度的相关性。在这种高度相关性的基础上，云南白药公司的品牌延伸就功到自然成了。

（3）延伸产品的市场定位

延伸产品要想在竞争激烈的市场中立足，单靠既有品牌的支持还是不够的，它还必须有明确的市场定位，能够有效地利用既有品牌传导过来的优势效应激发目标市场消费者的购买欲望。这种市场定位一般是差异化的，比如，云南白药牙膏的市场定位：非传统的、生物功效型的和高端的牙膏。这个市场定位跟其既有品牌"白药"的特性密切相关，因为白药能够治疗牙周炎、牙龈炎等牙病，而且云南白药还能够很好地保护牙龈、促进毛细血管再生，把具备治疗和保健双重功效的白药用于牙膏这个载体就形成了云南白药牙膏。此时的牙膏就具备了和市场上普通牙膏不一样的特质功效，可以成功地和其他品牌的牙膏相区分，并且形成良好的门槛。

4 尾声

目前，云南白药牙膏取得了很大的成功，其差异化定位一方面摆脱了和低端牙膏的价格竞争，另一方面又避开了和强势牙膏品牌的冲突，更重要的是开辟了一块属于自己的细分市场，培育了一大批注重口腔保健的忠实消费者，大大缩短了云南白药牙膏上市的导入期。云南白药牙膏取得了骄人的战绩：目前，云南白药牙膏进入全国牙膏市场销售额前5名，在部分城市仅次于佳洁士和高露洁，排名第三！

案例使用说明

一、教学目的和用途

1. 本案例主要用于企业发展战略中品牌延伸战略的教学，指导学生直观、系统地认识品牌延伸战略，并通过文章的阅读，找出云南白药集团成功的经验，采取品牌延伸战略的关键点。

2. 本案例主要适用于医药管理类学生的教学。

二、启发思考题

1. 分析本案例，云南白药为何采取品牌延伸战略？

2. 品牌延伸的实质是什么？有何利弊？

本章参考资料

[1] 丁玲. 哈药集团实施多元化战略的对策研究 [D]. 哈尔滨：东北林业大学，2011

[2] 毕静. 重庆桐君阁大药房连锁有限责任公司的 SWOT 分析 [J]. 重庆教育学院学报，2009（6）

[3] 郭俊. 风雪前行之 2008 中国日化行业十大营销事件 [J]. 中国化妆品（行业），2009（1）

[4] 黄科. 山德士制药有限公司（SANDOZ）的竞争战略研究 [D]. 长沙：中南大学，2011

[5] 刘迅. 云南白药的品牌延伸 [J]. 企业管理，2011（2）

[6] 云南白药官方网站 http：//www.yunnanbaiyao.com.cn/

[7] 路胜贞. 云南白药智斗强生"邦迪" [J]. 中国品牌，2008（22）

第八章

企业战略管理

第九章

企业文化管理

企业文化，或称组织文化（Corporate Culture 或 Organizational Culture），是一个组织由其价值观、信念、仪式以及处事方式等组成的其特有的文化形象。企业文化具有导向功能，通过它对企业的领导者和职工起引导作用；又具有约束功能，可以通过完善管理制度和道德规范来实现；还具有凝聚功能，以人为本，尊重人的感情，从而在企业中造成了一种团结友爱、相互信任的和睦气氛，强化了团体意识，使企业职工之间形成强大的凝聚力和向心力。企业文化还具有激励功能，共同的价值观念使每个职工都能感到自己存在和行为的价值，自我价值的实现是人的最高精神需求的一种满足，这种满足必将形成强大的激励。现代企业的竞争归根到底是企业文化的竞争，因此医药行业中的各家企业都在不懈地构建独特的组织文化。本章将介绍同仁堂、修正药业、西安杨森以及云南白药的企业文化，这些企业都有着自己独特的企业文化，成为企业全体员工在创业和发展过程中培育形成并共同遵守的最高目标、价值标准、基本信念和行为规范的总和，帮助企业烙下了属于自己的独特符号。

同仁堂：诚信为本

摘要：企业文化即企业"人化"。人是文化的创造者，也是文化的载体。企业中的每一名成员都是一个文化因子，企业文化是由若干文化因子相互结合、互动而成的文化有机体，在文化有机体中每个文化因子都以它特有的方式发挥作用。企业成员从普通员工到企业家，尽管在企业经营中的分工不同，责任和权力不同，但都是企业文化建设的主体，靠自身的实践与创造，推动企业文化的进步与发展。本案例分别阐述了同仁堂文化中的信誉观、质量观、形象观、人才观、激励观和发展观，阐述企业文化因子在同仁堂企业文化形成与发展过程中的地位和作用，进而推动企业文化的进步。

关键词：同仁堂；企业文化；企业价值观

引言

同仁堂是全国中药行业著名的老字号。创建于 1669 年（清康熙八年），自 1723 年开始供奉御药，历经八代皇帝 188 年。在 300 多年的风雨历程中，历代同仁堂人始终恪守"炮制虽繁必不敢省人工，品味虽贵必不敢减物力"的古训，树立"修合无人见，存心有天知"的自律意识，造就了制药过程中精益求精的严谨精神，其产品以"配方独特、选料上乘、工艺精湛、疗效显著"而享誉海内外。

1 企业发展及现状

同仁堂拥有境内、外两家上市公司，连锁门店、各地分店已经遍布各大商场，其有店中店 600 余家，海外合资公司、门店 20 家，遍布 21 个国家和地区，产品行销 40 多个国家和地区。在北京大兴、亦庄、刘家窑、通州、昌平，同仁堂建立了五个生产基地，拥有 41 条生产线，能够生产 26 个剂型、1000 余种产品。全部生产线通过国家 GMP 认证，10 条生产线通过澳大利亚 TGA 认证。按照北京市国有经济"十二五"规划的整体部署，同仁堂集团制定了自身"十二五"发展规划，全力打造首都中医药产业的龙头企业，确定了新的五年发展目标，即"主要经济指标翻一番，零售及医疗网点突破 2000 家，新产品研发上市 300 种，落实四个重点工业项目建设，继续保持五个全国同行业第一，逐步形成六大（二级）专业型集团公司框架"的"123456"计划，真正实现健康、和谐、跨越式发展。

回顾同仁堂走过的岁月，浓厚的文化气息感人至深，可以说同仁堂的历史是文化和经济交相辉映的历史，透过同仁堂浓厚的文化，就可以理解到底是什么使同仁堂跨越三个世纪仍保持青春。同仁堂的企业文化是一个系统而整体的文化，其中包括信誉观、质量观、形象观、人才观、激励观和发展观这几个重要组成部分。在此案例中，我们将一同揭开同仁堂神秘的面纱，仔细看看这家企业浓浓的药香里是什么样的隽永的精神在指引它不断前进。

2 企业核心价值观——同仁堂的文化框架

企业文化是 20 世纪 80 年代初美国学者提出的新理论。日本经济腾飞的经验是企业文化产生的依据，美国管理界在深入研究了日本优秀企业成功的管理经验之后得出结论：要成功地管理一个企业，光靠那种过分依赖数字和定量分析的管理手段和方法，已经远远不够了。成功的关键在于如何吸引企业的全体员工，建立一个共同的目标和价值观念，并把这个目标和价值观念扎根于企业每个员工头脑中，表现为员工的整体精神、共同的价值标准，使企业具有强大的凝聚力和竞争力。

核心价值观在企业价值观体系中处于核心地位，是企业员工最基本的心理契约，是认同度相对较高的价值标准，是企业不变的道德行为规范。企业核心价值观是企业员工的一种心理契约。这里要强调的是，员工进入企业除了无条件地服从公司的规章制度外，还有一个义务就是认同并服从公司的价值观，这就是心理契约。北京同仁堂的"济世养生"，杭州胡庆余堂的"戒欺"，无不体现行业特点，体现了员工的核心价值观。它作为企业最基本的价值判断，对企业的生产、经营、管理、决策和职工个人行为起着指导、规范、约束和激励作用。实践使同仁堂人认识到，只有把优秀的文化传承下来，继承弘扬优秀的文化传统，才能使优秀文化成为推动企业前进的动力。

同仁堂文化具体有六方面内容：同仁堂文化的品质观、信誉观、人才观、形象观、人和激励观和创新发展观。

2.1 同仁堂文化的品质观

形成原因：同仁堂文化品质观形成原因有两个：一个是同仁堂人的自律意识。历代同仁堂人恪守诚实敬业的药德，提出"修合无人见，存心有天知"的信条，制药过程严格依照配方，选用地道药材，从不偷工减料，以次充好。另一个是同仁堂的外在压力。这外在的压力就是皇权的压力，因为是为皇宫内廷制药来不得半点马虎，稍有差池就有可能导致杀身之祸。

品质特色：历代同仁堂人坚持"配方独特、选料上乘、工艺精湛、疗效显著"四大制药特色，生产出了众多疗效显著的中成药。同仁堂在抓质量方面，主要从以下几方面入手：

第一，对职工进行传统质量教育和道德教育。

第二，形成了一整套适应现代化生产需要的质量管理制度，建立了三级质量管理网，实行"质量一票否决权"。

第三，工装、工艺、专业设备及产品质量检测的现代化水平不断提高。

以上的种种措施给同仁堂带来了显著的成果。1989年，国家工商局将全国第一个"中国驰名商标"称号授予了同仁堂，使同仁堂成为迄今为止在全国中医药行业唯一取得"中国驰名商标"称号的企业。同仁堂不仅有"十大王牌"，而且形成了以"十大名药"为代表的系列产品，赢得了国内外人士的广泛赞誉和依赖。

2.2 同仁堂文化的信誉观

同仁堂的创业者尊崇"可以养生，可以济世者，惟医药为最"，把行医卖药作为一种济世养生、效力于社会的高尚事业来做。

历代继业者，始终以"养生"、"济世"为己任，恪守诚实敬业的品德，对求医购药的八方来客，无论是达官显贵，还是平民百姓，一律以诚相待，始终坚持童叟无欺、一视同仁。

在社会主义市场经济的形势下，同仁堂认为诚实守信是对一个企业最基本的职业道德要求，讲信誉是商业行为最根本的准则。

2.3 同仁堂文化的形象观

同仁堂历代传人都十分重视宣传自己，树立同仁堂形象。如：利用朝廷会考机会，免费赠送"平安药"、冬办粥厂夏施暑药、办"消防水会"等。

如今的同仁堂不仅继承了原有的优良传统，而且又为她赋予了符合社会主义时代特征的新内容，主要抓了以下几方面工作：

第一，利用各种媒体进行同仁堂整体形象的宣传；

第二，以《同仁堂》报为载体进行企业内部宣传；

第三，发挥同仁堂文化的作用，用同仁堂精神鼓舞教育员工，明确企业文化建设为党委工作的一条主线；

第四，抓同仁堂 CIS① 形象设计工作，树立同仁堂面向 21 世纪的新形象；

第五，积极参与社会公益事业向社会无私奉献一份爱心。

2.4 同仁堂文化的人才观

同仁堂从创业之初的小作坊发展成为现代化企业集团，始终与发挥人才的作用密不可分。无论在历史，还是在当今，同仁堂都出现过许多既精通医药理论，又善于经营管理的专家型人才。

如今的同仁堂，为各方面的人才脱颖而出创造了条件：同仁堂改革陈旧的用人机制，为各方面人才提供公平竞争的舞台；同仁堂从企业发展实际出发，制定和完善以人为中心的各项政策待遇，达到人才资源的合理运用；同仁堂优先为企业急需的各类专业人才解决住房问题；同仁堂为学有所长，工作业绩突出的各类人员进行培训。总之，同仁堂通过采取种种措施，创造了人才成长的良好环境。

2.5 同仁堂文化的人和激励观

从古至今，同仁堂都有一个非常突出的特色，这就是讲礼仪与重人和。古老的同仁堂突显了"人和"与"亲善"色彩。

如今的同仁堂，继承了历史上讲人和的好传统并把它上升为一种增强企业凝聚力的新内容，从多方面创造出符合现代企业发展的良好环境。

同仁堂强调以关心人、理解人、尊重人为原则；以"人和"为特色；以关心职工的物质文化生活为内容，营造日益改善的生活环境；以塑造企业形象为重点，形成良好的物质环境；以提高职工综合素质为目标，形成特色突出的文化环境。

3 同仁堂企业文化精髓——诚信文化

一个企业不讲究信用，不诚信经营，必然会给国家，给企业造成重大损失，最终使企业无法经营下去。现代企业管理的重要环节，就是要讲究信用、诚信经营、建立诚信至上的企业文化。惟其如此，企业经营才会逐步得到发展，才会树立良好的企业形象。

正如孔子在《大学》中所讲"生财有大道"，"道善则得之"，这个"道"就是市场规律，其核心是道德规范。北京同仁堂 300 多年的经营，市场风雨的实践，社会变革的锤炼，铸就了它诚信至上的企业文化，把诚信渗透在并凝结于企业精神文

---

① CIS：是英文 corporate identity system 的缩写，意思是"企业的统一化系统"。

化的理念之中，进而融合规范，成为企业的行为方式和员工的自觉行动。

创建于清康熙 8 年的北京同仁堂，是具有 300 多年历史的中国的老字号企业。虽然其规模、性质、类型及其产生的历史经济文化背景，都不能与现今世界五百强企业相比拟，其并不是市场经济制度的产物，但作为有代表性的，其知名度和美誉度都是很高的，也是享誉国内外的。同仁堂具有丰厚的鲜明特色的企业文化，而其中最为核心就是"诚信"二字。

同仁堂的店名是创办人乐显扬自己拟定的。他说过："'同仁'二字可以命店名，吾喜其公而雅，需志之"。1706 年出版的《乐氏世代祖传丸散膏丹下料配方》一书，序中写到"遵时令，辨产地，炮制虽繁必不敢省人工，品味虽贵必不敢减物力"。从此"炮制虽繁必不敢省人工，品味虽贵必不敢减物力"这两句名言，便成了"同仁堂"选方、用药、配比及工艺的规范，"同仁堂"三字如同金字招牌世人尽知。之所以如此，这是同它"济世"、"养生"的企业理念，奉行"修合无人见，存心有天知"的精神密不可分的。"济世养生"这四个字，包含了很有特色的文化内涵、人道精神和伦理价值。同仁堂在长期的经营实践中，奉行的正是一种由诚信而构筑的企业文化。"炮制虽繁必不敢省人工，品味虽贵必不敢减物力"炮制讲的是工艺，制作一个小小的药丸，虽然工艺繁杂工序甚多，但不能有一点的马虎；虽然有的药材很贵重，但分量不能有分毫的减少。这两句话又是同仁堂的"堂训"，每一位新进同仁堂上岗的员工都要熟记于心，并注入自己自觉的行动。正是用这样的企业精神、道德规范教育感化了员工，才使同仁堂一直驰名中外，赢得全社会的信赖，成为长盛不衰、久负盛名的中华老字号企业。

诚信文化，是企业立足之本。古今中外，任何企业依靠奸诈的技巧而终成大业者几近为零！当然，在企业的经营过程中，还要讲求策略，但前提是要在营造诚信文化的基础上讲究策略和权谋，策略应不失诚恳、权谋应不失信用。一个企业，要想长期兴旺发达，不能光看眼前之利，更要考虑长远之利；不能一味追求权谋和技巧，更要考虑诚实和信用；不要一味埋怨市场环境不好，也要审视一下自己在广告、策划、包装和经营管理上，对客户、对员工、对消费者、对社会有没有失信之处或有意欺诈。诚信文化为本，策略为用，是企业"长治久安"之道。

有个记者采访了同仁堂的一位选材料的老太太，每年从这位选材料的老太太手中扔掉的药材数以万计，无论那药材多贵重，老太太就是这么严格，这么执着，不合要求的就得扔。曾经有其他企业用 10 倍、20 倍的高薪挖老太太，都被拒绝了。老太太说"你们挖我过去无非就是想提高你们的信誉，但是当我真正要扔掉你们的药材，你们肯定舍不得，只有同仁堂才舍得让我这么做。"另外，记者问老太太，"如果你退休了，同仁堂选材料的事怎么办呢？"老太太介绍了她旁边 40 来岁的男子，这就是她带出来的徒弟。

另外，同仁堂的一大特色是坚持了中医药"师傅带徒弟"、口传心授的传统育人理念，辅以多岗培训、派出进修、竞赛比武、自学奖励等机制，强调课程体系差异化、培训资源多样化、全员培训普及化，充分调动青年员工的学习积极性，形成了人才接力梯队，并结合员工发展特点，建立了管理干部、重点专业人员、高级技工三大类人员的发展通道，因材施教，为员工提供不同的发展空间。同仁堂为人才铺设了一个快速成长的绿色通道，让每位员工都看到自己的发展前途和自我价值。众所周知，医疗人才多半有自己的一技之长，事业发展前景和学技术往往比丰厚的薪酬待遇更有吸引力。同仁堂恰恰提供了这样的平台。把真正有热情的人才留下来服务企业，同时这些原则在师傅带徒弟的这种方式中，对同仁堂的企业文化有更深入的认同，使他们对同仁堂具有更强烈的归属感和荣誉感。这也成为同仁堂保障其纯粹的优秀文化的重要手段。

从同仁堂的发展史来看，无论其生长在大清年代或是当今社会，无论发展在中国还是国外，无论面对消费者还是员工，它都由始至终地坚持了诚信这一根本的核心文化。

4 同仁堂企业文化活力之源——创新

为了实现科研标准化、新品开发商品化、工装技术自动化，近年来，同仁堂每年的产品研发投入达5000万元，依靠科技创新，新产品的研发步伐不断加快：对有市场前景的品种进行了二次开发；有重点地开展了濒危动物植物药材的替代研究、毒药材的安全研究，并通过对现有产品群进行全面调研和系统分析，确定了产品定位以及开发前景，筛选出能够丰富药品功能主治的品种；增加新适应症的品种；可降低服用量、具有改变剂型优势的品种；可改变和提高工艺的品种；可提高质量控制标准的品种；可以优化处方的品种；有新药开发潜力的品种。

"九五"以来，同仁堂研制出以国家一类新药塞隆风湿酒为代表的新药67个，研制开发的新产品获得国家技术发明二等奖一项、高新技术成果转化奖两项、国家专利数项。同仁堂传统名特优产品，如六味地黄丸、同仁大活络丸、牛黄上清丸等，因服用剂量大等缺陷制约了国内外市场的进一步扩大。同仁堂选择这些产品，积极进行剂型创新，开发了安全有效、作用明确、服用方便的现代剂型。此外，杞菊地黄浓缩丸、活血通脉薄膜包衣片、愈风宁心薄膜包衣片等新品均有良好的市场表现。

随着人们生活水平的提高，营养保健类产品有广阔的市场前景。同仁堂合资组建的健康药业公司致力于此类产品的开发推广，经过深入的市场调研，准确把握了客户需求和产品定位，经过短短几年的发展，从成立之初的几个品种发展到目前已拥有洋参系列产品、虫草系列产品、燕窝鱼翅等保健产品400余个，占有稳定的市场份额，销售年年翻倍，2005年销售额已突破8亿元，成为同仁堂发展新的亮点。

5 尾声

企业文化是渗透于企业组织各方面、各层次的价值观念、思维方式和行为习惯，是组织的风格。它能够创造良好的组织气氛和组织环境，从观念、信仰、无意识层次调动组织成员的工作积极性和忠诚心，具有其他管理手段无法替代的作用。先进的企业文化能使每个员工了解企业的战略目标，该做什么、不做什么，企业在提倡什么、反对什么、追求什么、放弃什么，怎样做才能符合企业的内在规范等。这样的企业文化对企业的经营将会起到巨大的推进作用。反之，则会给企业带来莫大的负面影响。美国安然公司倒闭，其根本原因就在于畸形的企业文化。由此看出，失败的企业也并非没有文化，而往往是缺乏诚信的企业文化导致了它的失败。要想提高企业管理者及员工的诚信水准，必须借助企业文化的建设过程，建立企业诚信至上的文化。

案例使用说明

一、教学目的和用途

1. 本案例主要适用于医药行业企业文化的教学，使学生了解同仁堂的企业文化，并了解企业文化对企业产生的作用。

2. 本案例适用于医药管理类学生的教学实践。

二、启发思考题

1. 同仁堂的企业文化对其产生了什么样的积极影响？同仁堂如何借助企业文化实现了自己的经济价值？

2. 在当今社会，同仁堂是应该积极践行自己原先的企业文化还是应该随着时代的需求做出调整与改进？

修正药业：良心药放心药

摘要： 修正药业正从"制药企业"全力进军集药材种植、药品、保健品、食品、化妆品、医药物流、医药卫材等于一身的"大健康产业"。凭借其专注的精神、视责任为一切的生产态度，有望成长为一家可与国际知名企业相抗衡的大型医药健康企业。而这一切最大的功臣就是其入骨入髓的企业文化——良心药，健康药，管用的药，指引着企业不断前进，在严把产品质量关及积极履行社会责任方面添上了浓墨重彩的一笔，并致力于慈善事业和社会公益事业。修正药业借助其企业文化，敲开了市场大门，赢得了丰厚的利润。

关键词： 修正；企业文化；品牌形象

引言

修正药业集团于1995年5月由董事长修涞贵创立，是集中成药、化学制药、生物制药的科研生产营销、药品连锁经营、中药材标准栽培于一体的大型现代化民营制药企业。2012年底，集团拥有66个全资和控股子公司，有员工80000余人，总建筑面积59万平方米，资产总额75亿元。

修正药业拥有两个总公司，"修正、通药、斯达舒"三个国家级驰名商标和十四个销售平台的发展格局，自 2000 年起，修正药业连续 10 年在吉林省医药企业综合排序中位居榜首，2004 年起在全国中药企业利润排序中第一名，销售额和利润居中国医药行业前十强。2010 年完成产值 169 亿元，实现销售收入 171 亿元。2000 – 2010 年累计实现销售收入 552.2 亿元。

修正药业集团拥有国家级企业技术中心、国家级工程中心、博士后工作站，并在沈阳、上海设有分支机构。拥有自主知识产权产品近 80 个，拥有专利 1000 多项。公司生产"斯达舒"、"消糜栓"、"唯达宁"、"益气养血口服液"等 21 种剂型，800 多种药品、近千种保健品和化妆品。企业先后获全国"五一劳动奖状"等近百项荣誉。

1 企业简介

修正药业致力于慈善事业和社会公益事业，积极参与抗洪救灾、非典、雪灾救助，用于各类慈善捐赠及光彩事业价值超过 5 亿元，为社会提供 50000 多个就业岗位，其中安置下岗职工 1.2 万人。

建百年修正，创民族品牌，修正药业计划在 10 年内力争建成国内最大的 OTC 市场营销网络，到 2015 年实现销售收入 1000 亿元，2030 年成为世界百强制药企业。

2010 年，修正药业集团的修正"斯达舒"、"消糜栓"、"唯达宁"、"颈腰康"再次蝉联 2009 年度"店员推荐率最高品牌"。事实上，自 2002 年以来这四个产品已连续数次获得过此项荣誉。这个奖项似乎成了修正的"囊中之物"。

"药店店员推荐率最高品牌"被认为是高含金量的奖项，它是一种全社会参与、通过百姓用药反馈给店员的品牌认可，这种公正的市场展示出了修正药业的可贵品质。那么修正药业是何以获此殊荣，是怎样的企业文化指引了这家企业的前进方向呢？下面将做详细阐明。

2 修正文化的提出

良心药、健康药是修正最大的企业文化。为此，修正集团提出了人心工程：以心换心、凝聚人心、鼓舞人心、上下同心、永远铁心。经济学家魏杰认为，企业文化是企业发展的重要保证，没有文化支撑的企业干不成大事。修正集团董事长修涞贵将"修元正本、造福苍生"作为修正药业的企业理念，多年的企业经营实践让他深深体会到，管理小企业靠权威，管理成长企业靠制度，当企业形成一定规模以后，就必须依靠文化管理。

"我们修正的企业文化就是企业自身的核心竞争力"修涞贵说，修正的企业文化是一种"修得正果、造福苍生"的诠释。

在知识经济时代，企业的竞争已经提升为标准的竞争，企业如何由卖品牌上升到卖标准，是对中国企业的一个巨大挑战。修正药业已经意识到这一点，但如何由营销导向上升到业界地位导向，是摆在成长型企业修正药业面前的艰巨任务。

修涞贵提出了"产品质量关系企业生命，药品质量关系患者生命"的"两个生命观"。他对员工说："我们的产品是治病救人的，这是医药行业的特殊性。因此，必须强化'两个生命观'意识，才能用最好的产品服务人民，用最好的效益回报社会。"

同时，修涞贵也身体力行，实践"修元正本，造福苍生"的诺言。这是一个企业的承诺，也是他个人的追求。他对自己非常严格。修涞贵首先修正的是自己，企业做不好，他会想一想是不是自己的问题。企业问题出在基层，但是根子在自己这儿。他总是扪心自问，自己做得对不对，以这样的方式修炼自我。

修涞贵还提出"企业要健康、时刻须修正"、"修正和创新是企业走向健康卓越的硬币两面"的企业哲学论断。他打造的"企业修正哲学"在"第二届中国职业经理人高峰会"上被授予"中国企业哲学奠基人奖"。

3 无处不在的修正文化

3.1 严把质量关

3.1.1 货真价实的天麻丸

修正的发展离不开一种叫"天麻丸"的中成药。当初，董事长修涞贵安排好车间的生产后，便一头扎进市场开始搞市场调研。修涞贵到市场一看，发现光一个"天麻丸"就不知道有多少厂家在生产，市场上的"天麻丸"售价是 1.7 元、1.6 元，甚至卖到 1.5 元，但修涞贵发现自己怎么做，成本都在 2.2 元，原来，一些厂家的"天麻丸"多是偷工减料，以次充好。

修正面临两个选择：一是坚决按照国家标准生产货真价实的"天麻丸"，但这样做必须提高定价，否则会造成亏损；二是和其它大多数厂家一样，偷工减料把成本降下来，但这样做的结果是有了短期效益，但会损失长期利益。权衡之后，修涞贵选择了品质。"不仅要保证质量，价格也要降下来。"修涞贵给自己和厂子下了死命令。

在保证质量的基础上，修正生产的"天麻丸"价格被定为 1.7 元，尽管这个价格不是最低的，但消费者一使用，发现比其它一些"天麻丸"效果要好得多。一段时间以后，修正的"天麻丸"打开了市场。

这件事情教会了修正一个真理：药品和其它商品不一样，消费者看中的是疗效。企业只要生产出消费者需要的货真价实的产品，就不怕找不到市场。要先舍而后得，不舍就不能得。修涞贵先用低价占领了市场份额，成为市场的领导者就有了话语权，就可以调整市场价格，找到利润空间。后来修涞贵几次调高价格，仍然供不应求。"天麻丸"很快成为全国畅销产品，拉货的卡车在厂门前排起了长队。从没有知识产权到拥有自己的专利，从全面轰炸到有效投放，修正的药品靠质量和疗效打开了市场。

就这样，半年下来，修涞贵不仅填平了厂子账面上的亏损，还实现利税 12 万元。不仅工人工资照发，还补齐了前几个月欠发的工资。修涞贵并没有满足，他深知，中国是世界上最大的中药材生产基地，而修涞贵所在的吉林通化，药物资源得天独厚，是中国"五大药库"之一，已查明的药物资源就有 252 科、596 属、1133 种。

3.1.2 建立产品追溯体系

修正药业在全国各省市县乡建立了完善的药品销售网络，在全国设立 38 个省级分公司，466 个地市级办事处，能够深入中国的每个乡镇，面对面地为消费者提供医药服务和健康知识咨询。同时，还建设了近千家符合 GSP 规范的修正堂连锁经营店。这些营销网络不仅销售修正的产品，也搜集相关的市场信息。此外，修正营销总公司所属的十个药品营销事业部都设有独立的市场部，而这些市场部都与位于北京的修正药业营销总部相连。通过遍布全国各地的营销网络，修正药业营销总部能够及时掌握各地的药品销售信息，从而掌握顾客的需求，针对各区域消费市场的不同特点，与生产、研发紧密联系，从产品品种、数量等各方面及时做出调整，从而确保了产品品种与产量与市场同步。

修正药业建立了一套完整的产品追溯体系。以"斯达舒"为例，该产品出厂时，每盒药品都有一个单独的编码，通过这个编码，修正药业的技术人员能够很快地查清这个药品的生产班次、检验人员，甚至原料药材的进货地。

修正药业根据市场需求，每年都不断推出各种功效不同的新产品，与此同时，企业努力改革 67 个中药传统剂型、提升完善 200 多个品种工艺和质量标准。

修正药品在企业长达十多年的经营中，始终保持着消费者"质量零投诉"的记录。"斯达舒"、"修正"分别在 2005 年、2006 年被国家工商总局认定为"中国驰名商标"，修正"消糜拴"、"益气养血口服液"、"益肾安神口服液"、"六味地黄丸"也先后在 2005 年、2006 年被评为吉林省品牌产品，并荣获"最受网友推荐品牌"、"最受店员推荐品牌"等社会各界评选的荣誉称号。

3.2 坚持回报社会，做慈善事业

修正药业通过大力兴办实业、开辟新的项目基地，积极解决社会就业、推动当地经济发展，承担社会责任。据统计，修正药业自 2000 年至今，已为社会提供了 27000 多个就业岗位，其中安置下岗职工 12000 余人。企业平均每年都新增岗位 1000～3000 余个。

修正药业致力于慈善事业和社会公益事业，积极参与抗洪救灾、非典、雪灾救助，用于各类慈善捐赠及光彩事业价值超过 3.45 亿元。

2000 年春，修涞贵在集安做市场调查时，无意中听到一个路人说苇沙河村的一所小学校已经破烂不堪，有倒塌的可能。修涞贵听后，心急如焚，第二天一大早，他就来到了集安市头道镇苇沙河村实地考察，看到实景，他心情十分沉重，找到校长询问情况，校长一脸无奈。修涞贵回到公司，连夜召开班子会议，讨论为苇沙河投资建校。2000 年 9 月 6 日，由修正药业投资建造的"苇沙河修正希望小学"正式

落成。

2001 年 6 月，修涞贵出资 1000 万元，与中国医药质量管理协会共同举办了历时两年半，以贫困地区农民为主的"关爱健康人生，普及医药知识"华夏万里行活动。当时有人说，这是修正药业把回报社会的经营理念推向了极致。修涞贵却不这么认为，他说："关爱苍生、造福苍生，是修正药业永远的追求，这样的事情，我们一直会做下去。"

2003 年，修正药业集团在抗击非典的战役中，向长春市抗击非典基金会捐款110 万，并通过各地营销机构所在地有关部门捐赠药品价值高达 610 万元，通过省红十字会向长春市民及社会弱势群体捐赠价值近 1000 万元的优质药品。2006 年，修涞贵为全国交通民警捐赠了价值 1000 万元的优质药品，为长春市贫困学生、农民、下岗职工捐赠了价值 500 万元的优质药品。同年 11 月，他与夫人李艳华出资 500 万元捐建的通化清真寺落成。12 月，修涞贵出资 1000 万为家乡通化修建的吉林省规模最大的单塔斜拉桥——修正大桥正式通车。十多年来，修涞贵所领导的修正药业用于各类直接捐赠的累计价值已超过 3.1 亿元。2008 年 5 月 12 日四川汶川大地震后，修正药业向灾区捐赠了 3500 万元药品。

4 修正借助企业文化敲开市场大门

成为"百年品牌"是任何企业家梦寐以求的目标，是任何企业敲开市场大门的金钥匙。在当今信息爆炸的时代，地球已成村落，一个产品、一个企业要想形成品牌已属不易，要想成为"百年品牌"更是难上加难，修正药业在如何塑造自身品牌形象方面，进行了一些探索。

4.1 全力塑造修正品牌的中医属性

企业如人——中国成长企业平均寿命 2.9 岁，美国成长企业平均寿命不足 7 岁。世界 500 强平均寿命也仅为 40 ~ 42 岁。修正药业总结出了全球成长企业短寿的"六大死因"。第一，"决策、决策、还是决策！"——企业短寿症状："脑塞心悸"。第二，"不能突破管理上的瓶颈，我们将永远是死路一条！"——企业短寿症状："肝郁气滞"。第三，"没有一条通畅的营销渠道，产品就会滞销，就会肠梗阻！"——企业短寿症状："胃寒湿冷"。第四，"干企业一定要记住：我们不是在真空里！我们要时刻密切关注企业的环境问题！"——企业短寿症状："胸闷气短"。第五，"永远牢记：有钱、有人，才有一切！"——企业短寿症状："气血不畅"。第六，"成长企业做不大的根本，在于缺乏恰当的企业文化！"——企业短寿症状："精神抑郁"。

修正型组织的企业方法论的思想核心是"企业中医思维"。企业中医思维包括系统观念、阴阳平衡、四诊合参、辨症施治、标本兼治、预防为主等中医哲学思想在企业实践中的应用。预防为主，建立阴阳平衡的企业健康生存方式；四诊参合，建立"系统思考"的企业整体思维；辨证施治、标本兼治，注重企业内因的修元正本。

4.2 独具特色的学习型组织文化

4.2.1 "企业中医思维"和"第五项修炼"的相同之处

修正型组织的"企业中医思维"与学习型组织的"系统思考",都强调了事物发展规律的内在关联和统一。修正型组织的"因果的时空迁移"与学习型组织的"反馈的时间滞延",都认识到了企业问题或疾病起源的复杂现实。修正型组织的"修元正本"与学习型组织的"寻求问题本质"和"本末舍得",都注重从事物的根本入手提供解决问题的圆满答案。

4.2.2 "企业中医思维"和"第五项修炼"的不同之处

两者的侧重点不同。修正型组织的企业中医思维侧重企业的"思维影响行动";学习型组织的"第五项修炼"侧重的是"结构影响行动"。

4.2.3 有关"企业成长上限"的认识和解决差异

"第五项修炼"的观点认为:企业发展到一定的层次会出现一个不可避免的"瓶颈",这种"瓶颈"造成了企业的成长上限。而"第五项修炼"的任务之一就是在这一上限出现之后,迅速加以处理、解决(治已病)。修正型组织的"企业中医思维"则在正视这种可能出现的现象的同时,强调"治未病重于治已病",即通过修正型组织的建设,预防企业成长上限的出现,使得企业可以在尽可能长远的时间中自由发展(治未病)。

4.2.4 企业最终解决方案的差异

学习型组织的"第五项修炼",倡导的是通过心智模式的改变和团队学习,最终实现共同的企业愿景。其面对企业根本性的解决方案是通过系统思考和学习后的企业创新。修正型组织的"企业中医思维",倡导的是通过"望闻问切、辨证施治"的企业自我诊断,时刻自省自修,尽可能地实现企业的预防保健。如果出现企业问题时,要通过"标本兼治"的中医判断、中庸创新,来实现企业的无量修正。

相比之下,创新更适合于市场较为成熟的企业竞争格局,而修正对于还处于正在走向成熟期的企业来说实用性较强。

修正和创新是企业走向健康卓越的灵魂,是通往企业"健康卓越"的两条通途。《周易》谦卦的本质归纳为一种"谦而思进的东方亚精神"。亚,"居二进一"也,意为"永不自满,永求进步",表象谦逊的背后是永求进取的超凡执著。亚精神,即是人类时刻"客观认识自我"和"主观推动自我"的辩证思想认识,它是人类得以通过"学习、创新和修正"实现人类自身生存发展的重要思想动力和源泉。

4.3 健康卓越的企业才会"无量寿"

企业究竟怎样才可以实现"百年品牌"?修正型组织认为企业的本体是物质的也是精神的,因此,企业惟有时刻保持健康与卓越,才可能真正做到"基业常青"。而健康与卓越间太极阴阳态的"相生相补",则是企业无量寿的关键。按照修正型组织因果关联的企业认识论,创新和修正是在学习基础上企业实现"百年品牌"梦想的不竭动力。

4.4 进一步充实修正品牌文化的国学内涵

修正集团一直致力于将修正文化与中国"修身正己"的传统儒家思想紧密相连,

因此创造出了企业独特的"仁创利智信"新儒家思想。其中,仁是指"贡献为先"的舍得观、"仁者爱人"的互助观、"忠勇为本"的责任观、"患难与共"的家庭观、"君子慎独"的独立工作道德观、"快乐为怀"的工作氛围营造、"造福苍生"的企业终极关怀;创是指创业意识(勤、俭、勇、纪、持)、创新意识、创造意识、创和意识、执行意识;利是指倡利、互利、利己、利人、俭享;智是指"谦而思进"的东方亚精神、"学,不可以已"的终身学习态度、"每日三省吾身"的修正意识、"青,取之于蓝而青于蓝"的创新观念、"恰当符合规律"的企业中庸智慧、生命卓越的物理本质是速度和质量;信是指诚信,是一种企业道德力,是现代社会的契约文化,非诚信行为会导致企业成本的加大,诚信是企业最大限度发挥员工作用积极性和创造性的重要前提。

4.5 倾力打造修正文化的品牌影响

4.5.1 产品电视广告配合

为强化修正药业"修元正本"的国药品牌形象,与修正文化相呼应,所有修正药业的产品电视广告片尾板,从 2004 年起均由原来的"修正药业"变为"修元正本,修正药业"的修正品牌强化提示。

4.5.2 企业家传播

作为中国企业十大新闻人物、中国十大创业新锐人物、中国十大企业首席文化官(CCO)、中国杰出民营企业家的修正集团董事长修涞贵,2003 年、2004 年先后在其参加的清华大学中国企业卓越领导论坛、中国成长企业领袖峰会、中国民营企业高峰论坛、中国企业文化万里行启动仪式等国家级论坛上连续发表演讲,推介宣传中国成长企业的修正型组织。

4.5.3 国内权威专业传媒报道

《中外管理》、《企业管理》、《当代经理人》、《职业经理》、《中国企业家》、《中国经营报》、《经济观察报》、《中国工商报》、《中国政协报》分别以专版、特稿形式进行报道、点评。中央电视台"商界名家"、"经济半小时",香港卫视、北京电视台、湖南电视台、湖北电视台、吉林电视台分别以新闻或专题的形式对修正型组织进行了相关报道。

4.6 效果评估

修正品牌在 2004 年从企业品牌的知名度明显向美誉度、忠诚度转换。修正斯达舒、肺宁等药品在未增加广告投放的前提下,广告效果明显增强,并直接推动了一线销售的可持续增长。同时,修正药业在全国企业界、学术界的地位明显提高,企业家修涞贵也逐渐成为新时期中国成长企业的代表人物。

5 尾声

修正,这家从来都是具体而微地看待诚实的企业,认为诚信是可见、可做的具体事情,认为诚信源自细节末梢,点点滴滴,随时随地,一言一行,一举一动,一时一事。

案例使用说明

一、教学目的和用途

1. 本案例主要用于企业文化的教学。通过修正企业文化的实力，让学生了解企业文化有什么样的作用，企业的软实力的主要构成要件，软实力和硬实力之间的相互关系。

2. 本案例主要用于医药管理类学生的教学实践。

二、启发思考题

1. 企业文化对企业有什么样的作用？

2. 修正药业的企业文化有何独特之处？

西安杨森：文化是魂

摘要： 企业文化作为企业成长发展的一种恒久动力支持系统，影响着企业生存与发展的方方面面。一个热情的摊开的手掌是人们对杨森最鲜活的记忆。作为一家合资企业，西安杨森将西方的追求卓越与东方的追求和谐有机结合，形成了既有竞争活力、又有团队精神的独特群体文化，并把这种文化之魂注入到管理之躯里，收到了事半功倍的效果。

关键词： 西安杨森；企业文化；效率；公平

引言

西安杨森制药有限公司成立于 1985 年，是一个中外合资兴建的现代制药企业，是美国强生公司在华最大的子公司，也是中国最大的合资制药企业。

西安杨森知名度很高，不仅由于他的骄人业绩，更由于其优秀文化。这其中有鹰的强壮、果断和勇于迎接挑战，在杨森的队伍中，鼓励出头鸟，并且不仅要做出头鸟，还要做搏击长空的雄鹰。于是，鹰成了杨森企业文化的一大代名词。然而，鹰是勇敢的，又是孤独的。杨森的文化中又搀和了雁的品质，大雁的团队合作精神在杨森企业文化中也被展现得淋漓尽致。其实，这二者正是杨森文化中效率与公平完美结合的体现。

1 杨森的企业文化

1.1 鹰的文化

西安杨森是合资企业，其工人和中层管理人员是由几家中方合资单位提供的，起初，杨森的管理人员在管理意识上比较涣散，不适应严格的生产要求。鉴于此，合资企业在管理上严格遵循杨森公司的标准，制定了严格的劳动纪律，使员工逐步适应新的管理模式，培养了对企业和社会的责任感。

企业通过调查研究发现，在中国员工尤其是较高层次的员工中，价值取向表现为对高报酬和工作成功的双重追求。优厚的待遇是西安杨森吸引和招聘人才的重要手段，而不断丰富的工作意义，增加工作的挑战性和成功的机会则是公司善于使用人才的关键所在。在创建初期，公司主要依靠销售代表的个人能力，四处撒网孤军奋战，对员工采用的是个人激励。他们从人员——职位——组织匹配的原则出发，选用那些具有冒险精神、勇于探索、争强好胜又认同企业哲学对企业负责的人作为企业的销售代表。他们使用的主要是医药大学应届毕业生和已有若干年工作经验的医药代表。这两类人文化素质较高，能力较强，对高报酬和事业成就都抱有强烈的愿望。此时，西安杨森大力宣传以"鹰"为代表形象的企业文化，西安杨森自己这样解释："鹰是强壮的，鹰是果断的，鹰是敢于向山巅和天空挑战的，他们总是敢于伸出自己的颈项独立作战。在我们的队伍中，鼓励出头鸟，并且不仅要做出头鸟，还要做搏击长空的雄鹰。作为企业，我们要成为全世界优秀公司中的雄鹰。"

1.2 雁的文化

在培养"销售雄鹰"的同时，西安杨森特别注重员工队伍的团队精神建设。在1996年底的销售会议中，企业管理层集中学习并讨论了关于"雁的启示"：当每只雁展翅高飞时，也为后面的队友提供了向上之风。由于组成 V 字队形，可以增加雁群71%的飞行范围。由此可见，分享团队默契的人，能互相帮助，更轻松地到达目的地，因为他们在彼此信任的基础上，携手前进。

"当某只雁离队时它立即感到孤独飞行的困难和阻力。它会立即飞回队伍，善用前面同伴提供的向上之风继续前进从中可以得到启示：我们应该像大雁一样具有团队意识，在队伍中跟着带队者，与团队同奔目的地。我们愿意接受他人的帮助，也愿意帮助他人。"西安杨森如是说。

经过企业文化的大力建设，员工的素质得到了不断的提高，对公司产生了深厚的感情，工作开展得更为顺利。特别明显的是，在 80 年代后期困扰公司的员工稳定问题得到了很好的解决。当时由于观念的原因，许多人到西安杨森工作仅是为了获得高收入，当自己的愿望得不到满足时就产生不满，人员流动性曾连续几年高达60%。如今，他们已使员工深深地认同公司，喜爱公司的环境和精神。

1.3 充满人情味的工作环境

西安杨森的管理实践，充满了浓厚的人情气息。每当逢年过节，总裁即使在外出差、休假，也不会忘记邮寄贺卡，捎给员工一份祝福。在员工过生日的时候，总会得到公司领导的问候，这不是形式上的、统一完成的贺卡，而是充满领导个人和公司对员工关爱的贺卡。员工生病休息，部门负责人甚至总裁都会亲自前去看望，或写信问候。员工结婚或生小孩，公司都会把这视为自己家庭的喜事而给予热烈祝贺，公司还曾举办过集体婚礼。公司的有些活动，还邀请员工家属参加，一起分享大家庭的快乐。西安杨森办的内部刊物，名字就叫《我们的家》，以此作为沟通信息、联络感情、相互关怀的桥梁。

根据中国员工福利思想浓厚的状况，公司一方面教育员工要摒弃福利思想，另一方面又充分考虑到中国社会保障体系的不完善，尽可能地为员工解决实际生产问题。经过公司的中外方高层领导之间几年的磨合，终于形成共识：职工个人待业、就业、退休保险、人身保险由公司承担，有部门专门负责。员工的医疗费用可以全部报销。在住房上，他们借鉴新加坡的做法，并结合中国房改政策，员工每月按工资支出 25%，公司相应支出 35%，建立职工购房基金。这已超过了一般国有企业的公积金比例。如果基金不够，在所购房屋被抵押的情况下，公司负责担保帮助员工贷款。这样，在西安杨森工作 4 到 6 年的员工基本上就可以购买住房了。

1.4 加强爱国主义的传统教育

1996 年 11 月 22 日，西安杨森的 90 多名高级管理人员和销售骨于，与来自中央和地方新闻单位的记者及中国扶贫基金会的代表一起由江西省宁岗县茅坪镇向井冈山市所在地的茨坪镇挺进，进行 30.8 公里的"96 西安杨森领导健康新长征"活动。

他们每走 3.08 公里，就拿出 308 元人民币捐献给井冈山地区的人民，除此以外公司员工个人也进行了捐赠。公司还向井冈山地区的人民医院赠送了价值 10 万元的药品。

为什么要组织这样的活动呢？董事长郑鸿女士说："远大的目标一定要落实在具体的工作中去。进行健康新长征就是要用光荣的红军长征精神激励和鞭策我们开创祖国美好的未来。"参加长征的员工说："长征是宣言书，宣布了我们早日跨越 30.8（远期销售目标）的伟大誓言；长征是宣传队，宣传了西安杨森忠实于科学，献身于健康"的精神；长征是播种机，播下了西安杨森团队合作、勇于奉献、敢于挑战的火种。"

1996 年冬天的早晨，北京天安门广场上出现了一支身穿"我爱中国"红蓝色大衣的 300 多人的队伍，中国人、外国人都有，连续许多天进行长跑，然后观看庄严肃穆的升国旗仪式，高唱国歌。这是西安杨森爱国主义教育的又一部分。

前任美籍总裁罗健瑞说："我们重视爱国主义教育，使员工具备吃苦耐劳的精神，使我们企业更有凝聚力。因为很难想象，一个不热爱祖国的人怎能热爱公司？而且我也爱中国！"

2 "鹰""雁"文化的支撑要素

2.1 杨森文化的源头：建造学习型组织，止于至善

在西安杨森公司，你所接触的每一个人，无论是高级职员还是普通员工，从他们身上你都能感受到仿佛有一种无形的物质在流动，一种蓬勃向上、生生不息的精神在感染着你，这就是我们所称的"西安杨森的企业文化"。

1992 年，针对当时西安杨森产品的销售状况，公司开始培养和建立自己的销售队伍。对于销售人员，只有两个标准：一是敢冒风险，二是好胜。这支全部由医科和药科大学毕业生组成的销售队伍，从接货、送货到为医生们作药品的讲解及演示，全部由一个人完成。渐渐地，公司领导人发现，用孤傲、强悍的雄鹰来形容这些销售人员是再合适不过了。每一个销售人员都像一只鹰。鹰是很骄傲的，它的能力很强，什么都可以做。

对于"鹰文化"，西安杨森的销售人员是这样理解的：争做雄鹰，因为鹰有一双坚实的翅膀，高高翱翔于蓝天，主宰着自己的命运，顽强积极地进取。他好强、好胜，抓住每一个得胜的机会。正是这支人人争做"雄鹰"的销售队伍在公司领导人的带领下，创造了一个又一个销售奇迹，西安杨森的年销售额也从当初 1000 多万元渐升到 1996 年的 12 亿元。

然而，鹰有一个最大的缺点。那就是，你看不到一群鹰在飞，它们是单独的。在开拓市场的初期，单兵作战既可以充分调动销售人员的积极性，又可以减少一些不必要的磨擦。但是，随着西安杨森的声誉日隆，产品市场占有率的增长，这种强调销售人员个人英雄主义的"鹰文化"也需要作出相应的调整。

1996 年，公司领导层开始考虑如何使很多雄鹰很好地合作，提出向大雁飞行的方式学习。雁飞的时候是一群，前面领飞的雁累了，后面的一个就会赶上去，互相照顾。"雁文化"还象征着一条原则："双赢"原则，即两个部门主动配合，两个部门的业绩及报酬都会提高。所以西安杨森的员工一个人是一只雄鹰，几个人是一群大雁，全公司是一条巨龙。

2.2 杨森文化的实质：信条为本

西安杨森的外方合资方是成立于 1953 年、1961 年加入美国强生公司的比利时杨森公司。西安杨森的信条，有一个选择的过程，起初他们照搬了比利时母公司的宗旨："忠实于科学，献身于健康！"后来他们借用中国古书《大学》中的"止于至善"。现在又引进了品位更高、跨国界的强生信条，即"德信至上，四个负责"。确立西安杨森的信条为"客户第一，员工第二，社会第三，股东第四"。杨森特别强调信条为本，而不是笼统地讲以人为本，立志将公司建成一个"客户信任，员工爱戴，同行尊敬，社会推崇"的公司。西安杨森公司每年都有"信条日"和"信条周"活动。对信条加以重申和强化，公司投产以来，从未发生过质量信誉问题，他们为陕西、江西、北京及全国公益事业的捐赠已达 2000 万元。

在西安杨森，每年都会有一定比例的员工被选送去国外或在国内培训，这就是今日杨森引以自豪的"西安杨森的 MBA"外或在国内 Many Business Action Learning。杨森可以保证每年每个员工有 100 个小时的培训，最多的可达到 200 个小时，而工商管理硕士的课程时间是 600 个小时，这样，如果一个能在西安杨森工作五六年的员工，也就等于获得了 MBA 学位。

2.3 杨森文化的实现：知行合一

文化是行动的积累，文化的第一步是行动，行动在同一个环境下不断重复，习惯了，继续下去就变成文化。

一个好的领导者，必定是一个好的跟随者。因为，如果不会服从别人的命令，就无法下命令给别人。

这两点基本认识是企业文化贯彻过程中的重要因素，即：第一，每个人的行为——大家的习惯——企业文化；第二，管理人员的以身作则。企业文化中较为成熟的伦理观念，应当及时转化为制度和行动，西安杨森在自己短短的14年历史上开展了多次贯彻企业文化的活动。

1992年"丈八沟管理营"培训，在公司高级管理人员中掀起了一场观念革命，确立了"世界上没有免费的午餐"和强化领导作用的思想；1994年北京香山的"雄鹰培训团"极大地调动了销售队伍个人勇往直前的精神；1995年天安门广场的"我爱中国"晨跑活动，又让员工深深地懂得了"爱国才能爱企业，做事先做人"的道理。

1996年，96名杨森高级管理人员和销售骨干参加了"96西安杨森领导健康新长征"活动，他们组成七路纵队由宁岗县茅坪镇向井冈山所在地茨坪镇挺进。在这段全长30.8公里的婉蜒山路上，长征者每走完3.08公里，公司就拿出308元人民币作为长征者个人捐献给井冈山地区人民的费用，每位长征者人均背负着约重6公斤的背囊，里面是杨森向井冈山地区医院捐献的总价值为10万元人民币的杨森公司专利药品。新长征的目的是要让公司未来的领导者拥有一段共同的经历，产生更强的向心力和凝聚力。这次长征30.8公里的路程，就是杨森力争2000年完成销售30.8亿元的奠基石。

许多企业前来西安杨森取经，有的还搬去了杨森的制度但却未能创出同样的奇迹。为什么呢？原因就在于杨森制度可以搬，人才可以挖，但杨森的企业文化是搬不走的；而企业文化的形成，又并非一日之功。多数国有企业尚无真正意义上的现代企业文化，在很大程度上，也是因为早已公认正确的新观念没有及时转化为现实的制度和行动。企业文化是用来净化职工的灵魂，转变职工的观念，但必须有相应的制度与之配套，并认真执行，只有这样企业文化才能最终形成。

3 杨森的人力资源管理

在最近的几年中，伴随着政策变迁的洗礼，中国医药行业的市场秩序得到进一步规范，行业效益和规模获得了进一步提升的空间。然而，制药企业在机遇面前也面临着改进人才招聘、强化人才开发、降低人才流失的挑战。如何通过人的力量夺得市场先机，西安杨森的人力资源团队立足本地市场、运用全球资源，在组织变革、人才招聘、培训开发等方面积累了许多有价值的经验。

3.1 人才招募"黄埔军校"

求解招生难题作为中国最大的合资制药企业之一，在近些年医药行业的迅猛发展中，西安杨森在自身不断发展的同时，也向同行输出了不少人才，因此，在许多同行眼中，西安杨森就是中国制药行业的"黄埔军校"。但如今"黄埔军校"自身也面临着"扩招"和"生源"不足的难题。

作为国内医药领域的旗舰企业，西安杨森一直致力于将更多更好的药品与服务带给医生、患者及客户，帮助他们拯救、延长或改善生命。同时，西安杨森也始终在医药研发和科技创新方面不断发展。因此，公司这几年在业务发展的同时，对各种资源的需求量都相当大，人力资源部面临"扩招"的压力，而且要做到所需人才和西安杨森的文化吻合，更为不易。"要想挑选到真正从工作胜任力到价值观都符合我们企业要求的人才还是有一定难度的。我们首先需要一个很好的胚子，然后进入我们的熔炉，最终熔炼出来具备强生信条价值观和工作胜任力的合格人才。"要从胚子入手，那么校园招聘就成为了最重要的途径。尤其近几年来，西安杨森与其他强生在华子公司一起在校园招聘方面不遗余力，通过一系列手段增强了自己在高校中的雇主品牌形象，提升了校园招聘的成效。

3.2 建立强生未来领袖学院

对于西安杨森这样的医药企业来说，市场销售人员的招聘往往是整个招聘工作的重头戏。因此，近几年来，西安杨森首先在市场销售人员招聘上进行了一些方向性的调整，即更多地从大学而非社会渠道招聘新人，尤其是更多地招聘本科应届毕业生，将他们从零开始培养成为符合西安杨森文化及岗位要求的优秀人才。

不过，要把如同一张白纸的应届毕业生培养成为专业的销售人员，进而打造出一支专业的销售队伍，显然不是易事。为了把校园招聘做成一项持久、稳定、有生命力的工作，西安杨森及其他所有强生在华子公司一起在中国内地十一所高校建立了"强生未来领袖学院"。学院是强生公司在目标高校中选拔优秀及有潜质的学生代表，并通过各种培训及活动培养有社会责任感、杰出领导力及丰富业务能力的未来领导者的常设机构。

从 2007 年开始，这十一个学院已经为强生在华公司汇聚了一大批对强生公司、对医疗保健行业感兴趣的年轻学子，并且利用暑期时间邀请一部分同学前往强生在华各子公司实地学习、参观及考察。虽然类似的参观活动在其他一些公司和工厂也不算新鲜事，但强生公司对学子们的透明程度还是很多公司未能企及的，他们将"开放日"变成了"影子日"。在暑期活动中，公司设计了为时一天的'影子日'，顾名思义，这一整天的活动让学生可以"像影子一样"和自己感兴趣的部门员工在一起，亲自观察他们的日常工作，"如影随形"地体验公司员工最真实的工作状态。许多学生就是在经历了"影子日"之后，产生了对公司及相关职位的强烈兴趣。

3.3 挑选"因爱而生"的人

目前西安杨森的一线销售人员几乎是清一色的"80 后"，其他岗位上的"80后"也占有很大比例。如何吸引他们加入杨森，如何在大批的候选人中挑选出胜任者，除了"强生未来领袖学院"和暑期开放活动等形式之外，西安杨森也有一些从实践中摸索出的心得体会。在吸引"80 后"一代的应届毕业生方面，西安杨森的日们作了细致的考虑，他们甚至关注到了在不久的将来将踏入职场的"90后"。杨森认为，年轻一代的新人往往更看重现实的、触手可及的利益，因此，在招聘当中诸如补充养老、额外的商业保险等这些离他们太过遥远的"卖点"其实吸引力并不大，但真实而充满挑战性的工作状态却是吸引他们的最大亮点。而在选人方面，西安杨森除了在考察技术层面的能力外，还会更加注重新人的动机。"因爱而生"不仅是强生企业形象的代名词，同时也是蕴含于整个组织中的以信条价值观为核心的经营及文化理念。众所周知，强生的信条阐述了企业对客户负责、对员工负责、对社会负责和对股东负责的承诺。而西安杨森的愿景是挽救、延长和改善生命，所以不管是研发人员还是销售人员，在强生大家庭工作，大家都有着一种特殊的使命感。在招聘当中，西安杨森特别青睐那些对医药行业有热情，对社会和人类的幸福有强烈使命感的应聘者。

3.4 全球资源支持下的多元化培训体系

西安杨森在培训方面有一套成熟的体系。从内容上看，其培训分为两大部分，一部分是针对各业务部门组织的专业培训，一部分是由人力资源部提供的个人发展培训和领导力培训。处方药和非处方药业务部门都有各自的销售培训部门，主要是基于销售胜任力，设计、开发和提供产品知识、销售技巧和销售管理等培训课程。而人力资源部贝根据强生全球领导力模式来设计和开发培训课程体系。个人发展培训包括新员工上岗培训、强生全球员工系列业务行为规范和相关政策的必修课程以及提高个人工作有效性、管理能力和领导力的选修课。西安杨森在培训方面也充分利用了强生先进的全球培训资源，包括强生全球领导力系列课程和强生网上大学。

同时，西安杨森也在此基础上建立了西安杨森网上大学。这些课堂培训和网上培训都是针对自我领导者、团队领导者和高阶领导者而设计的。通过全球培训资源共享，为员工提供了方便快捷和内容广泛的多元化培训机会。全球培训资源共享不仅能够实现培训资源的有效利用，节约成本，更为重要的是，一体化的领导力课程有利于为强生全球的领导者提供一套能够建立默契、便于沟通的管理语言与领导方式，为强生和西安杨森的未来发展培养合格的领导人才。

4 尾声

很长时间以来，很多人都以为西安杨森是一家位于西安的本土制药企业，几乎看不到丝毫强生的影子。如今，我们知道，强生的"因爱而生"同样是西安杨森的价值追求。对于西安杨森以前我们更多了解的是它"医药行业黄埔军校"的美名和在承担社会责任方面的优秀表现。如今，我们也了解了西安杨森的"鹰"、"雁"文化催生的管理模式，人才招募理念等等。在"同一个梦想，同一个强生"的理念下，相信西安杨森的员工将会迎来更加令人期待的未来。西安杨森在优秀的企业文化支撑下形成了适合自己的管理模式，反观西安杨森的管理实践，我们可以这样说：文化是魂，管理是躯。只有魂和躯的统一，企业才有生命力！

一、教学目的和用途

1. 本案例用于企业文化的教学，使学生在了解西安杨森"鹰"、"雁"文化的同时，了解企业文化是如何与管理模式相互作用的。

2. 本案例主要用于医药管理类学生的教学实践

二、启发思考题

1. 西安杨森的企业文化有何特点？

2. 西安杨森的文化是如何指导企业管理的？

云南白药：创新成就未来

摘要："云南白药"是国之瑰宝，这个百年老字号近年来焕发青春。俗语说："人生八十，企业三十"，企业一到三十岁就将老象毕显，甚至老态龙钟。怎样使企业永葆青春，成为长寿公司呢？只有两字秘诀——创新，对高科技公司尤其如此。GE、HP、IBM、GM、松下、丰田等著名长寿公司，哪个不是勇于变革、不断创新，从而使企业焕发青春活力的！云南白药最可贵的是它的主要领导人充满了创新的激情，从观念创新、制度创新，到技术创新、管理创新，他们都达到了"日日新"的境界。

关键词：云南白药；创新；文化

引言

1902 年，彝族名医曲焕章先生集中华传统医学与民族医药之大成，创制云南白药。问世百余年来，云南白药不仅拯救了无数大众百姓的生命，而且在北伐、长征、抗日战争、解放战争等关系中国命运的重大历史事件中发挥了极大的作用，享有"伤科圣药"、"药冠南滇"的美誉。

历经沧桑、厚积薄发，从 2000 年开始，云南白药集团进入发展的快车道，主要经济指标连续十年增幅超过 30%。公司业绩突出、盈利能力极强，被媒体和基金经理评为最具发展潜力的公司之一。2011 年 12 月 31 日公司市值达 368 亿元，是 1993 年上市之初的 135 倍，稳居医药类上市公司之首。

20 世纪初，曲焕章老先生一张神秘的配方，为云南白药事业兴旺奠定了基础。然而，面对外部环境天翻地覆的变化——科技进步的突飞猛进和外国药品的大量涌入，云南白药固有的产品优势逐步弱化。"老字号如何面对新挑战？"云南白药人不断审视自己，探询明天。他们把创新、谋变的价值观念作为云南白药企业文化精髓，作为推动云南白药持续、快速、健康发展的不竭动力。

1 资本运作，为名牌战略奠定基础

"勇于开拓创新，不断超越自我"，是云南白药的企业精神，也是他们多年来不懈奋斗的真实写照。

20世纪70年代中期，云南有4家合法生产白药的企业。进入90年代初期，随着市场竞争的加剧，各家企业高价抢夺原料，降价竞销，造成了白药价格与价值的严重背离和野生紧缺资源的严重破坏。

为改变这种状况，1996年12月，云南白药实业股份有限公司分别投资控股其他三家白药生产企业51%的股权，组建的云南白药集团股份有限公司正式挂牌。从此，云南白药实现了生产计划、批准文号、商标、质量标准、销售管理的五个统一。云南白药产量由原来的每年5000多万瓶（板）控制到2000多万瓶（板）以内，使云南白药所需野生资源的掠夺性开采得到有效遏制，云南白药的市场价格迅速得到回归。集团控股的大理、文山、丽江三个公司的销售收入和利润也增长了十几倍甚至几十倍。

通过资本运作组建云南白药集团，维护了云南白药品牌的声誉，为云南白药集团实施名牌战略迈出了关键性的一步："云南白药"商标注册成功——使这一中华瑰宝从此由阶段性的行政保护上升到了永久性的法律保护。百年品牌要发扬光大，必须要从振兴民族医药光大，必须要从振兴民族医药产业、增强中药的国际市场竞争力入手，不断实施产业化发展战略。面对日益增长的天然药物需求，云南白药人开始实施价值链的延伸和产业拓展工程，着手利用高科技手段研发高质量、高标准天然药物，全面推进经济结构调整和经营布局规划的发展战略。

21世纪的第一个年头，云南白药集团开始全面介入经济发达地区的项目投资，借助上市公司雄厚的资金实力，通过兼并收购、委托加工等方式，运用成熟的管理手段开始整合企业内部及外部资源。根据云南省"加快生物资源开发、加快医药产业发展步伐"总体战略，云南白药集团挺进上海，成立上海事业部，引进世界先进技术，大胆采用"虚拟企业"运作模式，为百年品牌扩大优势。

2001年，上海云南白药透皮技术有限公司落户在张江高科技园区。云南白药人打破了传统的先建厂房后生产的思维定式，采用委托加工的"虚拟企业"的运作模式使产品进入市场，不仅节约用于建厂房、培训熟练技工的1亿多元投资，而且缩短了企业从GMP改造到产品上市至少需要的3年时间，仅用3个月上海公司就完成了产品进入市场全过程。先进的运作模式，使云南白药集团在极短的时间内迅速将研发成功的新产品进入生产、销售环节。通过滚动式发展，"云南白药创可贴"产品从上海迅速向全国市场扩张。云南白药人屈指一算，整个项目从生产到销售启动资金仅用了500万元。"云南白药创可贴"于2001年7月正式面市，经过短短半年时间便实现销售额3100万元。最令经济学家们称赞的是："云南白药创可贴"生产、销售利用的是上海对外贸易大窗口，GDP增长却贡献在云南。小小一个上海事业部，运营着一个"虚拟"企业，既避免了投资风险，又缩短了产品面市时间，并利用世界先进技术嫁接百年品牌，加之先进的市场推进理念，使"云南白药创可贴"迅速在市场形成冲击力。

云南白药集团还顺应现代商务发展潮流，于1999年12月，投资3000万元组建了云南白药集团医药电子商务有限公司，并在全国设立了15个分公司（内部称谓），使营销网络覆盖全国，市场服务触角深入终端网点。同时，公司推行"内部创业机制"，给营销精英营造一个实现人生价值的支点、激发潜能的环境和展示个人才华的舞台。公司根据每年市场的发展和变化制定完整的营销计划和策略，使整个营销工作朝着专业化不断迈进。这些奔波在全国各地的营销人员，肩负着弘扬民族品牌的使命，恪尽职守，在营销第一线奋勇拼搏。

2 研发机制创新，使"百年老店"实现跳跃式发展

充满历史厚重感和传奇色彩的云南白药集团，随着竞争的日趋激烈，掌握具有自主知识产权的核心技术，已成为实现经济增长的关键，而科技创新机制更是增强企业综合实力的保障。为了给科技人员创造一个良好的科研环境，2000年9月，云南白药成立天然药物研究院，研发体系采用了目前国际超前的"首席科学家制"的管理运作模式。将个人的收益与研究成果紧密挂钩，分配采取"成果共享"的方式。对有重大研究成果的首席科学家和项目组成员予以重奖。新的研发模式把公司新产品研究开发推向了高潮。研究院还变封闭为开放，通过"借脑子"、"借智力"整合社会资源，企业不仅减少了重复投资，降低了科研成本，而且快速提高了研发水平，并在新药研发的漫长道路上实现了跳跃式发展。

云南白药在国际、国内市场竞争新格局形成之际，不失时机地建起了高层次的研发机构，北京大学、浙江大学药学院、上海医药工业研究院、上海有机化学研究所、中国药科大学、国际著名的3M公司等科研机构及大企业集团纷纷与云南白药签订协议书结成科研、商贸战略伙伴。

云南白药集团还重视知识产权保护，在企业经营中注重搜集整理国外知识产权保护方面的信息。通过分析，了解国外对天然药物、天然保健品食品的市场需求，以专利独有的方式抢占先机，公司在日本、美国、法国、英国、德国等申请了专利，以开拓国外市场。自2003年云南白药集团被列为"云南省专利及知识产权工作试点企业"以来，公司成立专门的组织机构管理专利工作，形成了以集团技术质量部为核心、各子公司为基础的专利及知识产权网络体系。多项成果获得国家设计专利和发明专利。目前，该公司的专利产品——云南白药气雾剂的年销售额已达9000万元，云南白药创可贴的年销售额已达4000多万元，宫血宁胶囊的年销售额已达8000多万元。北京、美国的研发基地及武定GAP中药现代化种植基地工作已顺利启动。

3 经营体系、业务流程模式创新，让品牌更亮

云南白药集团注重中药生产企业现代化、国际化的打造。他们推倒原有的金

字塔式管理架构，实施业务流程再造。利用企业全面实施信息化改造的契机，在保持原有核心竞争力的基础上，迅速建立起物流、资金流、信息流并处的全新管理模式，为企业的可持续发展打下良好的基础。1999 年 11 月，云南白药与北京英克科技公司合作，引进了知识与资源管理系统——ERP，开始企业业务流程的全面重组。管理模式的创新，使许多看似不起眼的小事如单据传递、货品出入库等环节实现了管理精细化，使企业营运质量、管理水平、发展后劲得以全面提升。云南白药从此获得了具有市场竞争优势的七个转变：库存大大降低；应收款大幅下降；变财务的事后反映为事前、事中、事后控制相结合；实现了业务财务一体化，业务反映及时、清晰；实现了科学的适时决策；快速回应市场变化；达到内外交互的一体化管理。如今，在百年老字号——云南白药集团公司车间里，现代化的生产流水线舒展地流淌，秉承百年优秀传统的"云药老大"正瞄准"一个中心、四个经济增长点"目标，铆足劲头为打造云药产业"旗舰"破浪前进。以空调环境、夜间服务为特色的"云南白药大药房"如雨后春笋，在省内 16 个地州市 80 多个县连锁成网。工业和商业联合，这是云南白药集团面对加入世界贸易组织药品分销服务将对外资开放，为增强自身竞争力所采取的又一举措。他们还着手解决中药原料品种质量难以控制的难题，在距离昆明一百多公里的地区购买两万亩地，作为自己的天然药材基地。因为云南白药厚重的历史，给这个集团以神奇！2007 年，云南白药公司再次调整业务架构，将原来的商务部、学术推广部、终端运营部整合成为一个"药品事业部"。云南白药集团在持续健康发展中，建立的企业创新文化同样是一个重要原因。

在发展战略上，云南白药改变单一经营模式，向流通领域扩张。1996 年云南白药集团股份有限公司成立。1999 年，云南省医药有限公司并入云南白药集团。如今，云南医药有限公司物流中心集散全国各地的药品，并承担了全省 70% 的药品配送，2012 年销售收入逾 80 亿元，成为云南白药集团收入的重要来源。

同时，云南白药通过以下四方面的品牌公关，取得立竿见影的效果：①体育赞助，扩大市场影响力，2000 年，云南白药赞助悉尼奥运会中国体育代表团，获得"第 27 届奥运会中国体育代表团热心赞助商"称号；②明星代言，提升白药气雾剂知名度，2001 年 4 月，奥运会体操冠军刘璇、李小鹏受邀成为白药气雾剂代言人；③强势推广新产品，形成品牌拉动效应。2006 年德国足球世界杯期间，云南白药强势推广白药气雾剂广告，收到理想效果；④云南白药创可贴是最早，也是最重要白药系列衍生产品。凭借良好疗效，白药创可贴迅速成长为"邦迪"之后国内创可贴市场第二大品牌，对白药系列衍生产品的市场拓展起到了较好拉动作用；⑤挺进高端市场，提升白药品牌形象。2005 年，云南白药牙膏上市，产品以较高的品质和价格，成为市场高端消费产品。

4 尾声

2008 年，云南白药集团被国务院国资委评为全国创新型企业。在知识经济时代，创新的作用得到空前强化，并升华成一种社会主题。由于企业文化的独特性将越来越表现为企业差异化战略和企业的核心竞争力，创新变成了云南白药的生命源泉，在剧烈变动的时代，它突破传统游戏规则，大胆创新，不畏风险，敢改游戏规则，在思维模式上迅速更新，终于造就了今天的成功。对知识经济来说，"明天意味着重大事件"，所以云南白药自上而下，每个毛孔都充满着创新，通过自身主体创新的确定性来应对明天的不确定性。同样都是做企业，靠什么说话才更有力？同样从事医药制造业，如何能使同类行业具有更优异的性能？同样从事服务，如何才能让消费者更愿意尝试和接受？唯有创新，创新的重点在于"新"而非"创"，只有新的亮点，别于其他同行业同类型产品，才能吸引顾客的眼球，才能取得与客户接触的机会，进而实现合作。云南白药通过名牌战略、研发、生产方面的创新，诠释了创新文化的定义。创新文化将指引这个百年老字号继续焕发青春的活力。

案例使用说明

一、教学目的和用途

1. 本案例主要用于企业文化的教学。通过云南白药企业文化的创新元素，让学生了解创新文化的内涵，如何在品牌、研发及生产等各方面贯穿创新文化。

2. 本案例主要用于医药管理类学生的教学实践。

二、启发思考题

1. 什么是创新文化？

2. 创新文化对于企业有什么样的作用？

本章参考资料

[1] 同仁堂官方网站：http://www.tongrentang.com/

[2] 雨枫. 三百年历史描画同仁堂 发展传奇 [J]. 赤子（下半月），2012（10）

[3] 修正药业官方网站：http://www.china-xiuzheng.com/

[4] 阚世华. 修涞贵的"修正"文化 [J]. 法人杂志，2005（4）

[5] 西安杨森官方网站：http://www.xian-janssen.com.cn/

[6] 黄文玉. 西安杨森的土洋结合 [J]. 商业经理人，2002（4）

[7] 黄卫东，肖利平. 老字号是怎样成为高新企业的？——云南白药集团创新文化扫描 [J]. 中外企业文化，2004（5）

第十章

企业营销管理

营销是指个人或集体通过交易创造的产品或价值，从而获得所需之物，实现双赢或多赢的过程。一个医药企业成功与否不仅取决于其产品的好坏，更取决于其经过详细、周密、准确的一系列市场策划后制定产品定位和营销方向，采取独特而合理的营销策略。尤其在我国医药市场，产品的同质化竞争异常严峻，医药产品营销对企业生死意义重大。企业营销管理也发挥着关键作用，甚至取代了研发在产品流通链条中所扮演的角色。医药行业这一朝阳行业正越来越成为各种营销方式的练兵场。医药企业纷纷意识到营销的重要性，营销经费在整个成本结构中所占据的比重也越来越高。本章将以医药行业为背景，介绍江中集团的产品定位策略，脑白金的广告策略，以及三精葡萄糖酸钙口服液 4P 运用的案例，结合这些经典案例以使读者对医药企业营销的独特之处有更深入的了解。

江中牌健胃消食片的定位策略

摘要：在以前市场竞争不充分的情况下，企业在营销的某个环节取得成功就可能取得整体的胜利。而在现代营销战争中，残酷的市场竞争使得价格战、铺货率、强力促销等手段变得稀松平常，而这些只不过是每个企业生存下来的必备条件，制定和实施成功的品牌战略才是赢得战争的关键。本文详细阐述的江中牌健胃消食片品牌定位案例是医药营销业的经典案例。江中牌健胃消食片曾面对劲敌"吗丁啉"一枝独秀的市场困境，为解决这个难题，企业积极寻求新的定位，"饭后嚼一嚼"等广告语使其形象更为生动，脱离了药品的定位，新的定位使患者更乐于接受，终于成就了一段销售佳话。

关键词：江中；健胃消食片；市场定位

引言

江中集团是中国 OTC 行业的领先企业，一直致力于百姓用药的品质与素质的提高，从而推进我国百姓健康水平的提升。江中药业股份有限公司（以下简称"江中药业") 系江西省国资委出资监管企业江中制药集团控股的国有上市公司,于 1996 年 9 月 18 日在江西江中制药厂和江西东风药业股份有限公司的基础上,经改制后注册成立,现有注册资金 29587.68 万元。

经过多年的发展,江中药业已成为集中成药、保健食品、功能食品研制、生产及销售于一体的大型制药企业。江中药业是国家 GMP 认证企业,ISO9001、ISO14001 及 OHSAS①18001 体系认证企业,国家级重点高新技术企业和国家级创新型试点企业,也是制药行业中唯一一家拥有两个国家工程研究中心的企业。其在江西首家创建"企业博士后科研工作站",并与中国军事医学科学院、江西中医学院等联合建立"中药固体制剂制造技术国家工程中心"、"蛋白质药物国家工程研究中心"和"军科江中新药研究中心",共同研究开发拥有自主知识产权、具备国际竞争力的创新药物。

1 企业发展及现状

江中药业目前拥有全国知名的江中牌健胃消食片、江中牌复方草珊瑚含片、江中亮嗓、初元牌氨基酸口服液等主导产品。江中牌健胃消食片已成为中国 OTC 第一品牌,销售额超 10 亿,江中牌草珊瑚含片市场占有率位列第二,初元复合氨基酸营养液自 2008 年 5 月全国上市以来,产品知名度迅速提升,目前销量已过亿,成为探病礼品销售冠军。

2006 年 6 月"江中"商标被正式认定为中国驰名商标,2007 年"江中"品牌被世界品牌实验室评为"中国最具影响力品牌"医药类前三强,2009 年企业品牌价值达到 39.24 亿元,荣列医药行业第九位。

2 充满疑虑的市场突破点

2001 年,对于国内医药企业而言,是不平静的一年。国内医药企业纷纷重组,越来越多中小企业被兼并,一些大型企业也在逐渐成型,如哈药集团、华北制药等。

在这个大趋势下,江中药业要避免被更大的鱼吞噬,就必须自己成长为一条大鱼。成长的压力,迫使江中从 2001 年或更早些时候,就一直在寻找新的增长点。2002 年中,由于一些客观原因,江中准备了半年的新产品的上市被延后,加之健胃消食片的"国家中药保护品种"被取消(即国家不再限制其他未取得保护资格的企业生产健胃消食片),江中健胃消食片市场受到威胁。集团总裁钟虹光凭借丰富的市场经验和敏锐的直觉,仍然看好健胃消食片市场潜力,将江中健胃消食片作为拳头产品,承载起江中药业上台阶的艰巨任务。对于集团总裁的主张,江中内部有两种截然不同的意见,一派赞同,另一派反对。持反对意见的人认为江中健胃消食片的市场增长空间有限,投入巨资推广将会得不偿失,他们的理由主要有三:

---

① OHSAS: Occupational health and safety management systems,即职业安全卫生管理体系。

（1）消化不良市场已经成熟，整体增长空间有限

自 1989 年吗丁啉第一个教育开辟"消化不良"市场，已有十多年的历史。到 90 年代末，吗丁啉的销售就一直稳定在 5 到 6 亿元，江中健胃消食片也一直稳定在 1 个多亿，可以说消化不良市场多年来非常平稳。这与江中另一个产品草珊瑚含片所处的咽喉含片类市场非常类似：金嗓子喉宝、西瓜霜、草珊瑚销量平稳，竞争格局清晰，这几个产品的销量增长主要来自竞争对手，此长彼消。消化不良市场"已经成熟"，不可能有较大的增长。

（2）对手强大，面临劲敌吗丁啉

多年前，吗丁啉第一个通过大众传媒广告宣传"消化不良找吗丁啉帮忙"，在消费者的头脑中留下了深深的印记，当消费者遇到消化不良，就自然联想到吗丁啉。领先的品牌几乎总是那些最先进入消费者心中的品牌。吗丁啉，几乎就是消化不良药中的可口可乐。

同时，西安杨森亦非常注重在医院渠道开展细致的宣传工作，所以当消费者出现消化不良症状时，医生开处方更多选择推荐吗丁啉。这种专家身份式推荐的威力在于，消费者不仅不容易发生品牌转换，还往往相信医生推荐的是最佳产品。而根据市场调查数据显示，吗丁啉的消费者绝大多数第一次接触吗丁啉都是通过医生推荐的。

吗丁啉的强势，不仅在于消费者，还存在于左右消费者购买决策的医生。既然市场已成熟，江中健胃消食片的市场份额的增长部分，最大可能来自于抢夺吗丁啉的市场，但吗丁啉如此强大，哪能说抢就抢?!

（3）江中健胃消食片推广乏术

在江中健胃消食片的发展过程中，为了提升销量，企业几乎尝试了当时所有能想到的所有方法。广告不断变换诉求，从早期的症状诉求，到"中药成份"、"中药保护品种"，再到"儿童老人适合"等，不一而足。也找过国际知名广告公司如奥美等，希望借此以广告创意方面突破，但所有努力都收效甚微，江中健胃消食片的销量始终在 1 个多亿徘徊。企业内部感到除了大广告投入，江中健胃消食片缺乏销售增长的策略。

屋漏偏逢连夜雨，江中收到来自销售一线的报告，竞争对手武汉健民健胃消食片采取低价销售（每盒比江中便宜 1 元）、经销商大促销（批发送太空被等）等全国性持续促销降价活动，对江中健胃消食片市场，特别是二三线市场形成了不小的冲击。

江中健胃消食片是江中药业重要的产品和利润来源，为了对现有市场的防御，持不同意见的人暂时走到了一起，同意立即对江中健胃消食片加大推广力度。

与此同时，针对武汉健民健胃消食片在二三线市场的侵蚀，江中销售部门在全国范围内发动了一场为期一年"渠道扫荡战"，旨在加强渠道建设，消除铺货盲点。

第十章

企业营销管理

3 平息争议

考虑到内部存在对江中健胃消食片市场前景的不少疑惑，必将给之后的工作带来很大的摇摆，江中市场部委托其战略合作伙伴成美（广州）行销顾问公司，从第三方的角度进行专业评估，并协助完成江中健胃消食片的品牌定位和推广工作。

任何品牌都不是在真空中获得市场份额的，周围的竞争者们都有着各自的地盘，要评估江中健胃消食片的增长空间，并建立江中健胃消食片的品牌定位，从而区隔于其他品牌，第一步工作就是需要分析行业环境。

较低的行业集中度表示消化不良用药市场并未成熟。在研究中，成美发现消化不良用药市场的行业集中度①并不高，明显不符合市场成熟的一般规律。在权威机构公布的各地统计数据中，一些没有品牌的"淘汰产品"，如酵母片、乳酶生、多酶片、乳酸菌素片等销售数量惊人，以零售价格仅为每包1元钱的干酵母片为例，其销售金额在全国消化系统用药（化学药）零售市场排前十位，如果去除排在前面的治疗"消化性溃疡"的"胃药"斯达舒等，其排名仅次于吗丁啉。同时，各地市场普遍存在区域产品，其中用于治疗儿童消化不良的产品更是成千上万，这两类产品的广泛存在和销售良好，预示着市场上有大量的未被开采的"空白"，市场并未成熟：

（1）助消化药市场中吗叮啉一枝独秀的竞争格局，表明至少还有第二品牌的空间

在助消化用药领域中，研究发现消费者的认知中仅有一个强势品牌吗丁啉，没有明显的第二品牌、第三品牌，市场格局并不清晰。而从长远看，任何市场最终将形成两大主要品牌（非两大厂家）进行竞争的局面，如胶卷中的柯达与富士，可乐中的可口可乐与百事可乐。他们的市场份额最终将形成二比一，领导品牌占有40%左右，第二品牌约20%。而助消化用药市场格局的混乱，也进一步证实了消化不良用药市场远未成熟。江中健胃消食片至少可以争取成为第二品牌，夺取"杂牌军"市场。

（2）消费者用药率低，需求未被满足

研究同时还发现，消化不良市场的用药率较低，部分的消费者出现消化不良症状（肚子胀、不消化）时采取置之不理，揉揉肚子或散散步等方法解决。

其中，儿童市场用药率低的情况尤为突出。儿童由于脾胃尚未发育完全，消化不良的发病率高于其他人群，主要表现症状是挑食、厌食。同时，儿童正处在长身体阶段，家长担心消化不良会影响其生长发育，所以解决消化不良的需求更为迫切。然而，家长担心药品毒副作用会伤害到儿童的身体健康，在用药选择上非常谨慎。因此，很多家长因为找不到合适的药，而多采用一些民间土方、食疗等解决。最终

---

① 行业集中度：指行业前四位品牌的市场份额占总市场的比例，比例高则市场集中度高，市场竞争趋于垄断竞争。

造成儿童市场发病率高，需求最迫切，但用药率低的怪圈。

从上述几个方面，研究人员得出结论，消费者需求未能得到很好的满足，助消化药市场远未成熟，存在较大的空白市场。该研究初步打消了江中健胃消食片增长空间有限的疑虑。

（3）强势吗丁啉与空白市场的矛盾

为什么出现这个现象？一方面市场空白，消费者的需求得不到很好的满足，一方面吗丁啉花大力气推广教育了多年，但为何知名度极高却销量停滞不前？

要解释这个奇怪的现象，就需要了解吗丁啉在消费者心智中的认知是什么样的，因此研究人员从吗丁啉宣传的信息内容与投放情况等开始，弄清了他们可能存在于消费者心智中的大概位置，以及他们的优势和弱势。产品形态等强烈暗示：吗丁啉是一个治疗较严重病症的药品。

吗丁啉的品牌名、产品名、包装盒、白色药片等产品形态，都有非常明显的西药特征，甚至处方药特征，加之主要由医生处方开出，这些信息均给消费者一种强烈暗示，这是一个治疗相对较为严重症状的药品。按照中国消费者对于药品的认知：药效越强，副作用也越大，在不得不吃时才服用，不能经常吃。

而调查数据显示：超过50%的消费者认为消化不良是"常见的小毛病，没有什么影响"，显然，对于消化不良这个小毛病，特别是饮食不当引发的消化不良，用点酵母片之类的"小药"就可以了，吗丁啉并非首选。

也正因为这些认知，西安杨森推出的儿童装吗丁啉悬浮液，始终没有占到儿童消化不良用药市场多少份额。

（4）吗丁啉主动"舍弃"了大量的区域市场

由于国内药品销量80%都在医院。加之长期以来，中国药品零售渠道的不畅，使大多外资、合资药企从一开始就非常重视医院渠道的销售，一般都是通过医生开处方销售，来带动零售市场。与此相对应，吗丁啉在确定重点市场时，当地是否有完善密集的医院渠道就成了一个重要的衡量指标。

同时，医药消费与健康意识、经济收入等密切相关，区域差异非常大。以2000年为例，医药消费总额排名前六的广东、江苏、浙江、山东、上海、北京，其药品消费额超过其它26个省份与地区的总和。这使得绝大多数外资、合资药企以当地是否是医药消费大省，作为确立重点市场另一个重要的指标。

结合上述两大指标，不难发现，在医药行业，外资品牌（企业）比本土品牌（企业）更加聚焦在江苏、浙江、广东、上海等几个省市，而其他区域则暂时无法顾及。吗丁啉也不例外，根据企业专家访谈得知，其销量主要集中在上述几个省市。而后续的研究也证实了这一点，如2002年、2003年两年，吗叮啉用于江苏、浙江、上海、广东、北京地区的广告投放费用，占到其投放总量50%以上。由于上述五省市的媒体给予的折扣都较少，实际上的比例还应该高于这个数字。而其他大量的省份，如江西等省市，吗丁啉的广告投入几乎为零，中央台广告费用也非常少，和投到北京市的费用几乎持平。

这种极度"聚焦"的做法，使得吗丁啉在中国的发展极不均衡，在江浙市场已趋成熟，消费者对吗丁啉耳熟能详；而在黑龙江、江西等被"舍弃"的地区，消费者对吗丁啉则知之甚少。

（5）吗丁啉的"胃药"新身份，阻止了消化不良消费者的选购

从整理分析吗丁啉的广告历史资料，可清晰地再现吗丁啉的推广进程：

1989年吗丁啉以"止吐药"面市；

1990年改以"消化不良药物"出售，广告诉求四大症状"上腹饱涨、餐后不适、腹胀、食欲不振"，广告语为"消化不良找吗丁啉帮忙"，经过一年的推广，销售直线攀升；

1991年吗丁啉的销售是1990年的4倍，在1997年更达到了0.5亿盒，之后的4年销量开始平稳；

2001年，为了扩大销量，吗丁啉在广告中诉求的症状增加为"胃痛"、"胃胀"、"胃堵"、"恶心"、"消化不良"，广告语改为"恢复胃动力，找吗丁啉帮忙"；

至此，西安杨森开始在大众传媒上明确将吗丁啉定义成"胃药"。

医生对消费者的认知也起到非常关键的作用，在研究中发现非常多的消费者第一次接触吗丁啉是因为"胃痛"、"胃酸"等症状，而从医学刊物上则发现医生将吗丁啉作为解决这些"胃病"症状的记载。渐渐地，消费者的认知中逐步建立、加强了吗丁啉的"胃药"身份，而过往的"消化不良药物"的身份开始淡化。

后来的跟踪研究中也证实了这点，随着吗丁啉广告诉求症状继续扩大到"胀痛"、"反酸"、"胃胀"、"嗳气"、"恶心"、"呕吐"、"消化不良"，广告语改为"针对胃动力，帮助胃健康"，并开始启用"胃"作为广告中的主角。在2003年底的市场调查中发现，消费者将吗丁啉、斯达舒及三九胃泰视为同一类产品，是用来治"胃病"的。

在西安杨森企业、医生等医学专业人士看来：胃病包含消化不良、胃炎、胃溃疡，胃药包含治疗消化不良和胃炎、胃溃疡的所有药物。因此，对于西安杨森而言，一直都认为吗丁啉是个"胃药"，这个身份从未改变，改变的仅仅是不断扩大的使用用途。

但消费者却不这么认为。他们的看法是：胃炎或胃疡溃才叫"胃病"，"消化不良"则是另一种"病"。"胃药"是用来治胃病的，即胃炎、胃溃疡，其表现症状主要是"胃酸、胃痛"，当然也能解决部分"胃胀"。而消化不良则是平时饮食不当引发的，是一种常见小毛病，甚至不能算病，这个时候就要吃助消化药物来帮助消化，解决其"胃口不好"、"肚子胀"的问题。消费者的这一认知，对研究消化用药市场意义非常重大。

由于"消化不良找吗丁啉帮忙"已经深入人心多年，很难改变，因此该认知在消费者中仍将长期存在，特别在其强势市场。这样，吗丁啉有了两种身份，并导致消费者认识混乱。新进入的消费者认为吗丁啉是胃药，"消化不良"小问题吃吗丁啉简直就是乱弹琴；而原有的消费者心中则顿起疑心：原来吗丁啉是治胃病的！仿佛

觉得自己好多年都"吃错了药"。

吗丁啉脚踏两个截然不同的市场，满足两种不同需求，使自己更倾向一个"治疗胃病的药品"。而被消费者普遍称为"小药"的酵母片等，在消费者的经验中单纯"助消化"，没什么副作用，这种较大的差异性，是大量消化酶市场得以存在的核心原因。

对消费者观念中的吗丁啉进行全面深入的研究后，成美的研究人员进一步坚定了消化不良用药市场存在大量空白——既有地域性空白市场，也有吗丁啉无法覆盖的"日常助消化"功能性需求市场空白。

4 品牌定位

在发现助消化药市场存在巨大的空白后，研究人员立即与江中药业的专家们（销售人员、主力经销商）进行了详细的访谈，主要是从产品、渠道等各方面论证江中健胃消食片能否占据这个空白市场。在一一得到肯定的答复后，成美向江中药业提出江中健胃消食片的品牌定位——"日常助消化用药"。

定位在"日常助消化用药"，避开了与吗丁啉的直接竞争，向无人防御、且市场容量巨大的的消化酶、地方品牌夺取市场[①]，同时也在地域上填补"吗丁啉"的空白市场，从而满足江中药业现实需要。

同时，根据企业提供的资料，江中健胃消食片的现有消费群集中在儿童与中老年两类人群，他们购买江中健胃消食片主要是用来解决日常生活中多发的"胃胀"、"食欲不振"症状。显然，定位在"日常助消化用药"完全吻合这些现有顾客的认识和需求，并能有效巩固江中健胃消食片原有的市场份额。

由于"日常助消化用药"的定位，占据的是一个"空白市场"，而且市场上并未出现以年龄划分的"专业品牌"，所以顾问公司建议放弃过去对助消化市场进行年龄细分的做法，而应全力开拓整个日常助消化药的品类市场，用一个产品覆盖所有的目标人群。与此同时，江中应积极储备新品，如儿童专用型助消化产品，待竞争成熟后，强力推出，自行细分市场。

报告中同时指出，鉴于"日常助消化用药"定位的第一步是针对"消化酶"等产品要市场份额，而这些没有推广，仅靠低价渗透的产品，除了在省会城市有一定的市场外，二三线城市才是他们的主要销售来源。加之武汉健民也在二三线对江中形成了冲击，因此，江中药业实施的"渠道扫荡战"的策略应务必确保成功。江中药业接受了顾问公司的市场评估及相关建议。

确立了"日常助消化用药"的品牌定位，就明确了营销推广的方向，也确立了广告的标准，所有的传播活动就都有了评估的标准，既然推广方向或者说品牌定位已明确，所有的营销努力都应遵循这一方面。这样做的好处显而易见，确保了每一

---

① 据权威机构的全国统计数据来看，酵母片、乳酶生、多酶片的销售数量与销售金额均排名靠前，三者合计数超过吗丁啉。

次的推广，在促进销售的同时，都对品牌价值（定位）进行积累。正如菲利普·科特勒所说：“解决定位问题，能帮助企业解决营销组合问题。营销组合（产品、价格、渠道、促销），从本质上来讲，是定位战略战术运用的结果。”由于本身避开了和吗丁啉的竞争，面对的是需求未被满足的空白市场，广告只需反复告知消费者，江中健胃消食片是什么，它能起什么作用，就能不断吸引消费者尝试和购买，从而开拓这个品类市场。

江中健胃消食片制定了广告语“胃胀腹胀，不消化，用江中牌健胃消食片”。传播上尽量凸现江中健胃消食片作为“日常用药、小药”，广告风格则相对轻松、生活化，而不采用药品广告中常用的恐怖或权威认证式的诉求。

由于儿童是一个特殊的群体，其主要症状是“食欲不振”，而不是成人的“胀”。另外，儿童及家长的媒体收视习惯、儿童适用药品在广告表现上均有较大不同。这样一条广告片很难同时影响两个迥异的人群，企业决定对儿童再单独拍摄一条广告片，在儿童及家长收视较高的时段投放，推广主题为“孩子不吃饭，快用江中牌健胃消食片”。

在广告片创作中，江中健胃消食片选用一个和品牌定位的风格、形象趋于一致的艺员，并推荐了小品、影视演员郭冬临，主要是看中他以往的作品中塑造的大多是健康、亲切、关爱他人，轻松幽默又不落于纯粹滑稽可笑的形象。而且当时郭冬临拍摄的广告片数量较少，消费者不易混淆。同时，郭冬临一人演绎了江中健胃消食片的“成人”、“儿童”两条广告片，避免消费者误认为是两个产品，从而加强了两条广告片之间的关联。

在针对成人消费者的电视广告中，穿浅绿衬衣的郭冬临，关怀地对着镜头询问，“你肚子胀啦？”，接着镜头拉远，他坐在椅子上，作出胃胀腹胀的表情，“胃胀?! 腹胀?!”，随后引出解决之道，“胃胀、腹胀、不消化，用江中牌健胃消食片”。广告片的画面干净简单，与国际4A①所倡导的塑造“品牌形象”的做法大相径庭，祛除了过多的装饰，定位广告直击消费者心智，从而快速引起消费者共鸣。这使得众多的消费者消化不良，出现胃胀腹胀的症状时，立即会想到江中健胃消食片，并加以考虑选择，这就是直接见效的品牌广告。

针对儿童的电视广告，同样简单明确，直接提出家长的烦恼：孩子不喜欢吃饭。“哄也不吃，喂也不吃”是最真实的写照，快速引起家长的关注。最后，“孩子不吃饭，用儿童装江中牌健胃消食片”，告知解决之道。这样的广告片，直击消费者需求，能够快速地拉动销售。

直接见效的品牌广告，可以协助品牌更快走入市场，同时激起企业、经销商与消费者的热情，有利于良性地将品牌推广进行下去，一步步地加强消费者的认知，逐渐为品牌建立起独特而长期的定位，真正建立起品牌。

在推广力度上，江中药业深知，仅有一个好产品与好定位是不够的，一定要把

---

① 4A：American Association of Advertising Agencies，即美国广告代理协会。

这个产品所代表的概念或价值构筑在消费者的心智中，才会完成"惊险的一跳"，实现商业价值。而且竞争对手也在寻找利润增长来源，自然不会坐视江中慢慢去开拓独享市场。就如万燕是中国、乃至世界上第一个向市场推出 VCD 的，然而，最终获利最大、成为行业第一的却是爱多和步步高。所以江中健胃消食片需要采用狂风暴雨式推广，迅速打入消费者心智。

正因为企业上下员工都具备了这一意识，江中健胃消食片很快得到了集团在财力上的最大力度支持，在 2002 年就投入了过亿广告费用，为迅速抢占"日常助消化用药"定位打下坚实基础，最终市场也给了企业丰厚的回报，当年销售额就直线上升到了 3 亿多元，比 2001 年翻了近三番！终于突破了江中健胃消食片年销量不过 2 亿的销售瓶颈。

江中销售部门经过一年的"渠道扫荡战"，成绩斐然，基本上扫除了二三线市场的渠道盲点。这为江中健胃消食片销量的腾飞提供了最基本的保证。

5 积极防御

2003 年，山东宏济堂的神方小儿消食片尝试走出山东，在中央台投入广告，其广告明显针对江中健胃消食片市场而来，广告主张"孩子不吃饭，儿童要用小儿消食片"——其细分江中健胃消食片市场的企图十分明显。江中的监测系统随即发现了这一情况，并立即从央视取得了其相关的广告投放数据，由于神方小儿消食片在山东省具备较强实力，是江中药业一直密切关注的品牌之一，在成美的协助下，江中迅速制订并实施了反击方案，在其山东大本营、安徽等其已上市的个别省份进行大规模、长时间的江中健胃消食片的"买赠"活动，打压其销量，另一方面在这几个省市加大江中健胃消食片广告（儿童片）推广力度，电视广告投放量增加 3 倍……未待江中全面出击，神方小儿消食片很快便偃旗息鼓了。

但正是小儿消食片的此次出击，促使江中药业进一步加大力度应对挑战，积极部署防御，加快了新品研发生产。在 2003 年下半年，江中药业迅速推出儿童装江中健胃消食片，销售情况非常良好。2003 年底，又完成了另一个儿童专业品牌的上市前的准备工作。江中药业表示在必要的时候，将采取自我进攻方式，持续细分助消化药市场，不断满足消费者的需求，最终保护并扩大自己的市场份额。

6 尾声

江中健胃消食片的重新定位，不仅使其获得了销量上的飞升，从 1 个多亿到 7 个亿，用两年时间完成了吗丁啉十年才完成的成长。更重要的是，在助消化用药市场中，江中健胃消食片已抢先进入了消费者心智，从而占据了宝贵的心智资源，得以有力量主导这个新兴市场。2004 年初，国际调查权威机构 CMMS[①] 在调查全国 7

---

① CMMS：China Marketing & Media Study，即中国市场与媒体研究。

万个 15～64 岁消费者后，发布的《2003 年度最具竞争力品牌调查》中显示，江中健胃消食片品牌竞争力在"整个肠胃药市场"排名第二，"成长指数"名列第二。然而此次品牌调查还未涵盖江中健胃消食片的具有绝对优势的儿童市场。

今日的江中，正逐步成为中国日常助消化用药市场的主宰。江中健胃消食片的成功，根本原因在于企业在专业公司的帮助下，以定位理论为指导，对助消化药市场进行了全面客观评估，从而彻底理清了"助消化药"、"胃药"——特别是吗丁啉在消费者心智中的认知，最终确立了与强大竞争对手吗丁啉完全差异化的品牌定位——日常助消化用药，并通过诉求准确的定位广告迅速、大力度传播出去。

通过这一场漂亮的侧翼战，江中健胃消食片在市场上完全确立了"日常助消化用药"市场的领导地位。现在，对消费者而言，江中健胃消食片几乎成为了"解决胃胀腹胀不消化"的代名词。

由此可见，一个品牌如果要在市场上取得根本性胜利，其关键所在就是其品牌定位战略的制定与实施。关于这一点，可以再次引用菲利普·科特勒的原话："解决定位问题能帮助公司解决营销组合的问题。营销组合（产品、价格、渠道、促销），从本质上来讲是定位战略战术运用的结果。"

在市场竞争不充分的情况下，企业在营销某个环节取得成功，就可能取得胜利。而在现代营销战争中，制定和实施成功的品牌战略才是赢得战争的关键，而目前仍让不少企业津津乐道的铺货率，强力促销等等"致胜法宝"，在残酷的市场竞争中，将很快变得稀松平常、乏善可陈。而正确的品牌定位战略才是企业致胜的"根本大法"，因为杰克·特劳特曾说："定位已经彻底改变了当今的营销操作。"

案例使用说明

一、教学目的和用途

1. 本案例主要通过介绍江中集团拳头产品健胃消食片的案例，让学生了解 STP 战略，并学会为产品制定 STP 战略并掌握产品定位的基本技巧和主要原则。

2. 本案例主要用于医药管理类（主要是营销类）学生的教学实践。

二、启发思考题

1. 江中牌健胃消食片成功的秘诀是什么？

2. 你能列举其他通过准确定位在营销上一举突破的企业的案例吗？

广告营销的极致：从"褪黑素"到"脑白金"

摘要：当今社会，广告作为一种传播媒介已经渗透到日常生活的方方面面，广告制造了一个巨大的符号系统，我们的生存环境正在大幅度地广告化，甚至有人形象地说："我们呼吸的空气由氧气、氮气和广告组成。"广告充斥着生活的各个角落，我们时时刻刻都在接受着它带给我们的视觉和听觉轰炸。广告作为商业和艺术的结合体，它的目的是促进品牌的发展和市场的销售。但是广告作为一个巨大的社会符号系统，它就不仅仅是一种商业推销的手段，它本身还包含了丰富的社会文化内涵。本节试图以脑白金广告为例来阐述广告营销的技巧。尽管脑白金一直荣登垃圾广告榜首，但它巨大的经济利润却令别的商家望尘莫及，其实脑白金是有它的独到之处的。

关键词：脑白金；广告；礼品营销

引言

脑白金是珠海巨人集团旗下的一个保健品品牌，该品牌创立于1994年，由于其成功的市场营销策略，在数年时间内，脑白金已成为中国大陆知名度最高和身价最高的保健品品牌之一，年均利润可达3.5～4亿人民币，2005年春节期间的销售额更是达到8.2亿人民币。其广告词"今年过节不收礼，收礼只收脑白金"则成为中国知名度最高的广告词之一。但同时，脑白金品牌也由于其不择手段的市场推广而饱受诟病，尽管连年荣登"十大恶俗广告"榜首，但脑白金的销量却总是让别的商家望洋兴叹、自愧不如。是什么助脑白金创下如此的销售奇迹？这看似恶俗的广告形式背后是什么样的营销学原理？本案例将对脑白金的成功历程做全面介绍。

1 今年过节还收礼

自1999年起，一句"今年过节不收礼，收礼还收脑白金"广告词响彻全国各地。不论在南方还是北方，不管是白天还是夜晚，只要打开电视，"脑白金"广告你绝对耳熟能详。

脑白金是用来干什么的？这估计知道的人就不多了。有些人知道它是保健品，更多的人知道它是用来"送礼"的。脑白金含功效成分MT（Melatonin 褪黑激素）与低聚糖，有"调整人体生物节奏、改善睡眠、调节肠道减少有害物质吸收"之功效，因此，与许多同类产品一道被划入保健品行列。或许"脑白金"产品你不怎么熟悉，但其广告大多数人绝对耳熟能详。不变的"今年过节不收礼，收礼还收脑白金"，不变的产品"包装形象"，稍有变化的老爷爷老奶奶（有牛仔形象、西装形象、跳舞等形象，但变化都不大），这其中最为大家所熟悉或"感叹"的莫过于那句广告语了。

对于该系列广告，全国上下众说纷纭。专业人士认为"老土俗气、没品位、缺乏美感，唯一好的就是效果，除此之外，几乎别无长处"；有观众称，该广告"让人抓狂、难以忍受"；也有人认为，这一系列广告"很搞笑"、"一看就懂，甚至不用看，一听就懂"。

2 脑白金的广告宣传策略

在本土做营销传播，所有媒体不一定非整合不可，如果有更省时、省力、省钱、更合适企业快速制胜的方法则最佳。国内保健品宣传不乏广告、事件行销成功的案例，是重复他人的老路，还是独辟蹊径？脑白金有自己的高招，仅靠报媒软文就启动了市场。

脑白金的宣传策略，追求最有效的途径、最合适的时段、最优化的组合，不求全但求到位。

在市场启动期，脑白金基本以报媒为主，选择某城市的1－2家报纸，以每周1－2次的大块新闻软文，集中火力展开猛烈攻势，随后将十余篇的功效软文轮番刊登，并辅以科普资料作证。这样的软文组合，一个月后就收到了效果，市场反响强烈，报媒为产品开道，大大唤醒了消费者的需求，刺激引导了购买欲望。

与此同时，脑白金也在终端做了些室内广告，如独创的产品大小模拟盒、海报、POP① 等。

脑白金在成长期和成熟期中，媒体重心则向电视广告转移。电视广告每天滚动播出，不断强化产品印象，广大中老年人有更多的机会接触电视，接受产品信息。

户外广告也成为脑白金中后期新增长的媒体亮点。户外横幅求多不求精，以营造脑白金氛围。同时还辅助做一些车贴、车身广告、墙面广告、推拉广告，目的是要让脑白金随处可见，走进千千万万消费者的心目中。

适时而变、顺时而推、整合不同时期、力争做得更好，这就是脑白金的品牌宣传策略。

3 软文广告——脑白金的新闻炒作

脑白金最初入市，以大脑的脑白金体及其分泌的脑白金为主诉求点，宣传年轻态的概念，引出产品的多项保健功效。特别是早期的新闻炒作，如《人类可以长生不老?》、《格林登太空》等，无论从内容的新闻性、权威性，还是可读性、通俗性，都能激起强烈的阅读欲望。因为里面蕴含了大量的信息资料，是一般人闻所未闻的，而且时效性很强，在当时的确收到了争相阅读的效果。功效软文《一天不大便等于抽三包烟》、《女人四十，是花还是豆腐渣》等面市后，更是准确地驾驭了人们求美、求新、求年轻的心理，令读者产生试用脑白金的冲动。有如此周密、惊人的策划部署，自然不难找到脑白金在市场上如火如荼的原因了。

不过，这种以软文广告为主的新闻炒作，也有局限性。它最大的弊端是时间短，消费者看多了容易厌烦并产生怀疑心理。就脑白金的软文炒作来看，起初的优势十分明显。那时候它提出的"脑白金"对于广大普通的消费者来说，还是一个带有一定神秘色彩的新概念。对于一个能够对人体健康产生极大影响的新概念的出现，谁会不关注呢？所以，软文宣传确实效果非凡。但到现在，人们熟悉脑白金是松果体后，那种神秘感已经消失，软文宣传的影响力直线下降。

炒新闻主要是为了增强市场的注意力，提高产品的知名度，真正的营销最后还

---

① POP：Point Of Purchase，指卖点广告。

是要落实到扎扎实实的终端工作中的。对于深知策划与营销精髓的脑白金策划者来说，这个环节当然也不会掉以轻心。在策划文案里面，有这样的阐述：终端是实现销售的重要环节。但脑白金在具体的终端管理上，似乎没有新闻炒作的效果好。例如，仅在上海，还有相当多药房终端的营业员不了解脑白金的作用，还以为是补脑用品。这样的营业员又如何给顾客推荐产品呢？还有，在脑白金大做广告的时候，不少包括国产与进口的竞争产品在终端坐享其成——他们不必投入太多的营销费用，只在终端的回扣上付出多一些，营业员就会极力推荐该产品，从而分享脑白金的市场份额。这也在一定程度上反映出脑白金终端管理的不足。

据悉，脑白金公司有200多个办事处，有2000多家经销商，几乎平均每个办事处就拥有10家经销商，其终端有多少那就不言而喻了。也许，不是只把力气使用在新闻炒作和知名度上，扎扎实实地做一些企业管理的根基性工作，对脑白金将会产生更为有益的效果。

4 脑白金广告策略优势

4.1 成功贵在坚持

从上市以来，脑白金的跟随者虽多，却大多是昙花一现，脑白金之所以逃脱被洗牌的命运是因为其不见不散、一如既往的广告投放模式。

巨额的广告费≠品牌，但是没有巨额的广告费，要成为著名品牌则是万万不可能的。1998年到2000年，涌现脑白金、椰岛鹿龟酒、汇仁肾宝、排毒养颜胶囊、血尔等诸多大牌，在2001、2002年，保健品行业缩水近半，脑白金依然持续每年热卖10个亿。这正是其不懈努力的结果。

4.2 不跟随，永远坚持自己的步伐

由于领导者具有先入优势，消费者认知度高，如果跟随者的产品没有自己的特色，最后只能被掩盖在领导者产品的阴影里面，所谓的"竞争"必然成为一句空话。因此，要采取"竞争型跟随"战略，首先要能够在产品的内外形成差异化。消费者真正感受到的"产品"其实包含很多层面，产品的物质属性和功能属性只是其中的一个部分。通过赋予产品更多的"价值"或者"个性"，将跟随者同领导者以及其他企业有效区隔，最终形成自己独有的核心竞争力，是采用竞争型跟随战略成功的关键。当其他产品的广告正以唯美的画面、出人意料的创意向消费者传递信息的时候，脑白金的狂轰乱炸似乎显得俗不可耐，也因此而连续多年蝉联"最恶俗广告"排行榜的榜首。然而，这种看似"俗"的策略却给脑白金带来了巨额的市场回报，不得不说，这与它的独辟蹊径，与它的不跟随密不可分。

4.3 中国人的礼品观——广告丰富的文化内涵

深入分析来看，坚持和不跟随都是脑白金广告成功的表面原因，更深层次的原因是它把握住了消费者的心理和消费时代社会文化的特点。

广告虽然是一种商业推销的手段，但它同时也是一种文化。广告不能通过赤裸

裸的推销达到目的，相反，它要把商业目的和商业动机很好地掩盖起来，这就需要借助文化，尤其是要借助一些巧妙的修辞和叙述方法。用美学和艺术的方式来成功地实现广告中的话语转换。从符号学的角度看，这是一种意义的嫁接。也就是说，把一种与某个产品并不具有必然联系的意义"嫁接"到该产品。鲍德里亚曾把符号学方法与政治经济学方法结合起来批判性地解读广告，认为"产品本身并非首要的兴趣所在，必须在该产品上嫁接一套与该产品没有内在联系的意义才能把它卖掉。"这在广告制作中是至关重要的，成功的广告包装不仅在声音、色彩、构图上迅速吸引眼球，更重要的是广告的内核——特定社会、特定文化传统中的意义阐释模式——在不经意间切合了受众的潜在心理期待。所以说，广告蕴含着丰富的文化内涵，也是它成功的重要因素。

在脑白金广告中所体现的具体文化内涵如下：

第一，社会中崇尚"权威"的消费心理。中国传统文化中一个重要的特点就是"经验本位观"，就是对经验特别崇拜，经验崇拜导致崇尚"权威"，重权威，轻事实。重视大多数人的价值判断而怀疑自我的感觉。在价值标准、道德准则的取舍和选择上有唯大、唯上的倾向。在广告中时常强调"国优"、"部优"、"通过 ISO9000 认证"、"国家免检产品"、标榜"获得某某金奖"、"国家一级企业"等。广告企图用这种权威来证明产品的可靠性和优越性，从而达到扩大销量的目的。脑白金广告毫不例外的运用了消费者崇尚"权威"的这一心理。它通过新闻以中华营养学会、组方科学、权威专家论证树立权威效应、提高产品美誉度；以科学配方、中国营养学会、国家高新技术企业（全面通过国家 GMP 认证）等培养忠诚消费者；以专家、学者、科学、权威、实效等主攻潜在消费者。脑白金在广告上投入了大量金钱（投入 15 亿人民币，仅次于玉兰油的广告费——16 亿人民币），做足了文章，使得大量的消费者纷纷购买，而中国人喜欢盲从跟风，追赶潮流的习俗又促使更多的消费者购买脑白金。

第二，就是中国人的"孝道"观念。中国传统的"家庭观念"和"孝道"观念使年轻人不管走到哪里都不忘孝敬爸妈。脑白金明确地响亮地告诉我们——孝敬爸妈，礼品还是脑白金。脑白金无疑看到了中老年人这一巨大的市场，我国至少有 7.5 亿中老年人，并且交际活跃的中年人、50 岁以上的退休老年人，最保守数字也有 1.5 个亿，把他们作为目标群体，针对中老年人经常出现的健康隐忧，脑白金提出了"加深睡眠、改善肠胃"这一卖点，利用中国人的"孝道"思想着着实实地赚了一把。

第三，就是传统文化中的面子观和礼仪之邦的群文化观念。中国号称"礼仪之邦"，特别讲究"礼仪"二字。逢年过节大家都要互送礼品，现在社会也流行送礼风，大大小小的事情都需要送礼。送礼，似乎"礼品"本身的功效作用如何，已经不在重要，重要的是广告附加给礼品的社会价值和意义。所以受广告影响的大众所关注的就不仅仅是礼品的使用价值，而是广告等认为附加其上的符号价值和象征价值。

脑白金敏锐的觉察到这些。所以把广告的焦点由"加深睡眠、改善肠胃"这一保健功能转向了"礼"这一附加的社会价值上面。它瞄准"礼品"这一旺盛的市场，并在上面大做文章。广告由原来的"脑白金加深睡眠、改善肠胃"、"有效才是硬道理"、"脑白金，请广大市民作证"转向"今年过节不收礼，收礼只收脑白金"。礼品对象由也由"送爸妈"变成了"送爸妈、送老师、送阿姨……"，脑白金广告的焦点由保健品的功效转向了礼品的附加值上面。将脑白金由"自用"消费市场转向了"他用"消费市场——礼品市场。这个转变的成功就在于它把握住了中国消费市场中传统的送礼习俗。中国是个礼仪之邦，庞大的礼品需求市场此前一直缺乏一个认同度高的商品，人们在选礼品时往往陷入苦恼之中，不知道到底要买什么送，而脑白金广告则直接告诉你，"送礼就送脑白金"，它使用一种话语暴力告诉你，送礼就送脑白金。这种话语暴力强制灌输给人们一种观念——脑白金就是礼品的代名词。脑白金广告的这种话语策略一时间由不得消费者不买。并且，消费者对"自用"保健品的关注重点是功能，而对"他用"保健品关注的重点不仅是功能，更重要的是礼品的附加社会价值，送礼其实就是送面子。所以礼品还要求拿出去体面，那就需要该商品的知名度够大。脑白金每年巨额的广告费用已经使中国的黄发垂髫都记住了脑白金的礼品符号。

4.4 充分利用人们的情感资源

广告除了充分应用社会文化资源，把握消费者的消费心理以外，还充分利用人们的情感资源以达到促销目的。通常情况下，情感与商业似乎是两回事，而在广告策略中却常常会调用一些似乎是非商业化的纯洁的甚至是神圣的感情来达到商业的目的。

广告最基本或者说最本质的行为是商业促销，这是毫无疑义的。但是这种促销功能并不是孤立存在的，广告往往不是赤裸裸的宣传产品，而是借助一些巧妙的修辞方法、叙述方法，用美学艺术、文化以及一些超功利的"精神情感"因素把他的商业目的和功利因素隐藏起来，给他们披上一层温情的面纱。商业上的成功依赖于情感上的成功。在这些广告中，销售的点不是商品的直接使用价值，而往往是它的附加价值或象征价值，如亲情、自由、身份地位、文化品味等等。消费者对广告的认同首先源于对广告中所传达信息的认同，消费者所消费的也不仅仅是商品的使用价值，更多的是人为的附加在商品上面的符号价值或象征价值。例如万宝路香烟广告中的意象——广袤无边的西部沙漠，豪放不羁的牛仔，奔腾的烈马等等剪辑在一起，就让人们联想起男士的阳刚，继而联想到成功，因此就给人们灌输了这样一种符号意义，即万宝路香烟就等于成功男士。广告中应运这种手段达到成功的例子举不胜举，还有许多化妆品广告中给消费者的一个信息就是用了该产品你就会获得一张光洁无暇的脸，然后你就会获得很多男士的青睐，然后你就会拥有幸福的生活，这样，广告强行灌输给消费者的信息就是：拥有该产品就等于拥有一份幸福的生活。在这里，消费者大多接受的就是这样的信息，而不是产品的知识。

在脑白金广告里也不例外，它同样利用了人们的情感。比如，"孝敬爸妈，礼品还是脑白金"，它给你的信息就是送爸妈"脑白金"就等于孝敬爸妈。而"今年过节不收礼，收礼只收脑白金"也给消费者一个符号信息，即过年送礼只能送脑白金，而送其他礼品就没有意义。脑白金就是孝敬爸妈的表现，脑白金就是礼品的符号代表等。

5 尾声

脑白金的电视广告，一直打礼品牌，"脑白金＝礼品"的概念已经路人皆知。然而，脑白金只是一个开头炮，这种营销模式的运用并未停止于此。

"送长辈，黄金酒！"巨人集团惯常采用的高密度广告轰炸再现中央一套的黄金广告时段，其营销策略完全是脑白金和黄金搭档的延续，黄金酒最直接地向目标消费者传达了"购买指令"。黄金酒的广告创意一如脑白金策略：很直白地向消费者传达出其清晰的"送长辈，黄金酒"的诉求。唯一不同的是其"品质诉求"广告与"品牌诉求"广告交叉播放，使得消费者很快认知到黄金酒"大品牌，好礼品"的品牌企图。

这种营销模式可以在短期内形成一定的销量，会对传统酒类礼品消费市场产生较大的冲击，也会进一步提升保健酒行业的影响力，提升保健酒行业在整个酒类市场的市场份额。但这种营销模式却缺乏核心竞争力，或者说，竞争对手并非无法模仿，一旦这种营销模式被大规模复制，脑白金能否坚守住阵地、走得更远，仍然是一个未知数，我们也将拭目以待。

案例使用说明

一、教学目的和用途

1. 本案例主要通过介绍4P战略中的促销（promotion）战略，使学生了解产品战略的主要内容。脑白金的案例是符合医药营销理论框架的，但同时又有其自身的独特之处，学生可以通过讨论分析形成认识。

2. 本案例主要用于医药管理类学生的教学实践

二、启发思考题

1. 脑白金成功的秘诀是什么？

2. 如果脑白金改变其狂轰乱炸的广告模式，换成平时立足于"美"或是"情感共鸣"等特点的广告模式，对其而言，是利大于弊还是弊大于利？

三精葡萄糖酸钙口服液 4P 营销模式分析

摘要：一提到三精葡萄糖酸钙口服液，人们马上就会想到"广告轰炸"、"垃圾广告时间"等等一系列词汇，仿佛一个产品，只要有钱打广告，就一切"OK"了。

真的是这样吗？其实，绝非如此，企业的营销是一个有机的整体，任何单纯的一种营销策略绝不可能铸就销售奇迹，本文从4P①的角度对三精葡萄糖酸钙的营销策略做一个全面系统的梳理，以对医药企业的营销策划者和研究者给予一定的启迪。

关键词：三精；葡萄糖酸钙；4P

引言

三精制药的前身是国有企业哈尔滨制药三厂，始建于1950年，最初以生产肌肉和静脉水针剂为主，是黑龙江省最早的专业化生产水针剂和国内最早引进国外水针剂生产设备的企业。历经几十年药品生产经营的磨练，公司从单一品种剂型，发展成为多品种、多剂型、医药原料和制剂并重的综合性的制药企业。主要生产经营注射剂、口服液、片剂、胶囊剂、颗粒剂、冻干粉针剂等20多种剂型、300多个规格品种，形成了丰富的产品阵容。拥有亿元以上的品种四个，千万元以上的品种十二个。

2004年三精制药投资近亿元组建了开放型的具有国际水准的研发平台。2004年2月25日，"三精"品牌被国家工商总局认定为"中国驰名商标"。2004年12月13日，经北京名牌资产评估公司权威认定，三精品牌价值为40.03亿元人民币。

1 企业发展及现状

2001年三精制药在哈药集团内部率先实施二次改制转为有限公司，并从此开始了低成本扩张，当年收购了黑龙江省明水县药厂，并在之后几年陆续在省内低成本收购了黑河、孙吴、鹤岗等一批制药企业，完成了生产布局的调整和建设。2002年开始组建医药商业公司，并先后通过品牌嫁接的方式在国内设立了十几个商业公司，形成了具有三精特色的营销网络。2003年为实现产品市场与资本市场的联动，筹划重组上市公司"天鹅股份"，并在2004年实现"借壳上市"，2005年完成了后序重组，置出水泥资产，换入药业股权，实现了母子公司合并。2005年9月正式更名为哈药集团三精制药股份有限公司。目前公司主业清晰，资产质量优良，基本完成了普药生产基地、中药生产基地、保健品生产基地、儿童药生产基地、原料药生产基地的产业布局，并将陆续结束投入期，进入成长期，成为公司未来发展的坚实基础和重要的经济增长点。2005年是公司完成重组上市后第一个完整的会计年度，公司主业盈利水平出现大幅提高。2005年度，公司实现主营业务收入17.69亿元，同比增长175.24％；主营业务利润8.27亿元，同比增长216.19％；利润总额25256万元，同比增长566.51％；净利润14514万元，同比增长443.70％。

一提到三精葡萄糖酸钙口服液，人们马上就会想到"广告轰炸"、"垃圾广告时

---

① 4P：是营销学名词美国营销学学者麦卡锡教授在20世纪的60年代提出"产品、价格、渠道、促销"4大营销组合策略即为4P。产品（product）价格（price）渠道（place）促销（promotion）四个单词的第一个字母缩写为4P。

间"等等一系列词汇，仿佛一个产品，只要有钱大打广告，就一切"OK"了。真的是这样吗？三精葡萄糖酸钙口服液的崛起，广告所起的决定性作用不言而喻。除此以外，其他因素的作用也很重要，本案例将详细解析。

2 4P 理论介绍

4P 理论是营销策略的基础，在市场营销组合观念中，4P 是指：产品（product）、价格（price）、渠道（place）、促销（promotion）。市场营销过程中可以控制的因素，也是企业进行市场营销活动的主要手段，对它们的具体运用，形成了企业的市场营销战略。

Product，产品的组合，主要包括产品的实体、服务、品牌、包装。它是指企业提供给目标市场的货物、服务的集合，包括产品的效用、质量、外观、式样、品牌、包装和规格，还包括服务和保证等因素。

Price，定价的组合，主要包括基本价格、折扣价格、付款时间、借贷条件等。它是指企业出售产品所追求的经济回报。

Place，地点，通常称为分销的组合，它主要包括分销渠道、储存设施、运输设施、存货控制，它代表企业为使其产品进入和达到目标市场所组织、实施的各种活动，包括途径、环节、场所、仓储和运输等。

Promotion，促销组合是指企业利用各种信息载体与目标市场进行沟通的传播活动，强调互动沟通和以消费者为中心进行沟通，包括广告、人员推销、营业推广与公共关系等。

4P 是美国营销学学者麦卡锡教授在 20 世纪 60 年代提出，他认为一次成功和完整的市场营销活动，意味着以适当的产品、适当的价格、适当的渠道和适当的传播促销推广手段，将适当的产品和服务投放到特定市场的行为。

4P 是营销战略的战术，强调的是手段和方式。通常进行产品营销战略的过程中，首先研究顾客的心理与行为，规划 STP① 营销战略，在细分市场（segment）的基础上确定市场目标（target）和市场定位（position），再根据目标顾客的特点和顾客价值这些营销战略要素来策划 4P。

3 基于 4P 理论的"三精葡糖碳酸钙口服液"营销手段

3.1 产品（Product）

三精葡萄糖酸钙口服液的产品组合定位在儿童补钙市场，以疗效稳定和品质优秀提高产品竞争力，加上剂型、口味适合市场需求，故产品一上市便迅速取得了一定的市场份额。

---

① STP：S、T、P 分别是 Segmenting、Targeting、Positioning 三个英文单词的缩写，即市场细分、目标市场和市场定位的意思。

（1）精简产品结构，推出主打产品

从 1994 年开始，在计划经济向市场经济转轨的过程中，三精制药与许多老国有企业一样，许多问题逐渐暴露出来：产品老化、单一；思想僵化、管理体制落后；渠道短缺、销路不畅等。因此推出主打产品就成了三精制药解决问题的关键。

经过分析发现，葡萄糖酸钙口服液不仅销量高，且是企业自 50 年代成立以来第一个由自己的科研人员研制成功的国家级新药。1991 年 5 月正式投产以来，在没有固定销售计划的情况下，销售收入一直保持在每年 2000 万元左右，已成为哈尔滨地区各大医院治疗儿童缺钙症的首选药品。另外，市场调查结果表明：消费者普遍认为葡萄糖酸钙口服液口感好，儿童可以接受，81.5% 的消费者认为该产品定价尚可接受。因此三精牌葡萄糖酸钙口服液顺理成章成为主打产品。

（2）准确的市场定位，锁定儿童补钙市场

1996－1997 年间，苏州立达制药生产的钙尔奇－D，上海施贵宝生产的 21 金维他已把补钙及补充微量元素的观念传播给了中国的老百姓。经过调查发现：

①大多数消费者认为补钙产品都是保健品；

②消费者普遍知道补钙对儿童尤为重要，但不知道如何选择；

③家庭用药及保健品的主要消费者和购买者是 24－45 岁的妇女；

④药店店员和消费者认为缺少真正适合儿童的补钙药；

⑤大多数消费者认为孩子不愿吃补钙药主要是口感的问题；

⑥70% 的药店店员认为他们可以影响购买者的选择；

⑦消费者能说出一些补钙药品的名字，但不能描述其特点；

可见，消费者已对补钙有了一定的认识；婴幼儿及儿童缺钙患者人群较大，但没有适合的补钙药物；消费者只知道缺钙对身体有害，但在用药上比较盲目。补钙的群体对钙的需求量、特点不同，难以找到合适的产品，针对性不强，同时由于饮食结构的变化，儿童普遍存在缺钙问题，引起了父母们的高度重视，而市场上的钙品种繁多，但缺少领导品牌，缺乏专业知识的父母，只能盲目选择，补钙效果不明显。三精通过一系列的调查研究、市场分析后，进行市场细分，最后选定儿童为其主要的目标市场，针对儿童补钙研制的葡萄糖酸钙口服液，凭借其强劲的竞争优势已成为儿童补钙市场的主力军。

（3）优秀的品质和稳定的疗效

葡萄糖酸钙口服液上市前，市场上存在的补钙保健品主要是无机钙，如：碳酸钙、磷酸钙、氧化钙，或者来自于经过机械加工的动物贝壳、骨骼，这类钙剂吸收效果差、含钙量低，更致命的是有些产品由于制造工艺的缺陷，容易导致重金属含量过高，服用不安全。三精制药厂抓住时机，经过精心的研制开发，使用新处方、新工艺、新技术开发出创新产品"葡萄糖酸钙口服溶液"。该产品具有吸收好、服用安全、口感好、含钙量高、补钙效果稳定的特点，使得它一推出市场就迅速占领全国市场的 90%，成为三精制药的主导产品，并荣获中国非处方药类别领先品牌之化学药、维生素与矿物质类第一名。

（4）剂型、口味适合市场需求

以前，补钙产品的剂型大多是是固体制剂，以钙片为主。食用前，家长们通常得先将钙片碾碎后，用水调好再喂给孩子，服用很不方便，吸收效果也不佳，口感也不是很好，孩子并不喜欢吃。而口服液的剂型就非常方便儿童的服用，同时还有一系列水果口味可供选择，酸酸甜甜的口感深受儿童的喜爱，成为家长们为孩子购买补钙产品的首选。因此，剂型的改良、口味的多样是葡萄糖酸钙口服液取得成功的重要因素。

（5）独特的包装，美观的设计

三精葡萄糖酸钙口服液是采用蓝色透明的玻璃瓶包装，蓝瓶本身具有很强的避光作用，有助于产品的稳定，保证口服液的品质。外观设计上看，具有审美性，淡蓝色的瓶体清爽透明，给人视觉上美的享受，同时又突显出"纯净的钙"的良好品质，满足消费者要求品质保障的消费心理，促进了产品的销售。同时具有独特性，与其他生产企业的葡萄糖酸钙区别开来，为消费者的选择、购买提供指导，防止被他人假冒，保障了产家和消费者的利益。目前，三精已为蓝瓶申请了国家专利，蓝瓶也已成为三精独有的品牌标志。

3.2 定价（Price）

在作为终端的大型零售药店、小型零售点或超市药架上，三精葡萄糖酸钙口服液（规格：12 支/10ml）的价格从过去最初产品上市的 20 元以上降至 16 元左右价格，并基本维持在 15 元左右波动。经过比较我国市场上的一些补钙剂的价格，不同剂型的价格按每支含钙量和每盒支数为单位，不同钙剂价格相差 10 倍甚至 20 倍之多。三精葡萄糖酸钙口服液零售价格一般是 22.56 – 14.50 元/盒。这样的价格在剂价中处于一个较高的位置，与三精走高端品牌的定位相吻合。

3.3 渠道（Place）

根据科特勒的渠道营销理论：一个销售实体产品的制造商至少需要三个渠道为它服务：销售渠道、交货渠道、服务渠道。下面就从这三个方面来具体分析三精葡萄糖酸钙口服溶液的营销渠道组合。

（1）销售渠道

几年来，三精制药以品牌嫁接的形式，通过对办事处的商业化运作建立了由公司控股的 10 家商业公司，基本建立了覆盖全国各大区的营销网络，其中，葡萄糖酸钙口服溶液的主要营销公司是三精医药商贸有限公司。公司通过与医院、药店、诊所建立分销关系来促成产品的销售，而药店是葡萄糖酸钙口服溶液销售的主渠道。与此同时，公司采用包括广告在内的各种差异化推广手段，促进药品在此销售渠道上的销售。由此可见三精葡萄糖酸钙口服溶液的销售渠道为二级渠道。另外，三精制药 40 多年的经营销售网络为葡萄糖酸钙口服液的推出奠定了渠道网络基础。三精制药的销售渠道是国有的三级批发网络，主要销售对象就是批发商。三精制药多年以来积累了较好的商业关系。这些商业公司以其多年形成的网络和调拨能力，在三精制药的葡萄糖酸钙推出市场以后，有力地推动了产品的销售。而一些新兴的商业公司，对二、三级市场有极强的覆盖能力。三精制药的主战场也正是在二、三线市场，正好借助于这些公司的网络，把自己不能控制的市场覆盖。

（2）交货渠道

葡萄糖酸钙口服溶液在交货时运输方式的选择上为"五定"运输，即定商品、定运输路线、定起止站、定运输费用。按照经济区域和商品的合理流向，贯彻近产近销的原则，把商品的生产、供销、运输固定地连接起来，提高运输的综合效益。在运输工具选择上主要为公路运输工具，以汽车运输为主。

（3）服务渠道

因零售药店和消费者两个销售环节比较稳定，因此，葡萄糖酸钙口服液的市场推广应是直接面向消费者，以消费者拉动零售商、医院和批发商。葡萄糖酸钙口服液的目标使用者是婴幼儿，吸收和安全对他们来讲是最重要的。所以葡萄糖酸钙口服液以药店作为销售主渠道，把店内服务作为重点，进行人员宣传；参加并开展多种形式的促销活动；设置产品咨询电话，设立专项邮购负责人。因此，在对葡萄糖酸钙口服溶液的销售服务上，公司主要以下三方面着手：

①在以药店作为销售主渠道的基础上，把店内服务作为重点，进行人员宣传；

②设置产品咨询电话，解决顾客关于产品各方面的疑问；

③设立专项邮购负责人，对偏远地区不便购药的顾客以邮购方式选购，以扩大产品的销售量。

3.4 促销（Promotion）

三精制药在促销方面做了重大努力。

第一步：确定宣传推广的切入点

三精在调查中发现，在医生和消费者眼中，对一个好的补钙产品应具备的标准等级划分是不同的，分别依次为：医生：吸收好→安全→含钙量→价格；消费者：含钙量→价格→吸收好→安全。

调查表明，消费者对补钙产品的认知程度不够清晰。消费者更看重的是产品的含钙量，但研究结果证明，补钙产品进入人体后的吸收程度才是评价钙产品优劣的关键。安全补钙也是消费者未看到的问题，大多数消费者认为补钙产品是保健品，对身体不会有影响，其实不然。过量补充，或盲目选择补钙制剂都会对人体造成损害。而葡萄糖酸钙口服液的目标使用者是婴幼儿，吸收和安全对他们来讲是最重要的。

由此，三精制药确立了产品宣传推广的市场切入点——引导消费者科学补钙、加强消费者的补钙意识，将产品定位于"吸收好，安全可靠"来进行宣传。同时，树立消费者科学补钙的观念，强调葡萄糖酸钙口服液是针对儿童研制的，其水果口味及含钙量都特别适合于儿童服用。

第二步：选择广告投放媒体

在媒体选择上，利用各省级卫星电视台在国内其他省份进行广告投放以求增大广告覆盖面。启动"垃圾时间"，增加播出时间，降低广告费用。

三精制药"钟情"于广告的案例：1998年4月，在全国19家卫视台被称为"垃圾时间"的白天播出段中，每天30~40分钟的时间被葡萄糖酸钙口服液的说明性的广告占用了。截至1998年末，葡萄糖酸钙口服液销售回款达到4500万元，该年度卫视台的广告投入累计900万元，投入产出比为1:5。1999年春节刚过，葡萄糖酸钙口服液的畅销开始降临了。产品定单接踵而来，进入三月份，携款提货的经销商在销售总公司计划处排起了长队，产品供不应求。四月份，拿到手的提货单转手就可以高出0.2元/盒左右的价格卖掉，一时间，全国的经销商蜂拥而上。1999年6月，经过三个月的调查分析，新的营销计划出台：加大广告投入，在卫视台黄金时间段推出葡萄糖酸钙口服液。

这时的中国老百姓，想不知道葡萄糖酸钙口服液都难，只要打开电视，葡萄糖酸钙口服液的广告就会进入视野。正是由于这种规模化的广告宣传，拉动了市场消费，使得三精制药创造了又一个营销神话。

第三步：用促销配合媒体宣传

以药店作为销售主渠道，把店内服务作为重点，进行人员宣传；参加并开展多种形式的促销活动；设置产品咨询电话，设立专项邮购负责人。

4 尾声

当我们热衷于研究各种营销技巧和营销手段，并为各种新的营销方法激动的时候，有没有认真想过"营销的本质是什么"？

当企业成功的时候，他们往往会欣喜若狂，因为他们认为自己掌握了成功的规律。可是当我们复制成功经验的时候，却往往遭遇了失败，为什么？因为我们挖掘出的成功经验，往往是成功规律的表象，而不是成功规律的必然。在这种表象经验的指导下去实践，又怎么能获得成功呢？我们只有认识规律，承认规律，运用规律，才能成功。

一个产品的成功，成就了一个企业的成功。成功没有神话。产品的成功，靠的是掌握营销的规律，灵活地运用营销的规律。其实，任何产品的成功都要遵循营销的基本规律。而运用之妙存乎一心，如何综合分析各方面因素，做出正确判断，这就是领导的责任。

案例使用说明

一、教学目的和用途

1. 本案例主要通过介绍4P的整合运用，使学生了解其主要内容，三精的案例是符合医药营销理论框架的，但同时又有其自身的独特之处，学生可以通过讨论分析形成认识。

2. 本案例主要用于医药管理类学生的教学实践。

二、启发思考题

1. 三精葡萄糖酸钙的营销中是如何应用 4P 理论的？
2. 三精葡萄糖酸钙的营销体系有何可以改进之处？

本章参考资料

[1] 江中集团官方网站：http://www.jxjzxz.com/

[2] 封梨梨. 从"江中健胃消食片"看市场定位之重要性 [J]. 佳木斯教育学院学报，2011（7）

[3] 郭勇. 从江中牌健胃消食片的成长历程看企业的创新机遇 [J]. 中国广告，2010（1）

[4] 钟可芬. 江中：新定"胃" [N]. 医药经济报，2008-5-16（B18）

[5] 汪建波，康枫. 营销成功的因素分析——脑白金营销策略分析及其借鉴意义 [J]. 商场现代化，2006（15）

[6] 潘成云. 脑白金：品牌运营管理实证分析 [J]. 市场周刊（商务），2004（5）

[7] 李辉. 三精制药公司市场营销策略 [D]. 哈尔滨：哈尔滨工程大学，2008

[8] 合众传播. 三精牌葡萄糖酸钙 品牌颜色差异化的开创与升级 [J]. 广告人，2011（2）

第十章

企业营销管理

第十一章

企业人力资源管理

企业人力资源管理是企业管理的一个重要组成部分，概括地说，它是为了实现企业战略目标，通过一整套科学有效的方法，对企业全体人员进行的管理。所谓人力资源，是指能够推动经济和社会发展的劳动者的能力，人力的最基本方面包括体力和智力，如果从现实的应用形态来看，则包括体质、智力、知识和技能四个方面。本章选取的3个案例分别是国内的三九医药和天津药业集团、合资企业西安杨森和外资企业礼来。三家企业都具有较为完备的人力资源管理系统并各具特色，值得好好学习。

三九医药：人力资源信息化管理

摘要： e-HR① 是一种为人力资源而服务的电子化手段，三九医药人力资源管理解决方案的成功实施正在于企业 e-HR 的应用，电子化只是一种手段，中心是强调以人为本的全员自助服务等，提高效率是 e-HR 的根本目的。这里的"e"包含了两层含义：不仅仅是"Electronic"即电子化的人力资源管理，同时更重要的也是"Efficiency"即高效的人力资源管理。

关键词： 信息化管理；电子化；e-HR

引言

作为三九集团的核心企业，三九医药股份有限公司（以下简称"三九医药"）坐落在制造业非常繁荣的深圳。这是一家由深圳三九药业有限公司为主要发起人，联合三九企业集团（深圳南方制药厂）、深圳九先生物工程有限公司等共同发起设立的股份有限公司。就是这样一个由各方整合而成的公司，从 1999 年诞生之日起就表现了强大的生命力，公司通过对外部市场的分析研究及对自身实力的综合评估，确

---

① e-HR：e-Human Resource，即电子人力资源管理，是基于先进的信息和互联网技术的全新人力资源管理模式，它可以降低成本、提高效率、改进员工的服务模式。

立了高科技含量和高服务水平的中药现代化、产业化的发展方向，明确提出了建设世界一流植物药公司的战略目标。经过十几年的快速发展，三九医药在很多方面走在了我国医药企业的前列，现已成为我国制药行业的佼佼者。而在企业管理方面，其高效的人力资源信息化管理一直为各方津津乐道并值得他人学习。

1 公司介绍

1.1 发展历程

三九医药是一家在中华人民共和国注册的股份有限公司，于1999年3月2日经原国家经济贸易管理委员会国经贸企改〔1999〕134号文件批准，由深圳三九药业有限公司、三九企业集团（深圳南方制药厂）、深圳九先生物工程有限公司、深圳市先达明物业管理有限公司和惠州市壬星工贸有限公司共同发起设立。

2008年4月16日，根据国务院国资委国资产权〔2008〕384号文《关于三九医药股份有限公司国有股东股权变更有关问题的批复》，三九集团所持有的84462520股国有法人股股份及三九药业所持有的本公司613937480股国有法人股股份的持股主体统一变更为新三九控股有限公司。

三九医药于2007年11月底正式进入华润集团。

2010年2月，经国家工商行政管理总局审核，并经深圳市市场监督管理局核准，三九医药名称由"三九医药股份有限公司"正式变更为"华润三九医药股份有限公司"。

1.2 发展现状

作为我国最大的综合性制药企业之一，三九医药主要从事药品的开发、生产、销售及相应的医疗保健服务。目前三九医药现有品种以中成药为主，并涉及化学原料药与制剂、生物制品、医药卫生材料等多个医药领域。产品辐射全国并向海外市场延伸，在日本、美国、加拿大、韩国和东南亚等地畅销，同多家国外公司建立了稳定的贸易联系。

三九医药拥有三九胃泰系列、三九感冒灵系列、三九皮炎平软膏、参麦注射液等一批享誉全国的名牌产品，主要产品在国内的市场占有率均居同类产品前列，其中有些处于绝对领先地位。

2011年，三九医药实现营业收入55.25亿元，较上年同期增长26.58%，实现了其原定的通过外延式发展促进业务增长的目标。由于成本费用上涨，2011年实现归属于母公司所有者的净利润7.6亿元，同比上年略有降低；经营活动产生的现金流量净额9.55亿元。截至2011年底，三九医药总资产为76亿元。

2 HR信息化管理

自成立以来三九医药并不是一帆风顺的。作为一家向现代化迈进的企业，其组织更加贴近市场，具备更敏捷的反应能力至关重要。但是，落后的人力资源管理体系已经严重制约了其反应的敏捷性。事实上，作为人力资源的管理部门，三九医药的 HR 人员已经深刻体会到组织成本不仅仅是建立在对人才的激励与考核基础之上，更重要的是要在"快鱼吃慢鱼"的时代建立自己快速反应的组织神经，而不是付出巨大的机会成本。

2.1 以咨询带动电子化

在三九医药进行人力资源电子化项目之前，Hewitt 咨询公司已经进驻企业，进行人力资源管理的顾问咨询工作，先后涉及到企业的岗位体系、薪酬体系、绩效考核体系，而这些方面也恰恰是人力资源管理信息化系统的核心部份。

从梳理人力资源管理流程出发，三九医药需要以现有情况为基础，获得更加高效的管理过程与业务数据，但是传统的管理手段显然不能适应变革的要求，因此就要考虑用一种相对固定的管理过程方法或体系来体现并实施咨询结果。而东软与 Hewitt 联合开发的慧鼎人力资源管理软件就正是这一思想的结合品，成为三方合作的基础。

2.2 e – HR 的出现

在 21 世纪的今天，企业都意识到了"人"作为一种特殊的宝贵的资源来管理远比"人事"管理复杂的多，要做到让企业中的每个人都发挥其最大的潜能，就不能简单的把人当成实现目标的工具来管理，而是企业要对每一个员工负责，包括人生的规划都要量身定制，这样一种以人为本的管理理念，它的成本可想而知。有没有一种既能节省成本，又达到企业管理目标的方法呢？人力资源信息化管理就自然成为了与企业战略目标绑定在一起的焦点。

e – HR 的推动有两个主要原动力。互联网技术的发展，使得人力资源的管理功能延伸到了普通员工；企业对人力资源管理的观念产生了重大的变化，要将人力资源管理推到策略性层面。对于知识型行业来说，企业的价值被看作有型资产加人才资产，因而人才资产的管理就显得无比重要。

2.2.1 结合企业情况、分阶段实施

根据企业的自身情况，东软与三九医药共同确定了人力资源电子化实施的三个工作阶段：

阶段一：在岗位体系咨询完成的情况下，进行组织机构管理、人员配置管理的系统开发、安装调试及培训工作；

阶段二：在薪酬体系咨询完成的情况下，进行薪资福利管理及招聘管理的相应工作；

阶段三：在绩效体系咨询完成后，进行了绩效管理、培训管理及全方位的员工自助系统的开发与实施。三个阶段中电子化与咨询相辅相成、相得益彰：电子化的人力资源管理系统验证并推动了咨询的结果；咨询的结果使管理系统的应用与推广变得益于接收与使用。

2.2.2 适合企业特点、优化解决方案

根据慧鼎人力资源管理解决方案以及三九医药自身的特点，东软定制了适用的

人力资源解决方案。在绩效管理、薪酬管理、员工自助等方面，紧密地与咨询结果流程相结合。将咨询结果通过电子化手段转化为企业与人力资源部可以利用的宝贵管理与信息财富，为人力资源部的工作服务、为企业领导的决策服务、为员工与企业之间搭起沟通的桥梁。

（1）员工角色区分的薪资管理解决方案

三九医药在员工的薪资管理方面，根据员工的编制状态区分为干部与工人两个管理集群，为其量身定制了薪资管理解决方案。不同的群组采用不同的员工进行管理，相互间信息没有交叉，保证了薪资数据的严密与不外泄；不同的群组间采用不同的薪资管理体系，采用不同的薪资项目定义与发放策略定义，保证可以灵活的定制两个群组自身的特定薪资管理内容；对于不同的群组提供了不同的报表分析结果，用信息的划分来得到不同的数据，企业管理者可以有针对性的得到两个群组的薪资成本统计，以助其决策。

（2）全新的绩效管理流程

三九医药强调流程中员工的参与、主管人员与员工间的交流与互动，让绩效考核不只停留在案头与书面，而是在企业运作的各个时刻，所有人员都在执行与努力完成企业的绩效目标。考核指标体系中完全适应了同样的人员对于同样的指标描述会采用不同的评分标准，达到了指标的复用与个性化兼备；

全方位的评估，多角度的评测，多方位多角度评估体系让人员可以参与到对同样一个对象的评估过程中，他们有不同的权重，他们会评估不同的绩效目标与绩效领域，员工最终的考核结果将是对于上述信息总体的评价结果，充分体现了科学、高效、合理与公正；

在目标完成有计划的基础上，加入了"反馈与指导"的操作环节，同时，针对员工存在的问题，可以进一步修订员工的绩效目标与目标的行动计划，以达到及时灵活的调整员工或是部门的计划与步骤，为更好的完成企业的绩效目标服务；

强有力的"绩效跟踪"，管理者可以不定期的对于员工的绩效目标进行跟踪，以达到及时目标完成情况的了解与评估，从而可以有针对性的对于员工的绩效目标进行调整与跟踪；岗位能力评估，管理者可以针对不同的岗位特性对于员工的岗位能力进行评估与评测，得到一定的岗位能力评估数据，从而为员工的职位升迁与薪资调整服务；

与薪资管理有机的结合，让绩效考核的结果转化为与员工密切相关的奖金与薪酬，绩效评估结果将直接作用于绩效奖金的发放，能力评估的结果将直接作用于员工的薪级调整与岗位升迁。

（3）体现员工参与的培训管理解决方案

三九医药的培训管理具有灵活性高、员工参与性高的特点，一次培训也许完全是由员工自发参加的，而在此过程中人力资源管理者只是对于培训过程进行侧面的规划与管理。因此，针对这一特点，方案为三九医药设计了更加合理与高效的培训管理流程。员工自主决定将要参加何种培训以及何时参加等信息，而不需要依赖于人力资源管理者规划的培训方案体系；人力资源管理得到员工的信息，及时对于信息进行整理，规划员工的培训过程，在企业培训目标的指导下，体现"以人为本"注重员工个人能力的发展与提升；分级的审批流程使培训活动的相关事宜不再是直接遵循主管一人的决定，用户可以根据企业现有的组织管理体系来制订审批流程，更加体现了管理方式上一定程度的集中与一定程度的民主；及时的交流强化培训的效果，企业的培训不再只是培训者自身的参与过程，系统通过培训前交流与培训后交流两种手段，达到了管理者与参与培训的员工对于培训目的一致的认知，并以此来检验员工的培训成果，使企业的培训不流于形式，而更加强调其产生的效果。

2.3 实施效果

整个 e – HR 体系中包含了咨询结果中的组织结构与岗位体系、招聘与选拔工具、薪酬体系与薪酬管理工具、绩效管理流程等多方面，具体涵盖了从工作分析到岗位描述、人员配置、评估反馈与薪酬体系、培训发展等方面，建立起以商业经营结果为基础的衡量系统。三九医药 e – HR 结合了企业的实际情况与 Hewitt 的管理经验，实施后优势非常明显。

2.3.1 集中管理

三九医药 e – HR 通过电子化手段将一切人力资源管理集中在企业的人力资源部门，自然而然地打破了"干部"与"工人"的界限。人力资源部作为整个系统的核心，担任着所有人力资源管理运作环节的发起和管理职能。不仅具有传统人事管理职能，而且担负起进行岗位设置与测评、规划工作流程、协调工作关系的任务。管理范围也从传统的正式组织扩大到非正式组织，包括团队建设、员工与顾客、员工与其他企业合作者之间的利益共同体、上层领导与下层员工为重构组织或企业再造所需的合作等。

e – HR 的自助化，使高级的有关信息和资料可以直接传递到基层员工，利于管理和政策的实施。可以迅速、有效的收集各种信息，加强内部的信息沟通，根据相关的信息做出决策和制定相应的行动方案。如企业员工可以通过一定的程序自己更新变化的个人信息，也可以在网上自助申请培训、假期、报销等日常事务。这样不仅减轻了人力资源管理人员用于数据采集、确认和更新的工作量，也保证了数据的质量和数据更新的速度。

而且 e – HR 是完全基于 Internet/Intranet 的网络系统，不受时间和地理位置的限制，企业的任何员工可以在任何时间和任何地点联入网络进行操作。有效地改善了公司内部沟通途径，扩展了沟通的渠道。传统的人力资源管理信息系统要想实现这一点几乎是不可想象的。

系统实施完成后，人事部门的工作量大大减少，打卡、考勤等在新系统的帮助下不必再由人事部门专门派人亲历亲为，而薪资等工作也可以轻松完成，以往几个人几天的工作，现在只要一个人很短的时间就可以完成，而且准确率提高了不少。

2.3.2 全员参与

在三九医药 e – HR 各个管理流程中，员工是人力资源管理者信息的来源与依据，员工的参与也使人力资源管理者制订管理流程中，作到"有规可依，有规可循"，极大程度的调动了员工的积极性，增强了参与感和责任心，真正成为企业的一员。

作为一种新的人力资源管理概念，e－HR 就是要通过互联网技术让 HR 从管理走向服务，使得员工的管理由被动变为主动。通过 e－HR，企业可以挑选最合适的员工，上下级之间可利用 e－HR 的协同功能，为工作表现作出实时的回馈，高层领导对于员工的工作状况及想法可以了如指掌，还可以利用所有实时数据，作出有效的分析，以支持长远的人力资源计划，从而把人力资源管理提升到策略性的层面。

e－HR 倡导人力资源的全员管理，这与传统人力资源管理大不相同。e－HR 软件不仅把人力资源管理者从行政人事事务中解放出来，将工作重心放在服务员工、支持公司管理层的战略决策以及员工和员工的集体智慧的管理上，成为 HR 决策以及其他企业决策的参考。实现一对一的关系管理，并且使人力资源管理更快捷和方便。整合人力资源管理的各方面流程运作，给企业提供 360 度的管理，把人力资源管理伸延到每一个运营流程里，从而支持企业的发展目标。

2.3.3 人性化与安全相结合

三九医药 e－HR 从更好的为用户服务与跟踪出发，结合企业自身的环境与条件，确定实现这一解决方案的技术体系与架构。其中，员工人性化的个人工作区非常具有特色，为不同类型的用户定制不同风格与重点的工作区，让不同的用户在同样的操作权限内可以得到不同的信息支持，并且这样的定制可以根据用户情况的变化而发生相应的调整。

在安全机制方面，对于薪资、人事等重要数据进行加密，保证了重要数据的安全；用户之间的权限划分逻辑严密，采用严密的不可逆算法进行加密，防止盗用用户口令与密码的现象发生。并且，详细的系统日志提供了对于系统操作复查的依据。

2.3.4 系统的可扩展性

一套系统的价值不仅在于满足现在的工作需要，同时需要考虑企业未来发展的融合性。e－HR 系统考虑到三九医药信息化建设的发展趋势，通过数据传递的方式实现了与企业其他运行管理系统的信息共享。

3 尾声

三九医药人力资源管理解决方案的成功实施在企业管理的各个环节发挥了具大的作用。这是强大的数据分析工具与合理的数据分析结果，为企业的决策者提供了决策的依据与来源，同时，也为决策执行者提供了有力的信息支持与保证。例如：三九医药在推出一个新产品时，企业决策者可以及时地了解人力资源状况，既不至于造成企业人员的冗余，也不至于临时抱佛脚，大量招聘员工。可以轻松直观地看到各个部门人员的负荷情况，便于调整策略。而以前几乎是每上一个新产品就需要有一班子人马，浪费了大量的人资成本。

e－HR 在中国实施遇到的一个难题是改革管理手段和思想，e－HR 的推进在管理层和员工层都会有阻力。其次，e-HR的成功在于员工的主动参与和领导对人力资源管理权的下放：对员工来说，e-HR为他们带来了前所未有的参与机会和自主权；对于领导来说，他们可以营造一个更直接、更高透明度的人力资源环境。最重要的一点，e-HR实际上可以解释为为人力资源而服务的电子化手段，但其实这只是一种手段，它的根本目的是提高效率，实现高效的人力资源管理。

案例使用说明

一、教学目的与用途

1. 本案例适用于管理学中人力资源信息化管理内容的讲授。

2. 作为国内典型的人力资源信息化管理案例，三九医药案例突显的是现代管理手段与高科技的结合，突破旧的人力资源管理模式。

二、启发思考题

1. 目前e-HR的应用，三九医药是极具典型的案例，相比其他医药企业，它能如此成功的因素在哪里？

2. 三九医药e-HR最显著的特点体现在哪些方面？

西安杨森：人与文化的和谐

摘要："思考问题要用全球化的眼光，但行动要用当地的做法"，对这条已经被跨国公司在进行全球化经营时所认可的原则的成功应用造就了西安杨森的成功。有关专家在谈到跨国公司对员工文化差异性的处理时认为，中国企业跨国经营的最大障碍还是人才，主要是缺乏既有国际化知识、先进管理经验又熟悉当地市场的人才以及对当地资源进行有效管理和利用的人才。西安杨森的经验告诉我们，在进行跨国经营时充分利用当地文化来管理人力资源是一条捷径。

关键词：文化；和谐；企业社会责任；人的管理

引言

成立于1985年的西安杨森制药有限公司，是中外合资兴建的现代制药企业，在全国28个城市设有办事处，在华员工超过3000人。2008年西安杨森与强生在华公司一起荣获"第六届中国大学生最佳雇主奖和进步飞速奖"称号。2009年西安杨森陆续荣获由中国医药企业管理协会和搜狐网评选的"中国医药风云会——改革开放30年之贡献奖"、"第七届中国大学生最佳雇主奖"。西安杨森数十年的跨国经营取得了不俗的成绩，这其中有很重要的一点，就是充分利用当地文化来进行人力资源管理。

1 公司介绍

1.1 关键事件

2007 年以前，西安杨森是由美国强生公司的全资子公司比利时杨森制药有限公司与陕西省医药总公司、陕西汉江药业股份有限公司、中国医药工业公司和中国医药对外贸易总公司合资兴建的大型现代化制药企业。2007 年 11 月，四家占 48% 股权的中方股东按同比例向强生转让了西安杨森股权，转让完成后，强生的持股比例达 70%，中方四家总共持股 30%。

1.2 发展现状

西安杨森依托强生公司全球强大的研究开发体系，新近推出的专利创新药品，如抗精神病新型药物芮达；先进的生物制剂（单克隆抗体）－抗风湿药物类克；治疗多发性骨髓瘤的突破性药物万珂；填补国内治疗空白、治疗骨髓增生异常综合征（MDS）的新型药物达珂等，以帮助患者远离病痛，提高生命质量。

同时，西安杨森与中国广大医务工作者通力合作，在中国与全球同步开展了多项国际多中心临床研究，重点致力于一些尚未攻克的疾病领域如艾滋病及肿瘤等的研究。

1.3 企业价值观与企业文化

西安杨森以强生公司"我们的信条"做为核心价值观，融合东西方文化精粹，形成独具一格的企业文化——强调"信条为本、止于至善"；倡导"因爱而生"，传播关爱；弘扬奥运精神，激励自己和社会大众"更快、更高、更强"。

西安杨森制药有限公司散发人性魅力的企业文化，帮助公司成为员工心目中值得信赖与托付的"大家庭"，凝聚了一大批优秀的人才，同时也对整个行业产生了积极的影响。

2 本土智慧，全球资源

2.1 人才招募

作为中国最大的合资制药企业之一，在近些年医药行业的迅猛发展中，西安杨森在自身不断发展的同时，也向同行输出了不少人才，因此，在许多同行眼中，西安杨森就是中国制药行业的"黄埔军校"。作为国内医药领域的旗舰企业，西安杨森一直致力于将更多更好的药品与服务带给医生、患者及客户，帮助他们拯救、延长或改善生命。同时，西安杨森也始终在医药研发和科技创新方面不断发展。因此，公司这几年在业务发展的同时，对各种资源的需求量都相当大，人力资源部面临"扩招"的压力，而且要做到所需人才和西安杨森的文化吻合，更为不易。近几年来，西安杨森与其他强生在华子公司一起在校园招聘方面不遗余力，通过一系列手段增强了自己在高校中的雇主品牌形象，提升了校园招聘的成效。

"在招聘的时候，信条价值观和业务行为规范是我们不能妥协的。"对内部员工也是一样，西安杨森认为，"对于价值观好但业绩平平的员工，公司愿意提供更多的机会让他们继续学习和尝试，以提高业绩；而对于那些价值观有问题或不遵守业务行为规范的人，不管他的业绩有多好，公司都会毫不留情地按员工手册或业务行为规范来处理。这就是西安杨森在价值观和业务行为规范上的要求。"一个人加入一家公司，就要认同和遵循它的价值观，如果做不到，那么公司是绝对不能妥协的。所以在西安杨森，所有的员工都知道，如果有谁报假数字或给客户回扣，是绝对要被开除的。"

2.2 人才开发

人才招得来更要留得住，正如前面所述，以"80后"为主体的员工队伍，工作是否具有挑战性以及是否能够获得更多的成长空间，是留住他们的关键因素。就此，西安杨森基于胜任力模型，在员工培训、绩效评价及个人评估等方面创建了许多系统性的方法。

在西安杨森，每年都有全员参加的员工信条及满意度调研。每年的调研结果出来后，公司及各个部门都会通过年会及周期会向员工公布调研结果，并分头制定公司及部门的行动改进计划，同时通过内网及内部会议定期沟通行动计划的执行情况。所有部门的总监或负责人都须把信条调研结果及行动计划的执行情况列入个人的年度目标中，并切实做好改进工作。

在西安杨森2006年底进行的信条调研中，人力资源部在"赞许与认可"指标上出现了令人担忧的低分，为了提高同事们彼此之间的相互认同，大家提出了一个新倡议：在每个月一次的部门例会上新增一个环节，每次开会前先各自用一分钟时间表达在过去一个月内对其他给过自己帮助的部门同事的认可和感谢。"第一次就有好多人被感动得哭了。大家平时忙忙碌碌，也不好意思开口，东方人太含蓄，但到了这个场合，才发现这种认可是很重要的。"同时，部门也利用这个每月的例会表彰业绩突出或项目执行得好的同事。这项制度执行下来以后，2007年的满意度调研，人力资源部在这项指标上得到的分值不仅有了显著提高，而且结果竟高居强生信条调研"赞许与认可"一项全球前16%的分值，进步的速度让李梦涓都感到意外，"其实只是做了一点点改变，但是大家都能看到它的效果。"

为了全方位实现绩效的改进和个人的成长，西安杨森在常规的年中和年底业绩评估基础上还增加了"360度反馈系统"和"多方评估系统"。对于"360度反馈系统"来说，每个人的反馈结果原则上只有被评价者自己能够看到，但公司也鼓励当事人与人力资源部的同事或自己的主管分享反馈结果，以便使他们了解哪些是自己被大家认可的长处，哪些是要进一步改进的地方，以便得到自己主管和人力资源伙伴的帮助。"多方评估系统"多数用于资深的管理者，利用这套系统得出的评价结果是与绩效考核有关的，人力资源部、被评价者及其上级都能够看到评估结果。这两套评价系统虽然评价主体都多于一人，但其实侧重点是不同的，相应的作用也不一样，前者更侧重于帮助被评价者提高自我认知及个人发展，而后者更聚焦于绩效考核，从多角度考核员工在实现业绩目标过程中的行为及领导力。

3 人与文化的和谐

很长时间以来，很多人都以为西安杨森是一家位于西安的本土制药企业，几乎看不到丝毫强生的影子；如今，我们知道，强生的"因爱而生"同样是西安杨森的价值追求。公司最有口皆碑的就是其人与文化的和谐。

3.1 重视培训

西安杨森的培训在医药圈内可谓有口皆碑，也正是靠了规范、系统、高水准的培训，西安杨森造就了一支训练有素的高素质队伍。

西安杨森的管理者对培训情有独钟，并把它放在战略高度来考虑和实施。前任美籍总裁罗健瑞说："我们从一开始的管理只是管理者的事情，其他人只是执行，发展到现在共同思考，共同迎接挑战，经验是必须加强培训。"

西安杨森的职工说："我们公司就是一所培训的学校。"确实，年轻的销售人员在这里被培训成为精通产品知识和销售技巧并具有良好职业道德的市场销售骁将；车间的工人成了现代化大生产的技术能手；管理人员经过培训，则站在一个更高的起点上，成为具有现代企业管理知识和国际战略眼光的先锋型人才。在西安杨森，市场销售人员成长得非常迅速。从只懂得书本知识的学生、资历浅薄的年轻医生，到通晓市场营销策略的地区销售经理、大区销售经理，有的只用一两年时间。在如此短暂的时间内实现人才类型和人才素质的大跨越，其中一个很重要的因素就是培训。公司每年用于培训的费用比职工工资总额还要高。

3.2 承担企业社会责任

西安杨森将人力资源管理与文化有机结合，实现人与文化的和谐努力是从培训开始的。首先，它将企业文化融入培训课程之中。在培训过程中，西安杨森一方面对员工进行业务知识培训，另一方面将这些培训与公司的企业文化融合在一起，或是在课程中穿插企业文化教育，让企业文化植根于每个参加培训的员工心目之中。西安杨森人力资源管理部门的想法是：培训不仅要提高员工个人能力，而且要增强员工对公司和企业文化的认同，这样才能为公司所用。

另外，它还将它的培训服务于整个医药行业。西安杨森的企业文化中特别重视自己的社会责任，西安杨森总裁罗健瑞说过："承担社会责任，与社会共享我们成功的经验和做法，已成为西安杨森公司企业文化的组成部分。"西安杨森不仅对自己员工的培训搞得有声有色，还把本企业的培训和经验拓展到了企业之外，开展了诸多有益于整个医药事业的培训。

3.3 注重与精神的有机结合

培训只是人力资源开发的重要手段，用人实现人力资源的有效利用才是目的。在用人过程中，西安杨森也处处注意人力资源管理与中国文化环境和企业文化精神的有机结合。

优厚的待遇是西安杨森吸引和招聘人才的重要手段，而不断丰富工作意义，增加工作的挑战性和成功的机会则是公司善于使用人才的关键所在。西安杨森的工人和中层管理人员是从几家中方合资单位抽调的。起初，由于他们在原单位形成的习惯、涣散的思想意识，不适应合资企业严格的生产要求。有鉴于此，西安杨森一方面在管理上严格遵循杨森公司的标准，制定了严格的劳动纪律，对员工进行相关培训，使员工逐步适应新的管理模式，培养对企业和社会的责任感；另一方面，他们通过调查研究发现，在中国员工尤其是较高层次的员工中，价值取向表现为对高报酬和工作成功的双重追求。为此，他们专门制定了与此相适应的激励员工的办法。

4 尾声

可以看到，西安杨森不仅是被大众所了解的"医药行业黄埔军校"，其在承担社会责任等各方面也有优秀表现。西安杨森在进行人力资源管理时是将公司文化与员工心理特征紧密结合起来的。西安杨森首先在培训时将企业文化融入培训全过程，在提高员工能力的同时增强了员工对企业文化的认同感，为在人力资源管理只能够应用企业文化奠定了基础。然后根据公司和员工的具体特点，在销售人员中唤起他们的进取精神和接受挑战的意识，提倡做销售"雄鹰"，在全体员工中则宣传"雁的启示"，倡导团队精神。前者符合中国高层员工对高薪金和事业成功、自我实现的双重追求，后者则利用了人天生是社会的动物，渴望相互接近、相互帮助的心理。

西安杨森有意识地、系统地利用企业文化将员工心理和中国文化联系起来，所以它所采取的一些看似平常甚至被许多人斥为无聊的行动，如寄贺卡、过生日、集体婚礼、天安门前长跑并唱国歌、鹰和雁的启示等，竟然收到了奇效。这也说明，人力资源管理中最重要的还是人和文化的因素，只有充分顾及和适应中国文化，人力资源管理才能达到最佳效果。

案例使用说明

一、教学目的与用途

1. 本案例适用于管理学中人力资源管理内容的讲授。

2. 从国内医药企业到合资医药企业，各企业的人力资源管理均具有其特色，唯有结合企业自身特点发展适合自己的人力资源管理方式才最有可能获得成功。

二、启发思考题

1. 请分析西安杨森人力资源管理的特色。

2. 西安杨森人力资源管理成功给与的启示有哪些？

3. 结合西安杨森——合资医药企业的特点，探析随着科技的发展，它该如何在以后完善自己的人力资源管理以求更进一步发展。

礼来：最佳雇主的成功之路

摘要：在人力资源管理方面，礼来的成就和其经营业绩一样已经得到各界的肯定，陆续赢得多方面的荣誉奖项。红色手写体的 Lilly 标志延用 128 年，它浓缩了"尊重人，诚实正直，追求卓越"的礼来价值观，极具亲和力的人文色彩把礼来的企业文化传达给每一个人。礼来这样一家以人为本的企业，造就了铁打的营盘，流水的兵。

关键词：招聘选拔；薪酬体系；绩效考核；职业发展；以人为本

引言

美国礼来制药公司于 1876 年 5 月 10 日成立，至今已有 135 年的历史，其公司总部设在位于美国印地安纳州的印第安那波里斯市。礼来全球员工有 38165 名，其中约有 7271 名员工从事药品研发工作，礼来的临床试验研究遍布全球 50 多个国家，它在全球 8 个国家设有研发中心，工厂遍布 13 个国家。礼来的产品行销于全球 143 个国家。多年来，礼来出色的企业文化赢得了广泛的赞誉：福布斯在线认为礼来是美国最慷慨的公司；《金融机构投资者》认为礼来是美国与股东关系最好的公司；Med Ad News[①] 认为礼来是全球最受尊敬的公司；《科学》杂志认为礼来是最适合科学家工作的公司；《在职母亲》杂志认为礼来是最适合职业母亲工作的 100 家公司之一……如这样的荣誉对礼来来说数不胜数，这从一个侧面反映了礼来以人为本的人力资源管理的成功。

1 公司介绍

1.1 发展历史

1876 年，礼来的创始人礼来上校在印第安纳波利斯市创立了礼来公司，该市位于美国中西部的印地安那州境内。作为一名 38 岁的药剂师和美国内战的退伍军人，礼来上校对那些配方粗糙，经常无效的药物非常失望。于是，他对自己和社会作出如下的承诺：

他要成立一家医药公司，生产最高品质的产品；

他的公司将仅仅生产需要医生处方的药品，而绝不是江湖术士花言巧语盲目推销的伪劣产品；

礼来的产品是利用最先进的科学技术开发和生产的。

尽管他的业务发展得一帆风顺，礼来上校还是对传统的药品监测方法感到不满。

---

① Med Ad News：美国医学新闻。

1886年，他雇佣了一位年轻化学家担任全职的研究员，通过运用及发展最新的科学技术进行质量检验。他们一起为礼来的传统奠定了基础，那就是：首先致力提高现有产品的品质，继而发展到发明和开发新的更好的药品。

后来，礼来上校的儿子和两个孙子先后担任公司的总裁。他们每一位都对公司的管理作出了独特的贡献。这些管理风格逐渐形成了公司的文化，在这一文化中，员工被视为最有价值的财富，至今这仍是公司经营哲学的核心。

1.2 公司文化

"尊重每一个人，诚实正直，追求卓越"的价值观是礼来公司百年不渝的追求。翻开礼来的史册，数不尽的事例展示了礼来这一浓郁的文化传统，这一点还体现在员工管理上。

礼来薪资福利政策首先确保为员工提供有尊严的生活保障，更为优秀的员工提供行业内最有竞争力收入；礼来视员工为业务合作伙伴，共同成长是互利于双方的基石，为此其不懈努力构筑了一套系统的职业发展系统：员工能力模型设定了围绕客户导向，产品知识，领导才能等方向的技术能力，并每年为所有员工进行评估；礼来中国培训中心提供四年的销售专业技能课程系统，支持全体销售员工的可持续发展；人力资源部整合内部资源为持续优秀业绩者创造如讲座、学习沙龙、导师制、内部项目团队、员工论坛等多种形式结合的技能发展方式，让员工从课堂上，同事中和工作中互动学习提高技能。每年有25%的员工获得这些培养发展机会。有岗位空缺时，礼来会优先招募合格的内部员工，借此创造轮岗与晋升的机会。每年平均有35%的员工获得转岗和晋升的机会。良好的业绩是成功的一半，作为一家对广大客户有着长期承诺的公司，礼来既关注员工言行的专业度也关注员工取得的成绩。为此，设有领导力行为奖，回应与承诺奖，地区经理辅导奖，全球优秀销售代表奖，中国优秀销售代表/地区经理奖，参加全球范围内的学术会议，五年/十年员工奖等认可计划，员工的优秀事迹都会获得公司的认可。

2 最佳雇主的人力资源管理

2.1 招聘与选拔

2.1.1 用同一把尺子甄选人才

人力资源部门与公司的其他部门容易产生的最大冲突，就是由于各自对应聘者衡量标准存在不同，从而导致甄选出来的对象会不一样。尺子的不同，衡量的结果自然会不同。"用同一把尺子量人"首先需要解决的问题是怎样的尺子才是最适合本企业对人才需求的标准？在建立人才甄选系统时，礼来公司把应聘者的工作动力作为"尺子"的基本衡量标准，即工作动力确定合适的人才标准。

通过工作动力模型和工作动力的配合，面试主考官可以了解到应聘者是否愿意承担日后的工作。工作动力的配合主要表现为机构的运作模式及价值观、工作环境的氛围，是否能给予员工个人欣慰和满足感。其中包括：工作、机构、工作环境的协调。整体来说，是指工作本身是否能给员工带来个人的满足感和成就感。

2.1.2 校园招聘

在美国礼来公司致力于追求革新、正直和卓越。允许礼来追求这些目标的主要动力之一就是校园招聘过程。通过校园招聘，礼来将新鲜的血液带进了公司，他们在新进员工中的比例达到了15%～20%。礼来侧重于一部分的大学或学院，并投入关键性时间和资源，礼来与这些院校建立和发展良好的关系。

2.1.3 倡导员工发展的内部提拔制度

很多跨国企业中，中国本地员工都会遇到"玻璃天花板"，做到某一职位上后，就再也上不去了。礼来公司在这方面有很好的理念，就是如果有机会，要培养内部员工，这是这个公司很独特的内部培养的制度。内部选拔是尊重员工的职业选择，给内部员工提供一个平台继续发展。同时无论何时，坚持不懈地提供平台给员工，也是礼来公司价值观的体现。每一个被内部提升选拔出来的员工，都要能够在企业这个平台上证明对他的选拔是正确的，不能说三到五年后才给看结果，而是在工作中进行非常短促的学习，很快能够出结果。这也是现实，特别是在跨国公司。所以内部提拔机会常常是惠顾那些有准备的员工。

2.2 薪酬：激励追求卓越的员工

2.2.1 薪酬体系

礼来相信员工是其最有价值的资产。这一信念反映在礼来提供的福利范围和质量上。礼来的福利计划包括健康、家庭、保险、退休、投资、教育和亲属照顾服务。礼来提供广泛的福利包，不断努力以满足员工的一切需要。

礼来的薪酬福利原则基于这样的观点：一个公司优秀的业绩依赖于每个员工优秀的表现。礼来提供工资福利，旨在吸引和留任那些承诺追求卓越的员工。与礼来在多元化劳动力中的最大化工作机会原则相一致，礼来的福利包提供员工选择和方案组合的机会，以适应个人需要。

礼来在美国的全面薪酬是不断累进的，包括：①现金薪酬，由基本工资和根据个人贡献和公司业绩决定的红利。②公司普通股，包括你可能参与的长期激励计划。③福利，包括健康计划、储蓄计划、退休计划及其他。这些直接或非直接的因素共同组成了礼来的全面薪酬包。

2.2.2 薪酬跟业绩挂钩

2001年10月，礼来公司实行了具有深远影响的削减成本计划。由于礼来公司失去对Prozac①的专利保护对公司的巨大财务影响——这种抗抑郁剂贡献了该公司2000年28亿元利润总额的三分之一。为此，2002年度公司所有员工的工资都不会增加，而经理们则要放弃年终奖金与股票分红。公司的首席执行官Sidney Taurel把自己的年薪酬降到一美元，此举得到员工们的极大赞赏。

----

① Prozac：百优解，通用名盐酸氟西汀，是一种新型抗抑郁药，由美国礼来公司研究开发，并于1988年在美国上市。

在当前高级经理人薪酬方案普遍模糊不清的年代，Taurel 要求减薪的举措发出了一个明确的信号：高级经理人应对公司的业绩负责任。这是礼来很典型的一例。然而，尽管 Taurel 精神可嘉，但薪酬方案的制定不能仅依赖于个人的责任心，而应把薪酬与股东价值的联系明确化、制度化。

2.3 绩效：运用 360 度进行差异化考核

得益于 IT 服务的部分外包，礼来可以将 IT 部门维持在其核心的规模范围，包括其在苏州的工厂，IT 人员一共才 11 人，IT 部门属于公司 CFO[①] 辖下。整个 IT 部门分成网络维护部、基础支持部和解决方案部三块。IT 部门绩效管理是使用 360 度考核来完成的。通过与其他部门每年进行协议式的服务级别承诺，针对不同的级别提供 IT 服务，同时考核 IT 部门绩效。

2.3.1 部门考核

礼来对于整个 IT 部门会根据成本支出和运作效率来进行考核，通常会进行定期的客户满意度调查。对十几个指标进行"不满意、满意、很满意"等级别的评估。同时对不同的 IT 部门所面临的不同问题，进行重点不一的考核与管理。

网络维护部门，重点考核的是网络基本构架的稳定性和效率，如系统可靠度、网络速度等。而这些考核中既有系统本身可以记录、评估的因素，（如网络带宽、服务器容量、网络速度等有一些硬性的数据指标可以体现），同时也由用户来评估满意度，如对于速度的感知等。软硬两种评估要进行平衡。

对于基础支持部门来说，主要通过电话接听率、在线解决率和现场解决率等指标进行考核。针对现有统计专业帮助平台热线，考核 15 秒内接听电话的比例。现有的 ACD（自动呼叫分配系统）系统，可以计算和管理拨打电话热线的接通率、等待时间、处理时间、丢失率等等。这样就可能知道每个月接听了多少次寻求 IT 支持的热线电话，多少按时接听，多少丢失。礼来的最低要求是接通率 85%。在接听率之后是在线解决率，考察的是接听成功的电话中，有多少通过电话就可以解决，指导客户完成。每个电话进来，都通过 ACD 记录，如果在线可以解决，则关闭记录。如果解决不了，则转移为现场服务。现场服务完成后再关闭记录。现场服务又根据标准，分成当天解决、次日解决或一定时段内解决（如 4 小时）。超过规定时间，算一个问题。

在解决方案部分，有三大考核标准：项目指标、需求管理指标、项目效能指标。项目指标，指项目进度——有没有延误，是否按时完成。在项目管理中，礼来特别重视团队沟通能力和项目管理能力。当一个员工技术很好，但是和客户沟通有问题，造成项目延迟时，礼来会在绩效考核中体现出来，并在培训中重点培训该员工的项目管理技能而相对淡化技术培训；需求管理指标，指客户通过开发系统获取解决方案的具体业务需求获得的满足情况。如项目到一定阶段后，能够提供哪些报表和数据，成本有没有控制，可以节省多少人力，原来传真的业务是否能改成自动化实现，

---

① CFO：Chief Financial Officer，意指公司首席财政官或财务总监。

这些都是根据项目启动时的需求协议来评估的；项目效能的指标，包括用户打开程序的速度，运行报表的速度等。

2.3.2 人员考核

礼来将 IT 员工也分为三大类，针对不同类别重点考核不同的内容。

一类是核心管理人员，包括三个 IT 部门的经理们（占 IT 团队人数 20% – 30%）。通常负责公司 IT 部门的运作、预算、员工管理、绩效管理和战略决策等，考核的重点在于财务管理有无超预算、团队管理能力和战略决策是不是按时实施等战略性因素。

另一类是战略项目管理人员（占 IT 团队人数 40% 左右），如负责 SFA①，电子商务，ERP 项目实施的项目经理。重点考核项目具体实施的情况。

第三类则是基础支持人员（占 IT 团队人数 40% 左右），维护网站、服务器管理，他们通常不做项目，只提供日常维护，保证公司的运作在一个稳定状态有效运行，考核更多的是一些硬性的技术指标。

礼来在 IT 绩效管理中强调 360 度考核，即全方位地通过团队的其他同事、部门经理、用户等多部门从不同的指标进行考核。

2.4 职业发展

礼来为每一名员工提供平等的机会，无论其年龄、国籍、肤色、残疾、性别、种族、区域，这些制度与政策包括：绩效管理机制认可员工对企业的卓越贡献，并积极引导员工的个人发展；职能交替，岗位轮换及内部晋升机制为员工提供机会，在不同级别、不同领域获得更加丰富的经验；技术职业生涯体系奖励有一技之长的员工不断发展。教育辅助项目鼓励员工参加有助于职业发展的函授和远程教育和培训；优秀人才发展项目利用国际资源，例如：海外任职、与 INSEAD 商学院②、中欧国际商学院等国际顶级商学院合作开展"经理人管理培训项目"，和国际人力资源咨询公司合作"领导力评估中心"；弹性工作时间允许员工依据实际情况调整上、下班时间，力求在工作、个人生活与家庭生活方面保持平衡。

在礼来做的每一件事都保证了礼来对创新的承诺，体现了礼来"以人为本，诚信至上，追求卓越"的核心价值观以及礼来尊重每一位客户和同事的一贯准则。所有员工都为自己的工作感到骄傲，礼来感觉到在礼来工作是一种事业，而不仅仅是一份工作。

2.5 礼来文化

美国礼来公司已经在生命科学领域工作了 100 多年。沿着这条道路，礼来文化得到持续发展。但礼来始终遵循一套核心价值体系，其中最重要的是对人的尊重。

---

① SFA：Sales Force Automation，即销售能力自动化，是在销售过程中，针对每一个客户、每一个销售机会、基于每一个人员行动的科学、量化的管理；可以有效支持销售主管、销售人员对客户的管理、对销售机会的跟踪；能够有效销售规范、实现团队协同工作。

② INSEAD 商学院：即欧洲工商管理学院商学院。

尊重员工体现了礼来在改善多元化和工作——生活等领域不断取得进步的承诺。尊重每一位员工是礼来的一贯准则，礼来的行动和举止能够证明并确保大家相互尊重及尊重彼此做出的贡献。礼来提倡员工工作与生活保持平衡。礼来追求这些创造力不仅是因为他们的适合性，而且是因为他们使礼来的工作更有意义。如果礼来能充分挖掘全体员工的观点、经验，礼来能使每个员工发挥最大的效力。

礼来选择的是一条多元化的道路，这是每个人的工作——不仅仅是指单个总监或多元化的部门。1992 年礼来正式公布了多元化准则，并在 1994 年任命了一名多元化意义上的总监。这一举措奠定了多元化为"主流"的基础。今天，礼来不再拥有多元化意义上的总监了。取而代之的是，礼来的多元化努力已成为业务运作的主流。今天，每个单元都被期望制订多元化计划以支持业务战略和管理职责。礼来相信这种方法将允许礼来开展长期的、重大的变革。

2.6 重视员工满意度

员工满意度是员工对其工作或工作经历和工作环境评估的一种态度的反映。如果我们了解了员工的满意度，一方面可以明确企业管理中存在的问题究竟是什么，更为重要的是，根据存在的问题，系统地去解决问题，并通过再次的满意度评价，观测是否得到了改进。另一方面，满意度调查结果可以起到预防的作用，它是诊断组织管理现状最为重要的"温度计"、"地震预测仪"。通过对结果的分析，帮助领导层更好地了解员工的基本满意状况。

2.6.1 聘请外部专业咨询公司

礼来公司的全球"VOICE OF EMPLOYEE"（员工之声）调查每隔 3 到 4 年做一次，总部通过一家咨询公司设计问卷，并翻译成不同的文字，传给各地分公司。由于第三方公司在中国没有机构，所以礼来中国就选择了中国本地企业。

在聘请咨询公司方面礼来注重的是专业背景和顾问团队，即综合心理学、组织行为学、统计学和人力资源背景的顾问团队，以及为在国内的跨国企业实施专业调查的经验。

2.6.2 HR[①] 最重要的工作在于沟通

在请咨询公司做员工满意度调查的过程中，企业 HR 最重要的工作在于沟通。在正式调查实施之前，会先有宣传。宣传时要先把做这次调查的目的告诉员工；同时也会跟员工讲：经过上次调查之后，按照员工的反馈，两年中我们做了什么。做完之后，人力资源部会把以上内容打印出来，要求秘书在每个办公室里张贴。在发放问卷前两三个星期，总经理、人力资源部和咨询公司的三封信会发到所有员工手中。总经理的信是告诉员工调查的目的、需要员工做些什么、希望员工以主人翁的身份参与；人力资源部的信则是对员工进行程序指导，咨询公司（第三方）的联系方式、人事部的电话；咨询公司的信是告诉员工他们会怎么去做本次调查，调查的时间表和如何公布结果。我们的原则是开始做调查之前，每个员工都知道此事。

---

① HR：Human Resource，即人力资源。

做员工满意度调查，对 HR 也是一种挑战和压力。在做这种调查的过程中，从 HR 的角度来讲，要想到怎样在你的组织架构中增加 HR 的价值。礼来认为，HR 不能整天只是招募啊，办录用手续啊，搞好福利啊，这些只是行政工作，做员工满意度调查实际上是帮助公司诊断这个组织架构存在一些什么问题，针对这些问题应该采取什么方式方法。HR 就像一个医生一样，要去诊断病人的病因，开药，使其康复。从这种意义上来说，HR 便更像企业的战略伙伴。

2.6.3 定量与定性分析

在咨询公司提供的调查数据报告里，除了结果的呈现外，还会有多组数据的比较：一是今年调查结果与上一次调查结果的比较；部门之间的比较；最满意和最不满意的问题等。一般地理解，员工满意度调查就是这些。但礼来认为，到这里其实只进行了一半。因为满意度调查重要的目的不是只拿数据报告，更重要的是通过数据的定量分析和 Focus Group[①] 的定性分析，形成公司下一步的行动计划。

2.6.4 核心：行动计划

一般来看，往往有些企业会关注调查的本身而忽略进一步的行动。如果只是为了拿到数据看看，仅仅是想了解一下员工对公司的反映，而不准备采取任何行动，就没必要做员工满意度调查，可能其他手段更好些。否则员工会把满意度调查看成是"形式主义"的东西，对企业领导丧失信任。而且矛盾不会随着时间的推移自动消失，积累的时间越长，爆发的力度越大。所以，礼来认为，其实调查只是一种手段，而行动计划的建立和实施才是员工满意度调查目的。

沟通之后更重要的是要有建立行动计划，要告诉员工针对这些问题要采取什么行动。人力资源部会在咨询公司提供的最后报告的建议基础上再一次请来自不同层面不同地区的员工，告诉他们，这是你们的同事们提出的关于一些问题的建议，如果你们是公司的高层管理者，你会采取什么行动。就是说，让他们自己提出行动方案。每个问题下面至少有两个行动方案。HR 收集整理好这些行动方案之后，呈送给公司高层。同时，咨询顾问会根据定量和定性分析的结果，帮助企业共同来建立一个行之有效的计划，会对关注的问题建立一个 Quadrant 图（象限图），分别显示哪些问题是做得不好但易于解决的，哪些是做得不好但难以解决的等，并以专业顾问的角度，提出改进方案，给企业参考。公司高层依此决定哪些问题我们亟需解决，这样定下 3 到 4 个重点问题，这些问题是这次调查中分数最低的。

一个有效的行动计划应包含下面几个要素：①问题的陈述：对存在问题进行简单而又概括的描述。②资源的调配：提出改进不足之处所需的人力、物力上的支持。③期望达到的效果：对改进后的效果有一预期，以便于目标管理和将来的考核。④时间的安排：合理安排解决问题具体的时间进程。⑤行动的步骤：列出每个阶段的行动过程。⑥由谁负责：确定解决该项问题的负责人，做到责权明确。⑦计划执行：提出实现这些计划的行动策略，并努力做到真正贯彻。⑧结果的公布：在达到

---

① Focus Group：焦点小组访谈法，是常用的一种定性方法。

预期目标后，对计划完成人员的工作要予以认可，并将结果通报全体员工。

3 尾声

可以看到，首先在招聘与选拔方面，礼来注重塑造一种工作动力的概念，从而据此选择最合适的人才。所谓工作动力是指：员工在工作中所具有的行为能符合公司对该职位的要求，并能完成公司所给予的任务。用此做法，可以提高员工的积极性。其次，在遵守国家相关法规建立符合中国国情的薪酬福利制度之上，礼来一直努力为员工建立更为人性化，更加温情的福利体系。同时在绩效考核方面，尽管礼来的绩效管理体系与薪酬挂钩，但出发点更多的是通过绩效管理机制认可员工对企业的贡献，并意在积极引导员工的个人发展。

礼来这样真正以人为本的企业，无疑获得了各界的普遍赞誉。

案例使用说明

一、教学目的与用途

1. 本案例适用于管理学中人力资源管理内容的讲授。

2. 从国内医药企业到合资医药企业到外资医药企业，各企业的人力资源管理均具有其特色，案例想要说明的是没有统一的人力资源管理模式，要选择最合适企业自身发展的人力资源管理方式。

二、启发思考题

1. 礼来人力资源管理值得学习的地方有哪些，在此基础上，还能如何发展？

2. 纵观现在的国内医药企业，跳槽率如此之高，人力资源管理的败笔在哪里？

天津药业集团：绩效考核是关键

摘要： 21世纪，企业面临一个竞争更加激烈的时代，优胜劣汰，适者生存，充满了机遇与挑战。如何留住人才，用好人才，增进企业的核心与竞争力，促进企业的长远发展，是所有企业面对的严峻问题。绩效考核和薪酬管理是企业人力资源管理中的重要问题，而天津药业集团是运用这一手段的佼佼者。天津药业集团通过人力资源管理中的绩效考核和薪酬管理，激发了员工积极性，增进了企业效益，提高了企业竞争能力。

关键词： 国有大中型企业；人力资源开发；绩效考核

引言

天津药业集团有限公司前身为天津制药厂，始建于1939年，是我国最早开发研制皮质激素类药物和研制生产国内第一支氨基酸输液的生产企业。天津药业以生产经营皮质激素类、氨基酸类药物为主，有针剂、膏剂、膜剂、片剂、胶囊、大输液、氨基酸原料药以及心脑血管药物、中成药、保健食品等 350 多种产品，是目前我国最大的皮质激素类药物科研、生产和出口基地，国家高新技术项目企业，天津市重点支持的大型企业集团，全国"五一劳动奖状"先进企业，荣获第七届全国企业管理现代化创新成果特等奖。

目前国内许多国有大中型企业的绩效考核体系和薪酬管理制度不尽合理，极大地抑制着人才能力的发挥，造成许多消极现象，制约了企业的发展。而天津药业在这方面做的很优秀。公司合理的绩效考核体系和薪酬管理制度有效地促进了人的积极性和能动性的发挥，保证了企业的正常运营和发展。

1 企业发展和现状

天津药业集团有限公司成立于 1939 年，历经 70 多年的发展，已成为天津市重点支持的十四家大型企业集团之一，总资产达 80 多亿元，在国内外拥有控股、参股公司 40 多家，是国内第一支氨基酸输液产品生产企业，也是国内氨基酸产品最多、产品最优的企业，在天津经济开发区建有国家一流的氨基酸制剂厂。天津药业设有博士后科研工作站、国家级技术开发中心和药品质量监测中心。集团以生产经营皮质激素类药物及制剂、氨基酸类原料药和大输液药物为主，同时生产经营心脑血管药物、膏剂、针剂、膜剂、片剂、中成药、保健食品等 350 多种产品，产品销售网络遍及我国及亚洲、欧美等世界各地。其中天津天药药业股份有限公司为上市公司，拥有亚洲最大的皮质激素类药物生产企业，是全国皮质激素类药品生产、出口基地。

天津药业集团有限公司研发实力雄厚，具有多项自主知识产权，多项核心技术处于行业领先水平。天津药业现有员工中大专以上学历的占员工总数的 49.8%。天津药业拥有积极进取、努力开拓的管理团队，现代化、规模化的生产工艺，技术熟练、团结进取的员工。但是，近几年，特别是加入 WTO 以后，随着改革开放的深入，公司面临的生产和经营环境中的不确定因素增多，已经呈现出买方市场态势，企业效益面临严峻挑战。

2 天津药业集团有限公司绩效考核体系介绍

2.1 天津医药集团人力资源管理背景

天津药业公司的前身是天津制药厂，经过多年的改革和国有企业改制，现在是国资委控股的国有股份制企业。近年来，随着国有企业改革力度加大和现代企业制度的建立原有的人力资源管理工作体制已经不能适应企业的发展，致使人力资源管理工作出现一些问题，具体表现如下：

（1）考核制度不完整，员工干与不干一个样、员工干多干少一个样、员工干好干坏一个样。公司中部分员工，特别是新员工对公司并没有强烈的认同感，而公司又没有完备的考核制度，致使这些员工缺乏工作积极性、主动性，工作效率低下。

（2）岗位职责不够明确，岗位与岗位之间的界限不分明，因此容易造成在工作中遇事互相推诿，工作效率不高的现象。

（3）组织结构不清晰、不科学，缺少部分关键岗位，部门内部工作分工不合理，无法适应变化了的新形式，致使因组织结构不合理造成的工作效率低下、部门之间脱节、工作流程之间脱节的现象显现。

（4）薪酬不以考核结果为依据，不能完全体现出"按劳分配"的思想，公司中员工干什么以及干得怎样无法得到充分体现，导致员工缺乏充分的激励因素，使员工的劳动积极性和劳动效率受到了损害。

2.2 天津药业集团有限公司绩效考核体系的设计

天津药业集团有限公司绩效考核体系设计的精神：不同部门采用不同的绩效考核方法，这主要是因为公司内部不同部门、不同岗位的工作性质差别很大，采用相同的考核方法不能很好地体现每个员工的工作绩效，不能很好地考核出每个员工需要改进的地方，因而天津药业集团有限公司的绩效考核采用了不同的绩效考核方法。各部门具体考核方法如下：

（1）研究院的绩效考核体系采用了目标管理的系统考核方法，在表现形式上采用了图尺度考核形式，考核周期为一个月。

（2）市场部的绩效考核体系采用了以个人绩效合约为基础的绩效考核方法，考核方式有：月度考核、年度考核及绩效工资体系。

（3）制造部的绩效考核体系采用了以考核工作量为主的计件工资制的方法，考核周期为一个月。

（4）中层管理人员及普通职员的绩效考核体系采用了基于行为及个性特征的图尺度考核法，考核周期为一个季度。

研究院的绩效考核体系将在下面详细阐述，其它部门的绩效考核体系将略作说明。

3 研究院的绩效考核体系

随着知识经济的到来，科研人员对企业的价值越来越重要，他们凭借着自己所掌握的知识创造了企业的价值和核心竞争力。同时，随着市场化程度的不断提高，科研人员在人才市场的价格越来越高。企业各类科研人员是市场上的稀缺资源，是市场中各类企业争夺的焦点，自然具有较高的市场价格。但是即使市场价格很高，由于他们是企业创新的骨干力量，他们构成或创造了企业的核心竞争力，因此他们给企业带来的价值与企业付给他们的价格之间仍然是不能相提并论的。基于此，如果没有合理的考核和激励机制，科研人员就会选择离开企业，因而如何设计合理的考核和激励机制就成为当前许多企业的当务之急。

3.1 科研人员的特点

相对于工人和职能部门的管理人员来说，科研人员的工作方式和群体特征明显，这是因为科研人员是用脑力创造财富而不是用手创造财富的群体，他们通过自己的创意、分析、判断、综合、设计给产品带来附加值。只有深刻认识研发人员的工作特点，才能制定出行之有效的考核和激励方法。下面介绍一下科研人员的工作特点：

（1）工作时间无法估算

表面上看，科研人员与其他人员一起准时上班、下班，而实际上他们的工作时间远比正常上下班时间多得多，有时他们为了保持思维的连贯性，节假日加班加点，甚至连正常的睡眠时间都不能保证，所有的时间都投入到了研发工作当中。同时研发工作的时间弹性指标又很大，有时一个研发难题的攻克往往是灵感的一个闪现，只需几秒钟，而有时又需要长时间的知识与技术的积累。

（2）工作业绩不容易被衡量

科研人员的工作是通过脑力劳动来实现的，工作难度大，付出的辛苦多，但其业绩往往并不能马上看到，而是要经过一段时间方可显示出来，有时甚至看不到结果。这种工作特点导致应用传统的考核方法将无法对其工作业绩进行有效的衡量。

（3）工作的智力含量高但在企业中管理职位低

科研人员在企业内部具有较高的技术权威，对企业的技术领域具有较高的指导作用，但由于科研人员的工作特点，其职位往往处于较低的级别，所以如果不采取合理有效的考核和激励机制，则很难树立科研人员的权威，致使其工作很难开展。

（4）工作压力大

研发任务下达后，时限大多非常紧迫，研发结果也难以预料，因此科研人员接到任务后，就必须尽全力投入到研发当中，以实现最理想的结果，这是工作本身带来的压力；其次科研人员还存在着一种竞争性压力，这种压力来自研发项目组之间、项目组内部成员之间，还有整个专业领域内的压力。另外社会和家庭的期望也是科研人员的压力之源。所以，在这种工作压力下，如果考核和激励到位，就能够使科研人员将压力转变为动力，提高工作的效率；反之，对科研人员的工作积极性则会造成极大的挫伤。

3.2 研究院绩效考核方法的确立

天津药业集团有限公司研究院的科研人员共176人，分为三个部门，承担着设计传统产品、研发新产品、开发新技术、预研、新产品试制、产品检测、客户及内部支持、指导生产等工作，工作任务较为复杂繁重，同时由于分工不同，又使得科研人员的工作量及难度差异很大，因而科研人员绩效考核方案的设计难度很大。

天津药业集团有限公司希望通过绩效考核对科研人员的工作量、工作成果有一个客观的了解，并希望将绩效考核的结果与科研人员的薪酬联系起来，使每一位科研人员在薪酬待遇方面都能得到公平的对待，同时也希望绩效考核能为科研人员的业绩提高、培训、晋升提供可靠的依据。

经过第二次组织机构变更后，研究院的研发工作已改为以项目组的形式进行，即一个研发任务就是一个研发项目，这个项目由相应的项目负责人组织研发，项目负责人管理着项目小组中的成员的研发工作，而每个项目小组中的成员的工作又都各不相同、相辅相成。一个项目小组的工作目标是确定的，即完成该研发任务；而项目组每个成员的工作目标也是确定的，即完成分派给其的工作任务。

3.3 绩效考核方案设计步骤

（1）进行绩效考核方案的总体设计

（2）将研发项目分解成多个研发步骤，将这些研发步骤进行归类合并，确定绩效考核的指标体系

（3）设计考核指标体系的评分体系

（4）设计考核方案的权重体系

（5）设置每个研发步骤的研发完成时限

（6）设置考核周期

（7）编写绩效考核的说明文件

3.4 绩效考核方案的总体设计

天津药业集团有限公司的绩效考核方法，从体系上讲采用了目标管理的系统考核方法，在表现形式上为了更直观、易懂、易操作，采用了图尺度考核形式。

整个考核方案设置了十一个考核指标，这些考核指标又根据是否设置了权重而分为弹性指标和刚性指标。

绩效考核方案的总体思路是围绕工作量来设计的，而整个研究院的研发工作较为复杂繁重，若想对所有科研人员的所有工作仔细考核将是一件非常繁琐、费时的工作，因而在设计考核方案时只对每一具体考核指标的完成进度、完成质量等少数几个要素进行考核。这样在考核周期为一个月的绩效考核中每一科研人员所从事的所有研发工作加起来也有 20～30 个考核点。只对考核指标的完成进度、完成质量等少数几个要素进行考核的另一个原因是：进度在绩效考核中是最容易被公平、客观地考核到的要素；而完成质量则不是很容易被客观考核到的要素。

为了能够客观地对完成质量进行考核，在考核方案中设置了没有达到预定质量的扣分项和超出预定质量的加分项，即认为达到预定质量是必须的，只有达到了预定质量才不会被扣分，而没有达到预定质量的任何行为或结果都将被扣分；同时超出预定质量是我们所鼓励的，为了提高员工达到并超过预定质量的积极性，凡超出预定质量的结果都将给予加分。考核方案设计的扣分项、加分项都是非常具体、在实际工作中经常出现的行为和结果，所以在考核时是非常容易被把握的。经过这种设计，增强了本考核方案在实际运用中的可操作性，大大减少了主观臆断，使考核更加公平客观。当然关于扣分项、加分项的设计是列举了一些在实际工作中会经常出现的行为和结果，这样的列举并不能全部囊括所有的行为和结果，这就要求我们要经常对绩效考核方案进行检讨和修改，以进一步完善它，这将成为天津药业集团有限公司人力资源管理工作的下一步。

同时由于科研人员从事着不同的研发工作，每项研发工作的难度都不同，因而在考核方案的设计中采用了弹性的权重范围，即每一弹性考核指标设有不同的权重

范围，在考核两个研发项目的同一弹性考核指标时要根据这两个研发项目各自的研发难度、研发工作量来分别确定权重。研究院绩效考核方案的具体考核流程如下：

（1）首先由考核小组成员共同为当月每一个研发项目设定权重系数，设定权重系数的依据是权重系数表及该研发项目的研发难度、研发工作量。

（2）再将每个科研人员在一个月内的工作量进行汇总，然后根据每一项研发工作的完成情况按绩效考核评分标准进行评分。

（3）然后将每个科研人员每一项研发工作的评分与该研发工作已评定的权重系数相乘后求和，即为该科研人员当月的绩效考核得分。

具体计算方法可用如下公式予以表示：

设 $V = \{v_1, v_2, v_3, \cdots\cdots, v_n\}$，其中 v_j 表示每项研发工作的考核得分，$j = 1, 2, 3, \cdots\cdots, n$。设 $A = \{\lambda_1, \lambda_2, \lambda_3, \cdots\cdots\lambda_m\}$，其中 λ_i 表示每项研发工作的权重系数，$i = 1, 2, 3, \cdots\cdots, m$。则 $U = V * \overline{A}$，其中 V 为 $n * 1$ 阶矩阵，A 为 $n * 1$ 阶矩阵，$\overline{A}$ 是 A 的转置矩阵，A 为 $1 * n$ 阶矩阵。公式中的 U 即为该科研人员当月的绩效考核得分。可以看出该绩效考核方案所得的考核总分没有上限，它只是用来比较每个科研人员的当月工作成果的。

（4）按以上方法计算出研究院每个科研人员的当月绩效考核得分，汇总排序。

（5）按科研人员的绩效考核得分采用以下强制分布法，将科研人员依次分成 ABCD 四个等级：A 级：绩效最高的占科研人员总数的 20% B 级：绩效较高的占科研人员总数的 30% C 级：绩效一般的占科研人员总数的 30% D 级：绩效最低的占科研人员总数的 20%。

（6）绩效考核得分排序及考核所得等级即为绩效考核的结果，这两种结果可用于人力资源管理的不同方面，绩效考核得分排序可用于员工调薪、晋升；绩效考核等级可用于计算员工绩效考核工资。

3.5 绩效考核的指标体系

根据公司研发项目的类型分解而成的指标共十一个，分为两大类，分别为弹性指标和刚性指标。

（1）弹性指标

弹性指标是指那些在考核时需要根据不同的研发项目设置不同的权重系数的指标，具体如下：

①药品分子结构图设计。

②绘制分子结构图。

③药品化学分析。

④化学程序辨析。

⑤制定实验程序。

⑥实验室小试。

⑦实验室中试。

⑧生产性试验。

（2）刚性指标

刚性指标是指那些在考核时无论属于哪个研发项目都不需设置权重系数的指标，具体如下：

①文档整理。

②工作报告。

③项目管理。

3.6 绩效考核的评分体系

因绩效考核方案主要是围绕工作成果来设计的，所以在对评分体系进行设计时采用了对每一具体考核指标只设计工作完成时间、质量等少数几个要素，具体评分体系可见表 11 - 1、表 11 - 2。

表 11 - 1　天津药业集团有限公司绩效考核刚性指标评分标准

考核大类	考核指标	考核要素	状态描述	评分标准
刚性指标	文档整理	时间	提前完成	8
			按时完成	5
			延期 1 天完成	2
			延期 2 天（包括 2 天）完成	0
		质量	文档整理质量好，无误	2
			文档整理质量较好，有少许小差错	1
			文档整理质量差，有重大差错，并影响生产	0
		齐全	文档齐全	1
			文档不齐全	0
	工作报告	时间	工作报告按时提交	2
			工作报告不按时提交	0
		质量	工作报告内容丰富，条理清晰	3
			工作报告内容及条理一般	2
			工作报告内容简单，近于敷衍	0
	项目管理	时间	提前完成	8
			按时完成	5
			延期三天完成	2
			延期四天（包括四天）完成	0
		项目跟进	项目组织合理，工作安排得当，跟进及时使项目得以顺利有序受控地进行	10
			项目组织较为合理，工作安排较为得当，跟进较为及时，使项目基本上能有序受控地进行	7
			项目组织不合理，工作安排不当，跟进不及时，使项目不能顺利完成	3
			未对项目进行组织实施，未跟进	0

表 11 - 2　天津药业集团有限公司绩效考核弹性指标评分标准

考核大类	考核指标	考核要素	状态描述	评分标准
弹性指标	药品分子结构图设计	时间	提前完成	8
			按时完成	5
			延期 1 天完成	2
		扣分项	设计不合理，重新设计	-1
	绘制分子结构图	时间	提前完成	8
			按时完成	5
			延期 1 天完成	2
	药品化学分析	时间	提前完成	8
			按时完成	5
			延期 1 天完成	2
		扣分项	有小差错 1 处以上	-1
	化学程序辨析	时间	提前完成	8
			按时完成	5
			延期 2 天完成	2
	制定实验程序	时间	提前完成	8
			按时完成	5
			延期 2 天完成	2
		扣分项	有重大差错	-1
	实验室小试	时间	提前完成	8
			按时完成	5
			延期 2 天完成	2
	实验室中试	时间	提前完成	8
			按时完成	5
			延期 2 天完成	2
	生产性试	时间	提前完成	8
			按时完成	5
			延期 2 天完成	2
		扣分项	有重大差错	-1

3.7　绩效考核的权重体系

　　该绩效考核方案采用了机动的权重范围，即每一弹性指标考核指标设有权重上限和下限，在考核两个研发项目的同一弹性指标考核指标时要根据这两个研发项目各自的研发难度、研发工作量来分别确定权重。因各弹性指标考核指标之间都是相互独立、没有相关性的，所以对弹性指标考核指标的权重系数 a_i 的合理数值的确定采用了专家法。其做法是通过分别向若干专家（一般以 8 - 15 名为宜）咨询并征求意见，来确定各目标的权重系数。

　　运用专家法，绩效考核小组分别对八个弹性指标考核指标的权重范围进行了确定，具体步骤如下：

　　（1）在公司中找到十位对研发工作流程非常熟悉的专家，请这十位专家对给定的八个弹性指标考核指标确定权重范围，首先确定这八个考核指标的权重系数下限，各专家所确定的权重系数下限及其平均值见表11－3。

　　由于各考核指标之间都是相互独立、没有相关性的，即所有考核指标的权重相加不需为1，所以只需验证每位专家所给定的权重系数与最终确定的权重系数的误差的平方和，而不需对各考核指标的相关性进行验证。

　　（2）之后请这十位专家确定八个考核指标的权重系数上限，各专家所确定的权重系数上限及其平均值见表11－4。

　　（3）整理出弹性指标考核指标的权重范围表。根据专家确定的弹性指标考核指标的权重系数下限表及上限表，整理出弹性指标考核指标的权重范围表，见表11－5。

　　在实际考核时，第一个步骤就是要由绩效考核小组成员共同商定当月每一研发项目的机动考核指标的权重系数，之后才能进行其它工作。

表 11 – 3　专家确定的弹性指标考核指标的权重系数下限表

	1	2	3	4	5	6	7	8	9	10	系数	平均值
药品分子结构图设计	1.1	1.2	1	1.1	1	0.9	1.1	1.2	1.2	1	10.8	1.08
绘制分子结构图	1.2	1.3	1.4	1.3	1.2	1.5	1.4	1.3	1.2	1.2	13	1.3
药品化学分析	2.3	2.3	2.2	2.1	2.1	2	2.4	2.3	2.2	2.1	22	2.2
化学程序辨析	0.9	0.8	0.9	0.8	1	0.9	0.8	1		1	0.9	9	0.9
制定实验程序	3.2	3.1	3.2	3.4	3	3.2	3.1	3.2	3	3.1	31.5	3.15
实验室小试	2.3	2.5	2.4	2.5	2.6	2.4	2.3	2.5	2.6	2.5	24.6	2.46
实验室中试	0.5	0.4	0.5	0.6	0.5	0.6	0.5	0.6	0.4	0.5	5.1	0.51
生产性试验	4.2	4.3	4.5	4.2	4.3	4.5	4.3	4.2	4.1	4.5	43.1	4.3

表 11 – 4　专家确定的弹性指标考核指标的权重系数上限表

	1	2	3	4	5	6	7	8	9	10	系数	平均值
药品分子结构图设计	3.5	3.2	3.5	3.4	3.1	3.6	3.5	3.4	3.2	3.4	33.8	3.38
绘制分子结构图	3.2	3.2	3.1	3	2.9	3.1	3.2	3	3.1	2.9	30.7	3.07
药品化学分析	5.6	5.5	5.6	5.8	6	5.8	5.4	5.4	5.8	5.6	56.5	5.65
化学程序辨析	3	3.2	3.1	2.9	3		2.8	2.7	2.8	29	2.9
制定实验程序	7.2	7.1	7.5	6.9	7.3	7.4	7.1	7.2	7.1	7.5	72.3	7.23
实验室小试	5.2	5.6	5.4	5.5	5.6	5.3	5.4	5.6	5.6	5.9	55.2	5.52
实验室中试	1.9	1.8	1.8	1.7	1.8	1.9	1.6	1.6	1.8	1.6	17.5	1.75
生产性试验	8.6	8.3	8.3	8.5	8.6	8.5	8.6	8.5	8.6	8.6	84.4	8.44

表 11-5　弹性指标考核指标权重范围表

弹性指标考核指标	初始分子机构图设计	绘制结构图	化学分析	化学程序辨析	制定程序	实验室小试	审核实验结果	专项研究
权重系数范围	1.08-3.38	1.3-3.07	2.2-5.65	0.9-2.9	3.15-7.23	2.46-5.52	0.51-1.75	4.31-8.44

3.8 研发完成时限

因本绩效考核方案主要是针对考核指标的完成进度进行考核的，因而需要在考核前对每一考核指标制订一个研发完成时限，这个研发完成时限是由绩效考核小组成员经过共同商讨确定的，具体情况见下表：

表 11-6　考核指标的研发完成时限

考核指标	研发完成时限	责任人	备注
分子结构图设计	一周	设计工程师	难度较大的，可视情况确定完成时限
绘制分子结构图	三天	结构工程师	
药品化学分析	三天	化验员	
化学程序辨析	视具体情况而定	项目负责人	
制定实验程序	视具体情况而定	项目负责人	
实验室小试	一周或半个月	小试组组长	
实验室中试	一个月	中试组组长	中试一周仍未达到指标的，必须撰写中试报告并在一天之内提交给责任人，并作出分析
文档整理及测试报告	一天	测试员	
工作报告	每周五	项目负责人	

3.9 设置考核周期

因研究院绩效考核的主要用途为确定绩效考核工资，因而经绩效考核小组成员共同商讨确定，研究院的绩效考核周期为一个月。

3.10 绩效考核的应用

（1）绩效考核得分排序

绩效考核得分排序可用于员工调薪、晋升，具体应用如下：

①调薪

在进行年度薪水普调时，年度绩效考核得分排序位于前列者上调薪水幅度要大于排序位于后列者。

在进行年度特别调薪时，年度绩效考核得分排序位于前列者可有机会获得特别调薪的机会，排序位于后列者没有特别调薪的机会。

②晋升

在进行职位、级别晋升时，年度绩效考核得分排序位于前列者获晋升的机会多于排序位于后列者。

（2）绩效考核等级

绩效考核等级可用于计算绩效考核工资，具体应用如下：

①将研究院员工的工资分成两部分，一部分为基本工资，一部分为绩效考核工资，其中基本工资占工资总额的70%，绩效考核工资占工资总额的30%。

②在发放工资时，每个人的基本工资全额发放，绩效考核工资根据每月绩效考核情况通过计算后发放。绩效考核工资计算公式如下：

表11-7　绩效考核工资计算公式表

绩效考核等级	绩效考核等级描述	所占员工比例	绩效考核工资发放比
A级	绩效最高的	20%	绩效考核工资的150%
B级	绩效较高的	30%	绩效考核工资的100%
C级	绩效一般的	30%	绩效考核工资的90%
D级	绩效最低的	20%	绩效考核工资的65%

3.11 绩效反馈

每月绩效考核结束后，由员工的直接主管与其进行一次绩效反馈面谈，通过面谈了解员工对自己本月绩效考核成绩的意见，在员工觉得考核不公时倾听他的申诉，并将员工的意见反馈给绩效考核小组，绩效考核小组成员则集体讨论是否采纳该员工的申诉以改变其当月绩效考核成绩。另外通过绩效反馈面谈也可为员工指出其在本月的绩效考核中有哪些工作没有达到预期的要求，探讨绩效未合格的原因，并帮助其制订绩效改进计划。

针对于员工在绩效考核中反映出的实际工作的不足，可以依据职位说明书进行培训需求分析，然后根据分析结果制定相关培训计划并加以实施。培训结束后需根据下一周期的绩效考核结果评估培训的效果，如果培训未达到预期效果则要再安排培训直到帮助员工完全达到职位说明书的要求。

4 天津药业集团有限公司其它部门的绩效考核

4.1 市场部的绩效考核体系

市场部人员的工作带有一定的特殊性，因此在天津药业集团有限公司市场部的绩效考核方案中采用了个人绩效合约模式的绩效考核方法。个人绩效合约借用了目标管理的核心思想，强调员工绩效目标的实现以及员工对组织目标达成的具体承诺。

运用个人绩效合约对员工绩效进行考核，首先需要根据组织绩效目标自上而下的层层分解确定不同员工的主要绩效范围，然后设定相应的绩效目标并确定具体的考核指标，员工在与其直接上级进行沟通后签订个人绩效合约，员工的直接上级负责监督绩效合约的完成，并负责根据绩效合约的具体要求对员工进行绩效考核。市场部的绩效考核体系由月度考核、年度考核和绩效工资体系三部分组成。

4.2 制造部的绩效考核

制造部的绩效考核采用了以考核工作量为主的计量工资制，即以一个月内员工能够完成的产品数量为依据来确定其工资级别，并按照其工作表现等来发放绩效工资。

4.3 中层管理人员的绩效考核

天津药业集团有限公司中层管理人员的绩效考核采用了基于行为及个性特征的图尺度考核法，考核的项目包括：领导能力、计划能力、工作任务及效率、责任感、沟通协调、授权指导、言行品德、成本意识这八个方面。绩效考核周期设定为每季度一次。为达到绩效考核的公平、合理，对中层管理人员的绩效考核也采用了绩效考核小组形式，绩效考核小组成员包括其直接领导、其本人、下级员工以及其它部门负责人。

4.4 公司普通职员的绩效考核

天津药业集团有限公司在完成了工作性质比较特殊的研究院、市场部、制造部及中层管理人员的绩效考核体系的建立后，其他人员从事的均为事务性的工作，所以对这些人员的考核采用了适用于普通职员的绩效考核方法，考核的项目包括：工作任务、工作处理能力、工作技能、工作协调、责任感、工作勤惰、工作质量、纪律性这八个方面。绩效考核周期设定为每季度一次。为达到绩效考核的公平、合理，对普通职员的绩效考核也采用了绩效考核小组形式，绩效考核小组成员包括其直接领导、其本人、部门其它员工以及其它部门负责人。

5 尾声

可以看出，国有企业绩效管理体系的设计是一个复杂的、综合的问题，它的理论涵盖丰富，包括了人力资源及其管理、绩效管理等诸多理论。天津药业集团有限公司绩效考核体系设计的精神是不同部门采用不同的绩效考核方法，因而设计研究院的绩效考核体系时采用了目标管理的系统考核方法，设计市场部的绩效考核体系时采用了以个人绩效合约为基础的绩效考核方法，设计制造部的绩效考核体系时采用了以考核工作量为主的计件工资制的方法，设计中层管理人员及普通职员的绩效考核体系时采用了基于行为及个性特征的图尺度考核法。总而言之，对于不同组织、不同类型的员工，需要根据实际情况进行绩效考核体系及薪酬激励方案设计，没有普遍适用的绩效考核和薪酬管理模式，这也很好地体现了管理的权变思想。

案例使用说明

一、教学的目的和用途

1. 本案例的学习可以帮助学生了解薪酬激励法的基本步骤和具体内容。同时直观地了解人员控制的具体方法在实践中是如何加以运用的。

2. 本案例主要适用于医药管理类学生的教学。

二、启发思考题

1. 天津医药的绩效管理和激励制度及提示是如何落实的？
2. 人员控制还是什么其他的方法吗？

本章参考资料

[1] 三九医药人力资源信息化安乐 [J]. 中国新时代，2004 (8)

[2] 华润三九医药股份有限公司官方网站 http：//www. 999. com. cn/

[3] 三九企业集团官方网站 http：//www. seenoon. com/

[4] 世界 500 强经营之道　人与文化的和谐——西安杨森的人力资源管理 [J]. 种子世界. 2012 (9)

[5] 西安杨森官方网站 http：//www. xian－janssen. com. cn/

[6] 强生官方网站 http：//www. jnj. com. cn

[7] 曲乐廷，王丹. 西安杨森：本土智慧　全球资源 [J]. 人力资源，2009 (1)

[8] 礼来公司官方网站 http：//www. lillychina. com/

[9] 礼来公司业绩数据来源于米内网会员数据库 http：//www. menet. com. cn//Articlelist. aspx？ classid = 1584&bt = osc

[10] 施宇. 礼来公司用一把"尺子"甄选人才 [J]. 人力瞭望，2004 (4)

[11] 冷倩. 礼来公司营销策略研究 [D]. 成都：电子科技大学，2009

[12] 陈艳艳. 礼来只要　铁打的营盘　铁打的兵 [J]. 中国新时代，2008 (1)

[13] 天津药业集团有限公司官方网站 http：//www. tianjinyaoye. com/

[14] 黄运海. 天津药业集团有限公司人力资源管理与绩效考核研究 [D]. 天津：天津大学，2008

第十二章

企业信息化管理

企业信息化管理（Enterprise Informatization Management，简称 EIM）：是指对企业信息实施过程进行的管理。企业信息化管理主要包含信息技术支持下的企业变革过程管理、企业运作管理以及对信息技术、信息资源、信息设备等信息化实施过程的管理。企业信息化管理三方面的实现是不可分割的，它们互相支持、彼此补充，达到融合又相互制约。企业信息管理属于企业战略管理范畴，其对企业发展具有重要意义。本章选取的 3 个案例分别是以医药企业九州通、南京医药和连锁药店同仁堂为主角，对于它们的企业信息化管理给予介绍。

九州通：信息化管理成就专业配送

摘要：九州通医药集团股份有限公司是一家典型的医药流通零售型企业，它的战略定位在第三方物流。九州通将医药物流、电子商务、质量管理和营销网络四者强强联合形成信息化管理，造就了其专业化配送。而这一专业配送的成功离不开与 IT 技术的紧密结合。九州通利用信息技术手段，构建全集团稳定、安全、高效的信息化平台，为物流及管理提供服务并促进信息技术与物流的深度融合。

关键词：信息化管理；医药物流；电子商务；营销网络

引言

九州通医药集团股份有限公司是一家以药品和医疗器械批发、物流配送、零售连锁以及电子商务为核心业务的股份制企业，未来的发展战略定位在第三方物流，是一家典型的流通零售型企业。九州通医药集团是医药商业领域仅有的具有全国性网络的两家企业之一；中国最大的民营医药商业企业，全国首家 5A 级医药物流企业；2010 中国企业 500 强第 314 位，民企 500 强第 51 位；受益于新医改牵引的行业变革，拥有广阔的市场发展前景；分销龙头、快批专家，有望成为医药流通行业的"国美"、"苏宁"。

1 公司介绍

1.1 发展历程

九州通医药集团股份有限公司的发展历程，大致分为四个阶段：

一是发展的探索阶段：从 1999 年 3 月 9 日成立武汉均大储运有限公司，1999 年 6 月 3 日公司更名为武汉均大实业有限公司，到 2003 年 9 月。这个阶段是九州通发展的草创阶段，着重是为发展打基础的准备阶段，找准发展方向阶段；

二是发展的规划阶段，从 2003 年 9 月 19 日起原名称变更为湖北九州通实业有限公司；同年 10 月 8 日，又更名为湖北九州通医药集团有限公司；同年 10 月 23 日，经国家工商行政管理总局核准名称变更为九州通集团有限公司。集团公司的成立，理顺了集团公司的组织架构、完成了集团公司的管理规划，奠定了集团公司长远发展与管理的模式；

三是二次创业发展阶段：2007 年 8 月 8 日，九州通集团有限公司获得狮龙国际集团（香港）有限公司投资的 6000 万美元，公司变更为中外合资企业，注册资本由 3.2 亿元增加到 7.832 亿元。本次增资完成后股东为上海弘康实业投资有限公司、武汉楚昌投资有限公司、中山广银投资有限公司、北京点金投资有限公司、狮龙国际集团（香港）有限公司。增资后，九州通集团的发展大提速，2007 年，全集团实现销售收入 158 亿元。

此时，九州通集团已初步形成以医药批发、医药物流、医药电子商务、医药零售连锁为核心业务的大型企业集团，集中体现出业务高度集中、医药物流发达、技术信息前卫、营销网络健全的竞争优势，连续三年入围中国企业 500 强；连续五年排名中国医药商业第三位；湖北民营企业第一位。

四是股份改造与上市发展阶段：2008 年九州通集团股份制改制，成立了股改与上市项目组，确定人员，组织分工，调动方方面面的资源，多次召开股改工作研讨会，对股改的可行性和必要性进行系统论证，并与中介机构通力合作，广泛交流与沟通，全面推进股份制改制的前期准备工作，包括名称核准、资产评估、财务审计、法律规范和股改方案设计等等。经过近半年艰苦、细致、紧张地筹备，公司股份制改造于 2008 年 11 月 5 日获得了湖北省商务厅的正式批准，标志着集团公司整体改制方案成功。

2010 年 11 月 2 日上午九州医药集团正式在上交所挂牌上市，成为湖北省至 2004 年 2010 年，近 6 年中第一家登陆主板的上市公司。

1.2 公司现状

目前，九州通已经形成以药品、医疗器械等产品批发、零售连锁、药品生产与研发及有关增值服务为核心业务的全国最大的医药商业流通企业之一，同时也是医药商业领域仅有的具有全国性网络的企业之一。九州通已连续多年位列中国医药商业企业前列、中国民营医药商业企业第 1 位，入围"中国企业 500 强"。

截至 2011 年 12 月 31 日，九州通医药集团拥有总资产 118.39 亿元，注册资金 14.2 亿元，员工 10513 人，下属公司 70 余家，直营和加盟的零售连锁药店 776 家。2011 年，九州通医药集团实现营业收入 248.39 亿元，税费总额 4 亿余元。

2 九州通的信息化

九州通医药集团拥有 14 个大型医药物流中心、20 多个区域物流中心、200 多个业务办事（配送站）、14000 多个以上商品、70000 多个供应商和客户。从 2001 年至今，信息化分为四个层面。

第一层面：建立规范企业运营平台，重点发展企业的业务、财务、办公、人力等资源；规范 GSP 管理，打造内部资源优势；规范优化核心业务、集中统筹内部资源、报表数据决策分析、提升"快批"速度。

第二层面：高效协同电子商务交易平台。打通上下游实现信息共享、建立分销、招投标、物流、电子商务实现管理协同、建立医和药数据库，实现 B2C① 医药咨询；扩充电子商务的交易平台，结合供应链实现对上下游延伸服务。

第三层面：现代物流管理（WMS）。结合现代物流管理设备对平台仓库、立体仓库进行货位规划、摆放、调整、报升报损、月台等管理。集中采购管理、建立物流配送中心、建立零售连锁终端、强化"快配"路线。

第四层面：集团化管理。未来 3 ~ 5 年，建设 20 家省级子公司和大型物流配送中心；50 家地级分公司和地区配送中心；300 个终端配送点。管理建立集团多级化统购分销的专业配送体系，使之集约化与规模化。

2011 年，九州通信息化建设逐步从业务驱动、集团管控型向决策分析型转变。

3 信息化管理

3.1 医药物流

在企业的发展过程中，九州通集团开拓进取，敢为人先。早在 2001 年，九州通就开始了现代化物流流程的研究，探索将国内外先进的物流理念与中国的国情相结合的物流模式。2003 年九州通对物流中心进行硬件改造，利用现代化的自动存储、自动分拣设备和功能齐全的的仓储管理信息系统，对进出库商品和配送流程进行管理。2005 年，集团董事局主席刘宝林东渡扶桑、飞越太平洋，对世界一流的物流企业日本东邦、美国麦卡锡进行实地考察，学习借鉴别人的成功经验，建设大型现代化医药物流配送中心，培育九州通集团核心竞争力。如今，九州通集团先后在湖北、北京、河南、上海、新疆、广东、山东、福建、江苏、重庆十大区域中心城市，兴建了适合中国国情的医药物流中心。物流中心运用自动化立体仓库、电子标签拣选系统、自动分拣系统、无线射频设备、自动输送系统等现代物流技术，大大降低了

---

① B2C：Business – to – Customer，即商家对客户。

差错率，极大地提高了劳动生产率，百万元的药品订单，从客户接待、区域对应、开票付款、出库提货、托运配送整个过程仅需1-2个小时。实现了由传统的人工仓储向现代化物流的转型。

在九州通物流体系中，自主研发的物流信息系统——LMIS系列对九州通物流的发展起着至关重要的作用。从2004年4月开始，8年经历了7个版本变革，从WMS1.0到LMIS5.0，每个版本的成功上线都被当作是九州通物流发展史上的里程碑。2008年6月，LMIS系统通过武汉市科技成果鉴定与认证。目前LMIS6.0开发工作已经被作为九州通物流的重点工作列入日程，并能以产品的形式进行推广。

2008年6月，严格按照《北京市开办药品批发企业暂行规定》进行设计建设的北京九州通物流中心竣工，采用九州通集团自主研发并拥有知识产权的LMIS5.0仓库管理系统，实现对药品从入库、储存、拣选到配送环节的货位自动分配、自动编码、自动扫描识别、自动寻址、自动输送与自动分拣等功能。北京物流中心实现储存40万箱，日均吞吐15000箱，峰值吞吐25000箱，出库差错率控制在万分之三至万分之四，达到国际先进水平。

经过几年的发展，九州通集团已共建成物流中心20多座，其中二级公司物流中心10多座；三级公司物流中心10多座。正在规划建设的物流中心约20座。集团物流体系中共有车辆约700辆。

经过8年的发展，九州通的物流水平已处于行业领先水平，但仍需要及时更新物流发展理念，将知识产权管理引入到物流管理中来，将内部研究和掌握的高新技术、新系统转换为国家专利，并通过技术交流在行业中不断扩大知名度和影响力，把九州通物流打造成中国医药物流第一品牌。

此外，九州通集团学习引进国际先进企业的管理模式，发挥集团公司强大的信息技术和先进的物流技术优势，推行采购、财务"二集中"，对集团各分公司采购的上万个药品品种，逐步实行总部集中洽谈采购，货物分别送达各公司销售网点，资金统一管控，货款集中支付，有效降低了药品营销成本，提高整个药品供应链的效率，为上下游客户提供多项增值服务。这一措施受到了广大客户的热烈欢迎。

3.2 质量管理

九州通如此高效、受顾客信赖的医药物流，还和其严格的质量管理分不开。"放心的商品、满意的服务"为九州通的质量观，在此指导下，建立了以质量管理部为中心的质量管理网络及严格的药品质控体系。同时，九州通按照GSP及国家其它相关标准的要求，成立了以董事长为首，总经理负责的GSP工作领导小组，针对业务经营中进、销、存的每一环节，制定了完善的质量管理制度和标准操作程序，以严谨的科学态度，严密的质量体系，严格的管理制度，积极推行全面质量管理，不仅把质量管理贯彻到日常经营工作的始终，而且将质量责任细化到岗到人，使质量意识深深扎根于每位员工的思想。另外，九州通电子商务公司的硬件支持以及信息技术的有效利用，为其企业的质量评价和质量改进提供了科学、准确、及时、有效的分析数据，全面提升了公司的质量管理水平，达到了全面质量管理信息化的目的。

凭借着强大的质量管理人力资源队伍以及稳固的质量管理基础设施建设，九州通严把质量管理"五关"：进货关，坚决不让一粒、一片、一支假冒伪劣药品流入公司；验收关，确保药品质量；在库养护关，保证药品在储存期间不发生任何质量问题；出库关，作好药品的出库复核和安全运输工作；售后服务关，保证客户满意。

健全的机构设置：九州通建有设置专门的质量管理机构和药品检验室，行使质量管理职能，在企业内部对药品质量具有裁决权。较高的员工素质：九州通各类专业技术人员占员工总人数的50%；药学技术人员占员工总人数的25%，其中包括执业药师和资深中药师占10%。先进的检测设备：九州通拥有一系列先进的检测仪器和一定的技术力量，为药品质量控制和质量追踪提供了可靠的保证。严格的源头控制：九州通有一支由资深执业中药师组成的专业药材采购队伍，常年深入到药材产地，对采购的药材质量从源头上进行严格把关。严格的监督机制：九州通始终把药品质量管理工作放在首位，将药品质量管理的各项制度分解细化，落实到部门、班组，主管质量负责人和质量管理机构人员随时进行现场检查指导。规范的操作流程：中药饮片的炮制加工严格按GMP标准化管理，实现质量标准化、管理规范化、生产机械化、包装规格化。完善的质量档案：库存药品严格分类存放，并建立有药品质量养护档案，实行标签与看板管理，杜绝药品出库的差错。

3.3 营销网络

九州通的信息化管理还离不开其营销网络的建设。九州通紧攥上游和下游两方客户资源，大范围铺设供销网络。广泛的进货渠道和稳定的销售网络使九州通的供销客户网，北达黑龙江，西至新疆，西南至西藏、云南，南到海南，东到上海，客户群几乎涵盖了整个医药经营业态，在客户群中形成强大的吸引力和号召力，与九州通构成强大利益共同体的合作伙伴近40000余家，其中供应商3500家，经销商36000多家，药品的一集一散中，供销网络各节点相互依存、共同发展。低成本经营、快速度周转、大数量销售、全品种代理、多客户供销的良性循环经营格局正在形成。

稳定而诚信的供应商是保持企业货源稳定、确保企业发展的源头。九州通与华北制药、三九制药、哈药集团、吉林敖东、广州白云山等众多国内知名医药生产企业及西安杨森、中美史克、上海强生等合资企业长期保持着良好的业务关系；总经销、总代理太极集团等40余家制药企业的80多个产品，庞大稳固的供货渠道应运而生。

科学的管理、严格的制度、高素质专业化的营销队伍、灵活丰富的营销思路、成熟完善的营销方案集成了下游分销网络。九州通以武汉为中心，建立了覆盖全国的医药批发营销网络；湖北九州通、新疆九州通、上海九州通、河南九州通、山东九州通、北京九州通、福建九州通先后分别成立了九州通大药房连锁有限公司，实行区域性连锁。在省内各中心城市设立子公司发展配送，形成"多级批发——连锁配送——零售终端"的一条龙经营模式，实现了一个渠道购进、多层渠道分销的强大营销体系，从区域连锁到全国连锁再到最终的国际连锁是九州通在零售市场发展道路上始终不渝的发展方向。

3.4 电子商务

3.4.1 基本情况简介

电子商务是成就九州通专业配送不可或缺的一个重要环节。九州通医药网是一家专门从事医药信息服务、电子商务服务、软件服务的大型医药电子商务网站,其公司北京九州通医药有限公司成立于2000年6月,位于中关村科技园区丰台园航丰路8号,注册资金5000万元人民币,由九州通集团有限公司投资组建。九州通达目前的主要业务范围是通过"九州通医药网"从事电子商务以及向社会提供各项医药信息服务,同时为母公司(九州通集团有限公司)所属企业和自身的下属企业的信息化建设服务,为母公司以及兄弟公司的上游客户和下游客户的信息化建设提供咨询、技术支持和软件开发服务。集团公司在北京公司的支持下,充分运用信息化的手段开展医药经营、管理、生产、开发等,进一步降低了运行成本,提高了效率,增强了企业的核心竞争力,使得集团公司以及兄弟公司在近几年取得了跨越式的发展,每年保持50%以上的增长速度。在全国近1万家经营企业中,集团公司以及下属企业销售总额排名第三位,在民营企业中排名第一。

3.4.2 电子商务平台介绍

电子商务平台是基于BTOB[①]交易的电子商务平台。2001年九州通研发了1.0版本,该平台由买方系统、电子集市管系统和卖方系统三大系统构成,具有会员注册、交易信息管理、厂商管理、药品查询、供求信息、免费邮箱、招商广告、网站服务中心、在线调查、信息港、药品特别推荐、优惠区、新药品展示等三十多项功能。交易方式主要采取议价的一种交易模式;2004年研发了2.0版本,对现有电子商务平台进行了升级和改造。主要是在采购的模式、价格的策略、交流的方式和厂家的促销等方面,做到更加人性化和个性化。2.0版商务模式缩短交易流程,提高交易效率,降低交易成本,流程如下:

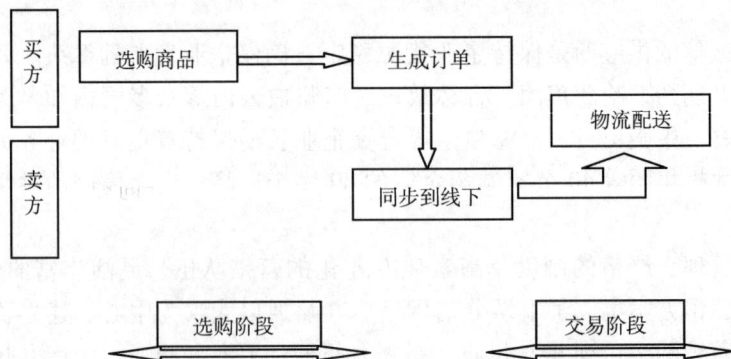

图12-1 九州通2.0版本电子商务平台流程图

---

① BTOB:Business - to - Business,即企业对企业,指企业通过网站与自己的供应商和购买方进行交易。

此平台具有以下特点:

第一,充分发挥平台性功能。九州通电子商务系统完全按照平台化管理模式设计,提供众多的医药流通企业、医院、零售连锁企业商品交易服务和厂家展示他们的商品和流向增值服务。任何医药流通企业只要办理相关申请均可在平台上拥有独立的电子商务交易系统,与该流通企业的客户进行商务往来;厂商管理;客户流程管理等。

第二,个性化的采购流程。为客户量身订做了多种采购方式,客户可根据自身需求选择不同的采购方式进行采购,如模板采购、导入采购、查询采购、订单在线采购、缺货蓝采购等。在价格管理方面也采用了个性化价格,主要针对客户的级别,客户区域,客户类别给出个性化价格,达到价格的合理化。个性化服务是促进九州通电子商务平台增值的驱动器。正因为个性化服务在改善顾客关系、培养顾客忠诚度以及增加网上销售方面具有明显的效果,改版后的电子商务系统已经在个性化服务的道路上迈出了脚步,电子商务正在迎来个性化服务的快速成长期。再者,电子商务需要个性化,以往那种千篇一律的电子商务模式和忽视客户需求差异性的服务已经不能适应时代的需求。据专家介绍,电子商务个性化的原因主要有三个方面,一是电子商务个性化是企业创造竞争优势的重要手段;二是消费者的需求个性化是企业电子商务个性化的推动力;三是电子商务个性化是电子商务自身发展的内在要求。

第三,自动报价系统和灵活比价。电子商务的特点是为客户提供快速服务,如何让客户在最短的时间内找到自己所需的商品,并且卖方在最短的时间内响应客户的需求,这是医药电子商务成败的关键。九州通电子商务系统采取自动报价服务,针对不同类型、不同区域,不同客户提供不同的商品价格,以适应客户的实际价格需求。为客户创造最大价值,九州通电子商务系统还提供了比价功能,为客户提供方便的比价,从而为客户提供优质的、性价比高的商品。在比价方面,大胆运用比价策略,买方可对多卖方进行同商品的价格比较。

第四,为下游客户提供强大的信息资源。包括自动发布促销信息,对应卖方的销售排行榜及新品展示等使卖方能随时将自身商品的信息通过各种渠道(门户,客户端,短信,采购计划等)在第一时间内自动发布给各买方。

第五,整合上游资源。为上游厂商提供自动药品流向查询和库存信息查询服务,资源整合是九州通电子商务平台的显著特点,也必将产生巨大的整合经济。整合模式正是九州通医药网所倡导并一直在实践的,其核心是:网上资源整合、网下资源整合、网上与网下的资源整合、买卖双方的资源整合以及技术与市场的整合等,旨在通过各种形式的整合,使从事电子商务的双方能够获得最高的商业附加值。为上游供应商整合信息资源,上游生产厂商可以通过这个网站查询其产品在经销商的库存以及销售信息,及时掌握市场动态,从而可以有效地对生产经营进行相应的调整,以便于在激烈的市场竞争中处于不败之地。现有700多家上游生产厂商直接通过九州通医药批发网了解其产品在九州通集团各公司的销售情况和库存情况,及时调整市场策略。

第六，实时在线交流。为客户免费提供即时通讯工具，通过该系统，销售人员可随时了解客户的需求，不仅可以与客户相互交流感情，拉近与客户的距离，客户还可直接将采购计划发给相应开票员，有效地缓解了电话和传真采购的压力，成为另外一种拓展采购方式，由于即时通讯支持群发功能，所以销售人员还可随时将各种促销优惠政策传给客户，包括公司内部的各种活动，价格变动，厂商推介会及企业形象宣传，了解客户需求，引导客户电子商务等，实现了真正意义上的客户与企业的双向互动。

第七，强大的后台数据支撑，构建稳定的系统平台。实现了广域网和局域网的完全整合和数据的及时同步，确保网上数据的完整性与准确性。

第八，运用数字认证对电子商务用户采取双认证机制，确保用户身份和订单真实性与有效性。

3.4.3 发展展望

九州通医药网着力打造医药行业电子商务平台，全面提供销售、采购、招商、代理、科研成果、资源合作等医药行业的完整业务需求，为众多的厂家、商家及消费者服务。构建医药行业基于电子商务平台的供应链管理系统，将供应商、制造商、批发商、零售商到客户的业务活动中所发生的商流、物流、资金流和信息流在电子商务平台上协同完成。

发展方向将主要围绕供应链管理的三个重要层次的问题（信息共享、交易管理、商务协同），构建一个平台，三个系统。向两头延伸，向上游延伸供应链管理，主要为厂商及代理商服务，向下游延伸 B2C 的医药资讯服务及交易服务。

4 尾声

可以看到，正是上述四个方面的强强联合形成信息化管理，才造就了九州通的专业化配送。九州通的成功离不开与 IT 的紧密结合。

利用信息技术手段，构建全集团稳定、安全、高效的信息化平台，为业务及管理服务；参与业务流程的规划、优化、建设，促进信息技术与业务的深度融合；作为管理者的助手，通过 BI[①] 为业务、管理提供数据分析与决策支持；关注信息技术创新，为业务、管理创新提供保障。

九州通信息化建设打破了信息化只是投入，不能回馈直接效益的现象，九州通信息化管理成就的专业配送为集团增加了利润点。

案例使用说明 ▬▬▬▬

一、教学目的与用途

1. 本案例适用于管理学中企业信息化管理的讲授。

---

① BI：Behavior Identify，即行为识别系统。

2. 本案例是让学生认识到企业信息化管理的重要性，它的成败与否直接与效益挂钩。

二、启发思考题

1. 其他医药企业如果想要复制九州通的成功，在信息化管理上需要从哪些方面着手？

2. 随着科技的发展，试想一下未来企业的信息化管理可以有哪些形式或是突出变革？

南京医药：供应链管理服务是亮点

摘要： 南京医药的供应链管理是公司的亮点与收益增长点。南京医药股份有限公司自 2008 年 11 月 3 日成立供应链管理中心以来，致力于供应链资源一体化的整合工作，建设包括供应链管理中心、三大事业部（药事服务事业部、现销快配事业部和健康连锁事业部）及其核心数据资源、人力资源及信息化等职能管理核心资源在内的大供应链管理服务平台，建立并完善以订单拉动流程、拉动生产为特征，从客户订单、渠道控制、知识营销、订单工业（含自有工业，即"3 + X"）直至订单农业生产体系在内的供应链运行机制。这些工作目前已取得了显著的成果，给企业带来了不俗的业绩。

关键词： 药事服务；连锁；现销快配；物流

引言

南京医药股份有限公司成立于 1951 年，于 1996 年在上海证交所上市，是国内首家医药流通类上市公司。近年来，作为国有控股企业，南京医药始终坚持科学发展、和谐发展，逐步由地区性的单体企业成长为拥有员工近 8000 人，下属 50 余家分子公司，年销售额超百亿元的特大型企业。南京医药于 2002 年以来，坚持"调整转型、创新再造"的战略，以社会公众的健康消费需求为订单，以药事服务管理为核心，以信息技术为根基，全面整合健康产品与服务的集成化供应链，在"一体两翼"的基础上，以药品物流一体化及其增值业务为核心，构建基于订单为导向、以药事管理服务为特征的集成化供应链，为公众和社会提供健康利益管理与服务，逐步由传统医药商业企业向为公众和社会提供健康产品与服务的现代医药健康服务企业转型。

1 公司介绍

1.1 发展历程

南京医药的主要发起人南京医药（集团）公司（原南京市医药公司），始建于1951 年，经南京市人民政府秘办及华东军政委员会卫生部批示成立，性质为公营企业，又名南京市公营医药公司，行政隶属于南京市卫生局。

1952 年，更名为南京市国营医药公司。

1995 年，省、市医药公司分家，成立中国医药公司南京支公司。

1958 年，与药材公司合并，称"南京市医药公司"。

1981 年，集团公司同时使用"江苏省南京医药供应采购站"和"南京市医药公司"名称。

1988 年，集团公司成为江苏省医药商业行业首家利税超千万元企业。

1993 年，集团公司利税和销售收入居江苏省医药商业系统第一名，经南京市资信评级委员会评定，集团公司的资信级位为 AAA 级，同年被南京市体改委批准为股份制试点企业。

1994 年，集团公司以其主要的经营性资产与原中国人民建设银行江苏省信托投资公司、南京市国有资产经营公司、南京天宇医疗器械总公司共同作为发起人，采用定向募集方式成立本公司。同年，实现利润 2047.37 万元，较上年递增77.06%，居江苏省医药同类型企业的首位，国家医药局系统同类型企业综合效益第四位。

1994 年 10 月，南京医药出资 295 万元收购了南京溧水县制药厂（现更名为南京恒生制药厂），1995 年开始对其进行技术改造。

1995 年底试生产，1996 年形成生产规模。

1996 年，南京医药在上海证交所上市，是国内医药流通类首家上市公司。

2002 年，南京医药试点药房托管。

2008 年，南京医药从"药房托管"模式转型为"药事管理服务"模式。

1.2 公司现状

南京医药股份有限公司全面深化体制改革，健全完善现代企业产权制度，以提供健康产品与服务为使命，以资本扩张为手段，以企业文化建设为支撑，市场规模不断扩展。2010 年，合并主营业务收入 153.38 亿元，合并权益净利润 937.36 万元，利税总额 2.30 亿元，已成为跨地区、集团化、网络型企业，市场覆盖苏皖闽等地区及鲁豫川疆部分地区（南京医药在合肥、福州的子公司均为当地的龙头企业），服务46000 多家客户，其中三级医院 200 家，二级医院近 500 家，年均复合增长率达到38%。近五年来连续位列中国医药流通业前五位；连续数年位列江苏省内同行业排名第一；2002 年被江苏省列为全省医药行业唯一重点扶持的年销售规模达 50 亿元以上的"国家队"企业。南京医药在 2011 年中国 500 强企业中排名第 212 位，在 2009

年医药上市公司核心竞争力 50 强中排名第十位。

与南京医药股份有限公司全流域采用药事服务合作的医院已达 277 家，包括三级医疗机构 8 家，药事服务业务已从沿海发展到边疆，从城市发展到乡镇，从地方医院药事服务到部队医院药事服务。

2 南京医药的供应链管理

2.1 药事服务

2.1.1 从"药房托管"到"药事管理服务"的转型

南京医药从 2002 年开始推行药房托管，这在当时被视为是医药分开的一种模式和大胆尝试。药房托管，是我国医药分业改革中的一种新兴试行模式，是指在不改变医院对药房所有权的情况下，委托企业对药房进行管理。即保持药房法人地位、产权、人事关系不变，将药房委托给经营能力较强、实力雄厚的药品企业进行经营，托管企业负责全部药品的采购、配送和日常管理，并按合同规定给医院上缴利润；医院不再负责药房的日常管理工作，只对其进行监督。根据国家新医改政策精神，为进一步做好医药分开改革工作，南京医药决定提升"药房托管"模式。2008 年，"药房托管"的基础上，南京医药再次把服务"提档升级"，提出"药事服务"理念，将原先的药品供应转化为包括药品供应、药学服务、药房管理等方向的集成服务。目前，全国与南京医药进行药事服务合作的医疗机构达 270 多家，药事服务业务已从沿海发展到边疆，从城市发展到乡镇，从地方医院药事服务到部队医院药事服务。

2.1.2 药事管理服务

2008 年起，南京医药致力于打造基于以订单为导向、以药事服务为特征的集成化供应链，药事服务实现了由南京区域向外埠区域、内地向边疆、地方向部队，经济发达地区向经济欠发达地区拓展药事服务的提升。目前，南京医药全流域进行药事服务管理的合作医院有 277 家，其中三级医疗机构 8 家，包括江苏省人民医院、鼓楼医院、市第一医院等，二级医疗机构 47 家，一级医疗机构 222 家。药事服务业务拓展到全国苏、皖、闽、豫、鄂、川、疆、辽、滇等九省区，药事服务管理效果明显。

南京医药的药事服务管理是以为公众和社会提供健康利益管理与服务为目标，以处方集为载体，以品牌营销为手段，为客户医院提供标准化、专业化、个性化与增值化的综合药事服务解决方案。实现了医药公司与患者、医院、上游药厂、政府多方的互利共赢，并为其公司创造了显著的增量效益。

药事服务强调出售的是解决方案，而不是产品。建立"四网合一"信息协同工作平台，组建区域内统一的采购网、配送网、结算网和监督网，形成"四网合一"的信息化协同工作平台，探索医院药房实行以"两权分离"和"三个不变"为主要特征的药房社会化管理，即医院所有权与管理权分离，药房所有权归医院，药品管理权交给受托方；医院药房的产权、药剂科的职能和药房人员的身份不变。推行集成化供应链管理，建立行业公共服务平台，保证和提高供应链的安全和效率，实现医院药师从简单药品物流服务向药学服务的本质回归，提升医院的核心竞争力。

药事服务取得了显著的管理效果，主要体现在：供应链效率提高和成本大幅降低；让利于民，惠民效果显著；医疗机构管理优化，增效显著；监管透明，防腐效果显著。

2.2 健康连锁

2.2.1 简介

健康连锁服务事业部是南京医药股份有限公司所属独立的业务经营性组织，是南京医药旗下各零售企业通过专业整合和战略转型形成的面向社会大众提供健康产品与服务的专业零售连锁服务平台。

健康连锁服务事业部管理着江苏、安徽、福建、新疆四省的十家零售连锁公司，零售市场网络覆盖四省的省会城市（南京、合肥、福州、乌鲁木齐）并延伸至地、县级城市。各零售业务作为集成化供应链管理的终端，承担为南京医药创造基于药学服务为特征的订单需求，与母公司之间形成互动式的相对内外部的供需关系，同时为南京医药流域内自营工业产品提供自有终端渠道。

2.2.2 涉及业务

健康连锁服务事业部通过"依托、嫁接"母公司优质资源，充分利用现有零售网络和南京医药战略合作伙伴的网络优势，通过杂志、传媒屏、网络等媒体传播渠道，将南京医药零售平台打造成为一个通过店铺与无店铺销售、会员直配、网络快递、品牌推广、知识营销的健康连锁服务的经营品牌。并通过零售创新模式的增量资源带动存量资源，激活企业的内在潜能，促使健康需求形成服务订单，最终实现南京医药集成化营销战略。

健康连锁服务事业部以各种平面的、立体的、面对面的知识传播＋顾客教育＋零售直接配送的模式，实施病前预防、病中诊疗、病后保健全过程知识教育，开展从疾病诊断、开取处方到送药上门、跟踪药效的全过程药学服务，为顾客提供全面的健康管理解决方案，从产品经营转向服务经营，实施"药学包"集成营销，打造全新"南药连锁"品牌的连锁零售企业，成为百姓身边的健康管理师。

2.3 现销快配

2.3.1 简介

现销快配是基于南京医药集成化供应链的商业模式而派生的一种业态模式。这种业态面向城乡第三终端和二级以下医疗机构，以广密的网络资源为基础，形成巨量商品流、高速现金流的优势，以会员制、契约化为手段，为上下游客户提供订单集成、IT信息共享、结算业务等方面的增值服务，满足其核心需求，从而实现供应链利益最大化的目标。它和传统现销业务有着根本的区别，传统业务是平面的，强调的是产品、价格；业态是立体的，强调的是上中下游的资源，前中后台支撑，不是简单的以产品和价格交易为导向，而是讲究终端客户需求，并以之为导向。现销快配业态模式是为了满足社会和公众对健康的消费需求的服务产品，其服务产品标准化、模块化，具有可展示性和可复制性的特点。

现销快配业态作为一种类快速消费品的经营模式，其市场化程度很高，是实现供应链管理的理想业态。因此，南京医药全流域现销快配专业线将围绕供应链管理，加快资源整合，将其建成为南京医药全流域现金流贡献率最高、净利润贡献率最高，职工收入增长最快的"三最"企业。

2.3.2 实现方式

专业线围绕现销快配的最大核心价值："服务于订单的升值"，提升现销快配的品牌价值，打造现销快配的服务品牌。

围绕供应链管理的两大目标：降低成本和提高服务水平，现销快配专业线以订单为导向，以供应链管理为龙头集成四大服务系统（供应商服务系统、内部供应链服务系统、下游客户服务系统、质量风控（服务）系统），以"药事管理、质量管理"为特征统筹三大服务产品线（基准服务、创新增值服务、管理服务），由此形成内外供应链组织的高度协同，从而打造现销快配专业线的核心竞争力：服务专业化、需求管理化、品牌信用化。

坚持以现代信息技术和全流域市场网络资源为支撑，以供应链管理为保障，围绕现销快配经营特色开发电子商务平台、推进电子商务业务。

2.3.3 发展规划

南京医药目前现销快配市场覆盖苏、皖、闽、辽等多个区域，面向第三终端市场，拥有终端和分销客户3万余家，拥有中健之康供应链服务有限责任公司、徐州淮海药业有限公司、南京医药天润有限公司、福建省新特药业有限公司及辽宁南药民生康大医药有限公司等专门从事快配业务的现销快配独立运营平台，同时全流域各分子公司大多拥有现销快配部专门从事现销快配业务的运营，全域现销快配从业人员超过1000人，销售规模在2010年达80多亿元。

到2015年，南京医药将打造集成化供应链的资源一体化经营平台，通过信息系统的支持，优化供应商管理，强化客户关系管理，创建集成化供应链的盈利模式：服务创造价值，分享价值回报；协作提升效率，管理放大效益。使现销快配从"竞争机制下的价格博弈者"转变为"协作机制下的价值创造者"。届时，全流域现销快配业态的营业收入将突破230亿，毛利率超5%。

3 物流

3.1 简介

为适应企业经营发展，加强对全流域物流的统一管理，打造公司集成化供应链赖以生存和发展的物流网络，提供快速、便捷的物流配送服务，经公司董事会研究决定，成立了南京医药股份有限公司物流事业部。物流事业部主要负责规划实施全流域物流的管理，确保向全流域各企业和终端客户提供快速、便捷的物流配送及其渠道增值服务；统筹规划全流域物流项目建设；对全流域各个物流中心和物流公司进行统一整合与管理，变单体运作为资源集中运作；构建立体配送体系，实现渠道扁平化，统一调配全流域物资，提高资源的配置效率；以信息化为支撑，实现物流信息共享和商流、物流、信息流集成化等目标。

它的战略定位：打造公司集成化供应链赖以生存和发展的物流网络，提供快速、便捷的物流配送服务。

3.2 业务内容

（1）构建一级物流配送体系

以南京、盐城华晓、合肥天星、徐州淮海和福州金山等五个一级物流中心，为全国大中型医药生产企业与医药商业企业和终端客户搭建合作平台，对现代药品物流、农村两网建设、建立药品批发主渠道、南北医药产业转移及规范医药市场秩序发挥了积极作用。

（2）构建二级物流配送体系

以五大医药物流中心作为公司的一级物流中心，其它库房作为二级配送中心，构建二级物流配送体系，实现渠道扁平化，统一调配全流域的物资，提高资源的配置效率。二级配送中心规划的原则考虑客户分布与物流中心分布、辐射半径的因素。

（3）提高物流信息化水平

为了构建及时便捷的物流配送体系，必须借助现代信息化管理工具来完成整个药品流通环节的管理，因此引入了先进的管理软件，提高了各个物流节点的信息化管理水平，使各地区的物流配送中心均实现物流管理信息化，并做好物流各环节之间的衔接。

（4）做好现代医药物流人才的储备和培养

医药物流人才要求具有交叉跨越医药业、物流业两个领域的经验，国内目前真正意义上的此类人才极其短缺。南京医药股份有限公司十分重视做好现代医药物流人才的招聘、培养以及岗位设置等工作，使其发挥应有作用。

3.3 建立物流集中管理运营模式

南京医药股份有限公司的运作方式是建立物流集中管理运营模式，如下图。

医药企业管理案例集

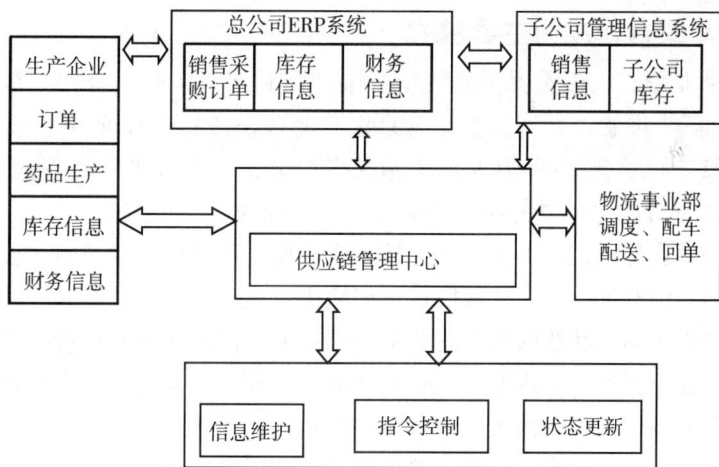

图 12 - 2　南京医药的物流集中管理运营图

4 整合资源，订单生产，利益共享

"南京医药很早就开始建立集成化供应链，已和大连美罗、山西亚宝、东阿阿胶、哈药总厂等国内大型企业签订战略合作协议。以后还将计划与多家医药生产企业签订订单生产协议。"南京医药股份有限公司执行副总裁滕学武表示。

随着供应链理论被越来越多的人接受，国内各家企业也开始加紧打造自己的供应链体系。南京医药是个中翘楚。

4.1 供应链管理的核心是共赢

"在现在的市场竞争中，单靠一个企业参与竞争渐现势单力薄。只有将供应链中供应商、生产商、分销商、零售商有机地聚合在一起，才能强化整体优势，提高整体竞争能力。"这是业内一专家对供应链管理的进一步解释。

在激烈的市场竞争中，群体作战、协同作战，其胜算肯定要大于单兵作战。但怎样才能将同一链条上不同环节"有机地聚合在一起"，使其成为一个整体呢？答案是显而易见的，必须进行合理的利益分配。对于南京医药这样的企业来说，建立新型集成化供应链战略合作模式，就是要按照供应链上的各个环节进行分工，各自获得合理的利润，从而实现共赢。而共赢表现为供应链的各个环节不仅共同获取某一市场份额，且能分别获得一定的社会价值和经济价值。

"如果一种合作是以牺牲一方的利润和长期的经济利益为代价的话，这种合作就不能称之为'统一集中的供应链营运方式'。"或许正是基于这样的认识，南京医药于 2006 年底就开始全面推行集成化供应链管理并已取得显著成果。滕学武表示，在与上游企业合作过程中，由于区域渠道网络的价值被严重低估，信息资源被无偿占用，南京医药自身利益严重受损。因此，南京医药通过建立订单式合作，流通企业和上游生产厂商共同打造现代集成化供应链，实现渠道网络的价值回归与利润合理分配，走向共赢——工业企业取得加工利润；商业企业获得商业利润。

4.2 订单式合作成为主要模式

在滕学武眼里，大连美罗药业股份有限公司和南京医药的合作，是订单式合作模式的"典范"。据悉，大连美罗与南京医药的合作产品已有近 50 个。据统计，南京医药一年要购进价值 8000 万元的头孢拉定胶囊，原来有供应商 20 多家，现南京医药已将绝大部分的订单委托给大连美罗，合作期为三年。

所谓订单式合作模式，即生产企业按照南京医药提交的订单进行产品生产，产品销售则全交南京医药进行。在这种模式框架之下，生产企业显然在某种意义上成为南京医药的委托加工商，其获取的利润非常有限。但是国内企业对这种合作模式依旧表示出极大的兴趣。据悉，山西亚宝、东阿阿胶、哈药总厂都已与南京医药签订战略合作协议。石药集团中诺药业销售公司表示，石药集团有质量相当过硬的普药，希望能与南京医药有进一步的合作；而南京白敬宇制药有限责任公司则公开承诺，对于该公司某一产品，南京医药"要多少就给多少，要什么价格就给什么价格"。

显然，南京医药本身有着良好的网络渠道以及终端市场，尤其是近年来南京市内各级医院的药事管理服务，更是为南京医药增添了终端控制力。这就意味着只要企业产品进入南京医药的分销渠道，就能够在南京市的医院实现销售。这对产品同质化现象严重的国内企业来说，无疑是一个绝好的商机。以大连美罗的头孢拉定为例，以前该产品几乎在江苏市场没有销售，但借助与南京医药的合作，美罗的头孢拉定不仅成功进入江苏市场，而且每个月的销售达到数百万元。

可以说，南京医药给了各合作企业一个展示的机会。借助订单式合作以及药事管理服务，各合作企业在最大限度满足终端需求的同时，也能够最大限度保证南京医药的利润需求。

5 尾声

供应链管理中心作为南京医药股份有限公司整个集成化供应链体系中"龙头的龙头、核心的核心"，一直以来努力推进公司改革前进的步伐，集中资源，聚焦供应链建设，坚持创新转型，努力实现以药品流通一体化及增值业务为核心，订单为导向，药事服务为特征，将供应商、客户连成一个整体，形成一个为社会与公众提供健康利益与服务功能的网链结构模式，不断提升为社会所提供的健康产品、健康服务的品质，增加南京医药供应链对社会公众健康利益的管理能力。

案例使用说明

一、教学目的与用途

1. 本案例适用于管理学中企业信息化管理的讲授。

2. 本案例是让学生认识到企业信息化管理的重要性，并在此基础上联系管理学中的其他概念和理论，为解决医药企业实际运营过程中可能出现的问题提供一些思路。

二、启发思考题

1. 南京医药供应链管理的最突出特点是什么？其他企业是否可以复制？
2. 除了资金的支持外，企业还要为信息化改造准备什么？

同仁堂：让医药连锁插上信息化的翅膀

摘要： 作为一家百年老店，北京同仁堂在发展过程中遇到了瓶颈，在应用了信息化管理后，取得了明显的效益。管理方面，精细化的管理使业务流程更加透明，并实现了用数据支持决策；流程方面，优化和简化了业务流程，系统灵活适应企业变化；操作方面，系统界面友好，操作方便，便利的键盘快捷方式和扫描设备的应用提高了操作人员的工作效率；知识转移方面，详细的使用手册和完善的培训支持，这些都为同仁堂的信息化提供了可靠的保障。

关键词： 连锁；信息化管理；门店管理；节省

引言

"北京同仁堂连锁药店"是海内外著名老字号——中国北京同仁堂（集团）有限责任公司旗下的药品零售连锁经营企业，是同仁堂面向海内外市场的窗口，成立于 2001 年 3 月。公司目前拥有数百家连锁店，在多个城市设有配送中心。公司的成立顺应了国家有关培育 5 至 10 个面向国内外市场、多元化经营、年销售额达 50 亿元以上的特大型医药流通企业集团政策。并为应对加入 WTO 的竞争，北京同仁堂朝规模化、集团化、规范化、标准化方向打造具有国际竞争力的现代化医药流通企业集团。

1 公司介绍

1.1 发展历程

北京同仁堂是中药行业著名的老字号，创建于清康熙八年（1669 年），历代同仁堂人恪守"炮制虽繁必不敢省人工品味虽贵必不敢减物力"的传统古训，确保了同仁堂金字招牌的长盛不衰。

1669 年（清康熙八年）乐显扬创办同仁堂药室。

1723 年（清雍正元年）由皇帝钦定同仁堂供奉清宫御药房用药，独办官药，历经八代皇帝，188 年之久。

1957 年同仁堂中药提炼厂正式成立，开创中药西制的先河。

1989 年国家工商行政管理局商标局认定"同仁堂"为驰名商标，受到国家特别保护，"同仁堂"商标还是中国第一个申请马德里国际注册的商标，大陆第一个在台湾申请注册的商标。

2000 年 5 月成立了北京同仁堂科技发展股份有限公司，同年 10 月在香港创业板上市，实现了国内首家 A 股拆分成功上市。

2001 年 7 月由北京市政府授权的中国北京同仁堂（集团）有限责任公司正式揭牌。这标志着同仁堂实现了规范化的公司制转变，也是体制上的一次重大变革。

1.2 公司现状

目前，同仁堂已经形成了在集团整体框架下发展现代制药业、零售商业和医疗服务三大板块，配套形成十大公司、二大基地、二个院、二个中心的"1032"工程，其中拥有境内、境外两家上市公司，在海外 16 个国家和地区开办了 18 家独资、合资公司及 38 家药店，在香港创办了第一家生产基地——同仁堂国药有限公司，产品销往海外 40 多个国家和地区。为应对加入 WTO 的竞争，同仁堂朝规模化、集团化、规范化、标准化方向打造具有竞争力的现代化医药流通企业集团。

2 医药连锁的信息化

2.1 问题的提出

随着企业规模的扩大，门店的增多，连锁结构变的越来越复杂，大量的管理问题随之产生，诸如：不能及时、准确了解各层次连锁机构的销售情况和库存情况；无法合理制订采购与配送计划；报表和数据增多而且整理困难；不了解连锁体系中的资金运作状况；在连锁体系中贯彻 GSP 认证标准困难等等……怎样解决这些管理难题？依靠传统的管理手段，已无法解决这些难题。只有实现信息化管理是唯一的办法。

实现信息化管理，建立高效的医药连锁信息管理系统，这一决议经公司办公会议通过。公司成立了企业信息化领导小组，总经理任组长，由一位副总任副组长并主持具体工作。

在上新系统之前，领导们是期望与担忧共存。系统的成功实施确实可以给企业极大的受益，这是同仁堂所期望的；但是失败的企业信息化给企业带来的结果往往是灾难性的，这也是同仁堂所担忧的。因此，选择好的软件供应商，选择好的合作伙伴，对于信息化的成败起到至关重要的作用。经过了一年多的精挑细选，反复比较，同仁堂最终从众多国内外管理软件开发商中，选择了北京佳软公司作为合作者，后者为同仁堂医药连锁公司提供了拥有良好性价比的医药连锁管理系统，成功完成了系统的开发与实施，并提供了包括硬件集成、软件需求与实施的咨询、售后支持等全方位的系统服务。

2.2 系统开发目标

第一：实现信息共享，增加管理的透明度，提高管理层对经营过程的监控力度；第二：提高准确度，降低出错率，做到账账相符、账实相符；第三：保证数据的完整性，系统运行的安全性和稳定性，实现技术的先进性；第四：业务流程符合国家医药行业标准，将 GSP 的要求嵌入经营过程中；第五：系统具有持续升级的能力，满足企业供应链管理发展的需要；第六：系统具有良好的拓展性，支持同仁堂集团公司在全球开办连锁药店；第七：通过对经营数据的统计分析，为经营决策提供依据，提高企业核心竞争力。

2.3 系统总体概况

功能结构及简介：该系统由多个子系统组成，涵盖了同仁堂医药连锁绝大部分的业务状态，其功能划分见下表。

表 12 - 1   同仁堂医药连锁信息管理系统

项目代号	产品名称	功能简介
BCMS7	医药连锁管理系统	
CM	合同管理	根据计划制定采购合同和销售合同。
PM	采购管理	支持对采购订单的下达、采购验收、采购入库、采购退货等各个环节的管理。
RS	零售	该功能模块适用于批零兼营企业的日常零售业务的处理。
BSM	分店管理	可管理远程零售店。
QC	质检	可完成入库质量验收和出库质量复核。
C&BM	组装拆装管理	可完成整药拆散和散药组装的功能。
IM	库存管理	可对库房的日常业务如：入出库，调拨、盘点、报损等进行管理。
DM - 1	配送	总店：根据下级上传的请货单填制配送单，对配送回执单可做配送报损或配送退回处理。 分店：根据商品库存高限或销售情况填制请货单，根据上级的配送单办理收货。
DM - 2	二级配送	指对于异地门店的货物配送。
CAC	结算中心	完成进销结算及连锁配送结算。
GSP	GSP 嵌入系统	完成 GSP 报表等。
OA	经营分析	各类统计分析报表，可为相关人员提供详尽的数据支持。
LRI	远程查询	远程查询连锁信息。
SE	报表编辑	可编辑本系统中每种单据的样式。
PM	价格管理	可设置商品的标准采购价、批发价和配送价。
BI	基础信息	本模块可对基础信息进行统一的管理，提供了分类、添加、编辑、删除等功能。基础信息包括：商品信息、客商信息、供应商信息、职员信息、货位信息、分店信息。
SM	系统管理	可实现账套管理、数据维护、操作员授权、分店设置等功能。
EL	期初建帐	用户建期初账时需使用本模块，可以将期初应收/应付款、期初借入/借出、期初商品库存录入本系统中。
CDS	远程数据服务器	
SLRC	服务器远程通道	利用 Internet 建立远程专用通道。
OMM	其他配套模块	
GMI	总经理查询系统	可对经营过程中的信息流进行分类汇总和排序。
CIR	远程信息发布系统	远程管理信息的发布。

根据公司连锁特点和要求，设置了如下的网络拓扑结构图：

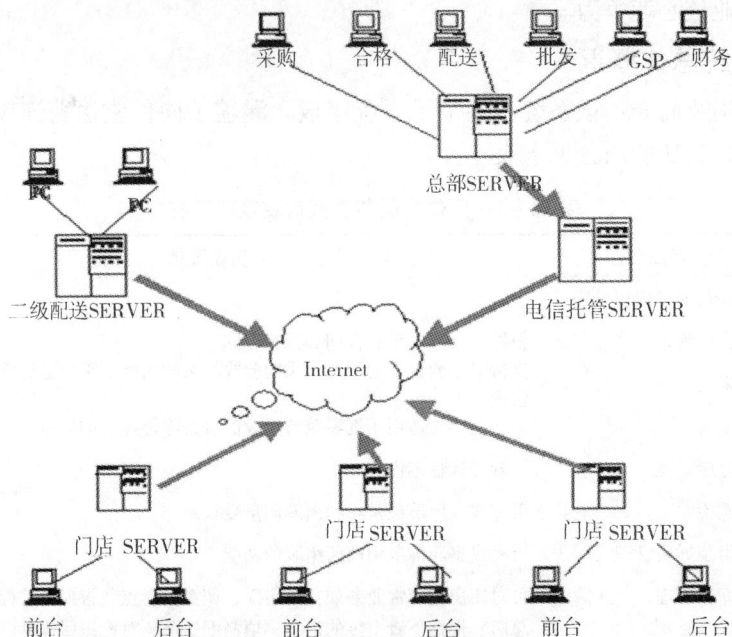

图 12-3 同仁堂网络连锁拓扑结构图

2.4 重点解决的问题

同仁堂医药连锁实施大规模的信息化应用，是希望解决制约企业发展中存在的问题。那么，实际中解决了哪些问题呢？又达到了什么效果呢？

2.4.1 为 GSP 达标提供保障

GSP 医药规范是国家强制性规定，要求各医药流通企业必须实现的目标。但同时，很多企业又在推行信息化。对于同仁堂医药连锁这样的药品流通企业，如何利用信息化推进 GSP 达标呢？国内很多医药企业 GSP 是达标了，但是基本上停留在手工操作层面上。将 GSP 规范融合到管理信息系统中去是"一步到位"的作法，可以节约时间，节省成本。同仁堂医药连锁系统中对于 GSP 的实现是通过两方面来实现的。一是通过设专门 GSP 管理模块，供有关于 GSP 的记录、报表、查询的汇集，以便于随时对企业质量管理规范进行检查；二是通过在各业务操作上按照 GSP 要求，设置 GSP 控制点，在进行业务操作时必须通过该控制点。通过 GSP 标准，企业可以真正实现药品质量规范化管理，同仁堂医药连锁通过管理信息系统来达到这一目的，也是业界中的一次有益尝试。

2.4.2 优化对首营药品和供货商的审批程序

由于业务过程中的进、销、存操作均要通过系统完成，而系统中对首营品种和首营供货商的增加和审批制定了严格的流程，并规定了审批权限，没有经过审批的品种和供货商是不能进入业务环节的。从根本上杜绝了经营品种和经营渠道的随意性，把住了规范经营的第一关。

2.4.3 合同管理

将药品与进货渠道和进货价格进行关联存入合同中，既可以通过合同直接转成采购定单，又可以达到将进货渠道和价格透明化的管理目的。过去，进货渠道和价格掌握在采购员个人手中，管理者既无法控制渠道又无法监督价格，甚至对表现不好的采购员不敢轻易处罚，因为企业的信息资源掌握在个人手中。新系统采用合同管理，使企业资源归企业所有，减少了对个人的依赖性。

2.4.4 价格管理

当国家规定的零售价格发生变化时，由总部统一做变价，门店接收总部的变价信息，门店没有改变零售价的权利。这样，可以保证连锁药店统一价格，而且是同步变价。维护了政府价格的严肃性，也保证了正常的经营秩序。

2.4.5 药品的效期管理

药品的效期管理是医药界共同关注的问题，要做到对每一种药品的效期严格控制，也是医药企业颇为头痛的问题。同仁堂医药连锁药品品种多，每家门店都有上万种药品。效期管理是医药企业一直关注的问题，也是 GSP 重点强调的问题。但是要对几万种药品做到全部效期控制，却也并非易事。以前，药品还在配送中心时，相关人员要对药品进行盘点，出库时要对药品效期进行检查，甚至到了门店还要检查药品的效期，这一切，都是用人工完成的，无形中延长了产品销售周期，影响资金利用效率，并加大了成本。目前系统已经能够完全做到对效期的控制，每种商品在入库前即已录入有效期与失效期，系统会自动提供各类效期报警，以便于对各类商品及时做出处理，对于超过失效期或接近失效期的商品，系统禁止出库，无法开单，同时，系统会自动生成移库单，要求对这些商品作专门移库处理。如此一来，大大节约了时间，并且做到了适时控制，安全系数大大增强，同样，加快了资金利用，并节约了成本，原来多个人专门做的事情，计算机全部完成了。

2.4.6 优化库存量的控制

库存量的优化往往是一个企业资金利用效率的反映，国外很多的企业所追求的"零库存"实际上也就是对于资金周转率的最大追求，使资金发挥最大的增值。同仁堂一直很注重库存量的控制，这也是在医药连锁管理实现信息化的重要原因。以前采购员采购商品时，完全凭经验，某商品旺销时就大量采购，结果极易造成积压，而且这种经验只有对大批量商品有效，对于几万种商品究竟需要多少入库，谁也不能做到心中有数。在系统中是如何处理这一问题的呢？系统设置了两种形式的库存，一为总部配送中心的库存，二为各批发点、门店的库存，对于每一个库存中的每一种商品都设置库存下限，当某商品库存数量临近下限点时，系统自动提示，并自动开出待处理的采购申请单或请货单。这样，采购实际上由具体销售情况来决定了，采购员在采购时可以更少的加入自己的主观因素，完全服从市场。以前在配送中心的滞销商品占用了很大的库存空间却不能被发现，而畅销商品总不能及时供应，经常引起各门店与采购部门的互相指责。现在这些现象已经不复存在，各门店销售量明显提升，而库存总量却在减少。同仁堂医药连锁的下一步目标是朝真正的零库存管理迈进。

2.4.7 货位管理

连锁初期，一个400平方米的库房存放了3000多种药，凭借库管员的经验和记忆来分拣药品，常常出现三、四个人，五、六分钟也找不到药品存放位置的情况。而在管理信息系统中，引入了货位观念，出入库单据上有对应商品的货位，大大提高了药品分拣效率。如今数千平方米的货仓，存放了近万个品种的药品，只要一个人十几秒钟就能准确地找到药品存放的位置。

2.4.8 加强对各门店的控制

连锁行业有一个共同的难题，那就是总部对于各连锁店的控制。总部希望各连锁店在自己的统一指挥下，统一管理，统一发展，当然这也是各门店的意愿，但往往就有个别门店为了追求短期利益，而"不那么听话"。由于医药商品的特殊性，医药连锁企业对于其下属的连锁店的控制愿望较之其他行业就显得更为强烈。同仁堂医药连锁对于各门店的控制要求很高，总部对于各连锁店进货、零售、配送、存货、结算等要做到随时监控。以前各门店没有设立库存，只有进货、零售和总部的结算。门店的库存量往往由门店自己盘点得出，总部对于门店的库存量只是配送量减去零售量的累计，实际上也只是个概念上的库存，一旦发生差错，无法分清责任。而自从上了系统以后，这些问题彻底解决了。系统为各门店设置了库存，当总部对于配送确认后，库存增加；当门店零售确认后，库存减少。同时，总部人员可以通过权限设置进入门店库存进行检查，做到适时监控。而对于个别门店调换价格更容易处理，所有商品都接受总部系统中基础信息的控制，对于与基础信息不符的商品输入，系统不能开单，不能开单的商品消费者是不能接受的。当然，要完全做到对这种现象的控制，还需要加强实地检查，因为我们不能保证每一个消费者都能不接受没有开单的商品。对于门店当天结算的控制，在系统中也能方便的体现出来，总部财务人员只要打开门店结算报表，再与银行帐号一一核对，便有了十分的把握。而这在以前，往往不能确定门店的结算是否确实体现其真实的销售情况。

2.4.9 多元化的价格体系

在不高于国家规定的零售价的前提下，系统允许门店自行规定售价。特别针对全国不同地区的不同环境，可以方便制定地区价格。为企业经营提供了灵活性。

2.4.10 药品停售的统一控制

当某个商品出现不能继续销售的情况时，可由总部对该商品设置停售标志，门店会自动接受到该信息，立即不能销售。系统保证了在重大事件发生时，不良结果会立即终止。

2.4.11 中药饮片管理的规范化

中药是我们民族的骄傲，也是人类社会的瑰宝，实现对中药饮片的规范化管理一直就是医药界努力的课题。但是要做到对中药饮片在医药连锁状态下的标准化管理确并不是容易做到的事。首先，中药饮片要求有"十八反，十九畏"，对于中药的开方要求高；其次，各店的药剂师在开药时难免出现价格不一致的现象；第三，中药饮片的养护难度大，而包装又多为散装，因此其标准化较之西药有更大的难度；第四，每一中药饮片的名称在不同的药剂师笔下可能有不同的称谓，但是其标准名只有一个。中药饮片是同仁堂的一大特色，因此在系统设计时，就将其纳入了系统管理的范围。系统对于中药饮片统一商品编号，在系统中开标准方，并将饮片名称、价格统一；当遇到"十八反，十九畏"的情况时，系统能够自动提示，并拒绝开单；当天中药饮片进、销、存（含养护）等情况在系统中得以体现，而在以前，这些都只能靠人员统计而得。

2.4.12 加强与合作伙伴的信用联系

事实表明，大多数的应收帐款的生成主要是对客户的信用度把握不准所致，而很多的商品质量问题是由于对供应商的资质把握不准造成的。同仁堂认为对于客户、供应商设立信用评定制度是减少财务风险最有效的方式。连锁管理系统是如何处理这一问题的呢？系统将各合作伙伴的交易情况做出详实记录，由总部人员、财务人员根据记录对该合作伙伴作出信用评定，填入其基本信息中。在每一笔业务中，关于该客户或供应商的信用评定、毛利提醒、不良记录等会自动弹出，为财务人员、采购人员及时提供合理的信息资料，避免不良交易的发生。

2.4.13 人员的培养

一项大型管理信息系统的开发与实施是系统开发商与企业密切合作的过程，通过这个过程，可以为企业培养一批既懂管理、又善于应用信息技术的管理人才。管理人员从烦琐的事务中解脱出来，致力于真正的管理工作，领导层可以集中时间考虑企业经营与发展的课题。

2.4.14 管理保障

同仁堂的品牌完全能够支持其医药连锁事业的更大规模化发展，但是，如果停留在传统的手工管理或简单的信息管理阶段，是不可能实现上述愿望的。这也是同仁堂下决心要上系统的重要原因。同仁堂医药连锁管理系统设立了二级配送中心管理模块，二级配送中心下辖的门店接受二级配送中心的管理，同时接受总部的实时监控。对于总部人员而言，面对着一台计算机，在得到授权以后就可以知道全国任何一家门店，配送中心，批发站点的具体情况，这不能不归功于信息化。

2.4.15 有效的报表分析

在企业的管理还不是十分规范的前提下，企业的领导是很难对企业现状做出科学的分析决策。原因很简单：数据来源缺乏科学性。上系统之前，大多数的总结性汇报都是由手工完成的，这需要几个人花很多的精力才能够完成而且数据面狭窄。上了系统之后，这一局面获得了很大的改变，管理层能够足不出户，随时了解企业内各种情况，如：同类商品的销售排名，门店的销售排名，占80%毛利的20%的商品是哪些等等。同时，系统提供各类图形、模型，以供管理人员直观了解企业经营现状。

连锁管理系统带来的变化很多，限于篇幅，在此不可能一一列出。最明显的效果就是系统实施后，总库存降低 20% 以上，总营业额增加 10% 以上，预期总体效益最少增加 20%。但是信息化带给同仁堂医药连锁公司的将不会仅是短期效益，更多的将体现为长期效益。

2.4.16 办公自动化

同仁堂医药连锁公司的业务系统具备信息发布功能。可以通过信息发布栏将质检公告、业务通知，及时传到门店，起到办公自动化的基本作用。

2.4.17 企业虚拟专网

该系统采用了 .NET 技术，该技术是微软公司的基于 Internet 上的新型操作系统。它的目的是将所有的服务建立在统一的标准之上，可相互支持互联网服务，也就是任何设备、应用软件或服务都可通过它进行交易，而无需考虑交易平台、操作系统、目标模型、编程语言或网络服务商。利用 HTTP[①] 作为传输协议，可使远程方法请求通过防火墙。在安全方面，支持使用安全套接字层（SSL）协议，以及标准身份验证。该系统利用了公网这条已架设好的高速路，实现企业内部的数据传输。卓越的权限设置功能，可以根据具体用户设置权限，权限可以设置到按钮级；数据传输采取 128 位加密，传输过程数据安全性得到有力保障；系统采取加密狗方式加密，对用户的进行身份识别，有效防止非法用户进入系统。

2.5 成果效益

（1）实施该系统后，门店商品帐管理可节省 1~2 人/店，按每人每年 2 万元计算，60 家店省 60~120 人，每年可节省 120~300 万元。

（2）基于 Internet，采用灵活便捷的通讯方式，每年可节省通讯费用约 50~80 万元。

（3）在安装此系统之前，连锁药店的管理人员 80% 的时间用于收集信息，20% 的时间用于决策，现在正好反过来了。过去，星期一早上最忙碌的事情就是四处收集各种数据，现在则是分析数据。

（4）综合效益：由经营分析结果，总库存降低 20%~30%，总营业额增加 10%~20%，预期总体效益增加 20%~40%。指导企业降低库存量、降低进货价格、关注重要商品的到货率等，给企业带来的总体效益是显而易见的。

3 尾声

可以看到北京同仁堂在应用了信息化管理后，取得了明显的效益。通过建立完整的业务管理平台，将数百年的调剂经验、知识、流程悉数数字化，建立了涵盖调剂、收方、审方、划价、调剂、加工、复核、发药等完整的业务流程，并利用现代 IT 技术使自身管理更高效、更精细。

---

① HTTP：Hypertext Transport Protocol，即超文本传输协议。

案例使用说明

一、教学目的与用途

1. 本案例适用于管理学中连锁企业信息化管理的讲授。

2. 本案例是让学生认识到在信息发达的现代社会企业信息化管理的重要性，企业的发展必须与进步的科技紧密结合；这一案例拟在为解决医药企业实际运营过程中可能出现的问题提供一些思路。

二、启发思考题

1. 医药连锁企业信息化改造的重点是什么？

2. 同仁堂相比其他一些老字号连锁药店如九芝堂等，它的信息化管理优势在哪里？

本章参考资料

［1］九州通医药集团官方网站：http：//www. jztey. com/

［2］金蝶集团官方网站：http：//www. kingdee. com/

［3］姜红德. 九州通：提供物流技术的"良方"［J］. 北京：中国信息化，2011（7）.

［4］南京医药股份有限公司官方网站 http：//www. njyy. com/

［5］赵笛. "十二五"掘金医药流通业　认准三大"秘方"［N］. 每日经济新闻，2011 - 4 - 17（12）

［6］郑庆华. 南京医药供应链管理的研究与实践［D］. 上海：复旦大学，2004

［7］康义瑶. 南京医药：药事服务渐入佳境获市场厚望［N］. 医药经济报，2011 - 9 - 28（3）

［8］北京同仁堂官方网站 http：//www. tongrentang. com/

［9］白云川. 同仁堂：信息化为金字招牌增光添彩［J］. 中国制造业信息化，2009（4）

［10］钟啸灵. 管住中药［J］. 信息方略，2009（6）

［11］王宏. 百家连锁店　尽在掌握中——记北京同仁堂连锁药店的信息化之路［J］. 连锁与特许（管理工程师），2003（Z1）

［12］蔡春华. 同仁堂通经活络［J］每周电脑报，2004（17）

企业技术创新管理

技术创新的概念源于熊彼特的创新理论。创新能导致经济增长，并使经济增长呈现周期性。技术创新应是"研究与开发（R&D）发明——技术与市场检验转化为生产力——创新扩散商业化产业化"一系列创新活动过程。目前，我国的医药市场呈现典型的"二元结构"，跨国企业以品牌药占据高端市场，我国医药企业则以仿制药在低端市场激烈竞争。因此我国医药企业进行技术创新就显得尤为重要。本章选编的 4 个技术创新管理案例从不同角度阐述创新管理对于一个企业尤其是医药企业的重要性。

先声药业：创新载体打造核心竞争力

摘要：在强手如林的国内医药界，先声药业用十多年时间走过了一条逆向升级之路，探索了国内制药企业从仿制向创新逐步转变的研发模式，成为在同行中具有显著优势的竞争者。先声药业重在创新，在自身发展的同时与众多优秀医药企业合作打造创新基础，为广大病患带来了希望和更好的生活质量。

关键词：创新；合作；突破旧模式

引言

先声药业成立于 1995 年 3 月 28 日，至今，已发展成为一家集生产、研发、销售为一体，拥有 6 家通过 GMP 认证的现代化药品生产企业，2 家全国性的药品营销企业，1 家药物研究院，拥有员工 3000 余人的新型药业集团。2005 年，联想控股公司下属的弘毅投资出资 2.1 亿元，持有先声药业 31% 的股份。2007 年 4 月 20 日，先声药业成功登陆纽约证券交易所，募集资金 2.61 亿美元，成为中国内地第一家在纽交所上市的化学生物药公司。目前，先声药业拥有超过 50 种药品的强大产品组合，重点覆盖肿瘤、心脑血管、感染等疾病治疗领域。"恩度"，作为先声药业第一个在中国获准销售的重组人血管内皮抑制素抗癌创新药，拥有中国和美国的专利，并获得第十届中国专利金奖以及 2008 年度国家技术发明奖二等奖。同时先声药业在中国拥有广泛的分销网络和专业化的营销团队，为其快速发展奠定了坚实的基础。

1 公司介绍

1.1 发展历程

1995 年 3 月先声药业的前身江苏臣功医药有限公司成立。首创中国医药营销企业的"总经销"模式。

2001 年控股海南海富制药有限公司（后更名为先声药业有限公司），初步开始进行药品生产。

2003 年收购南京东元制药有限公司（后更名为南京先声东元制药有限公司），进一步强化了产品组合和生产能力。

2004 年成立江苏先声药物研究有限公司，建立了综合研发平台。

2005 年 9 月联想旗下弘毅投资完成对先声药业的参股投资。

2007 年 4 月先声药业成功登陆纽约证券交易所，股票代码 SCR[①]，成为中国内地第一家在纽交所上市的化学生物药公司。

1.2 公司研究成果

先声药业已拥有 50 种以上药品的强大产品组合，重点覆盖肿瘤、心脑血管、感染等疾病治疗领域。其中，"再林"，是具有市场领先地位的阿莫西林品牌，享受单独定价政策的"中国驰名商标"；"必存"，是首入中国市场的抗脑卒中药物，第一个作用机理明确的新型自由基清除剂；"恩度"，重组人血管内皮抑制素抗癌创新药，拥有中国和美国的专利，并获得第十届中国专利金奖以及 2008 年度国家技术发明奖二等奖。其他 3 个年销售额在 7000 万以上或过亿的品牌药是：英太青、必奇、安奇。其中，英太青是又一个"中国驰名商标"，并于 2009 年成为 NBA 中国推广合作伙伴。先声于 2008 年在国内率先上市的安信注射用比阿培南，为国内中、重度感染患者提供了新的治疗选择。2009 年抗高血压药物"欣他"上市，先声大步迈进心血管治疗领域。同年，先声药业先后与上海赛金、江苏延伸两家生物制药企业展开股权合作，大步进军抗体和疫苗领域。先声更多具备强大市场竞争力的品牌产品正在酝酿中。

2 突破药品营销旧模式，实现原始积累

先声药业的创新首先表现在其勇于突破药品营销的旧模式。

1995 年，先声药业首创中国医药营销企业的"总经销"模式，成为全国第一家为药品生产厂家提供产品包装设计、广告策划、终端推广等全方位服务的医药企业。这一销售模式取得了巨大成功：全国第一家"总经销"药品单品种年销售额超过 3 亿元。

---

① SCR：筹码集中度，是指人（股东）均所持的股票在流通总股本中所占的分额。

扬弃旧的药品销售模式，率先采用新的"总经销"模式让先声药业取得了骄人成绩，为企业的发展奠定了基础，并完成了企业原始积累。先声药业先后兼并控股了江苏汉合制药有限公司、海南海富制药有限公司、上海哈慈医药有限公司、南京东元制药有限公司、烟台麦得津生物工程股份有限公司、吉林省博大制药有限责任公司、南京东捷药业有限公司和芜湖中人药业有限责任公司。

专注医药生产企业的并购扩张，这使先声药业超越了药品营销的单一业务范畴，自主生产能力确保了企业的独立性，极大地提升了企业的抗风险能力。这为以后先声药业以创新为驱动的快速发展奠定了坚实的基础。

3 创新载体打造核心竞争力

先声药业集团是以创新药物研发为企业核心驱动力，集科工贸为一体的药业集团，江苏先声药物研究有限公司（先声药物研究院）是先声药业集团的全资子公司，拥有以50余名博士为核心骨干的近300人科研团队，具备系统、完善的创新药物研发产业链。

3.1 积极培育自身技术创新实力

先声药业于2004年成立先声药物研究院，有数个技术平台，可进行化学药品和生物药品的研究。目前已经申请或获得中国发明专利共89件，成功开发上市首家、独家品种10个。"一类新药再畅片剂"项目获得国家科技进步二等奖。2003年，经国家人事部批准，建立企业博士后科研工作站，先后有11位博士后进站。2006年底，面积超过5000平方米的先声药物研究院现代化研发中心正式启用，2008年底，上海国际医学园研发基地开工建设。先声药业在南京、北京和上海的研发实验室布局已初见雏形。

除了活跃在实验室里的科研团队，先声药业还有一支充满活力，经验丰富的临床研究团队。他们有着专业的医学背景，熟悉临床研究标准规范（GCP[①]），涉及领域十分广泛。先声药业的临床实验基本都是由这支队伍组织完成的。随着集团公司的国际化趋势，临床研究团队也不断充实自己，提高自身业务水平，向国际临床研究标准靠拢。

先声药业的新药研发以市场为导向，并聚焦于具有广阔市场潜力的创新药或在中国市场上首先研制的品牌非专利药。将研发努力集中于具有高发病率或高死亡率且具有更有效药物需求的疾病治疗领域，如癌症、脑卒中、骨质疏松症和感染性疾病。近年来，先声药业推出了"中人氟安"、"捷佰舒"、"安信"等一系列首入市场的品牌非专利药和创新药物，填补多项国内空白。目前，先声药业有10余个在研项目正处于不同的研究开发阶段。

3.2 依托高校、研究所，开展高端科研项目

先声药业与许多著名的大学有密切的合作，通过合同实验，利用高校先进的大

---

① GCP：Good Clinical Practice，即药品临床试验管理规范。

型仪器来开展更精密的科研实验。先声药业和清华大学建立"创新药物联合实验室",同时和南京大学、中国药科大学、中国科学院上海药物研究所、中国科学院上海有机化学研究所、美国爱德程实验室正在就新药研发开展合作。

2006年1月先声药业和清华大学化学系建立了创新药物联合实验室。双方合作开展具有自主知识产权创新药物的研究与开发,开展抗肿瘤、心脑血管疾病为主的化学创新药物设计与合成。

先声药业和中国科学院上海药物研究所联合开展了扩大"恩度"适应症的临床前药效研究,使"恩度"这一明星产品造福了更多的患者。

3.3 并购烟台麦得津——资本与创新结合的典范

2006年9月,先声药业斥资2亿元收购烟台麦得津80%的股份,由此将抗肿瘤的国家一类新药——"恩度"收归所有。"恩度",由清华大学教授罗永章和以他为主的留美博士研发团队,历经八年艰辛探索,使这项得益于"肿瘤饿理论"的创新药品在与发达国家基本同步研制的情况下,由中国科学家进行改良创新并首先获得重大突破。"恩度"为世界首例重组人血管内皮抑制素,而抗血管生成治疗是当今肿瘤生物靶向治疗领域的研究前沿,其成功上市填补了国内使用血管抑制剂类药物治疗肿瘤的空白。它的市场前景约为100亿美元。"恩度"的引进,给先声药业带来了一个真正拥有自主知识产权的药物,先声由此开始进军抗肿瘤药的市场,同时,也填补了先声药业在生物制剂领域的空白。

3.4 培育国内外广泛的研发合作网络

3.4.1 与润新生物科技有限公司的合作

2011年10月10日上午,先声药业与苏州工业园区润新生物科技有限公司在生物纳米园签署了创新药物研发战略合作协议。双方合作的第一个项目是分子靶向抗肿瘤药物,目前已经明确候选药物,预计2013年将同时向国家食品药品监督管理局和美国食品药物监督管理局申报临床研究。

2009年创建的苏州润新生物科技有限公司是一家专业从事创新药物研发和技术服务的高科技公司。润新生物以自主开发的靶向药物发现技术平台——4D发现平台为核心,针对中国重大疾病领域进行靶向创新药物的研制,目前已成功研发多个有自主知识产权的靶向小分子临床候选药物和先导化合物。

此次战略合作将充分发挥双方优势,开发创新医药品种,加快科技成果转化和产业化,为推动创新药物研制和创新型经济建设做出贡献。

3.4.2 与美国生物制药企业 OSI 的合作

2009年,先声药业与美国著名生物制药企业 OSI 达成协议,将在中国生产、研发和销售抗肿瘤分子靶向药物 OSI-930。这是中国制药企业首次探索国际合作研发。

3.4.3 与默沙东公司成立合资企业

默沙东公司与中国先声药业集团于2011年7月22日正式签署框架合作协议,双方将在中国成立合资企业，在重要治疗领域更广泛地提供优质药品，以满足中国市场迅速增长的医疗需求。

这一新颖、富有创意的合作方式，将汇聚一家跨国医药公司与一家领先的中国制药公司的丰富研发、销售经验和资源，以达成双方建立战略性合作伙伴关系的目标。该合作将包含双方的产品研发、注册、制造和销售等多方面内容。此外，在合作初期将以心血管与代谢性疾病领域的领先品牌药为重点。

根据双方合作协议，两家公司将在心血管疾病领域为合资公司提供双方的精选品牌与非专利药品组合，包括默沙东的舒降之；辛伐他汀、科素亚；氯沙坦与依那普利以及先声药业的欣他（左旋苯磺酸氨氯地平）和舒夫坦（瑞舒伐他汀）。同时，双方还将积极合作，共同提高中国糖尿病患者对西格列汀的可及性。西格列汀是一种创新的 DPP－4[①]抑制剂，用于治疗二型糖尿病。

"这次合作是先声通过提供创新药物改善患者生活质量这个不懈追求的另一个重要里程碑。"先声药业集团董事会主席兼首席执行官任晋生说，"这一创新性的合作，目的是要应对中国医疗体系的巨大挑战及中国患者和其他医疗相关方的需求。"

总体而言，先声与默沙东的战略合作将呈现阶段式发展：短期而言，双方将于2013 年在上海成立合资公司，合资公司将共同推广和销售双方的畅销产品；长期而言，默沙东和先声药业将于2020 年完成该合资公司的全面整合，加强其在心血管和代谢疾病领域的研发能力，并在南京兴建一家药厂。根据合作协议，双方将整合资源，开展在产品研发、注册、制造和销售等方面的合作，先期将以心血管与代谢性疾病领域的领先品牌药和非专利药合作开发为重点，但暂不涉及国际市场。通过本次合作，默沙东和先声药业将在市场、渠道和研发领域共享各自所长。根据合作协议，两家公司将在心血管疾病领域为合资公司提供双方的精选品牌与仿制药品组合，包括默沙东的舒降之（辛伐他汀）、科素亚（氯沙坦）与 RENITEC（依那普利）以及先声药业的欣他（左旋苯磺酸氨氯地平）和舒夫坦（瑞舒伐他汀）。同时，双方还将在糖尿病领域发力，共同提高中国糖尿病患者对西格列汀的可及性。西格列汀是一种创新的 DPP－4 抑制剂，用于治疗二型糖尿病。除此之外，默沙东和先声药业双方还要共同开发适合中国市场的药物，包括对现有药物进行市场化改进，这都属于合作范围内。所以，能够帮助更多优秀的药品在中国市场实现广泛覆盖是双方合作的基本出发点。

此前，默沙东一直强调：未来3 年，默沙东将继续深耕中国市场，通过3 种渠道拓展新的业务能力，一是加强自身业务，二是寻找战略合作伙伴，三是并购。此次与先声药业的合作正是第二种方法的典型体现。通过这类合作，默沙东将从领先的本土公司汲取经验，并进而深入各地市场。而对先声而言，在与默沙东达成合作前，也一直在探索深层次的国际合作机会，比如其此前已经与美国 Advenchen 公司、OSI 生物制药公司以及 BMS 等展开相关合作。

---

① DPP－4：是一种体内的酶，也就是酵素，它主要的作用是分解体内的蛋白质。

事实上，在中国医药行业国际化的大趋势下，本土企业和跨国公司的合作层出不穷，被业界认为新合资时代已经到来。尽管大家相信本土公司和跨国公司的合作能够结合双方的优势，发展潜力巨大，但迄今为止，成功的案例并不太多。这也让外界对默沙东和先声的合作有所担忧。

对此，先声药业方面表示：这里面有很多原因，最重要的一点是认为，很难找到一个真正志同道合的合作伙伴。因此，双方谈判花了这么长时间，也有一定的原因。在先声药业看来，目前双方的合作是全方位、真正创新的合作，所搭建的平台潜力相当大。

先声药业的企业目标是成为中国创新药物开发的领先者，在重大挑战领域创造革命性药物。先声药业正在凝聚更多力量，为患者寻求和提供更有效药物，让员工为此而自豪，赢得客户和社会的尊重。

4 尾声

可以看到，先声药业成立于 1995 年，其最初仅以"总经销"模式代销品牌非专利药。2004 年，先声药业成立了具有独立法人资格的药物研究院，开始逐步探索创新药物的研发；至 2006 年，先声药业通过企业并购成功开发全球第一个获准上市的抗肿瘤创新药物重组人血管内皮抑制素注射液（恩度），这标志着先声药业正式跃升为创新型制药企业；至 2007 年，先声药业在纽交所上市后，其更加明确了"以持续加强对创新药物研发投入、立志成为中国创新药物开发领先者"的企业发展战略，并宣布将投入 5200 万美元作为未来 2 至 3 年内的研发专项资金。到 2009 年，先声药业年研发投入已达销售额的 7%，公司已有多个自主研发的创新药物进入临床前研究阶段，一个新型抗风湿类新药即将获得批准在全球首家上市，同时还有数十个新靶点化合物在设计与合成中，为后续创新药开发提供了充足储备。

先声药业的创新之路并没有定格在鲜花和掌声中，在国家"重大新药创制"科技重大专项启动后，先声药业紧紧抓住这一重大历史性机遇，先后独立承担"十一五"计划 6 项、"十二五"2011 年计划 2 项，同时作为联合单位合作承担"十一五"计划 3 项。这些项目几乎覆盖了药物研发的各个阶段，包括：候选药物研究、单个创新药物的临床前研究和临床研究、已上市药物大品种改造（恩度）以及集成创新技术平台建设，这些都为先声药业的创新发展奠定了坚实的基础。

案例使用说明

一、教学目的与用途

1. 本案例是企业技术创新管理课程的教学案例。

2. 通过案例的学习，使大家理解技术创新管理的重要核心观念：创新不仅是技术的创新，它还涉及技术、市场、渠道等资源的整合；同时创新受制于企业的资源约束。

二、启发思考题

1. 先声药业创新成功的主要因素体现在哪些方面？

2. 根据先声药业面临的国内外市场环境情况，如果你是先声的总裁，你会选择大规模进军国外市场，还是继续深耕国内市场？说明原因。

3. 你认为作为一家国内医药企业，可以从哪些方面进行创新？

恒瑞医药：创新与仿制并重转型与成长齐飞

摘要：江苏恒瑞医药股份有限公司是国内最大的抗肿瘤药和手术用药的研究和生产基地，目前是国内最具创新能力的大型制药企业之一。医药企业想要转型，创新是其发展主要途径之一，恒瑞医药便是其中的领袖，目前的恒瑞非常类似 1985 年的武田——346 亿市值、正在通过美国 FDA 认证、成立了美国研发公司、首个创新药将上市、有陆续上市的重磅创新药梯队。专注和创新的有机融合，为恒瑞增添了飞速前行的活力。

关键词：肿瘤药；创新；国际化

引言

江苏恒瑞医药股份有限公司（以下简称"恒瑞医药"）成立于 1997 年，原名连云港制药厂，是现今国内最大的抗肿瘤药物的研究和生产基地，其抗肿瘤药销售业绩超过了包括跨国医药集团在内的所有竞争对手，市场份额在国内排名第一，达 17% 以上。恒瑞医药多种抗肿瘤药品在国内排名第一，其中 3 个产品为国内独家生产，其抗肿瘤药系列产品品牌地位已确立。恒瑞医药先后被评为全国医药系统先进集体、国家重点高新技术企业、国家火炬计划新医药研究开发及产业化基地的骨干企业之一、国家高技术研究发展计划（863 计划）成果产业化基地，连续多年被国家统计局列为全国化学制剂制药行业十佳效益企业。创新推动企业发展，恒瑞医药已成为具有自主创新能力的民族医药工业的核心企业，建立了一套独立、完整的创新体系，在某些创新领域里能与国际水平接轨，使公司具备自身造血功能，有自主知识产权产品的销售占公司总销售额的 20% 以上。恒瑞医药的策略是：由抢仿到创仿；先国内新药上市，后国际新药上市；先仿制药国际化，后创新药国际化。其一直秉持创新与仿制并重的理念。

1 公司介绍

1.1 公司简介

江苏恒瑞医药股份有限公司是集科研、生产和销售为一体的大型医药上市企业，是国内最大的抗肿瘤药物的研究和生产基地，抗肿瘤药销售在国内排名第一，市场份额达 17% 以上，是国家定点麻醉药品生产厂家。

恒瑞医药目前主要产品有：抗肿瘤药、心血管药、手术用药、内分泌药。公司所有剂型均已通过了国家 GMP 认证，异环磷酰胺、足叶乙甙、美司那、噻替派通过了美国 FDA 验证。同时，恒瑞医药制剂已获 FDA 认证工作，制剂已销往欧美市场。

恒瑞医药目前拥有研究人员 300 余名，其中有 150 余名博士、硕士及海归人士。其研究中心已被评为国家级企业技术中心和"重大新药创制"孵化器基地，并建立了国家级博士后科研工作站。近年来，其先后承担了 4 项国家 863 计划重大科技专项项目、15 项"国家重大新药创制"专项项目、9 项国家火炬计划项目、4 项国家星火计划项目、16 项国家级重点新产品项目及数十项省级科技攻关项目，申请了近百项发明专利，其中 33 项世界专利，现有 2 个创新药处在三期临床，另有 5 个创新药分别在一到三期临床。恒瑞医药的目标是力争用 2~3 年的努力，使得每年都有 1~2 个创新药进入临床研究。

1.2 发展历程

1970 年，恒瑞医药前身连云港制药厂开始建立。

1991 年，恒瑞医药成立研究所，开始走仿制药发展道路。

2000 年，恒瑞医药在上海证券交易所上市。

2003 年，改制成功，股权实现国退民进，恒瑞医药进入快速发展期。

2004~2006 年，成功完成仿制药企业向品牌仿制药企业转型，恒瑞医药成为国内少数研发导向型和学术营销型制药企业。

2006~2009 年，恒瑞医药致力于创新药研发与国际认证，先后申报了近十个具有自主知识产权的创新药进入国内临床，同时申报了三个仿制药以及一个创新药的美国 FDA 认证。

1.3 产品概况

恒瑞医药先后研制开发了国家四类以上新药 90 个，其中国家一类新药 5 个，二类新药 19 个。恒瑞已拥有了数个产品方阵，其中 7 种产品为国内独家生产；13 个产品被评为国家级新药品，其中来曲唑原料及制剂，盐酸氨溴索原料及制剂被列入国家火炬计划项目。

恒瑞医药产品中的固体制剂、冻干粉针，无菌分装粉针、水针大输液等剂型已通过国家 GMP 认证，原料药异环磷酸酰胺、足叶乙甙、美司那已通过了美国 FDA 验证。

2000 年 4 月，恒瑞医药申请了第一个新化合物专利，同时其已有多个创新药物处在临床前研究，标志着公司从仿制向创新的战略转变。

恒瑞医药 2013-2015 年将陆续上市 60 多个仿制药（有工艺或配方专利或首仿）和创新药。2011 年第一个创新药艾瑞昔布获批，取得中国第一个注射剂 ANDA，阿帕替尼、法米替尼等多个创新药物临床进展顺利，重磅仿制药在研品种集群化。

2 恒瑞模式

恒瑞医药成立十余年来发展如此迅速，源于其经过不断摸索在发展上形成独有的"恒瑞模式"，并形成了两大核心优势：研发优势和营销优势。

2.1 研发：从首仿到"me – too①"再到"me – better②"

恒瑞医药孙飘扬董事长拥有深厚的化学制药专业背景，曾亲自带队筛选新药品种，同时他还带领公司将研发合作延伸到国内各大顶尖机构，并与国外知名专利药生产企业建立战略合作关系。恒瑞医药已形成了三个研发中心，分别为连云港化学合成研发中心、上海创新药研发中心和美国创新药研发中心。相比国内其他的医药企业恒瑞医药在研发方面发展如此迅速，主要基于以下几点：

（1）日益完善的研发体系

1997 年，恒瑞医药和一些开始大学以及研究机构开展合作；2001 年，恒瑞在上海斥资 1.2 亿元成立自己的研究所；2005 年，正式启用上海恒瑞研发中心（由美国知名药物研究所的资深药物研发专家带队组建），在上海全面开展新化合物开发。恒瑞医药上海研发中心已拥有超过 200 人的前期开发队伍，其中大部分为硕士博士学历。

恒瑞医药还将医学部临床人员扩充一倍，以更好地推进临床新药的研发。恒瑞医药每年都会开展 3 – 4 个新药研发，其中 2 – 3 个为小分子药物，而对一些老产品，恒瑞医药主要开发一些高端新剂型。

（2）独树一帜的研发原则

仿制药实现质量超越：在国内药企研发投入普遍不足的情况下，恒瑞医药选择大品种用药市场为仿制方向，通过长期高力度投入，构建丰富的产品群，打造了众多重磅药物。同时，恒瑞医药充分结合自主研发、外部合作与外部购买，在研发模式上将体制优势发挥到极致，实现研发效率最优化，研发成本最低化。此外，多年研发经验所带来的学习效应也使得其新药研发速度越来越快、用时越来越短。

创新药力争疗效更好：恒瑞医药推崇创新思维，不惜投入大量研发费用，致力于开发"me – better"类创新药物。另一方面，恒瑞将创新药物的研发和生产作为立足中国的基础，还坚定了走向全球的决心。

（3）清晰明确的研发主线

具体到研发品种选择上，恒瑞医药以高价特效药与定时服用的大用量药两条主线甄选新产品：艾瑞昔布、阿帕替尼等是价格高昂的特效新药；正处于临床阶段的复方厄呗沙坦制剂、盐酸坦索罗辛则是患者需要长期定期服用的大用量在研品种。

恒瑞医药产品线也因此从单一产品群发展到多个产品群，从低附加值的基础用

---

① me – too：特指具有自己知识产权的药物，其药效和同类的突破性的药物相当。
② me – better：比 me – too 做的深入一些，结构改变大一些，甚至核心结构都有改动，得到的化合物在活性、代谢、毒性等方面都更有优势的药物。

药发展到高附加值的品牌仿制药、创新药。

2.2 营销：学术营销，建立全国性销售网络体系

2003 年，恒瑞医药营销模式实现跨越式发展，由传统营销转变为学术推广，大大增强了其抗肿瘤药物在医院市场的品牌认同度，并有力推进了产品的快速放量。此外，恒瑞医药加强整顿销售网络，理顺销售渠道，逐步形成全国性销售网络。为保证公司销售回款质量，恒瑞医药重点挑选优质客户，将下游客户由原来 2000 多家减少为目前 900 多家，其中商业企业 600 多家，医院 200~300 家。

恒瑞医药认为公司的营销发展模式必须高度契合我国医疗体制现状，这样在医改过程中才具有抢占先机的巨大潜力。随着恒瑞医药独家生产的仿创类产品逐步推出，其有望通过品牌销售提升公司竞争力。

3 创新与仿制并重

从上世纪 90 年代至今，恒瑞医药经历了普药（基础用药）、避工艺仿制（通用名药）再到"Me - too 仿制药"（创新药）直到"Me - better"几个研发历史阶段。

在意识到创新的重要性后，恒瑞医药前几年的战略主要是以创新药为主，也取得了一些突破，如艾瑞昔布已经上市，但近期恒瑞医药也在反思之前的研发战略，认为仿制不能丢，未来的发展战略将是研发和仿制并重。恒瑞医药的仿制并不是定位低水平的重复，而是充分利用研发实力走差异化的道路，在仿制国外的基础上也有所创造，做高端的仿制。因此，未来恒瑞医药在仿制药这块将侧重于品牌仿制和高端仿制。所谓高端仿制，除了化合物的仿制，有新型制剂，即在剂型上做一些改造，使得用药更方便，生物利用度也有所提高，或者在生产工艺做一些创新，甚至申报工艺专利等。这样也可以提升其公司产品的技术含量，增强竞争力。恒瑞医药希望的是未来能够在仿制药领域有一个良性的发展，创新药则每 1~2 年推出一个新的品种。

3.1 典型药物的研制过程

3.1.1 奥沙利铂的研制过程

1998 年，恒瑞医药董事长孙飘扬主持开展了奥沙利铂抗肿瘤药的研究工作。奥沙利铂是新一代铂类化合物，抗癌效果明显，国内合资企业生产的针剂每支售价高达 3700 多元，进口药价就更高了，众多患者难以承受。由于其制造工艺复杂，技术难度大，国内不少医药企业仿制多年也没什么结果。当时公司管理人员和科技人员一道，吃住在实验室，争分夺秒，全力投入到产品的开发中去。2001 年该产品被研制成功，并在国内首家上市，每支价格仅为 900 元，不到进口产品的四分之一。该产品仅 2002 年就实现销售 8000 多万元，2005 年销售收入近 3 亿元，目前已占国内 80% 以上的市场份额。

3.1.2 艾瑞昔布的研制过程

2005 年，恒瑞医药董事长孙飘扬主持研制的第一个创新药治疗关节炎药物——

艾瑞昔布被国家药监局批准进入临床。艾瑞昔布是孙飘扬董事长在 1998 年确定的创新课题，在漫长的七年里，他带领课题组合成了十几万个化合物，从中筛选出 40 多个具有良好活性的化合物进行毒理、药理等一系列的临床前研究，最后才优选出艾瑞昔布报临床。到目前为止，能自主开发创新药物并被国家批准进入临床的国内企业寥寥无几，这也标志着恒瑞医药逐步向创新转变。正是由于艾瑞昔布在创新上的意义，2004 年被列为国家"863 计划"。2006 年，艾瑞昔布顺利完成了二期临床。2008 年进入了三期临床，现已上市。

3.2 恒瑞医药抗肿瘤药物跻身国家队

2012 年，在国家级产业技术创新战略联盟试点名单上，由恒瑞医药牵头成立的抗肿瘤药物产业技术创新战略联盟榜上有名，成为连云港市第一家国家级产业技术创新战略联盟。恒瑞医药牵头成立的抗肿瘤药物产业技术创新战略联盟核心成员包括恒瑞医药、豪森药业、先声药业、中科院药物所和中国药科大学 5 家，联盟内三家企业的抗肿瘤药物的国内市场占有率超过 20%，年销售额过 100 亿元，研发投入占销售额的 8% 以上，先后承担新药创制国家科技重大专项 30 多项，引进了国家"千人计划"人才 2 人、海归人员 65 人、博士 150 人。联盟内建有国家靶向药物工程技术研究中心、新药研究国家重点实验室、天然药物活性组分与功能国家重点实验室、国家新药筛选中心、药标准化技术国家工程实验室等国家级、省级研发机构 20 个，形成了集新药发现、筛选、评价、临床前研究、临床开发到中试研究、工艺验证等为一体的抗肿瘤创新药物研发体系。

恒瑞医药拟以连云港新医药产业基地为依托，借助中科院药物所、中国药科大学在创新药物的基础研究、肿瘤发生与干预研究领域的领先优势，结合豪森药业、先声药业在抗肿瘤药物开发上的丰富经验，通过资源共享和优势互补，打造抗肿瘤药物研发的创新及攻坚平台，构建产学研合作的长效机制，加强产业技术研发创新和成果扩散，完善产业技术创新链，代表国家水平参与国际竞争，缩小与国际先进水平的差距，提升连云港乃至全国抗肿瘤药物产业的核心竞争力。

4 国际化：技术创新的必然选择

创新药的高投入和高风险，仅靠国内市场来积累资金是远远不够的。要想在创新方面形成高投入、高产出、快发展的良性循环，必须让创新药进入发达国家市场，让创新药参与国际竞争。只有敢于参与全球竞争的创新才是真正意义上的创新。恒瑞医药在国际化进程中，根据自身实际情况，在国内研发的基础上优选有前途的创新品种到美国做临床研究。通过这种途径才有可能进入全球市场。2009 年 8 月，恒瑞医药自主研发的用于治疗 II 型糖尿病的创新药——瑞格列汀在美国获准进入一期临床试验，这是我国化学制药行业首次在美国进行创新药的临床试验。下一步，恒瑞医药将再优选 2－3 个创新药到美国进行临床试验。同时，恒瑞医药已经向美国FDA 提交了两个注射剂和一个口服制剂的认证申请，其中注射剂的认证申请也是我国制药行业的首次申请，打破制剂远销欧美零的突破。恒瑞医药正努力实现在重点领域的创新与国际水平接轨，为打造恒瑞医药国际化品牌而奋斗。

翻开恒瑞医药开展 FDA 认证的历史，就是一部追求卓越、迈向国际的历史。

4.1 坚定信念，追求卓越

恒瑞医药是国内最具创新能力的大型制药企业之一，是目前国内最大的抗肿瘤药和手术用药的研究和生产基地，建立了国家"新药创制"孵化器基地，先后承担了 15 项国家"新药创制"重大专项，拥有近百项全球专利，2011 年首个自主研发的创新药艾瑞昔布在国内获准上市……

在很多人看来，恒瑞医药的成功在于其坚持科技创新，作为国家创新型试点企业，持续不断的创新为企业发展注入了持久的活力。但在董事长孙飘扬看来，恒瑞医药的国际化战略必不可少。药品的根本在于品质，就是品牌和质量。质量是企业的生命线，是企业品牌的支撑点，如果一个产品的质量出现问题，就可能导致整个企业的衰亡，更会对人民群众的生命安全造成伤害。"追求卓越品质，最好的办法就是参与国际高标准的竞争"，孙飘扬反复向企业干部和员工强调。要走国际化道路，首要前提就是要通过国际标准认证。

作为美国专门从事食品和药品管理的最高执法机关，FDA 是国际知名度和权威度最高的药品监管机构。一个药物的批准不但要有完整、科学和准确的研发申报材料，还要通过工厂相关法规符合性认证。FDA 的认证体系涵盖了生产、质量、设施设备、物料、实验室、文件管理六大系统的各个方面，代表着药品质量保证体系的最高标准。一个药物获得 FDA 批准就意味着该产品取得世界上几乎所有国家的认同。

为此，恒瑞医药从一开始就把目标瞄准了 FDA，而且是瞄准了 FDA 化学药品认证检查体系中检查层级最高的非终端灭菌注射液。非终端灭菌注射液，采用过滤除菌工艺，整个生产过程必须保证无菌操作，这是化学药品生产过程中要求最高、风险控制最难的生产工艺。美国 FDA 对这类产品的要求极高、检查极严，国内企业迄今没有人敢挑战。

这是一条中国企业尚未闯出的道路，为了打通这条中国制药企业走向国际的道路，孙飘扬决定再难也要走下去。

4.2 加大投入，修炼内功

如何建立一套符合 FDA 需要的质量标准体系是恒瑞医药修炼内功的着力点。从基础做起，从一点一滴做起，恒瑞医药开始了全面的努力。

恒瑞医药首先想到的就是摸清家底，找准差距。恒瑞医药在 2000 年建造注射剂车间的时候就着眼于 FDA 标准，投入巨额资金，使用的都是国际顶尖的生产设备。但为了满足 FDA 对注射液生产的要求，从 2007 年起，恒瑞医药又相继投入 7000 多万元，对厂房设施、设备等进行了全方位的升级，新建、改造了符合 FDA 要求的仓库、水系统、QC 实验室等，还特别增加了验证和在线监测设备，用于实时进行无菌操作监测，满足无菌生产需要。

硬件是基础，软件是保证。在不断加大资金投入的同时，恒瑞医药也十分注重制度建设和人员培训。围绕 FDA 认证的六大系统，恒瑞医药从包括人员、物料、厂房、设备、SOP（标准作业程序）、生产过程、环境监控、质量控制等各个环节入手，健全机构，完善制度，强化药品生产关键环节的控制，保证药品质量和用药安全。

一次次投入，一项项改造，一份份规范，一遍遍培训，一点点提高，恒瑞医药投入了大资金和大力气，为成功闯关 FDA 奠定了坚实的基础。

4.3 集聚人才，齐力闯关

经过多年的不断发展，恒瑞医药逐步聚集了一大批高层次人才，其中直接参与 FDA 申报注册和认证工作的就有数十名硕士和博士以及一些海外归来的专家。

2008 年 6 月 10 日，恒瑞医药正式向 FDA 递交了伊立替康注射液的制剂认证申请。

2008 年 6 月 12 日，FDA 接受申请进入文件审评和沟通阶段。

2010 年 7 月 1 日 −13 日，FDA 派出 2 名国家级检查官对恒瑞医药的原料药生产基地和制剂生产基地进行了全面的现场检查。熟悉 FDA 的人知道，美国一共只有 5 名国家级的化学/微生物学检查官，这一次居然来了 2 名，可以说美国 FDA 极为重视此次检查。一开始，2 名检查官不苟言笑，一丝不苟地检查公司 6 大质量系统，观察现场无菌操作，认真核对申报资料，对各个岗位的员工提问、考核，仔细记录一点一滴……紧张、严肃的气氛让恒瑞员工一颗颗心提得老高，生怕哪里出一点点差错。到了最后一天，检查官终于露出了笑容，翘起了大拇指："站在你们的厂房里，我感觉好像是在美国一样。"FDA 检查官的这一评价让恒瑞医药的领导和员工倍感欣慰。

北京时间 2011 年 12 月 17 日凌晨 4：00，美国东部时间 2011 年 12 月 16 日下午 3：00。这个时刻，对恒瑞来说是一个历史性的时刻，是一个永远值得纪念的时刻。这一天，恒瑞位于美国新泽西州的办公室里电话铃声突然响起，是 FDA 药物审评研究中心的来电，通知恒瑞注射液伊立替康的审评完毕，获准在美国上市销售，几分钟后就收到了美国 FDA 官方批准文件的传真。

4.4 志存高远，再攀高峰

伊立替康的成功闯关，让我们有理由相信恒瑞医药的国际化之路将不断加快。此时，恒瑞医药没有满足，没有庆祝。他们已开始着手在海外建立销售团队，着手启动销售运作，加大公司产品的国际推广力度，计划未来 3 年内在国际市场上的销售额力争达到 1 亿美元以上。

董事长孙飘扬满怀信心地说："伊立替康注射液作为通用名药获得 FDA 批准是恒瑞医药国际化道路上的第一步。接下来，我们不但要将中国制造的药品销往国外，还要加大科技创新力度，加快创新药物的研发进度，最终要把中国的创新药销往全球，真正塑造和提升民族制药的品牌。恒瑞医药总体目标是，再用 3−5 年时间，实现产品由仿制为主转向以创新为主、市场销售由国内走向国际的跨越式转变，努力把恒瑞医药打造成为中国的跨国制药企业。"

5 优秀的管理层：恒瑞医药技术创新的核心竞争力

恒瑞医药是民营控股企业，经营机制灵活，管理层与资本市场的沟通也比较充分，以孙飘扬董事长为代表的公司管理层的战略眼光和营运能力一直为人所称道。

孙飘扬恒瑞医药在连云港几乎无人不知。多年来，他一直从事新药研究和经济管理工作，先后负责和参与了4项"863"计划项目的研究，主持、参与开发的新药达数十种，其中一类新药5个，二类新药19个，申请国家发明专利数十项，世界专利33项，恒瑞医药股份连续4年上缴税收在全国化学制药行业中排名第二。

1990年，江苏恒瑞医药股份有限公司还只是一个账面利润仅8万元的作坊式小厂，产品单一、老化，企业步履维艰……面对全厂300多张焦急的面孔，年仅32岁的孙飘扬临危受命，挑起了厂长的重担。他针对企业产品技术含量小、附加值低的现状，以开发新药为突破口，在产品结构上做文章。十几年如一日，他风风雨雨奔波于全国各有关科研单位，进行市场调研，组织新品开发，每天工作都在十几个小时以上。1991年至1996年，恒瑞医药开发了20几个新产品，其中5个被评为国家级重点产品，一些原料药也打入了欧美市场，企业步入了良性发展的轨道，1996年销售收入一举突破亿元大关。

为了全面提高企业创新能力和对市场的控制能力，构建强有力的企业核心竞争力。孙飘扬大胆决策，分别于1997年和2000年投资近两亿元在连云港和上海建立了两大研究中心，并亲自任两大"中心"的主任，确定了研制抗肿瘤药、心血管药、麻醉镇痛药、手术用药以及防治常见病、多发病药物为重点研究方向的科研战略，每年将销售额的8%以上作为科研经费，全力打造企业自主创新的平台。1998年，孙飘扬带领科技人员用3年时间研制成功抗肿瘤药奥沙利铂，其市场价格不到进口产品的1/4。

在坚持自主创新的同时，孙飘扬重视向社会借脑借力，拓展企业技术创新空间。他在国内率先开展产学研联合，与科研院所、大专院校共建创新联合实验室。其中，与中国医学科学院药物研究所联合建立COX－2酶①抑制剂创新实验室，已合成上百个化合物。与中科院林国强院士已合作发生产盐酸左旋布比卡因，另外还有几个品种正在进行临床研究。此外恒瑞医药还与中国药科大学共建大环内酯类抗生素创新实验室，和南京大学联合创建了铂类化合物创新实验室。通过这些联合创新实验室，恒瑞医药联合培养了2名博士后、4名硕士研究生，并申请了4项国家发明专利。

"企业是社会的经济细胞，也是社会的一个重要成员，关注民生、回报社会是企

---

① COX酶：Cyclooxygenase，简称COX，是一种酶（又名酵素），负责合成重要的生物激素——前列腺素家族的导介物质。

业应尽的责任和义务。"在孙飘扬的倡导下，恒瑞医药长期在革命老区扶贫，向中国扶贫基金会捐款，支持省市地方政府举办的各种文化经贸活动。自 2000 年以来，恒瑞医药投入社会公益事业的资金累计上千万元。恒瑞医药多次被授予省"就业先进单位"、省"双爱双评"先进民营企业等荣誉。恒瑞医药自觉旅行的这种企业社会责任不仅是对百姓的健康负责，也是为打造品牌、企业声望打下基础。

所以恒瑞医药十多年的迅速发展，与以孙飘扬为核心的企业家精神也是分不开的。

6 尾声

恒瑞医药本着"诚实守信、质量第一"的经营原则，致力于在抗肿瘤药、手术用药、内分泌治疗药、心血管药及抗感染药等领域的创新发展，并逐步形成品牌优势。恒瑞医药在孙飘扬董事长的带领下，不断否定自我、超越自我。专注和创新的有机融合，为它增添了飞速前行的活力！

案例使用说明

一、教学目的与用途

1. 本案例适用于企业技术创新管理课程的教学。

2. 创新并不是天马行空，创新需要落实到实处。换句话说，创意不等于创新，创新不仅是技术上的突破或者仅是市场的重定位，创新的实质是实现技术、市场、渠道、品牌等资源的重要整合。

二、启发思考题

1. 请问国内还有如恒瑞医药这样在创新方面具有强大实力的医药企业吗？如果有，差别在哪里？

2. 如果恒瑞医药想更进一步发展，哪些方面需要改进？

青蒿素：一段坎坷的心路历程

摘要：青蒿素（artemisine）是从中药黄花蒿中提取的有过氧基团的倍半萜内酯抗疟新药。尽管青蒿素是我国在 20 世纪 70 年代自主研发的药物，但由于国内医药企业在国际市场营销的能力、人才、资金、经验等方面都显不足，没有足够的市场开发能力，缺乏相应的营销网络。因此，中国青蒿素企业不得不借助外国制药公司，尤其是瑞士诺华公司。青蒿素几十年的发展历程，再次印证了一个事实：产品的成功并不等于市场的成功。

关键词：青蒿素；悲喜交加；专利；诺华

引言

青蒿素（artemisine）是从中药黄花蒿中提取的有过氧基团的倍半萜内酯抗疟新药，它是中国发现的第一个被国际公认的天然药物。1971 年青蒿提取物被发现有抗疟疗效，接着于 1972 年提取其有效单体青蒿素并确认其疗效。青蒿素发现后，科学家对其结构进行改造，进而开发出抗疟疗效相当于或超过青蒿素的衍生物并将其开发成新药。2011 年 9 月 23 日，美国拉斯克医学奖评审委员会将 2011 年度临床医学研究奖颁发给中国中医科学院研究员屠呦呦，以表彰她在研发抗击疟疾药物上的贡献。屠呦呦教授最重要的研发成就是青蒿素。虽然青蒿素是我国自主研发的药品，但由于我国 70 年代国内医药企业的各方面能力的欠缺及专利保护意识的缺失，导致了青蒿素研究成果旁落他人的结果。

1 青蒿素介绍

1.1 研究历史

中国于 1969 年开始抗疟药研究。历经 380 多次鼠疟筛选，1971 年 10 月取得中药青蒿素筛选的成功。1972 年，中国从中药青蒿素中分离得到抗疟有效单体，命名为青蒿素，对鼠疟、猴疟的原虫抑制率达到 100%。

1973 年经临床研究取得与实验室一致的结果，抗疟新药青蒿素由此诞生。

1981 年 10 月在北京召开的由世界卫生组织主办的"青蒿素"国际会议上，中国《青蒿素的化学研究》的发言，引起与会代表极大的兴趣，并认为"这一新的发现更重要的意义是在于将为进一步设计合成新药指出方向"。

1986 年，青蒿素获得新一类新药证书，双氢青蒿素也获一类新药证书。这些成果分别获得国家发明奖和全国十大科技成就奖。

2011 年 9 月 23 日，青蒿素的研究者屠呦呦获得美国纽约拉斯克奖，这是中国科学家首次获得这一国际医学大奖。

2011 年 11 月 15 日，中国中医科学院在京举行"2011 年科技工作大会"。会上授予屠呦呦中国中医科学院杰出贡献奖。

1.2 重要贡献

青蒿素是中国发现的第一个被国际公认的天然药物，在其基础上合成了多种衍生物，如双氢青蒿素、蒿甲醚、青蒿琥酯等。青蒿素类药物毒性低、抗虐性强，被 WTO 批准为世界范围内治疗脑型疟疾和恶性疟疾的首选药物。青蒿素挽救了数以百万计非洲人民的生命。

2 青蒿素的拉锯战

2.1 现实背景

尽管青蒿素是我国在 20 世纪 70 年代自主研发的药物，但由于国内医药企业在国际市场营销的能力、人才、资金、经验等方面都显不足，没有足够的市场开发能力，缺乏相应的营销网络。因此，中国青蒿素企业不得不借助外国制药公司，尤其是瑞士诺华公司。

现实是，中国自主研发并对国际医药界产生重大影响的药物，在国际市场上所占的份额却还不到1%。15亿美元的国际抗疟药品市场被国外各大制药公司所占领，中国成为廉价的原料供应者。作为全球知名的青蒿素采购商的诺华制药，青蒿素采购量常常占到整个中国市场的七八成。

同时，这类药物由于未获专利保护而被世界多国竞相仿制，并被抢先占领市场，目前主要的生产国除了我国之外，还有越南、法国和瑞士。

围绕青蒿素，还有一些纷扰不已的功劳之争。青蒿素本身价值连城，而青蒿素从发现到应用的每一个阶段，值得解析的信息之充分、之激烈，对中国科学界、医药管理、产业界、对外援助战略的启示意义之强大、之悠远，有着极高的样本价值。

2.2 丧失申请专利权的背景

1977年我国青蒿素研究学者在《科学通报》以"青蒿素结构研究协作组"的名义，发表了青蒿素的化学结构；1978年5月，又以"青蒿素结构研究协作组"和中国科学院生物物理研究所名义，发表了青蒿素结晶立体绝对构型的论文；1979年，第二篇青蒿素化学结构的论文，以北京中药所和上海有机化学研究所科研人员署名发表于《化学学报》。

1979年英文版的《中华医学杂志》以青蒿素研究协作组名义发表了青蒿素抗疟作用的论文，公开了实验研究和临床研究的数据。此后，一篇篇由"5-23项目"科研人员个人署名的青蒿素论文陆续开始发表。

已经开展了十多年的"5-23项目"对抗疟药研究积累了大量科学数据和资料。随着"文革"结束，全国各种科技活动、学术会议相继召开，学术期刊陆续恢复出版发行。

1982年，中山大学教授江静波等人在国外著名医学杂志《柳叶刀》上发表了一篇关于青蒿素的学术论文，该篇文章的内容其实已于1979年在国内发表。

这是新中国成立后在西方医学杂志上发表的第一篇学术文章。在国际上，一般而言，如果在发明成果公开发表之前没有申请专利保护，此后将因为"不具备创造性"而不能再行申请专利。由我国科学家发现的抗疟药物青蒿素也因此失去国际专利权保护。

"为什么要把青蒿素的成果技术过早地公开发表而不申请专利呢？"由"5-23项目"部分负责人和老科学家在2006年共同出版的专著《迟到的报告》，回应了这一问题："我国当时尚没有专利和知识产权保护法规。在那个年代里，把研究成果写成论文发表，为国争光是科技人员的唯一选择。"

2.3 与南斯拉夫"赛跑"

《迟到的报告》还提及了一个历史细节：1976年，对各方面得到的信息进行分析以后，项目组科学家误以为南斯拉夫一位植物化学家正在分离的蒿属植物类似物与青蒿素相同。为了赶在国外发表的前面，表明青蒿素为中国人的发明，由中医研究院请示，经卫生部批准，开始公开发表论文。

在中国科学家发表文章之后，南斯拉夫科学家也一再声称他们已经分离得到了青蒿素，只是因为没有确切地定下结构才未正式发表。

事实证明这只是一个小插曲，南斯拉夫科学家从黄花蒿中分离出的是青蒿乙素。

中国科学院上海医药研究所研究员吴毓林也曾参与当年的"5-23项目"，他说："前南斯拉夫科学家分离化合物的分子式虽然与青蒿素相同，但另一些数据和化学反应情况则与青蒿素有所出入。"更重要的是，他们从事纯天然产物的分离与结构分析，即便发现了青蒿素也不可能知道它是新一代的抗疟活性化合物。

然而一部分亲历者坚持认为"公开发表青蒿素结构是当时的最佳选择"，因为当时在国内人们基本对知识产权尚无意识，国家也没有健全的知识产权保护机制，而且进一步研发将涉及更多人员、更广地区，继续保密的难度更大、可能性更小。假如当时没有公开发表，一旦其他国家抢先申请专利的话，连中国的青蒿资源也将"成为一堆废草"。

所有这些学术论文，以及相关信息都引起了世界卫生组织（WHO）和国外机构的注意，它们开始跟踪搜集我国青蒿素信息。

2.4 国际力量关注中国

1980年12月5日，WHO致函我国卫生部部长钱信忠称，鉴于多种抗药性恶性疟原虫株蔓延带来的世界性严重威胁，WHO疟疾化疗科学工作组迫切希望在中国召开一次抗疟药青蒿素及其衍生物的研讨评价会议，探讨帮助中国进一步发展这类新药的可能性。

征得卫生部的同意后，我国与WHO长达六年的青蒿素领域合作就此开始。

1981年10月6～10日在北京召开的青蒿素及其衍生物学术讨论会，是WHO疟疾化疗科学工作组的第4次会议，也是该工作组第一次在日内瓦总部以外召开的会议。

会议准备期间，军事医学科学院、中国医学科学院药物研究所等国内从事青蒿素类药物研究的单位，集中力量不遗余力地对青蒿素研究中的药理、毒理和药物代谢等薄弱环节补充了实验数据。

中国方面出席会议的有主要管理部门和研究单位的官员、包括屠呦呦在内的部分中方专家。出席会议的外国官员和专家来自包括印度中央药物研究所、美国国立卫生研究院、美国华立特里德陆军研究院、英国伦敦热带病医学和卫生学院等机构。

学术会议报告的7篇论文，均由中方人员所出，内容涵盖了青蒿素的分离和结构测定、化学和合成研究、抗疟效价和作用机制、药物代谢与药代动力学研究、急性亚急性及特殊毒性实验报告和临床试用研究报告等主要方面的内容。每篇报告宣读后都进行问答和充分讨论，最后又分为化学、药理毒性和临床3个组进行更深入交流和讨论。

1982 年 2 月中上旬，WHO 疟疾化疗科学工作组派秘书和科学顾问访华，参观北京、上海、桂林、广州有关科研单位和药厂。最后，我国与 WHO 达成相关内容的初步合作协议：中方为了提供药物给国外临床试用和国际注册，计划在两年内完成三个青蒿素类制剂，包括质控标准、毒理实验，以及总共三期临床等 6 项课题研究。可谓时间紧任务重。

2.5 检查后的红灯

然而，在不足一月之后，1982 年 3 月 WHO 疟疾化疗科学工作组日内瓦全体会议，讨论 2 月在中国签订的研究合作计划，只确认青蒿琥酯作为治疗脑型疟的优先开发项目，同时提出了对该制剂生产工艺的关切；并向我方提出将派 FDA（美国食品药物管理局）技术人员访华，进一步了解药厂生产与管理方面的情况。

为迎接 WHO 及 FDA 人员前来进行 GMP 检查，青蒿素指导委员会拨出专款，支持桂林第二制药厂生产青蒿琥酯的粉针剂车间和昆明制药厂生产蒿甲醚的油针剂车间进行技术改造。科研机构派专家协助药厂培训技术骨干，建规立制。在临床研究方面，北京中药所和广州中医学院合作，进行了青蒿素栓剂的 I 期临床试验研究。

1982 年 9 月 21 ~ 28 日，根据 WHO 的提议并经我国政府批准，美国食品药物管理局（FDA）检查员在 WHO 人员陪同下，到昆明制药厂和桂林第一、二制药厂进行 GMP 检查。

FDA 对桂林制药二厂的检查结论是：生产青蒿琥酯静脉注射针剂的车间不符合 GMP 要求，其生产的制剂不能用于中国以外地区的临床试验。对昆明制药厂的结论与之类似。

为了尽快生产青蒿琥酯针剂以便国外进行临床试验，中方又让他们对上海信谊制药厂进行核查，可结论还是一样。

这一次核查，中方官员和药厂人员为数不多的收获就是近距离地接触到 GMP，从 FDA 检查员那里了解到 GMP 的主旨是以严密规章制度、科学生产管理方法，以保证药品质量合乎标准、安全有效。

由此，我国与 WHO 的合作亮起了红灯，影响了制剂生产，也影响到临床研究。

2.6 两年纷争

在时任卫生部科技局局长、青蒿素指导委员会主任委员陈海峰约见 WHO 疟疾化疗科学工作组秘书交换意见后，WHO 提出两条可供选择的替代方案：一，由中国新建一个符合 GMP 的生产青蒿琥酯针剂的车间，但国际注册可能要推迟 3 – 5 年；二，中国与国外合作，利用国外设备加工一批符合 GMP 标准的制剂，尽快完成国际药物注册所需的研究，中国国内则加快建立 GMP 车间以备后用。

我国青蒿素指导委员会选择了方案二，认为争取时间尽快完成药物国际注册为上策，并于 1982 年 11 月 11 日致函 WHO 疟疾化疗科学工作组，并希望 WHO 提出具体的合作研究单位与合作计划方案。

1983 年 1 月 4 日，青蒿素指导委员会接到复信。复信表示，考虑推荐美国华尔特里德陆军研究院与我国合作青蒿琥酯的开发研究。

由于双方在具体条款上难以达成一致，直到 1984 年 10 月才达成合作草案，历时近两年。在此期间，国外研究青蒿素的势头之快令人感到吃惊。

1982 年，瑞士罗氏药厂对青蒿素进行了人工全合成。美国华尔特里德研究院分离出青蒿素并测定了理化常数。曾于 1981 年 10 月来华参加青蒿素及其衍生物学术报告会的印度、英国等国专家，在回国后也进行了青蒿引种栽培、育种和种植试验、青蒿素药理学研究等。有资料显示，WHO 热带病处官员当时曾明确警告，青蒿素的研究有被别人抢走的危险。虽然，后来我方被迫请求 WHO 出面要求外方尊重中国的发明权。但这种"劝说"是徒劳的，因为青蒿素及其衍生物的发明研究已经公开了。

最终由 WHO 协调的中美机构合作，经过两年反复纷争之后，仍以没有谈判而结束谈判。

2.7 为什么是诺华

由于我国疟疾发病率低，要体现我国复方抗疟新药的真正价值，造福全球疟疾流行区的民众，就必须让其进入国际市场。我国多部门都曾为此进行多种尝试，但 1990 年以前，中国的复方抗疟药物一直没有走出国门。

为了让复方蒿甲醚"国药出洋"，青蒿素研究团队四处奔波寻找合作伙伴。在我国政府和科学家倍感焦急之时，瑞士汽巴－嘉基公司（诺华公司的前身）表示，看好青蒿素类药物的前景。

1990 年 3 月 9 日，中国中信技术公司与军事医学科学院、昆明制药等机构组成的科工贸合作体作为复方蒿甲醚片剂（蒿甲醚－本芴醇复方）项目的商务代表，在国家 5 部委支持下，与瑞士汽巴－嘉基公司（现为诺华公司）进行合作开发谈判。

吸取了上一次丧失青蒿素专利保护的教训，中方这一次为蒿甲醚－本芴醇复方申报了的专利保护，1990 年申报中国专利，1991 年申报国际专利。

1994 年 9 月 20 日，诺华公司与中方正式签订了为期 20 年的《专利许可协议》，同年 10 月 17 日得到国家科委的批准。

经过了长达 15 年的国际科技合作，诺华公司投入资金按国际新药研发标准在世界各地重新对该复方进行研发评价、并进行国际注册。重新研发评价的最终结论是，中方科学家原来所做的全部研究实验数据都经得起国际机构的重复。

虽然我国当时项目实验室所用的测试仪器有的甚至是不同厂家产品的组装货，但是测试结果比对方平均高达 14 倍。为此诺华公司派人到我方实验室对实验过程中进行实地考查，并配制系列未知血样分别由两家国外实验室进行测试，最终仍证明我方实验数据准确可靠，诺华最终不得不承认我方"建立的实验方法符合国际标准"。

我国科学家的技术水平，以及研发抗疟复方药物的能力终于赢得国际尊重。经过这些学术、技术的较量后，蒿甲醚－本芴醇复方的合作开发从"风险研究阶段"到双方签订正式"国际合作协议阶段"。

蒿甲醚－本芴醇复方产品冠上瑞士诺华的商品名后，2002 年已被载入 WHO 基本药物目录，被多个非洲国家首选为一线疟疾治疗药，被 WHO、无国界医生组织（MSF）、全球基金（GFATM）推荐为援助用药。

《迟到的报告》评价说："它是迄今为止，中国药品通过与国际上知名度高的制药企业合作，使之以国际水平的研究成果走向世界的一个先例。"

3 青蒿素创新中国再居世界高地

迄今为止我国唯一自主研发并对国际医药界产生重大影响的药物青蒿素"墙内开花墙外香"的局面，有望得到改变。由之前的经历看到，青蒿素的辉煌之下，却是其走向国际市场的尴尬和无奈。由于我国早期没有知识产权保护意识，青蒿素刚刚研制成功核心技术便公诸国内外，致使国外各大制药公司纷纷投巨资进行后续研究，迅速占领了国际抗疟药品市场。而我国制药企业在其中只充当了原料生产者的角色。当前国际疟疾药品市场总额约 15 亿美元，而中国青蒿素药品在其中的份额不到 1%。

3.1 科研创新再次突破困境

面对青蒿素的研发困境，作为青蒿素主要发明者之一的李国桥教授心有不甘。近年来，他带领技术小组不断深入越南、柬埔寨以及非洲科摩罗等抗疟一线，不断完善和研发新药以及抗疟技术。至今已推出四个青蒿素复方国家一类新药。

"新四代青蒿素复方（Artequick）将是全世界范围内疗效最好、控制疟疾最快的药物。"李国桥说，此前青蒿素及复方虽然也有效果，但在发展中国家推广时却拥有致命的缺点，比如疗程过长（需要一周时间，患者或带虫者需四次、六次甚至八次服药，次数太多直接导致成功率大大降低）、费用高（比化学药高出 10 多倍，不利于群防群治）等。而新一代青蒿素复方的最大特点是在一天内两次服药即可，用药量大大减少，成本也成倍降低。

更重要的是，这一新药也在实践中取得成功。自 2004 年 1 月在柬埔寨石居省实施试点后，获得了世界罕见的疟疾控制高速度，17 个疟疾疫源村的平均儿童带虫率已由采取灭源措施前的 55.9% 下降至 1.9%；实行快速灭疟项目后，该地区无一人死于疟疾。

"我们一直在思考的是，能否以较快的速度、花较少的钱帮助贫穷国家控制疟疾，现在看来已见成效。"李国桥教授欣慰地说。

3.2 或成中药走向国际的拐点

而在李国桥欣慰的背后，则是新一代青蒿素复方的巨大产业意义——极可能成为我国中药走向国际主流市场的拐点。

由于知识产权保护不利，使得青蒿素这一成果对我国制药业的拉动效应大打折扣。而此次作为国家一类新药被批准的第四代青蒿素复方，则首先从知识产权保护入手。

"我们已在全球 50 多家申请了专利保护。"李国桥说，保护我们的新药，不仅有利于形成自主品牌，而且还可望打破西方跨国药企的垄断。"希望这也是中药发展并走向国际市场的一个新里程碑"。目前他所在的广州中医药大学已与广东新南方科技有限公司合作，从青蒿种植、药物生产到药物推广展开一条龙合作，希望在药物正式上市后，治疗和预防每一位疟疾患者的费用降到每人 1 美元以下。而国际市场目前平均每人的治疗价格在 4 ~ 5 美元，最高的甚至达 15 美元。

4 尾声

青蒿素是得益于中医药古方的启示而发现的新一代抗疟药物，被国际上誉为"20 世纪后半叶最伟大的医学创举"。然而，它却没有为中国制药行业带来与之相匹配的经济效益，或者社会效益。产业链从上游到下游的话语权也旁落，基本上命不由己。

至少有两个短板醒目并导致了今天的市场尴尬：专利保护意识不强、不力；中国制药行业整体上生产管理水平还无法与国际接轨。

屠呦呦就不无遗憾地说："那时，大家一门心思想着为国争光，也没有知识产权的意识，我们因此失去了青蒿素的知识产权。"

虽然后来随着青蒿素的创新，中国也意识到了种种问题，避免了错误的再次出现，但纵观青蒿素的研发史，对于之前成果的流失还是不无遗憾的。

案例使用说明

一、教学目的与用途

1. 本案例适用于企业技术创新管理课程的教学。

2. 从青蒿素的案例中让同学们认识到创意不等于创新，创新不仅是技术上的突破或者仅是市场的重定位，它是各项资源的重要整合，如果没有专利、技术、市场、渠道、品牌等的整合，那创新也只能是一句空话。

二、启发思考题

1. 如果历史重演，你认为应该在哪些方面对青蒿素进行保护？

2. 创新的实质是什么？结合青蒿素的实例分析创新可以从哪些方面体现出来？

附录

5 - 23 项目

20 世纪 60 年代中期，印度支那战争不断升级，应越南领导人的要求，毛泽东主席、周恩来总理指示有关部门要把解决热带地区部队遭受疟疾侵害严重影响部队战斗力，影响军事行动的问题作为一项紧急援外、战备重要任务立项。1967 年 5 月 23 日，原国家科委、中国人民解放军总后勤部在北京饭店召开了"疟疾防治药物研究工作协作会议"，组织国家部委、军队直属及 10 省、市、自治区和有关军区的医药科研、医疗、教学、生产等单位，开展防治药物的研究。5 - 23 项目仅参与的科研单位就有 60 多个，参与的科研人员 500 多名。经过 13 年（1967~1980）艰苦奋战，这支队伍研制出一系列行之有效的疟疾预防、治疗、急救药物，并取得科研成果 100 余项，发现新一代抗疟药——青蒿素及其衍生物。青蒿素及其衍生物的发明，被誉为"20 世纪下半叶最伟大的医学创举"，对世界抗疟灭疟做出了巨大贡献。

阮氏制药：仿制到创新的突破

摘要：中国与印度同处亚洲，都是人口众多的发展中国家。两国在医药产业发展的起跑线上实力相当，但是随着时间的推移，明显看到印度的医药产业发展走在了中国的前面。其中，有一家典型的印度制药企业——阮氏制药，本文将对这一案例做重点分析。印度制药发展如此之迅速，究其原因是多方面的：从资金的积累、研发的实力到人才的培养，无不值得中国企业学习。借鉴印度制药业的经验，还有很重要的一点就是必须鼓励企业走出去，培育核心竞争力，而核心竞争力来自创新，为此就需要加大研发投入，鼓励企业创新，并适时发展专利药。

关键词：原料药；仿制；资本积累；新药研发；合作；创新

引言

中国与印度同处亚洲，都是人口众多的发展中国家。在医药工业的制造能力上，两国均与世界发达国家势均力敌，在药品的生产技术、产品质量和生产管理体系方面在发展中国家中名列前茅。中印两国医药工业发展的历程和两国经济环境有许多相似之处；但在发展速度、发展模式和国际化程度方面，应该说印度的制药工业更胜一筹。本案例以印度阮氏制药为例，解读以其为代表所演绎的"印度模式"。印度著名的制药企业阮氏制药公司 20 年的发展历程非常完美地阐释了"印度模式"的形成过程与优势。

阮氏制药公司成立于 1984 年，以生产布洛芬原料药起家。1986 年，该公司的产品首次进入国际市场，但出人意料的是，企业的第一次尝试就非常具有开拓性，出口目的国既不是亚洲的非规范性市场，也不是对于企业来说相对便利的英语区国家，而是欧洲的德国——在这一年他们向德国出口甲基多巴原料药的业务获得成功。

阮氏制药的股票市值目前达到 23 亿美元，居于南新制药、西普拉、太阳制药公司之后，排在印度制药板块市值的第四位。阮氏制药是制药行业产业价值链分布最具完整性的印度制药公司，公司包括基础研究、原料药、品牌药物、通用名药、生物技术和诊断制剂等部门。

1 印度制药业的发展历程

在过去的 20 多年里，印度制药业得到了飞速发展。其发展历程大致经历三个阶段。

第一阶段——发展大宗原料药和仿制专利药,完成原始积累。印度制药业发展初期,由于印度只对药品的生产过程授予专利而对药品本身并不授予专利,这为仿制药在印度的生产发展打开了绿灯。基于这样的有利条件,一般而言,一款药物通过美国 FDA 的审批后,3 个月左右就能够在印度找到仿制药品。以印度较大的制药企业阮氏制药公司为例,企业在发展初期主要依靠大宗原料药产业,在初始阶段主要生产大宗原料药布洛芬。1986 年,阮氏制药公司首次向德国出口大宗原料药甲基多巴;1987 - 1990 年,其生产的大宗原料药通过 FDA 检验,并开始大量出口到俄罗斯等非规范市场。

第二阶段——特色原料药产业迅速发展阶段。这一阶段印度制药业开始转型,重点发展特色原料药产业。以阮氏制药公司为例,1992 - 1993 年,阮氏制药公司开始在美国和法国成立销售中心,至 2004 年,该公司已有 56 个通过 FDA 认证的特色原料药产品,在特色原料药上的销售收入约 1.75 亿美元。

第三阶段——依托资金技术优势,促进产业全面升级。在完成原始积累后,印度制药业致力于提升整体竞争优势,专利药物研究也显示强大实力,并正在向高端的专利药物领域进军。在这一阶段,印度制药业产业链延伸到制剂生产、新药研发等多个领域。如太阳药业公司在抗肿瘤药物的研发上取得很好的成果,西普拉公司也已经开始在美国注册自己独立研发的药物,阮氏制药公司也有近 40 项专利药通过 FDA 认证。

概括而言,可以将印度制药业发展归结为从大宗原料药中间体——专利仿制药(不规范市场)——通用名药物(规范市场)——创新药物的过程。一批印度制药企业利用国内宽松的专利环境发展仿制药,并逐步扩大其在国际市场上的份额,同时积极利用世界药品市场中原料药产业重心的转移和非专利药市场的放大,拓展国际市场,实现了在药品产业价值链上的不断升级。

2 阮氏制药所演绎的"印度模式"

2.1 印度模式

多数学者对印度制药企业走向成功的"印度模式"都有所了解。所谓"印度模式",就是利用自身全面的低成本优势实现快速的产业升级;而产业升级的实质是研发升级和进军规范市场。这里所说的"全面的低成本优势"正是该模式的核心,它已经不再是简单地局限于基础建设成本、原材料成本、能源动力成本和人力资源成本等共同形成的低廉生产成本,更重要的是体现在包括研发成本、管理成本和营销成本在内的总成本方面的优势,甚至可以将此看作是印度制药行业的核心竞争力。

2.2 原料药领域发展

1988 年阮氏制药取得了巨大的进步,他们的生产车间首次通过了 FDA 认证。同样是在这一年,由于认证成功,该公司的原料药产品全面进入了美国、欧洲、日本这三大全球规范市场，这一步对于阮氏制药来说至关重要。

进入上世纪 90 年代，阮氏制药开始涉足特色原料药领域。在开发该领域业务的起始阶段，他们采取了新的策略，首先将目光瞄准了中国等非规范市场。这一举措同样取得了成功，它巧妙地避开了欧美大型制药企业的锋芒，为公司的特色原料药产品全面进军规范市场奠定了基础。

1992 和 1993 年，阮氏制药分别在美国和法国成立了销售分公司 Reddy Cheminor Inc. 和 Reddy Cheminor SA.，将它们作为公司在欧美规范市场的特色原料药销售中心，阮氏制药的原料药海外销售业务也由此发生了本质上的变化。

20 世纪 90 年代中期以来，阮氏制药的特色原料药业务范围越来越广，产品线越来越长，在几大主流的特色原料药领域中，他们的产品都非常具有竞争力。截至 2002 年，该公司已经在美国 FDA 注册了 26 种特色原料药产品，在欧洲 EMEA[①] 获得注册的特色原料药产品数量达 34 个之多，进而成为这两大市场中非专利药生产企业最主要的原料供应商之一。在这一年，该公司特色原料药的销售收入首次超过了 1 亿美元。

2.3 仿制药领域发展

在原料药业务逐渐获得成功的同时，发展于 20 世纪 80 年代中期的阮氏制药，其仿制药业务也取得了令人瞩目的成就。所谓印度的仿制药业务，实际上是由印度老版《专利法》催生而来的一个产业发展空间，具体指通过不同的工艺路线生产符合印度原《专利法》规定的专利药物，但在该时期相关的产品只能在专利保护不健全的非规范市场销售。

1986 年，阮氏制药投资建设了第一个制剂生产车间（现在已经发展到 4 个）。90 年代初，阮氏制药陆续开发出了很多种国外专利药物的仿制药，并初步形成规模，占据了印度国内几个关键治疗领域的市场。1992 年，阮氏制药生产的仿制药首次进入俄罗斯市场，这成为了该公司开发海外非规范市场制剂业务的开端，俄罗斯已经成为了阮氏制药最大的海外仿制药市场。

目前，阮氏制药已经拥有了遍布全球的非规范性市场的仿制药销售网络，给世界制药巨头们带来了致命性的冲击。

2.4 非专利药领域发展

仿制药业务的成功除了给阮氏制药带来源源不断的利润外，更重要的是它带动了公司非专利药业务的发展。在阮氏制药成立 10 周年之际，公司正式步入了产业升级路线中的非专利药阶段。

1994 年，阮氏制药开始着手筹建能够通过 FDA 认证的，用于生产向美国出口非专利药制剂的车间。1998 年，一个标志性的结果代表着他们在欧美规范市场中的非专利药业务开始步入正轨——阮氏制药的雷尼替丁制剂通过了 FDA 的认证，开始在

---

① EMEA：即欧洲药物评审组织（The European Agency for the Evaluation of Medicinal Products）。

美国销售。1999 年，阮氏制药在美国成立了一家分公司 Parpharmaceutical Inc.，将其作为在美国的非专利药营销中心。在随后的几年里，阮氏制药在规范市场的非专利药业务发展相当迅速，截至 2001 年，他们在美国获得注册的非专利药产品就已经达到了 23 种，另有 9 种在欧洲通过注册销售。

2002 年，阮氏制药的 Fluoxetin 获得了在美专利过期后 180 天的单独销售权，在这 6 个月的时间里，该产品为公司带来了 7300 万美元的销售额，正是得益于 Fluoxetin 的大幅增长，当年公司的海外销售收入首次超过了国内业务，占到了总销售收入的 61%，这标志着阮氏制药正式跻身世界主要非专利药生产商之列。

另外，几乎是在同一时间，阮氏制药还收购了英国的 BMS，并将其作为欧洲市场的销售总部，这为其近几年欧洲非专利药业务的迅猛发展奠定了基础。

2.5 专利药领域发展

1993 年，阮氏制药成立阮氏研究基金专门从事制药领域的基础研究工作，从分子药理学角度研究药物设计包装，同时阮氏制药已经在美国建立卫星研究中心，为公司的药物开发提供资料数据库。

2001 年 4 月 30 日，阮氏制药宣布选择了英国契约式研究机构先柏研究有限公司（Simbec Research Ltd.），负责阮氏制药开发的一个心血管疾病治疗药物的临床工作。除此之外，阮氏制药还是印度第一家应用自主开发的技术在线完成药品 III 期和 IV 期临床工作的制药公司，并于 2000 年 7 月推出印度首个在线完成临床试验的药物 Imocam（抗癌药）。该技术由阮氏制药与印度昆得万技术公司合作开发，能同时管理、加工和分析来自不同临床测试中心的数据，从而加快临床试验过程。据印度一项调查显示，具备统计分析的该技术至少能把 6 周准备临床报告的时间缩短 1 周。

阮氏制药与诺和诺德公司合作开发的两个有关糖尿病的治疗药物已进入 III 期临床。阮氏制药表示其中一个糖尿病药物在上市第一年估计能达到一亿美元的销售额，其将能够从该药的全球销售额中分享一杯羹，阮氏制药终于有机会尝试倡导创新带来的"蛋糕"。阮氏制药同时坦言，它的目标是成为印度的默沙东或辉瑞，具备真正意义上的创新能力，并且在世界各地销售具有自主知识产权的药物。同时阮氏制药也很清楚进行自主开发药物所面临的风险，因为它很早就注意到许多跨国制药公司由于在研发投入的掌握无度，造成企业面临相当困难的境地，然而阮氏制药仍然坚持"没有风险，利润也将变得平淡无奇"。

阮氏制药已经拥有 8 项有机会发展成为自主知识产权药物的新发现，包括减少糖尿病患者胰岛素反应的药物 DRF4185。但开拓一个新市场，尤其是竞争激烈的美国市场，阮氏制药承认不会在美国市场孤注一掷。目前阮氏制药的产品涉及多个重要治疗领域，包括糖尿病、癌症、炎症、感染等，其中糖尿病治疗药物更为自主开发。

3 海外并购

除上述相继的动作之外，阮氏制药还以现金收购方式完成了对德国第四大通用名药公司 Betapharm 的收购，Betapharm 公司原来的投资方为欧洲著名的风险投资公司 3i 公司，收购金额达 4.8 亿欧元。

虽然 5 年来，印度上市公司药企并购案例中有一半都是跨国并购，但这是迄今为止印度制药企业在海外并购金额最大的交易，阮氏制药也因此一跃成为印度海外市场并购的领跑者。

据统计，2005 年印度共发生了 192 起跨国并购，总标的高达 100 亿美元。其中阮氏收购案的标的金额排在第二位，排名第一位的是石油行业的并购。另外，在这些并购中涉及最多的是软件行业和制药行业，而这两个行业也是印度新兴的代表性行业，海外并购某种意义上也是优势产业实现全球化的资源配置。

德国是欧洲的第二大药品市场，年销售额约为 270 亿美元，其中通用名市场约为 50 亿美元，被收购的 Betapharm 约占通用名药市场 3% 的市场份额。由于药品竞争和降价压力较小，德国通用名药市场目前比美国市场更被全球主要通用名药生产厂家看好，2005 年德国就发生了三起通用名药企被外国公司收购的案例。比如，比 Betapharm 市场份额大的 Ratiopharm 和 Hexal 被山德士公司收编。

实际上，可被收购的德国通用名药生产厂家数量并不多，奇货可居的市场状况使原东家 3i 公司成为大赢家。

这次现金收购价格约是 Betapharm 年销售额的 3 倍，收购溢价比例之所以高，得益于并购双方产品互补性强，另外被收购方拥有德国本土的营销网络和渠道拓展能力，这些因素都有利于阮氏制药寻求海外业务的增长点。

阮氏制药所进行的产业并购可能会导致公司战略价值和财务目标之间的分歧：符合公司远期发展战略的并购有可能带来近期盈利增长的压力，而这有可能损害到中小股东的利益。阮氏制药需要进行充分的投资者关系管理以化解投资者的信任危机。正如该公司高管所说，阮氏制药定位为全球视野中的中等规模药企，它需要拥有在各主要药品市场的话语权，它需要全球营销网络，而投资 Betapharm 将体现对这种战略机遇的把握。

4 尾声

为促进整个医药产业的技术创新，印度政府采取了许多举措在研发资金、人才培养、基础研究、促进产学研合作等方面进行投入和激励，这些都为印度医药企业的技术发展创造了良好的环境，从阮氏制药企业就可见一斑。我们可以从阮氏制药看到：为尽快完成从仿制到创新的转变，制药企业要在战略意图、内部管理等多方面进行努力和尝试，而阮氏制药则进行了三级跳：首先，从仿制药商变身为专利药商；其次，是实现目标市场全球化；最后，是从产品市场到资本市场。

总体而言，借鉴以阮氏制药为代表的印度制药业的经验，纵观全球制药工业，要使本国制药工业在世界上有一席之地，就必须鼓励企业走出去，培育具有核心竞争力的企业，而核心竞争力来自创新，为此就需要加大研发投入，鼓励企业创新。

案例使用说明

一、教学目的与用途

1. 本案例是企业技术创新管理课程的教学案例。通过案例的学习，使大家理解技术创新管理的重要核心观念：创新不仅是技术的创新，它还涉及技术、市场、渠道等资源的整合；同时创新受制于企业的资源约束。

2. 创新是需要服从企业的战略的。本案例重在使学生明白技术创新管理的重要性，同时从案例中学习如何从实处落实企业的技术创新，并为其他医药企业进行技术创新管理时提供经验启示。

二、启发思考题

1. 你认为制药行业"印度模式"的精髓在哪里？为什么？

2. 你认为印度制药业发展如此迅速的最主要原因在哪里？如果你是国内一家医药企业的负责人，国内医药企业与印度相比，最急切需要改进的是在哪里？

3. 探析一下未来印度制药行业的走向。

本章参考资料

[1] 先声药业官方网站 http://www.simcere.com/

[2] 陈思宇. 先声药业：用创新精神打破新药研发定律 [N]. 科技日报，2010 - 4 - 19（6）.

[3] 欧慧敏. 让创新憋死平庸 [N]. 医药经济报，2011 - 11 - 4（3）.

[4] 夏凯艳. 先声药业发布恩度 IV 期临床研究最新进展 [J]. 中国医疗前沿，2010（8）.

[5] 邢勇. 先声药业创新药物 ND 的营销策略研究 [D]. 上海：复旦大学，2009.

[6] 江苏恒瑞医药股份有限公司官方网站 http://www.hrs.com.cn/

[7] 申银万国证券股份有限公司. 恒瑞医药：分享创新，十年十倍 [EB/OL]. http://stock.stockstar.com/JI2011041100000999.shtml，2011 - 4 - 11.

[8] 魏小刚. 恒瑞医药创新推动企业良性发展 [N]. 中国医药报，2008 - 8 - 21（7）.

[9] 马坤. 恒瑞医药：创新与仿制并举 重磅品种陆续上市 [J]. 股市动态分析，2013（31）.

[10] 聂昕. 恒瑞医药投资深度分析 [J]. 医药世界，2004（7）.

[11] 恒瑞医药迈向国际化道路前景喜人 [J]. 中国医药导刊，2012（2）.

[12] 周莹，黄文传. 恒瑞抗肿瘤药物跻身国家队 [N]. 连云港日报，2012 - 6 - 10（A2）.

[13] 刘武. 悲喜青蒿素 [J]. 2011（40 - 41）.

［14］任海军．青蒿素的发现是中国给人类的礼物 中国科学家屠呦呦获国际医学大奖拉斯克奖［J］．中医药管理杂志，2011（9）

［15］阮氏实验室：引领印度药业海外并购中印制药业比较（七）［N］．医药经济报，2006－3－14（B3）

［16］茅宁莹．印度医药企业新药研发经验启示［J］．中国药房，2005（18）

［17］解读阮氏所演绎的"印度模式"（一）［N］．医药经济报，2005－9－14（9）

第十四章

企业资本运作管理

资本运作是指以资本增值最大化为根本目的，以价值管理为特征，通过企业全部资本和生产要素的优化配置和产业结构的动态调整，对企业的全部资本进行综合有效运营的一种经营方式。企业资本运作是企业管理中的一项重要内容，对企业的发展至关重要。目前国内医药企业普遍规模小，数量多，行业集中度低，创新能力弱。但随着"新医改"和"十二五"规划的相继出台，医药行业资源整合、集中度大幅提升是必然趋势，医药产业升级在即，医药行业即将步入大整合时代。中国医药资本市场离不开资本运作，没有资本运作的资本市场必然是没有生机的，但随着越来越多的医药企业资本运作，问题也相继出现。资本的流动，带来了资金、人才、技术、市场的流动，如运作的不好，则会造成企业的整体的溃败，三九就是一个典型的例子。本章选取了云南白药、复星医药、基因泰克和白加黑的资本运作案例，讲述资本的具体运作管理。

云南白药：依托资本运作尝试转型

摘要：云南白药集团从原来的国有独资企业转变到现在的上市公司，其飞跃发展正是由于充分把握并灵活应用重组并购等现代企业扩张的手段，以此促进企业产权关系的优化而形成的。实施以云南白药系列产品为中心，以自身独特资源优势为基础的经营战略，是云南白药集团在新的竞争环境下形成自身核心竞争力的根本途径。

关键词：资本运作；核心竞争力；转型

引言

云南白药集团股份有限公司（以下简称"云南白药"）成立于1971年，1993年云南白药厂成功改制为云南白药实业股份有限公司，在深交所挂牌上市。1996年10月经临时股东大会会议讨论决定更名为云南白药集团股份有限公司，它是云南最大的中成药生产企业，是中国中成药五十强之一。

随着我国社会主义市场经济体制的确立和逐步完善，资本作为生产资料市场上最活跃的因素，其流动日益频繁，流动的目的、方式也呈现多样化。盘点我国医药市场不难发现，并购热潮异彩纷呈。中国医药集团与中国药材集团公司强强联手；复星参股广西花红药业，控股重庆药友、北京金象；太极集团与西南药业垂直兼并；哈药、华源探索强强联手；东北制药寻求与华润和巴斯夫的联合；"太太"拥抱"丽珠"把主攻方向从保健品转向药品被传为佳话等等。医药产业高风险、高投入、高回报的特点决定了其必须具有高的产业集中度。处在这样的大环境中，同时结合企业自身的发展需要，云南白药的资本运作给其带来了勃勃生机。

云南白药通过兼并控股、延长企业的产业链、将先进的资本运作理念与虚拟企业理念结合等手段进行资本运作，实现了从单一产品的国有独资企业发展到产品、股权结构多元化的现代企业，并使得产品走向了国际化。

1 云南白药的神奇配方

就像可口可乐公司那张神秘配方一样，云南白药的神秘配方带给了人们无穷的想象，也是它保持恒久魅力的秘诀之一。

19世纪末，云南民间名医曲焕章根据明、清以来流传于云南民间的中草药物，苦心钻研试验，经十载临床验证，反复改进配方，于1902年创制出一种伤科圣药，取名"曲焕章百宝丹"，俗称"云南白药"，并进而演化为"三丹一子"（即：普通百宝丹、重升百宝丹、三升百宝丹、保险子）。而后，百宝丹的声誉由国内走向港、澳、新加坡、雅加达、仰光、曼谷、日本等地。1955年，曲焕章的家人将此秘方献给政府，由昆明制药厂生产，改名为"云南白药"。次年，国务院保密委员会将云南白药处方及工艺列为国家级绝密资料。1971年，云南白药厂正式成立。1995年，云南白药被列为国家一级保护品种，保护期20年，这也是国内享受此种保护仅有的两个中药产品之一。

一直到今天，云南白药的配方仍然秘而不宣。作为中药国宝第一号，相信它的神秘面纱还会一直戴下去。

2 资本运作和并购提升云南白药核心竞争力

自1993年上市以来，云南白药公司的主营收入和净利润一直处于增长状态，特别是1999年之后，云南白药主营收入开始步入一个快速成长期，1999～2001年云南白药主营收入的年复合增长率高达193％，从净利润来看，同期的年复合增长率为149％，云南白药2002年主营业务收入达11亿元，与实施配股前的1999年的2.4亿元相比，增长4倍多，平均每年递增60％，自2002年起，每股收益已实现0.5元以上，稳步跻身绩优行列。云南白药业绩的快速增长与资本运作密不可分，资本运作促进了云南白药发展。

2.1 利用上市企业的筹资优势，兼并控股组成企业集团

由于历史的原因，原先云南白药并非只有云南白药公司生产，另外还有大理、

丽江、文山三家地方药厂根据同一配方进行生产，四家企业的相互恶性竞争使得白药产品出现质量不稳定、价格偏低等不良结果，深刻影响了云南白药品牌的地位。1996年11月，云南白药与大理制药厂、大理制药职工持股会共同发起成立云南白药集团大理药业有限责任公司，该公司总股本为13415000元，本公司占50.98%，1999年5月，与大理制药厂签订《股权转让协议》，出资507万元受让大理制药厂持有的云南白药集团大理药业有限责任公司37.84%的股份，至此云南白药所持股份增至88.82%。1996年12月，云南白药与文山州制药厂、文山州制药厂职工持股会共同发起成立云南白药集团文山七花有限责任公司，该公司总股本为17300000元，云南白药占50.98%。

　　1997年6月，云南白药与丽江药业有限公司共同发起成立云南白药集团丽江药业有限责任公司，该公司总股本为21936700元，本公司占51%。通过资本运作，云南白药集团用上市筹资获得的股权资本取得了对省内大理、丽江、文山三家白药生产企业控股，终结了白药生产的"战国时代"，云南白药集团股份有限公司挂牌成立，白药产品得以实现"五统一"：即市场计划、批准文号、商标、质量标准、销售管理统一。这一举措看似简单，实际意义重大，其一，保证了云南白药秘方的安全，防止秘方外流，为白药今后的发展奠定基础；其二，促进了市场的集中和规范，白药产量由原来的每年5000多万瓶（板）控制到2000多万瓶（板），白药的市场价格迅速得到回归，云南白药的销售收入和利润显著增长；其三，通过对三家地方药厂的技术、质量标准的统一，提高了白药质量、疗效的稳定性，提升了白药品牌在消费者中的美誉度。该项资本运作措施，增加了产能和企业的核心竞争力，降低了经营风险，改善了资本结构，从而降低了财务风险，体现在资本市场和证券市场上表现为每股净收益提高，股价持续稳定上升，筹资能力提高。

2.2 提升资本运作内涵，延长企业的产业链

　　云南白药主营业务在1999年以来迅速增长，主要依靠进入医药流通领域，销售网络铺设的成功。1999年，在云南省政府的支持下，通过股权转让，在资本运作的平台上，云南白药进一步进行了纵向、横向、混合购并：通过配股形式，云南省最大的药品流通配送企业——云南省医药公司和云南最大的中药饮片生产企业——昆明天紫红中药厂被购——并进入白药集团，云南白药实现了从单一中成药生产企业向流通领域和饮片生产方向扩展，有效延长了云南白药的产业链。云南白药98.33%的销售收入和97.13%的净利润是由药品生产和医药流通这两大业务产生的，2000年云南省医药云南白药收入就已高达5.14亿元，占到云南白药当年全部主营收入的近65%。

2.3 将先进的资本运作理念与虚拟企业理念结合，获取最大效益

　　2001年3月，云南白药集团投资500万元注册资金，采用国际通行的"虚拟企业"运作模式，在上海组建上海云南白药透皮技术有限公司，专司云南白药膏和云南白药创可贴两个品种的市场拓展。同年6月份产品上市，当月销售400万元，实

现利润 188 万元。该项目采取虚拟企业的运作方式，充分利用社会资源，产品委托有透皮生产技术的其他企业加工，云南白药重点放在培育市场、培育品牌，改变过去传统项目投资运作方式，使产品及时投放目标市场，尽快形成市场竞争优势，同时避免生产设备、技术引进等方面所需的高额投资和较长的项目建设时间。迅速从世界工业 500 强之一的美国强生公司嘴里夺下四分之一的市场份额。这次大胆的战略投资模式创新，为企业至少节约了 1.6 亿元资金，赢得了 2 年时间，至目前为止，行销多年的云南白药创可贴累计已实现过亿元的销售收入，坐上国内创可贴市场的第二大品牌交椅，并成为云南白药发展最快的利润增长产品之一。

3 云南白药步入资本运作新阶段

早在 2008 年，云南白药克服金融危机的冲击及中药材涨价等不利因素的影响，强力开拓市场和终端控制力，企业的主要经济指标表现良好。

2009 年云南白药全年实现营业收入 71.7 亿元，同比增长 25.28%；实现主营业务利润 21.77 亿元，增长 23.34%；毛利率为 30.35%，与上年基本持平；实现归属于母公司所有者的净利润 6.03 亿元，增长 29.68%，每股收益 1.13 元，扣除非经常性损益后为 1.1 元。同年云南白药销售额超过亿元的自产产品达到 7 个：散剂、胶囊、白药膏、宫血宁、创可贴、喷雾剂、牙膏。云南白药共有 66 个品种进入《国家基本药物目录》，87 个中药产品、55 个化药产品进入国家新的医保目录。在 25.83 亿元的工业销售额中，普药销售为 3.28 亿元；其它销售 1.73 亿元。2009 年中央产品销售 10.5 亿元左右，增幅约 16%。云南白药的中央产品已进入成熟期，但随着新医改要求增加农村药品需求和新适应症的开发，其白药类药品的销售收入还可保持10% 以上的年增长。

2009 年 5 月 18 日，云南白药整体搬迁项目物流中心正式启动，云南白药此次实施原料、制剂、研发、商业物流、管理及配套生活设施等 6 方面的整体搬迁，将整合云南白药的优质资产，满足 14 个剂型的生产，包含 40 余条现代化的药品生产线。整体搬迁项目不仅能满足云南白药产业发展的需要，解决云南白药的产能瓶颈，并能带动其产品结构调整和产业升级。

云南白药正步入资本运作新阶段，未来将围绕品牌进行相关多元化。普药、医药商业对其业绩的影响正逐步提高，类似于急救包、药妆等新业务的开发也会越来越多，可能产生新的大品种。

4 尾声

云南白药集团几年间的飞跃发展正是由于充分把握重组并购等现代企业扩张的手段并灵活应用以自身独特资源优势为基础的经营战略。可以这样论断，企业存在和发展的价值是由市场来判断的，只有当企业真正了解自身在发展中的优势和劣势时，才会有效地调动、整合和优化企业的资源配置，扬长避短，在变化多端的市场中充分发挥自身管理优势、品牌优势、营销优势，以资金和核心竞争力为纽带，加快企业生产规模的"级数"扩张，延伸企业产品的产业链，以超常规的战略眼光，以超常规的手法，高度重视资本运作的重要性，并熟练掌握资本运作的技巧，真正构筑起在新的竞争环境下的核心竞争力，做国内甚至国际大品牌大企业。

案例使用说明

一、教学目的与用途

1. 本案例适用于管理学中企业资本运作管理的讲授。

2. 本案例是让学生认识到企业资本运作管理的重要性，意识到它与企业的命脉息息相关并了解资本运作的一些具体方式。

二、启发思考题

1. 以你的观点，云南白药的资本运作如何，是否有不当之处，请分析原因。

2. 如果云南白药想要更进一步发展，光靠重组并购等手段可不可以，有没有其他的方式，优缺点各是什么？

复星医药：战略并购成就医药大鳄

摘要： 许多人理解不了复星医药的投资价值，主要是他们没能理解资本运作的原理，不知道现代企业的运营模式。复星医药的成功就在于资本运作，中国最顶尖的企业家都在做这样的事情，其中最成功的就是复星医药的老总，他做的最早，也最成功。复星医药在刚成立不久，就大量运用应收账款、应付账款、应付税金、其它应付款以及银行借款，即利用别人的钱进行企业经营，谋求企业发展。后又通过战略并购逐步扩大自己的事业版图，经过十几年的发展，复星医药已成为中国医药界大鳄。

关键词： 复星国际；产业与资本融合；投资价值；资本运作

引言

上海复星医药（集团）股份有限公司（简称"复星医药"）成立于1994年，1998年8月在上海证券交易所挂牌上市，是中国医药行业处于领先地位的上市公司之一。复星医药是复星集团的一个版块。复星医药上市18年以来，净利润增长了21倍，年均复合增长率达到26.72%。销售收入、净资产、净利润、股票市值均名列中国医药上市公司前列。其自主创新的抗疟疾药物青蒿琥酯被世界卫生组织推荐为治疗疟疾的首选药物。2005年成功通过WHO质量认证，成为中国迄今为止唯一的WHO直接供应商。复星医药专注现代生物医药健康产业，抓住中国医药市场的快速成长和中国企业进军世界主流医药市场的巨大机遇，战略性地覆盖研发制造、分销及终端等医药健康产业链的多个重要环节，形成了以药品研发制造为核心，同时在医药流通、医疗服务、医学诊断和医疗器械等领域拥有领先市场地位的大型专业医药健康产业集团。

1 复星集团

1.1 复星国际

复星集团创建于 1992 年，是中国市场经济改革中涌现出的代表企业之一。2007年 7 月 16 日，复星集团母公司复星国际在香港联交所主板上市。

2011 年，复星国际"产业利润、投资利润、资产管理收益"三大业绩增长引擎快速发展，推动复星国际向"专注中国成长动力的世界一流投资集团"愿景稳步迈进。复星国际目前主要投资方向包括消费及消费升级、金融服务、资源能源和制造业升级等高度受益于中国内需发展的行业，以分享中国经济的高速成长。

在投资理念上，复星国际坚持扎根中国，投资于中国成长根本动力，积极把握中国经济向内需转型所带来的消费升级、城市化以及工业化升级等时代机遇，同时亦紧抓全球经济转型，探索实践"中国动力嫁接全球资源"的独特投资模式，努力成为具备全球能力的中国专家，践行价值投资，持续为社会和股东创造价值。

在实践中，复星国际持续打造发现和把握中国投资机会的能力，优化管理提升企业价值的能力和建设多渠道融资体系对接优质资本的能力，形成了以企业家团队为核心，以上述三大核心能力为基础的价值创造链的正向循环，成为复星国际业务稳定高速增长的坚实基础。

表 14 - 1 复星国际产业布局

产业领域	主要产业公司	主要产品与服务
钢铁	南钢联	中厚板、带钢和钢棒线材的生产和销售
	宁波钢铁	热轧卷板、冷轧卷板和镀涂板的生产和销售
	建龙集团	热轧即冷轧中宽带、热轧卷板和钢棒线材的生产和销售
房地产开发	复地	住宅及非住宅物业开发、销售及相关业务
医药	复星医药	药品研发、生产和销售，药品批发和零售
零售	豫园商城	黄金珠宝零售、餐饮和非住宅物业租赁
金融服务及其它策略性投资	德邦证券	投资银行、证券买卖及经纪
	招金矿业	金矿开采及配套加工
	华夏矿业	铁矿石开采及配套加工
	草楼矿业	铁矿石开采及配套加工
	海南矿业	铁矿石开采及开发

可以看到，复星国际的核心业务包括钢铁、房地产开发、医药及零售业务投资（通过联营公司豫园商城经营）。

1.2 复星医药

复星医药是复星集团的一个版块，但就是这一版块，也占据了很重要的一个位置。

复星医药前身为上海复星实业股份有限公司，成立于1994年，1998年8月在上海证券交易所挂牌上市。复星医药专注现代生物医药健康产业，经过十余年的发展，在研发创新、市场营销、并购整合、人才建设等方面形成了核心竞争力，已形成以药品研发制造为核心，并在医药流通、诊断产品和医疗器械等领域拥有领先规模和市场地位的大型专业医药产业集团。

在中国，复星医药已经取得肝病药物、妇科药物、糖尿病药物、临床诊断产品、口腔治疗机等细分市场领先地位，在药品分销领域稳居第一，在药品零售市场国内领先；在国际市场的抗疟药物、特色原料药等领域发展迅速。复星医药正以中国医药市场的快速成长和欧美主流市场仿制药的快速增长为契机，加快实施"创新、品牌、成本、全球化"战略，稳健经营、快速发展。

对于复星医药，一般人理解它是一个医药类上市公司，实质上复星医药是一个具有长远和战略眼光的控股型企业集团。复星医药的战略发展目标是，专注于医药健康产业，致力于医药产业链的资源整合，通过自我发展和兼并收购相结合，打造复星医药产业联合舰队。为了实现这个目标，复星医药制定了一系列的战略。

（1）一体化战略

复星医药形成以研发为上游、制造为中游、销售与服务为下游的紧密相连的一体化产业链。研发主要涉及新产品开发。制造涉及医药化工、精细化工、基础化工、原料药与制剂、中成药、生物制药、诊断产品、医疗器械和保健食品。销售与服务涉及零售业、医疗服务、医药零售和医药分销四大领域。产业链环环紧扣，互为关联。

（2）前三名战略

复星医药本着成本优势和产品差异化的基本竞争战略，优秀团队、管理体系和执行力为坚实保障，以行业前三名为目标。

（3）外部资源整合战略

资源整合是复星医药高效运作的关键。复星医药规划在制造、配送和研发等领域成为行业领先企业。以技术创新为平台开发具有爆发力的产品，拥有医院和药店方面的渠道优势，建立优秀企业家组成的经营团队。

2 复星医药的并购战略

2.1 并购过程

复星医药在十多年的时间里能够成为中国医药行业的大鳄，并购战略无疑起到了决定性的作用。通过并购战略，复星医药像滚雪球一样迅速扩张，重庆药友、国药控股、广西花红、桂林制药、江苏万邦、重庆医工院等优质企业都被收罗到名下。

目前复星医药在医药制造、医药流通、医疗器械、诊断产品等领域共拥有数十家企业。

围绕复星医药的一体化战略、前三名战略和外部资源整合战略，复星医药将自己的并购目标重点锁定在具有优势品种的医药制造企业和具有规模优势的医药流通企业。从复星医药的并购目标可以判断复星医药基于价值链分析，实行的是有助于培育核心竞争力的一体化并购战略。

在一体化并购战略思想的指导下，复星医药信守优质优价的原则慎重选择目标企业，充分运用了横向并购和纵向并购的运作方式开始了自己的并购之旅。

1998年8月，主营医药的复星医药成功发行上市，并募集资金3.575亿元。复星医药资本运作的大门就此打开，复星医药也步入了一个全新的发展时期。上市之初（1998~1999年），复星医药将并购的重点放在了拓展具有市场地位的生物医药产品上。复星医药IPO①募集的3.48亿元，其中9600多万元用于对克隆生物（控股96%）和上实医大（控股51%）两个公司股权的收购和增资。两次并购使得复星医药在基因工程药物方面丰富了三大产品线。克隆公司拥有 Y－干扰素和 EPO② 两个免疫类药物，上实医大拥有一类新药重组链激酶。由此，复星医药成为国内该领域拥有产品权证最多的上市公司。目前，Y－干扰素产品市场占有率在75%－80%左右；EPO 作为全球范围内市场开发最为成功的基因工程药物，其市场份额为10%左右；思凯通（重组链激酶）的市场占有率也在10%左右。1999年，复星医药又先后出资共计4600多万元，收购了上海长征－康仁医药有限公司（后更名为上海复星长征医学科学有限公司）75%的股权。通过这次并购，复星医药的医药业务又增加了生化诊断制剂领域，而目前长征公司的产品在国内市场占有率高达40%。复星医药先后参购了河南信阳信生制药、天津药业、上海雷允上北区药业、武汉中联药业、南京老山药业股份有限公司、凯林制药等医药企业。通过这一系列的资本市场运作，复星医药迅速成长为一个大型医药产业综合体。

从2000年开始，复星医药在制药方面有了一定的基础，其并购目标开始向医药流通转移。与联华超市联手构筑连锁性的联华超市药房，与北京金象大药房合资介入药品零售连锁业，参股上海雷允上（北区）股份有限公司，与医药流通领域的龙头企业中国医药集团合资介入药品批发业等。复星医药显然注意到了我国医药流通体制变革带来的市场机会、流通终端的稀缺性与相对固定性带来的投资价值。

2002年可以说是复星医药并购行为突飞猛进的一年。该年，复星医药通过增资扩股的方式，出资近1亿元实现对广西花红药业和重庆药友两家企业的控股。这两家具有优势产品的医药制造企业极大地丰富了复星医药原本薄弱的产品线，其中重庆药友的核心产品阿托莫兰仅2002年的销售额就达近亿元，而广西花红药业生产的花红片 2002 年销售额达 1.6 亿元。新增的两个优势品种从根本上改变了复星医药工业品种小而多的局面，形成了复星医药在肝病处方药、妇儿科、皮肤科药品等领域的市场比较优势。

与此同时，复星医药开始作为一个资本运作的平台，通过各种手段并购上市公司。借助复星医药的资本平台，复星医药已经将友谊股份、羚锐股份、天药股份、豫园商城、一致药业五家上市公司并入自己的医药产业版图。

2.2 并购使复星医药成为了产业链完整的医药企业

复星医药通过并购使一批既有产品市场优势又有增长潜力的企业进入了复星医药，如桂林制药、广西花红、重庆药友、国药控股、重庆凯林、临西药业、江苏万邦、重庆医工院等。这些企业实力强劲，也使复星医药的竞争能力得到增强。如凯林是国内最早通过 FDA 原料药认证的企业，主要产品是盐酸克林霉素。其在美国市场有很高的占有率，在 40% 左右。万邦在生化胰岛素市场已经占据国内近 100% 的市场份额。复星医药持股 49% 的国药控股拥有全国最大的医药分销网络，其批发、分销业务规模在天津、深圳市场位居第一，在上海、北京、广州市场位居第二，其始终保持着全国医药流通领域的龙头地位。

通过实施并购战略，复星医药的业务范围涵盖了医药制造、医药流通、医药器械、诊断产品等四方面，逐步形成了研发、制造和销售一体化的产业链及协同优势。目前复星医药在上游研发，拥有了重庆医工院等科研机构。在中游原料药方面，拥有控股企业重庆凯林、参股企业天药股份、浙江海翔等。在制剂生产方面，复星医药已经拥有如重庆药友、广西花红、桂林制药、徐州万邦、临西药业和老山药业等一批在细分市场都具有产品优势的企业，加上复星医药原有的朝晖，它已经在多个治疗领域占据一定的优势。下游销售与服务方面，复星医药则拥有国药控股、复星药业、金象等构成的庞大分销体系和零售药店网络。

3 复星的资本运作模式

复星医药的成功在于资本运作，这是许多跨国公司成功发展的固有模式，而在中国，目前最顶尖的企业家都在做这样的事情，联想集团、希望集团、哇哈哈等都在做，这种资本运作的模式简单来说就是：通过各种各样的手段和方法，收购一家公司的股权，然后在很短的时间内将其包装上市，获得收益，再通俗点说，比如用4500 万收购一家公司 45% 的股权，该公司每年利润 4000 万，它可以获得分红 1800万，然后一两年上市，总股本 13000 万，社会公众股 3000 万，发行价 20 元，它占34.6% 的股份，由于复星参股的都是医药类公司，上市后价格一般会在 30 元以上，上市后通过业绩扩张股本，几年下来，4500 万股变成了 13.5 亿，再转股等投资收益更高。

4 尾声

对于复星医药的投资价值，不是常人所能理解，但有理由相信它是目前中国企业中最成功的企业之一，这样的成功不是其他企业所能比拟的，它的投资投机价值终将会显现出来，它股价上的涨升会让许多人瞠目结舌。

先知先觉者往往承受孤寂和苦难，后知后觉者往往面临风险和灾难，投资需要理论，需要境界，更需要心智的磨练。

案例使用说明

一、教学目的与用途

1. 本案例适用于管理学中企业资本运作管理的讲授。

2. 本案例是通过现实案例的学习，使学生能够了解医药企业资本运作的模式，并对其中可能出现的问题提供一些思路。

二、启发思考题

1. 通过案例的学习，你觉得复星医药的投资价值在哪里？说明理由。

2. 复星医药的成功就在于资本运作，这是许多跨国公司成功发展的固有模式，能否举出中国其他在运用相同运作模式的企业？

基因泰克：厚积薄发欲超第一

摘要：基因泰克是全球第一家生物技术公司，也是目前规模和实力仅次于安进的世界第二大生物技术公司。它始于风险投资，快速发展于公司上市，后又被罗氏所收购，但它的辉煌仍在继续。短短几十年，它取得了不俗的成绩。纵观基因泰克的发展过程，资本运作、企业间的战略合作、独特的研发模式与其公司的成功是分不开的。

关键词：基因泰克；生物技术；资本运作；研发

引言

美国基因工程技术公司，简称基因泰克，是由风险投资家 Robert A. Swanson 和生物化学家 Herbert Boyer 博士于 1976 创立的生物技术公司，被认为是生物技术行业的创始者。创始人 Boyer 博士是 DNA① 重组技术的先驱者。1973 年，Boyer 和同事 Stanley Cohen 用限制酶从 DNA 分子剪下需要的片段连接到质粒上。1977 年，公司制造出荷尔蒙生长抑制素。1978 年，公司合成了人类胰岛素。2008 年 3 月，基因泰克拥有超过 11000 名雇员，首席执行官是 Arthur D. Levinson。瑞士罗式制药集团在 2009 年 3 月 26 日出资约 468 亿美元全额收购了基因泰克。它是目前世界排名第二的生物技术公司。基因泰克 30 多年的巨大发展，与其成功的资本运作、战略合作等是分不

---

① DNA：Deoxyribonucleic Acid，即脱氧核糖核酸。

开的。

1 公司介绍

1.1 发展历史

基因工程技术（Genentech）公司是美国历史最悠久的生物技术公司，也是目前规模和实力仅次于安进的世界第二大生物技术公司。

基因工程技术公司成立于 1976 年，创始人是风险投资家罗伯特·斯万森（Robert A. Swanson）和生物化学家赫伯·玻伊尔博士（Dr. Herbert W. Boyer）。20 世纪 70 年代早期，玻意尔（Boyer）和遗传学家史丹尼·科恩（Stanley Cohen）开创了一个名为 DNA 重组技术的科学新领域。斯万森（Swanson）为这一突破激动不已，他打电话给玻意尔请求会晤。玻意尔同意给这位年轻的创业者十分钟的时间。斯万森对这一技术的热心和对其商用前景的坚定信念是富有感染力的，会晤由 10 分钟延长到了 3 个小时。其结果是，基因工程技术公司宣布诞生。

尽管学术界和商界都对斯万森和玻意尔表示怀疑，他们俩还是坚定不疑地把自己的想法付诸实现。在短短几年的时间内他们就证明了持异议者的错误。

1976 年，斯万森和玻意尔于 4 月 7 日创立基因工程技术公司。

1977 年，基因工程技术公司通过微生物（大肠杆菌）首次制造出人体蛋白（生长激素抑制素）。

1978 年，人工胰岛素由基因工程技术公司的科学家们合成。

1980 年，基因工程技术公司上市，一个小时内每股从 35 美元剧涨至 88 美元，公司的身价因此激增至 3500 万美元。这一事件是股市涨幅最大的案例之一。

1982 年，第一种 DNA 重组药品市场化：人工胰岛素。

1985 年，基因工程技术公司从美国食品和药物管理会（FDA）获得许可，把它的第一项产品——注射用促生长素推向市场。这是一种用于治疗儿童生长素匮乏症的生长素。这也是由生物技术公司第一例生产和销售的利用 DNA 重组技术制药产品。

1996 年，公司庆祝成立 20 周年纪念。公司经 FDA 批准将 Nutropin AQ（R）（以核糖体 DNA 为复制起点的注射用促生长素）上市，这是第一种和惟一的一种液体（水成）重组人体生长素，用于在移肾前期治疗患慢性肾亏儿童的生长缺陷，也可用于儿童生长荷尔蒙不平衡的治疗。公司获 FDA 批准将治疗急性局部缺血症和脑溢血的 Activase 上市。公司经 FDA 批准将治疗矮身材及 Turner 并发症的 Nutropin 上市。基因工程公司在它的发展过程中，不断地开发新的产品和技术，力图保持技术优势和竞争优势。生物技术是具有很大前景的产业。在世界经济的大圆盘中生物技术相对于信息技术产业来说可谓微不足道。生物医学不像 IT 产业，它具有投资期限长的特点。但是，真正有眼光的投资家，特别是风险投资家，以及生物医学界的创业者都不会放弃这块充满机遇和挑战的天地。罗伯特·斯万森和赫伯·玻伊尔就是其中一对很好的合作伙伴。

1.2 主要产品情况

基因泰克公司的产品主要集中于三个治疗领域，除了其在全球具有领先优势的抗癌药物，还包括免疫治疗和组织生长修复两个领域。其处于研发前线的药物也均集中于此三种领域。基因泰克的销售额当中很大一部分就是来自价格不菲的癌症药物。2008年，基因泰克在美国市场的总销售额为95亿美元，而其中27亿美元都是Avastin的功劳，此外，Tarceva也贡献了4.57亿美元。

2007年，基因泰克的最畅销药Avastin（单抗药，适应症为肺癌、乳腺癌和结肠癌）以销售额22.96亿美元位居第一位，占据了产品销售额的27%；第二大畅销药Rituxan（单抗药，适应症为类风湿关节炎和非何杰金氏淋巴瘤）以销售额22.85亿美元位居其次；第三畅销药Herceptin（单抗药，适应症为乳腺癌）的销售额为12.87亿美元位居第三；排在第四位的是Lucentis（适应症为老年性黄斑退化病）为8.15亿美元；第五位是Tarcev，达到4.17亿美元。2008年全年，基因泰克利润增长24%，达到34亿美元；销售收入134亿美元；Avastin销售收入增长17%，为27亿美元；Rituxan销售增长13%，为26亿美元；抗肿瘤药Herceptin和Lucentis销售均增长7%，分别达到14亿美元和8.75亿美元。基因泰克2009年有4个在研药物获得FDA批准上市。

2 风险资本促其初发展

1976年4月7日，科莱勒·帕金斯（Kleiner Perkins）公司（一家风险投资公司）的合伙人、27岁的罗伯特·斯万森与加州大学的生化学家、DNA重组领域的奠基人、1976年诺贝尔奖金获得者赫伯·玻伊尔（Herbert Boyer）教授创建了基因泰克。公司最初的启动资金是斯万森的私人积蓄2.6万美元，斯万森从科莱勒·帕金斯公司争取了10万美元作为公司研究开发启动经费，作为回报，科莱勒·帕金斯公司持有基因泰克25%的股份。9个月以后，另一家风险资本公司向基因泰克投资85万美元，持股25%。与上一次注资相比，每股价格从12.5美分上涨到78美分，公司估价上涨至337万美元。此时基因泰克的产品还在试验之中，人们对它能否取得成功普遍持怀疑态度。

7个月之后，幸运之神终于降临到基因泰克身上，他们成功合成了一种脑激素——生长激素抑制素。这一重大突破使学术界和企业界对基因泰克刮目相看，同时也吸引了风险资本的眼球，这时候轮到基因泰克选择风险资本公司了。经过多次谈判和严格筛选，1978年5月，基因泰克第三次接受风险资本投资，投资额为95万美元，但是这家风险资本公司只得到了8.6%的股份。基因泰克的市值在短短两年时间内从40万美元上升至1100万美元，风险资本造就了奇迹。

有了研究经费，基因泰克的研发工作捷报频传。1978年下半年，胰岛素克隆成功，1979年，生长激素克隆成功。多项研究成果从研究开发阶段转向审批阶段并投人生产，令投资者看到了曙光。

3 公司上市

与此同时，基因泰克在资本市场运作方面再上台阶，1979 年 9 月公司进行改组，1980 年 10 月 14 日公司股票公开发行，并在纳斯达克上市。此时，基因泰克只有 4 年的发展时间，主要产品尚在酝酿之中，公司的总收入只有 900 万美元，税前利润仅为 30 万美元，总资产为 500 万美元。虽然公司的业绩并不突出，但是公众普遍看好基因泰克的发展前景，股票在上市后的第一个小时，股价就从 35 美元上涨到 88 美元，当日收市价为 71.25 美元，这样的上升速度在美国股票市场历史上都是少见的。

在发行上市中，基因泰克以 12% 的股份筹集了 3600 万美元，并将其投入到新药的生产开发中，公司的业绩由此不断增长。到 1988 年，公司的总收入达到 3.4 亿美元，总资产和净资产分别达到 6.7 亿美元和 4.0 亿美元。在这种情况下，基因泰克决定进入规模和影响更大的纽约证券交易所，结束它在风险资本市场的整个运作过程。

4 与企业的合作

4.1 罗氏伸出橄榄枝

在 20 世纪 80 年代末，基因泰克由于大量投入资企研发纤溶酶原激活剂，公司现金流出现了"身无分文"的窘况。1990 年，瑞士的罗氏公司向基因泰克伸出橄榄枝，出资 21 亿美元，回报是 60% 的股份。没有这笔钱，基因泰克对新产品的投资很难继续下去。之后罗氏继续购买基因泰克的股票并获得在欧洲销售该公司产品的权利。罗氏从这些交易中得到了巨大的收益，得到的远比付出的多。

4.2 与 IDEC 医药公司联盟

1995 年，圣地亚哥 IDEC 医药公司的研究人员开发了一种名叫 Rituxan 的新药，这是第一种成功瞄准癌细胞蛋白质的单克隆抗体药物。Rituxan 是单克隆抗体，它可以挑选出癌细胞交给免疫系统摧毁。苦于资金瓶颈，Rituxan 的研发工作遇到了困难，这时基因泰克决定出资 5700 万美元帮助 IDEC 继续研发，条件是获得 Rituxan65% 的股份。

在基因泰克的资助下，Rituxan 应用于早期淋巴瘤患者的临床试验得到了满意的结果，并于 1997 年获得 FDA 的批准，用于早期淋巴瘤的治疗。现在，Rituxan 已成为美国最畅销的药品之一，它专门作用于一种特殊的白细胞，这种白细胞会导致非霍杰金淋巴瘤。此外，Rituxan 的毒副作用较小。2003 年 Rituxan 的销售额达 16.1 亿美元。基因泰克和 Biogen（此时 IDEC 已并入 Biogen）公司共享 Rituxan 的美国市场，而罗氏除了在日本与 Zenyaku Kogyo 公司分享市场外，还在全球其他地方独家享有 Rituxan 的经营权。Rituxan 问世以来，全球超过 30 万名患者接受了 Rituxan 的治疗。

4.3 与其他公司的合作

在 2003 年，基因泰克还上市了与 Tanox 公司开发的哮喘治疗药抗 IgE 抗体柯耐尔（Xolair，omalizumab）和与 Xoma 公司开发的银屑病治疗药 Raptiva（efalizumab），两种药物都取得了不俗的成绩。目前基因泰克正在与合作伙伴 OSIP 公司进行非小细胞肺癌治疗药他西卫（Tarceva，erlotinib HCL）的上市准备。

5 "嫁"给罗氏

《商业周刊》曾说："1980 年，基因泰克上市，一个小时内每股从 35 美元剧涨至 88 美元，公司的身价因此激增至 3500 万美元。这一事件是美国股市涨幅最大的案例之一。"美联社评价说："基因泰克拥有一系列各种各样的产品，他们在生物产品领域的成功几乎是不可复制的。该公司在美国生物技术产业发展过程中所起的作用，可与掀起个人电脑风潮的苹果公司相媲美。"

作为目前市值最大和成立最早的明星生物企业，基因泰克公司从 1972 年一路走来，其发展轨迹已经成为生物技术产业发展的缩影。曾经经历十余年的亏损，巨额的研发投入，产品研发受到挑战，都更加坚定了基因泰克公司致力于成为全球制药企业肿瘤治疗领域霸主的步伐。

罗氏和基因泰克的紧密联系始于 1990 年，这一年，罗氏收购基因泰克公司 60% 的股份。1999 年 6 月罗氏按照约定出资 37 亿美元收购了基因泰克剩余的股份。一个月后，罗氏把基因泰克以 "DNA" 作为股票交易代码重新在纽约股票交易市场上市，募集 21.3 亿美元。同年 10 月，罗氏再度施展其高超的资本运作财技，通过第二次出让股权，以每股 143 美元的高价卖出手中持有的 2000 万股，收回资金 28.7 亿美元。此后，罗氏仍然持有 66% 基因泰克股份。

之后几年，罗氏虽又陆续转让了 10% 的股份，但其仍掌控基因泰克的绝对控股地位。

2009 年，瑞士制药巨头罗氏公司以 468 亿美元，每股 95 美元的价格收购基因泰克全部剩余股份，"瑞士郎君"终将"美国媳妇"基因泰克完整地"娶"进了家门。美联社评价说："这是瑞士历史上最大一起并购案。"其实对于罗氏而言，这一 468 亿美元的交易是非常划算的。从制药业整个行业来看，像罗氏这样的传统药厂面临的最严峻挑战就是现有产品阵容中缺乏新产品，而且实验室里也缺乏潜在的新产品。基因泰克则恰好相反，他们现有的药物产品中有一些非常畅销，比如抗癌药物 Herceptin、Avastin 和 Tarceva 等，而且还有一些大有前途的药物在开发之中。通过基因泰克旗下的 Avastin 和 Herceptin 等抗癌明星药物的销售，罗氏已成为世界上最大的抗癌药物销售公司，且在 2005 年将其大众消费品部卖给德国拜耳。这样的取舍是值得的，罗氏和其他的大药厂一样，也有一些重量级的产品很快就要专利到期。一旦失去了专利权的保护，仿制药物公司就会蜂拥而至，以更低价格的同类产品让罗氏痛感竞争的压力。大药厂的模式其实正在消亡，而生物技术则是整个行业的未来所系。

当其他多数药厂因大批明星药在 2011 年前后专利过期而瑟瑟发抖的时候，早早走上生物药路线并赚得盆满钵满的罗氏一身轻松。罗氏 2008 年年报显示，制药部门的抗肿瘤药物销售额增长 15% 达 197 亿瑞士法郎，占全部药物销售总额的 55%，营业利润的 36.2% 来自基因泰克。将基因泰克"娶"进门后，罗氏将拥有前者的新老药物的所有销售收入。2008 年基因泰克销售额为 134 亿美元、利润 53 亿美元，还拥有超过 90 亿美元的现金和长期投资，而且这些财富的规模每年还在不断累加之中，这些都是极为重要的战略财富。医药行业刮起新一轮并购风，原因之一就是大型制药企业不同程度面临"明星"产品专利保护快要到期等问题。"嫁"给罗氏后，基因泰克会再续辉煌吗？从目前状况看，基因泰克的辉煌仍在继续，因为，它本身就是生命科学适应时代潮流的产物，它赶上了一个生物医药的黄金时代。

6 尾声

从基因泰克的案例可以看出，公司毕竟是盈利机构，单纯的研发能力并不是最终诉求，事实上，对基因公司来说，研发成果大有用处：可以换来市场和渠道，也可以吸引强有力的研发伙伴，将竞争对手扼杀在摇篮中等等。纵观其发展过程，可以看到其骄人的业绩是与其成功的资本运作、企业间的战略合作等分不开的。

案例使用说明

一、教学目的与用途

1. 本案例适用于管理学中企业资本运作管理的讲授。

2. 本案例是让学生认识到可以通过企业的资本运作、企业间战略合作等方式来促进企业发展。

二、启发思考题

安进公司曾经为自己独立于任何一家大型传统制药公司的掌控而自豪，它是靠产品线的多元化和一系列并购获得目前头把交椅的地位。然而，它被基因公司市值赶超的事实说明了独立发展并不一定是新兴生物制药公司的黄金定律。如何利用传统制药巨头来为自己的发展铺路，也许是更高明的手段。请就基因公司的案例做一具体分析。

白加黑：从名牌摇篮中走来

摘要：白加黑在激烈的感冒药竞争市场中脱颖而出，就一定有其独特之处。白天服白片、晚上服黑片，这句广告词早已耳熟能详。究其成功的因素在于东盛科技：健全制度、服务并购；实施瘦身计划、高价出售资产解决资金紧张难题；逐步强化公司内控管理等手段的应用。

关键词：启东盖天力；强强联合；拜耳；资本结构

引言

有一段时间电视上有关"白加黑"的广告铺天盖地，大家对其早已耳熟能详，但却很少有人知道这一产品是东盛科技股份有限公司生产的，更少有人知道其开发创造者是启东盖天力制药股份有限公司。2000 年 8 月盖天力公司被东盛科技收购。

启东盖天力药业有限公司成立于 1995 年 6 月，位于江苏省启东经济技术开发区，系中澳合资企业。公司占地总面积 18630 平方米，总资产 1.5 亿元，有员工 500 余人。它的前身是一家不知名的小型医药企业，年总产值在一二百万元的水平徘徊，生产的也都是各家在生产的大路货。苦心经营了十几年，却始终还在原地踏步。后其凭借成功树立全国钙制剂中第一品牌的形象而发迹，继而用全新思维开发新产品"白加黑"而闻名全国。

东盛科技股份有限公司（简称"东盛科技"）以生物制药为主导产业，集医药研发、生产、营销为一体。1999 年 11 月，东盛科技成功控股上市公司青海同仁铝业股份有限公司，2000 年 3 月正式更名为"东盛科技"，实现了东盛与资本市场的顺利接轨，是东盛发展史上的重要里程碑。2001 年上半年，在我国首次以国际标准评价而产生的"最具成长性上市公司百强榜"中，东盛科技名列医药类板块第 1 位，总排名第 23 位，并作为惟一的一家医药类企业连续三年入围百强榜。

1 东盛科技启东盖天力制药股份有限公司介绍

1.1 公司概况

东盛科技启东盖天力制药股份有限公司，位于美丽的黄海之滨，其前身是启东制药厂。2000 年 8 月，启东盖天力制药股份有限公司与东盛科技实现强强联合，并于 2001 年 1 月，更名为东盛科技启东盖天力制药股份有限公司。

2004 年 4 月公司整体通过 GMP 认证，拥有片剂、小容量注射剂、胶囊剂、糖浆剂、颗粒剂等多种剂型。先后被评为"江苏省高新技术企业"、"全国医药系统先进集体"、"国家火炬计划重点高新技术企业"、"全国医药行业优秀企业"。

1.2 发展历程

2000 年 8 月，盖天力公司与东盛科技股份有限公司实现强强联合。

2001 年 1 月，公司更名为东盛科技启东盖天力制药股份有限公司，成为上市公司东盛科技股份有限公司的子公司。

2004 年 4 月，公司的片剂、颗粒剂、胶囊剂、糖浆剂、小容量注射剂先后通过国家 GMP 认证。

2004 年 6 月，据世界品牌实验室和世界经济论坛评估，"盖天力"品牌价值达 18.97 亿元，居"2004 年中国 500 最具价值品牌"第 288 位。

2004 年 11 月，"盖天力"被评为"中国驰名商标"，极大地提升了公司的商业品牌形象。

2008 年 7 月，公司与德国拜耳有限公司实现了以白加黑、小白、信力等三个非处方药感冒类产品为主的产权转让，创造了国内最大的一桩跨国产权交易案例。

2 "白加黑" 的开发创意

作为原盖天力公司的主打产品，在拥挤的感冒药市场上，跳出了一个新的品牌"白加黑"。说来难以置信，一个近乎搭了末班车的感冒药，却以高密度的广告轰炸超前一步，在一个月不到的时间内旋风般地占领了全国市场，成为广大消费者一致认可的感冒良药。这奇迹的背后，是一连串令人叫绝的惊叹号！

2.1 赌注，下在产品创意上

"白加黑"，是江苏省启东盖天力制药股份有限公司开发的产品。提起盖天力，也许无人不知，无人不晓，正是盖天力人铸造了誉满天下的盖天力，才有了盖天力人对"白加黑"的"异想天开"。

在"白加黑"上市前，市场上的感冒药不下几十种，在市场上站稳了脚跟的著名品牌也有 10 余种，"康泰克"、"帕尔克"、"三九感冒灵"、"康得"、"感冒通"等，且都已有了相当的知名度，在这种情况下开发"白加黑"，是"柳暗花明"还是"穷途末路"？有人说，即使"柳暗花明"，也要冒极大的风险。

盖天力人的自信，源自于一个崭新的意念，即产品的创意。"创意"这个词过去在广告界出现的频率最高，许多令人叫绝的广告创意，给生产厂商带来了数以千万乃至亿计的经济效益。但是，产品是不是需要创意，众多的产业界朋友们尚处在朦胧之中，而盖天力人却在松软的睡床上早早地醒来，率先舞起了产品创意的旗幡。他们认为，在激烈的市场竞争中，率先推出产品创意这个新招，不失为快速占领市场的良策。

产品创意，没有现成的模式可以借鉴，启东盖天力制药股份有限公司总经理徐无为带领公司的精兵强将，南下广州，北上北京，进行了广泛的市场调研，借鉴名牌广告公司广告创意的经验。回厂后，盖天力人下了这样的决心，一定要把这一产品当作一件艺术珍品来精雕细刻。三年中，他们先后召集了近百次专门会议，提出的各种方案有 100 多个，经过否定、肯定、否定之否定，终于筛选出了一套完整的产品创意方案。

这套独特的产品创意方案以黑白两色为基础，进行了全方位的延伸和辐射。人们常说，起个好名字，享用一辈子。启东盖天力人给新诞生的感冒药取名为"白加黑"，这平平淡淡的三个字，确有平中见奇之功，凝聚着全公司 1200 多名职工的心血，记录着 300 多个日日夜夜的脑力消耗。徐无为自豪地说，凭着这三个字，我们已经成功了一半。

当然，前一半只能说明精彩，而后一半才能验证辉煌。"白加黑"的后一半，更显得江中奇峰之峥嵘。打开"白加黑"的包装，12 粒片剂展现眼前，其中白色药片

8粒，黑色药片4粒，包装精美的外盒上清楚地写着：白天服白片，晚上服黑片，多么好懂易记，多么富有韵味！这样的绝佳创意，能不为消费者所乐易接受吗？

2.2 支点，创立治疗感冒新概念

一位科学伟人曾经说过，给我一个支点，我就能撬起整个地球。在酝酿开发"白加黑"的过程中，盖天力人用了大量的时间与精力，如果不苦苦寻求着这个"支点"，就不可能在凯旋门前留下威武雄壮的身影。

为了寻找这个"支点"，启东盖天力制药股份有限公司依赖建立在全国的庞大的医疗专家队伍，研究感冒的病因和病理，研究市场上的所有同类产品，研究感冒的临床表现和并发症，终于智慧的潜流汇成了一致的共识，那就是创立治疗感冒新概念。

感冒，是最常见的呼吸道疾病，发病时头痛发热、鼻塞流涕、流眼泪、咳嗽、四肢酸痛，白天没精打彩，晚上又不能很好休息，严重影响人们的生活和工作学习。当时市场上的各种抗感冒药，虽能缓解部分症状，但由于其中所含的抗组织胺药会引发头晕、嗜睡、乏力等副作用，人们期待抗感冒药能带来一场革命，寻找到一条治疗感冒的新途径。

"白加黑"感冒片，在国内第一次采用日夜分开的给药方法，白天、黑夜服用组方成分不同的制剂，白天服用的白色片剂，由扑热息痛等几种药物组成，能迅速消除一切感冒症状，且绝无嗜睡副作用，服药后可以正常坚持工作和学习；夜晚服用的黑片剂，在日制剂的基础上加入了另一种成份，抗过敏作用更强，能使患者更好地休息。至此，启东盖天力制药股份有限公司在所有感冒类药物中首开先河，确确凿凿地带来了一场感冒药的革命，给广大患者带来了福音，从而被确认为国家级新药。

经上海第二医科大学研究证明，"白加黑"有可靠的解热、镇痛、镇咳和收缩毛细血管作用；经江苏省人民医院、南京军区总医院等多家医院临床观察表明，用"白加黑"治疗139例，痊愈88例，显效46例，显效率达96.4%。

2.3 押宝，挥动策划大手笔

有了高品位的产品创意，又创造了治疗感冒新概念，这就等于有了一个巨大的平面，拥有了两个坚实的支撑点。但是，按照几何学的定理，三个点才能支撑一个平面，那么，这最后一个点该如何选择呢？

盖天力人毫无犹豫地选择了"CI①"策划，这是一个庞大的"押宝"计划，他们先后多次冒着酷暑，南下到我国"CI"的发源地广州，寻找合作伙伴。

广州新境界广告有限公司，是我国最早推行"CI"战略的公司之一，他们曾成功地为"太阳神"、"科龙"、"李宁"等品牌策划了"CI"战略。总经理徐无为果断决定，选择新境界公司为盖天力公司进行"CI"导入，经过几个月的努力，一套完

---

① CI：Corporate Identity，即企业标志。

整的"CI"导入方案出台了！企业识别标志采用原始、简明、朴素的圆球形进行疏密相间地组合，传达企业的亲和、严肃和崇高，折射了企业敬业、求实、敢为天下先的经营理念。

广告创意是"白加黑"这一品牌的重中之重，启东盖天力制药公司邀请了在影视广告片制作上颇负盛名的广东省白马广告有限公司承担"白加黑"的广告创意，一句"清除感冒，黑白分明"的广告语，获得众多专家的一致赞许，以极强的冲击力，震撼了广大感冒患者的心灵。

3 东盛科技收购盖天力，强强联合

在收购盖天力之前，东盛科技医药产品都是处方药，根据国家规定处方药不能在大众媒体上进行广告宣传，所以其产品的推广和销售受到相当大的限制。而且随着国家医疗改革的不断加快，非处方药也纳入了医疗保险的范畴，老百姓的一些常见病，如感冒、咳嗽等不需要到医院去看，直接到药店买药就可以了。但是只有非处方药（OTC）才能进入药店销售，而且OTC产品还可以做广告宣传，蕴涵着巨大的市场空间。

江苏启东盖天力制药股份有限公司名下的OTC产品："白加黑"是国内著名感冒药，"盖天力"是补钙药的先驱，处方药"金克"是建国以来少有的具有自主知识产权的国家一类新药。盖天力公司曾被国务院发展研究中心评为"中国500家最佳经济效益工业企业"。公司曾经和著名的三九医药最早在中央电视台做广告，但是由于体制的原因，曾经创造辉煌的盖天力公司在2000年步入了历史最低点，生产和销售举步维艰。启东市国资局通过互联网向全国的医药企业发布了股权转让的消息，三九医药、东北制药、华北制药、江苏先声、吉林敖东、美国的家庭用品公司等多家国内外著名公司表示了非常强烈的收购意向。

2000年11月6日，东盛科技与盖天力制药成功强强联合，实现了东盛科技与启东盖天力在资本优势和产品品质、网络优势和品牌效应方面的嫁接，为东盛科技进入OTC市场奠定了坚实的基础。紧接着，2000年11月15日，国家药品监督管理局发布了《关于暂停使用和销售含苯丙醇胺的药品制剂的通知》，即著名的"PPA"事件。国内原来的感冒药第一品牌"康泰克"意外出局，"白加黑"东山再起，重新夺回国内第一市场份额，东盛收购盖天力实现了真正意义的多赢局面。收购后第一年即2001年"白加黑"实现销售2.4亿元、"盖天力"实现销售1.08亿元，是东盛科技2001年被评为医药行业上市公司第一名的决定性因素，目前是上市公司东盛科技的主要利润来源。

4 "白加黑"改嫁

2008年7月6日上午，东盛启东盖天力将"白加黑"正式移交给它的新东家——国际制药巨头Bayer（拜耳）。同时移交的还有"小白"糖浆和"信力"止咳糖浆。

自 2006 年 10 月拜耳下了"聘礼",到 2007 年 10 月得到商务部批准,再到 2008 年 3 月,东盛科技才将包括"白加黑"在内的止咳及抗感冒类西药非处方药业务及相关资产顺利出售给拜耳,作价 12.64 亿元(这还不包括由于汇率变化导致的溢价)。这是中国制药领域最大的一起外资并购案。易主后的"白加黑"还将在启东盖天力的原厂生产,并使用原有的销售渠道,唯一不同的是它将换上带有拜耳标识的新包装。

然而作为国内制药行业的龙头,东盛科技旗下的"白加黑"的知名度和市场表现都很不错。从国内最大的连锁药店老百姓大药房可以了解到,在国内众多感冒药品牌中,"白加黑"销量一直稳居前三名。这样一只赚钱的"金鸡",东盛科技何以拱手让与他人?

4.1 忍痛割爱

"是因为资金链紧张,才不得已而为之。"东盛科技董事长郭家学坦言。据介绍,从 1996 年至 2004 年,短短 8 年间,东盛科技出手进行过 20 多次并购,平均每年两到三起。在把众多制药企业收入囊中的同时,东盛科技也给自己带来了极高的资产负债率,不得不把很大一部分利润交给银行。东盛科技曾试图把"白加黑"所在的启东盖天力制药公司拿到海外上市,但方案未能获批。2006 年,东盛科技决定出售以"白加黑"为主的盖天力非处方药业务,于是拜耳找上门来。

4.2 拜耳欲"借鸡生蛋"

东盛科技在公告中称,向拜耳出售的资产除"白加黑"感冒片外,还有"小白"糖浆和"信力"止咳糖浆,以及与此相关的生产线及销售渠道。这意味着在此次收购中,拜耳不仅得到了一块非处方药的金字招牌,还得到了一家生产基地和一套现成的销售网络,为其扩张非处方药业务搭起了一块跳板。

目前我国 80% 的药品通过医院销售,各跨国制药企业均将在华业务重点放在了处方药上,拜耳也不例外。随着我国医疗制度改革的深入,以药店零售为主的非处方药市场潜力逐渐显现出来。北京医药行业协会秘书长戴盛明表示,非处方药由消费者自行选购,不仅覆盖面大、市场容量大、品牌影响力也大。跨国公司要打进非处方药市场,销售渠道是一道绕不开的坎儿。拜耳把盖天力的非处方药业务和渠道一起买断,可谓借鸡生蛋、一举两得。

4.3 转型中药,不定性很大

在卖掉"白加黑"之后,东盛虽然能获得大笔资金以缓解目前的资金紧张状态,但却因此丧失了一个成熟的主营产品,这在很多市场人士看来无异于饮鸩止渴。

东盛声称广誉远的龟龄集系列产品将代替白加黑的位置,成为东盛的主打产品。郭家学更是盼望借助龟龄集系列产品,将东盛打造成一个市值达 200 亿的公司。

据悉,广誉远前身是山西中药厂,是我国从事中药生产历史最久的中药企业之一,其重要产品包含龟龄集、定坤丹、龟龄酒等。龟龄集和定坤丹属于中国四大保密中药品种。"绝密品种我只听过片仔癀、云南白药以及六神丸，没有听说过龟龄集和定坤丹是保密中药。"业内专业人士如是说，并认为东盛转行做中药很容易，但想要把中药做好不容易。

而一位医药行业分析师指出，东盛涉足中药行业能不能成功，主要要看它的营销怎么做。但如果公司的钱都用来偿还银行的欠款，对公司中药事业的发展确定有很大影响。

所以就东盛在出售"白加黑"的发展如何，一切还待时间的检验。

5 尾声

东盛科技通过健全制度、服务并购，实现了公司规模和营收的高速增长；通过实施瘦身计划、高价出售资产解决资金紧张难题，缓解了因公司资金紧张可能引发的资金链断裂风险；通过逐步强化公司内控管理，快速加强了内部管理以及重点产品的品牌营销。尽管世界经济环境千变万化，但医药行业依然是一个朝阳行业，也是最能造福于民生的行业，东盛科技一直为造福于民生而不懈地努力着。

案例使用说明

一、教学目的与用途

1. 本案例适用于管理学中企业资本运作管理的讲授。

2. 本案例是让学生认识到企业资本运作管理的重要性，它与企业的命脉息息相关。借助"白加黑"现实案例的学习中，希望能够为处于困境之中、为解决医药企业实际运营过程中可能出现的问题提供一些思路。

二、启发思考题

1. "白加黑"感冒药的成功运作，对我国医药产品有什么启示？

2. 在你看来，何种医药企业、医药产品值得投资？说明原因。

本章参考资料

[1] 邓道勇. 云南白药：依托资本运作尝试转型 [N]. 中国经济时报，2009 - 6 - 3 (4)

[2] 云南白药集团股份有限公司. 云南白药集团股份有限公司 2010 年社会责任报告 [Z] 巨潮资讯网，2011 - 3 - 15

[3] 叶颂涛. 云南白药：2009 年经营情况分析 [Z]. 长江证券研究所，2010 - 4 - 26

[4] 云南白药集团官方网站 http://www.yunnanbaiyao.com.cn/

[5] 杨洋. 云南白药通过资本运作增强核心竞争力的实证分析 [J]. 昆明理工大学学报（社会科学版），2004 (2)

［6］复星集团官方网站 http://www.fosun.com/

［7］马宇文，杨琼媛，张惠芳．大公司投资管理基准研究之复星国际［J］．新材料产业，2012（8）

［8］上海绿地集团办公室．价值发现　企业整合　产业选择　资本运作——复星国际产业与资本运作模式探讨［Z］．上海：绿地研究，2007

［9］复星医药官方网站 http://www.fosunpharma.com/

［10］复星医药：优化医药产业链　成就健康生活［J］．WTO经济导刊，2008（15）

［11］吴湛．从复星医药并购案例看我国医药企业战略并购与整合［D］．成都：西南财经大学，2005

［12］李天柱，银路，程跃．美国生物制药企业的发展路径研究及其启示［J］．中国软科学，2010（5）

［13］东盛科技启东盖天力制药股份有限公司官方网站 http://www.topsun.com/QDGTL/

［14］王维生，韩文根．"白加黑"从名牌摇篮中走来——启东盖天力制药公司开发创意产品纪实［J］．公关世界，1995（2）

［15］沈威宇．"白加黑"的彩色世界［EB/OL］．http://www.qidongnews.com/html/2008-1/200811880835.htm.2008-1-18

［16］常怡．拜尔10亿收购盖天力三大品牌［N］．经济观察报，2006-10-30（29）

第十五章

企业国际化管理

　　企业的国际化管理是指企业为了寻求更大的市场、寻找更好的资源、追逐更高的利润，而突破一个国家的界限，在两个或两个以上的国家从事生产、销售、服务等活动。一个企业寻求国际化的动因有：为现有的产品和服务寻找新的顾客；寻找低成本的资源；打造企业的核心竞争力等等。企业国际化过程中必须面对跨国管理的能力、非本土语言环境的适应性等各种困扰，与异国本土企业相比，他们在海外市场上将更多地扮演追赶者的角色。对于医药企业来说，更是如此，技术、品牌认知度和销售量等是其跨国经营必须跨过的关口。本章选编的 4 个企业国际化管理案例涉及的医药企业是美国的强生制药、国内的海正药业、天士力集团和印度的南新制药，从各企业的国际化管理历程中提出它们成功的经验与亮点。

强生：因爱而生

　　摘要：作为世界排名前列的医药企业之一——强生制药在其国际化历程中有其独特的亮点。强生之所以能够在世界范围内发展如此壮大，首先它重视企业形象，制定企业积极的经营信条并持之以恒。强生公司制定了四条在从事商业活动的时候必须遵守的核心价值，在这四个信条里，对客户的责任被放在了最重要的位置。"客户在这里指的是父亲、母亲、医生、护士，这些我们为之提供服务以及产品的人，因为只要他们开心了，我们的企业就实现了价值。"强生如是说。强生以往成功的危机公关就是它对其信条的最好的阐释；同时，强生通过各项关爱计划，不断提高自身影响。强生，因爱而生。

　　关键词：因爱而生；邦迪；收购大宝；强人计划

引言

　　强生成立于 1886 年，公司总部位于美国新泽西州，生产并推广高品质健康产品和健康服务。它的产品畅销于 175 个国家地区，涉及消费品及个人护理产品、医药产品和医疗器材及诊断产品市场等多个领域。它在全球范围遍布 57 个国家，共建有

250 多家分公司，拥有 11 万 5 千余名员工。强生面向全球市场的开展策略始于 1919 年，在加拿大成立了第一家分公司。1985 年，强生在中国建立了第一家合资企业——西安杨森制药有限公司。此后，强生又于 1988 年、1992 年、1994 年、1995 年及 1998 年分别在中国建立了多家子公司，2008 年，强生公司收购了北京大宝化妆品有限公司，至此，强生组成了一个庞大的在华企业，目前强生有在华员工 7000 余名。强生自成立至今，所获殊荣颇多，曾荣获《财富》2006 年度评选最受赞誉公司之一，并在医药品领域获得排名第一的殊荣。还被西班牙女性、职业女性、残疾人、制药业工作者视为最佳雇主之一。2010《财富》英文网发布了 2010 年《财富》世界 500 强企业强生排名第 108 位。2011 年《福布斯》网站评出最受美国消费者欢迎的企业品牌 100 强，强生排名首位。

1 强生公司文化

强生信条：真挚地教诲每一位员工，首先关注客户，关注世界上所有的医生、护士和父母们；其次，关注自己的员工，并尊重他们的尊严和价值；另外，也关注社会，时刻提醒自己为社会做出贡献，维护所共有的财产；最后，关注股东的利益，给股东以合理的回报。强生相信，在我们的身边，存在着一些巨人，他们以巨大的爱做细小的事，让心灵获得慰藉，让创伤得到安抚，让人们得到关爱。强生，以医疗卫生和个人护理的经验和智慧，与这些巨人并肩，用爱推动人与人的关爱。

强生深知，品牌的竞争也就是企业及品牌文化的竞争。强生在多年的中国市场经营中之所以取得如此骄人的业绩，其中关键一点就是建立了强有力的企业文化系统。公司的定位策略、产品策略、价格策略、渠道策略、推广策略、广告策略、人才策略等都在这一理念的指导下开展一切营销活动。不管在强盛时期还是在危急关头，公司一切都以其文化为基点。著名的"泰利诺"中毒事件的妥善处理被行家认为是"20 世纪最好的公关活动，媒介的巨大作用以及公司形象的三要案例"。强生公司的"诚实"：把"盖子"掀开，即在遇到最危急时刻，公司首先考虑公众和消费者的利益选择了自己承担巨大损失，把预警消息通过媒介发向全国，并收回全部药品。在这一事件中，强生公司针对消费者发起了一场表明自己立场，显示其社会道德责任心的企业文化及传播运动。

2 强生在中国跨国经营的历程

1985 年，美国强生公司在中国成立了第一家合资企业——西安杨森制药有限公司，生产药品。1988 年、1992 年、1994 年、1995 年及 1998 年分别在中国建立了多家子公司，包括上海强生有限公司、强生（中国）有限公司、强生（中国）医疗器材有限公司、上海强生制药有限公司及强生（中国）投资有限公司。2006 年，强生又分别在中国成立了强生视力健（上海）商贸有限公司和强生（苏州）医疗器材有限公司。2008 年，强生公司收购了北京大宝化妆品有限公司，共同组成了强生在中国的一个庞大而温暖的家庭。目前，强生在中国已经拥有九家公司和机构，除药品以外，强生中国公司的产品还有医疗器械、视力保健产品和日用消费品。

强生公司在华总投资额为 2.7 亿美元，目前员工共达 7000 余名。十几年来，强生在华公司获得了良好的发展，成为中国外商投资企业的佼佼者。其中，西安杨森制药有限公司连续四年被评为"中国十大最佳合资企业"之一，并两度获得第一名。西安杨森被《财富》杂志（中文版）评为"中国十大最受赞赏的外资公司"之一。

2.1 在华成立第一家合资公司

1985 年强生在中国成立了第一家合资企业——西安杨森制药有限公司。西安杨森制药有限公司是美国强生集团在华最大的子公司，同时也是中国最大的合资制药企业。公司总部位于北京，生产基地位于西安。在过去的 20 多年中，公司保持持续稳定发展，成为了中国领先的合资制药企业。

西安杨森公司是由比利时杨森制药有限公司与陕西省医药总公司、陕西汉江药业股份有限公司、中国医药工业公司和中国医药对外贸易总公司合资兴建的大型现代化制药企业。公司业务包括生产和销售高质量的药品，产品主要涉及胃肠病学、神经学、变态反应学、疼痛管理学、抗菌学和抗肿瘤等领域。

1985 年 10 月 22 日，西安杨森正式成立，成为了强生大家庭的一员。强生公司是世界上最大的综合医疗保健产品制造商，致力于为消费者、制药业、医疗器械以及诊断市场提供专业化服务。

西安杨森公司不断着眼于未来，上市了生物制剂、心血管、风湿和泌尿等诸多领域的产品，公司还致力于不断引进新的药品，提高中国的医疗卫生水平以服务于中国的广大患者。

西安杨森公司遵从强生制药信条的原则，致力于公司的长期发展。这是公司在过去取得成功的原因，也是在未来成长的保障。

2.2 强生邦迪的诞生与成功

1988 年强生在华成立了上海强生有限公司，生产邦迪创口贴。

20 世纪初，美国强生公司的一名员工埃尔·迪克森将粗硬纱布和绷带粘合在一起，发明了一种外科轻微创伤用快速止血产品，公司将它命名为 Band - Aid（邦迪）。邦迪创可贴实际上是由具有弹性的纺织物与橡皮膏胶粘剂组成的长条形胶布。

中国人在肢体受到轻微创伤时有一个习惯，就是喜欢用嘴将伤口一吸或者干脆扯一根布条将伤口简单包扎一下。强生公司从中嗅到商机，随即将邦迪创可贴投放中国市场，这个方便实用的小发明，由于符合中国人对小伤口的护理习惯，一举占据了中国小创伤护理市场的半壁江山，并累计销售超过千亿片。

事实上，在邦迪来到中国之前，中国的小创伤护理市场一直由云南白药散剂占据着，白药散剂虽然不能为云南白药带来巨额利润，但这个有着近百年历史的名牌产品足以让云南白药日子过得滋润而富足，但这种惬意的好日子在遭遇强生公司后便不复往日。经过邦迪连续多年的精心布局，此时的云南白药散剂，一度在各大城市的药店中鲜见踪影。

邦迪的成功意味着"小胶布"止血市场有着巨大的空间，这也是市场上新的创可贴产品纷至沓来的原因所在。

遗憾的是，在传统观念里，创可贴始终被看作一种同质化的消费品，是被认定为"不可能做出花样来"的商品。认知高度决定了竞争的高度，在邦迪"垄断"中国市场的同时，绝大多数中国创可贴品牌都在追逐模仿邦迪的产品形式，只是为了在邦迪做大的市场蛋糕上获得一点分食的机会，无厘头式的价格战毫无悬念地成为各个品牌争夺市场的唯一选择。于是在中国市场上，创可贴品牌杂乱，产品雷同而缺失个性，仅有的一点差异，无非是多了几个消费者根本记不住的生产企业名称而已。

低层次、无差异，缺乏个性的竞争导致的后果是，众多本土创可贴品牌成为邦迪这个行业大佬阴影遮掩下的市场侏儒，勉强求生，没有一个品牌能够成长起来与邦迪分庭抗礼。

不过，云南白药创口贴已卷土重来，两者分庭抗礼，云南白药创口贴大有取而代之的趋势，这边不再做叙述。

2.3 收购大宝

2.3.1 背景

"大宝，明天见，大宝啊，天天见。"这句当年流行的广告语至今还存于好多人的记忆深处。从1985年诞生至今，"大宝"品牌已在全国的超市和便利店建立了3000多个专柜，旗下的"SOD 蜜"、"日霜、晚霜"都是家喻户晓的产品。

"高质量、低价位、服务大众"，这是大宝的经营宗旨。作为土生土长的北京品牌，大宝从其诞生的那一刻就有着浓郁的"北京味"。10 多年前，在当年的学生宿舍，不管男生女生，几乎每个宿舍都有一瓶 SOD 蜜。而对于年龄稍大一些的女士，对大宝则有一份格外的情感。

北京亦庄荣华中路 12 号，大宝的厂址。离这里还有一段距离的时候，就能看到路边偌大的"大宝"两个字。在 1993 年，SOD 系列化妆品被北京市质量协会评为首都用户满意产品。由于福利企业的性质，大宝在发展过程中，还支持了 1 亿多元用于北京市福利企业的技术革新，并帮助部分企业扭亏。在中国，大宝是最具代表性的化妆品品牌。

2.3.2 收购大宝

2008 年 7 月 30 日，强生发布了一则令人关注的消息——收购大宝成功。强生分别收购了北京三露厂和大宝职工持股会持有的 83.42% 国有股和 16.58% 职工股。强生方面表示，交易的条款中包含了一份全面的员工安置方案，以有效保障员工的利益。对此，外界对其褒贬不一，很多人对名族品牌的流失颇为惋惜。强生方面表示，作为深受中国消费者欢迎的品牌，大宝的品牌将被保留，原有的产品线暂时也不会发生变化；同时，借助强生在市场营销、研发和产品创新领域的经验，将进一步发展大宝品牌。

2.3.3 原因分析

跨国企业发动收购主要有几种目的：一是借助收购进入某个新的市场或行业；二是直接消灭竞争对手；三是看中被收购品牌的某些优势。

从强生看：首先，从大宝的品牌"家底"来看，尽管近年来有所萎缩，但还算殷实。大宝每年还可以贡献5000万左右的净利润。更重要的是，大宝品牌的知名度和美誉度都相当不错。也就是说，强生买了一个"会赚钱的好孩子"，即使不赚，也不可能赔本。

其次，大宝产品定位低端，在二三线城市以及农村市场拥有良好口碑，强生主要产品定位中高端，渠道网络也集中在大中城市，正好形成渠道互补。借助大宝，强生可以更迅速、更有效地开拓中小城市及农村市场。

第三，大宝的终端资源相当丰富，它在全国拥有350个商场专柜和3000多个超市专柜。如此庞大的终端资源，不论是让大宝继续沿用，还是"曲线变脸"，铺上强生旗下其他品牌与产品，都是一笔巨大的市场财富。

第四，因为强生是全资收购大宝，拥有了对于大宝品牌及其他资源的绝对支配权，也就从根本上避免了各种可能的问题纠纷。当然，这并不代表强生整合大宝会一帆风顺。如何整合大宝，如何调整自己的品牌营销体系，是强生面临的更为棘手的难题。只有到了品牌整合成功的那一天，才能宣示这场并购的完美成功。

强生通过建立合资企业、建立独资子公司、收购等方式与当地文化融合，扩大规模，实施多品牌化战略，借助本土企业的销售渠道和品牌影响，迅速占领市场。

3 在华成功的经验

3.1 重视企业形象，塑造强势品牌

用品牌来占领市场，以品牌为核心的整合营销传播是强生公司进入中国市场的重要策略之一。强生公司以对消费者负责的经营理念、独特的企业文化，配合其创新的多种媒体和各种促销活动以及网站的建立及应用，既赢得了消费者的厚爱，也获得了丰厚的市场回报。

在强生的经营宗旨《我们的信条》中，强调"首先对我们的消费者和客户负责"，强生公司的品牌策略根植于其经营宗旨。公司的产品策略、价格策略、渠道策略、推广策略、广告策略、人才策略、定位策略等都在经营理念的指导下展开——不管在强盛时期，还是在危机关头。

可以看到，强生公司在华还以公关做品牌。强生认为公关和销售是有距离的，公关看重的是怎样扩大市场的份额和规模。公关活动并不是最有力的促销工具而是建立品牌的工具。强生通过各种形式向公共医疗服务设施的建设、教学和科研项目，向洪水灾区、老区、贫困地方和社会扶贫公益基金等提供捐助等形式建立企业的形象和品牌。

强生公司还在许多产品的包装上明显地标示一个免费的电话号码。消费者可以

在任何时间内打电话询问有关产品的知识。有关人员会耐心地介绍与解释产品的特性与使用的方法。这种关系营销策略很快地与消费者拉近了距离。消费者对其产品更相信，自然也更希望能够买它的产品。

3.2 研发之道——"借鸡下蛋" + 自我创新

强生要做市场的领舞者，而非跟着人家跳舞——这就强调技术的领先。强生在中国，第一是提供创新的技术、创新的产品；第二是教育，对医疗人员和病人进行教育，提高他们的专业技术。

强生在科研方面通过合作、企业兼并和投资风险企业等获得其他公司的技术和科研资源。"借鸡下蛋"提高了研发效率，增强了企业竞争力。自 1990 年以来公司共兼并了将近 50 家公司。其中不乏在药物释放技术领域居世界前列的美国 ALZA 等强势企业。

强生公司提出创新要不怕出丑和失败，要形成一种文化。为了启发大家的思路，强生公司邀请了美国耐克等非本行业公司介绍经验，强生认为应当跳出本公司的局限，选择更广和更高的角度考虑公司今后的发展战略与产品创新。

3.3 网络营销

在 2000 年，强生独自成立了两家网络公司：重点研究和开发强生公司的电子商务事业的"电子强生"公司，以及重点介绍强生公司的产品和服务、研究开发，并提供电子商务服务项目的"电子强生门户"公司。下面以强生在中国的网络营销进行阐述。

（1）ECR（Efficient Customer Response 有效顾客反应）

ECR 是一种通过对制造商、批发商和零售商各自经济活动的整合，以最低的成本，最快、最好地实现消费者需求的流通模式。其核心在于通过信息流的整合和共享，实现对商家的有效补货和对消费者需求的快速反应。

（2）腾龙计划

强生医疗正在推动"腾龙计划"，即通过促进分销商的信息化实现对其有效管理，提高供应链管理水平以适应电子商务时代的要求。

（3）再造信息流

完成"腾龙计划"后，强生医疗将把销售信息的掌握节奏精确到天，并通过信息化的纽带实现信息流、物流和资金流整合的大步跨越。

3.4 管理之道："一盘散沙"式

在新生市场，强生首先结网布阵、攻城略地，通过收购、设立子公司等扩大规模，之后则采取一盘散沙式管理。

在强生，分权是一种贯彻始终的管理文化，分权 = 创造力 = 生产力。强生深信小而完全授权的单位能创造新产品，开发新市场，因此尽量保持小而独立的公司，由公司自行负责生产、行销、配销及研发。购并新公司后亦维持其独立性，并不断从现有组织中分支成独立的公司。各子公司间奉行相同的信念，却不一定奉行相同的管理模式，每一个影响广泛的业务部门其经营模式都像一个独立的企业。公司能够将自己变为一个动力室，其原因就是：无论是公司收购来的还是公司创建起的每一个业务部门，都获得了近乎完全的自主权。这种独立意识培养了一种创业精神，使得强生公司在其他公司犹豫不决时也能保持激烈的竞争。给予各业务部门相对自主权，这使公司有能力对新兴机遇做出迅速反应。强有力的信念维系使下属公司在竞争中有序发展，企业间的资源也得到了最有效的分配和利用。

4 尾声

强生之所以能够在世界范围内发展壮大尤其在华发展获得如此成功，首先在于它重视企业形象，制定了企业积极的经营信条并持之以恒。

其次它建立了符合企业本身的信息管理系统，整合物流、信息流、资金流，建立完善的供应链管理。

强生还坚持技术创新，以质取胜，面向消费者，以市场需求为出发点不断扩大产品使用价值。并且多渠道宣传营销，捕捉消费者心理，通过准确定位的广告策划和投放接近目标人群，建立成熟的营销模式。

同时适度放权，在坚持公司信念的前提下，保持各员工各部门的灵活性，实现资源的有效利用。建立完备的择才、用才以及人才储备计划，激励员工争取自我完善。

最后它有长远的未来规划。颇具远见的强生 CEO 约翰逊坚信，必须"创造储备"和"未雨绸缪"。

案例使用说明

一、教学目的与用途

1. 本案例适用于管理学中企业扩张，国际化管理内容的讲授。

2. 本案例可以让学生从强生国际化管理所选择的方式中看出企业扩张的原因及路径。

二、启发思考题

1. 如果强生还想扩大它的事业版图，应该从何处着手，继续扩张还是开发新产品？说明原因。

2. 以中国为例的强生国际化进程中的可取之处在哪里？

海正药业：巨人的腾飞

摘要：海正药业的成长让人印象深刻的不仅是数量扩张，其成长的稳定性及增长速度更是值得关注。在海正药业的历史上，几乎没有过亏损，这充分显示出海正药业业绩增长的非凡稳定性；从增长质量看，海正药业的成长并不是高度依赖外在投入或各种关系尤其是地方政府支持，而是更多依靠自身市场竞争力提升（建立在国际竞争力基础上的核心能力）、依靠制度创新与技术进步。

关键词：海正；制剂原料；创新；国际化

引言

始创于 1956 年的浙江海正药业股份有限公司（简称"海正药业"）秉承"执著药物创新，成就健康梦想"的使命和"成为广受尊重的全球化制药企业"的愿景，致力于整合药物研发与生产资源，为全球客户提供更好的产品和服务。在海正药业近 60 年的发展历程中，所获殊荣无数。2009 年，海正药业荣获"全国五一劳动奖状"，海正药业、HISUN 及图形被认定为"中国驰名商标"。2010 年，海正药业实现主营业务收入 45.44 亿元，同比增长 13.51%；实现营业利润 4.33 亿元，同比增长 26.31%；归属母公司海正药业净利润 3.66 亿元，同比增长 34.35%。2011 年 1 月海正药业荣获"2010 年度医药企业社会责任优秀奖"。公司目前发展迅速。

1 公司发展现状

海正作为国家首批创新型企业，早在 2001 年就建立了国家认定的企业技术中心和博士后科研工作站，目前拥有专职研发人员 400 多名。技术中心设有 50 多个单元实验室，研发领域涵盖化学合成、微生物发酵、生物技术、天然植物提取及制剂开发等多个方面，产品治疗领域涉及抗肿瘤、心血管系统、抗感染、抗寄生虫、内分泌调节、免疫抑制、抗抑郁等。

海正与国内 30 多家知名的科研院校保持着密切的协作关系，在多所大学建有实验室。与美国、日本、欧洲等国外研究机构开展新药合作研究开发，与国外大公司通过项目转移、委托开发等模式进行合作。海正的年均 R&D 投入占销售额的 8% 以上。

海正的另一个关键性战略是保持并拓展其国际客户网络。通过提供全面的产品和服务，海正 80% 以上的原料药产品销往 30 多个国家，特别是在欧美地区拥有领先的市场份额。从 1989 年起，海正开始欧美市场的药政注册工作。1992 年，海正获得了首批 FDA 认证。美国 FDA 官员先后十多次前来海正进行检查，欧盟、德国、英国、日本、韩国、澳大利亚等官方也相继来检查。目前，海正共有 18 个产品已获得批准进入美国市场，14 个产品获得 CEP[①] 证书。

2 持续创新使海正药业走向国际化

医药产业属于高技术、高附加值、高利润、高风险的国际化产业。在全世界

---

① CEP：指企业环境绩效。

4000 多亿美元的市场销售份额中，绝大部分是西药。西药是当今国际市场、国内市场占绝对主导地位的药品。美国的辉瑞、默克、英国的葛兰素、德国的拜耳等国际医药大公司几乎垄断了全世界西药新药品的专利和产品的知识产权及生产经营权。我国销售的药品中，除中药和个别品种外，90%均是生产销售西方发达国家专利保护期失效的药品或是仿制非专利药品，拥有自主独立知识产权的主打西药品种几乎没有。

面对国际医药大公司对西药的垄断局面，面对技术水平强得多的国际大型制药巨头的强有力竞争，海正药业不畏强手、不畏困难，凭借自身精湛的工艺、一流的人才、高质量过硬的产品和经营战略，一举把现今抗生素药物中的重要原料药——阿霉素等 9 个产品打进了美国市场，全部获得 FDA 认证，并占据美国市场该类原料药的 65%。另有 7 个产品获得 COS① 注册，药品的 80% 出口到欧美、东南亚等 30 多个国家和地区。抗肿瘤药在国内市场占有 1/3 以上的份额。海正药业不仅是国内最大的抗生素抗肿瘤药物生产基地，也是国内唯——家由 WHO 指定的全球抗多重耐药性结核病药物生产企业，海正药业在国际原料药市场竞争中，赢得了重要的市场份额，为中国西药产业进军国际市场闯出了新路。

2.1 海正药业之路

海正药业集团的前身为浙江海门制药厂，始建于 1956 年，从林产化工起步，70 年代涉足医药领域。1981 年，当改革开放时，海正药业从改革入手，狠抓企业管理，积极落实厂部对车间的经济责任制，充分调动起广大科技人员和职工群众的生产积极性和创造性，焕发了企业扩大再生产的无穷活力，企业面貌为之一变。经过十几年的发展，海门制药厂积累了一定的资金，培养了一批管理人才和技术人才，为后来的发展奠定了基础。

1997 年浙江海门制药厂整体改造成浙江海正药业集团有限公司，这标志着海正药业从工厂制向公司制的转变迈出了实质性的一步。而正是由于取得了国有资产授权的经营权，海正药业从此开始了产品经营向资本经营拓展的新飞跃。由此开始，一个股份制的公司和企业在海正药业集团应运而生。

1998 年 2 月，以浙江海正药业集团有限公司为主要发起人，由国投兴业有限公司、三龙投资（中国）有限公司、四川抗菌素工业研究所、上海医药工业研究院、中国药科大学、浙江医药工业有限公司及第二军医大学朝晖制药厂等数家单位共同发起成立了浙江海正药业股份有限公司，主营抗肿瘤药、心血管系统药、抗寄生虫药、抗感染药等系列的原料药和制剂产品，这成为了集团的核心企业。

1998 年 12 月，还是以浙江海正药业集团有限公司为主要发起人，联合了国投兴业有限公司中化宁波进出口公司、深圳原深实业有限公司等六家单位组建了高科技的浙江海正药业化工股份有限公司，生产低毒、高效、少污染的合成农药、兽药及杀虫剂、除草剂、杀菌剂"三剂"等三大系列产品。

---

① COS：Certificate of Suitability，指的是欧洲药典适用性认证。

2002 年海正药业集团建成了国家认定的企业技术中心和博士后科研工作站。

目前海正药业集团公司总资产 26.2 亿元，占地 90 多万平方米，员工 3000 多人，拥有 1 家 A 股上市公司和多家控股子公司，产业涉及医药原料药及制剂、生物农药、医化中间体、动物保健品、天然药物、热电、环保产业等领域。

2.2 海正药业的腾飞

改革开放以来，海正药业由一个化工小厂发展成为一个拥有 26 亿多元资产、1 家 A 股上市公司和多家控股子公司，产业涉及医药原料药及制剂、生物农药、天然药物、环保产业等诸多领域的集团公司，主要得益于超前投入的研究开发、舍得投入的技术改造、先人一步的药政注册和接轨国际的资源整合。

2.2.1 超前投入的研究开发

创新是企业发展永恒的主题，依靠技术创新、不断调整产品结构是海正药业持续、快速发展的不竭动力。海正药业在新药开发和产品结构调整上坚持领先一步，坚持高科技、高起点，大致走过了"花钱买鱼"、"借池养鱼"、"放水养鱼"、"筑池养鱼"四个阶段。

上世纪 70 年代，当时海正药业工厂的技术力量薄弱、设备落后，为了求得生存，花钱向科研单位购买成熟的技术进行产业化。1977 年，以 9 万元从上海医药工业研究院购买了一种治疗前列腺的新药成果进行生产。就这样，到了 1979 年前后，工厂已成为产值超千万元的小巨人企业，这进一步坚定了海正药业调整产品结构的思路。

1989 年，海正药业从上海医药工业研究院买断了阿霉素实验室成果，经过近三年的产业化开发，1990 年成功投产，填补了国内空白。原国家医药管理局破例为一家地方国营小企业在北京举行中外新闻发布会，宣告海正药业结束了我国抗肿瘤药长期依赖进口的历史。阿霉素成为海正药业发展史上的一个里程碑，它使海正药业从此在医药行业站起来，同时也是海正药业"花钱买鱼"成功的案例之一，至今销售毛利率仍保持在 60% 以上。

进入"八五"以后，海正药业开始"借池养鱼"，对科研单位中有发展前景的半成熟或初期研究成果给予经费支持，借助科研单位雄厚的技术力量进行开发。阿佛菌素就是海正药业与上海市农药研究所合作的成果。该成果在 1994 年实现了产业化，在国际驱虫药市场的占有率达 40% 以上，成为海正药业历史上第一只单品种利润超亿元的产品，并使海正药业从此富了起来。

有了资金、技术和经营管理经验的积累，海正药业开始"放水养鱼"。即根据市场需求和战略发展需要，与科研单位联合出课题，或企业出资、出课题与多家科研单位一起联合攻关，集各家之智，取各家之长，组装技术，快速实现产业化。他汀类药物的开发就是一个很好的例证。海正药业组合了国内多家科研单位各自在菌种选育、发酵、提取等专业领域的优势，同时引进了国外先进生产技术，成功开发了避专利工艺，目前生产规模和技术水平居世界第二。

现阶段，海正药业研发重点已经转移到"筑池养鱼"上。为了进一步提高公司的核心竞争力，海正药业十分重视自己的研发机构的建设。海正药业已搭建了国家级企业技术中心和博士后科研工作站两个平台，开始与国外的研究机构开展化学合成"me-too"及创新药物和基因工程新药的合作研究。

"鱼论"催生了独具海正药业特色的新型研发体系。1992年，美国和日本两家公司相继出资开始委托海正药业为其开发新产品，使其研发工作又上了新台阶。"十五"以来，海正药业以"鱼论"为理论平台，与国内30多家科研单位和高等院校保持着密切的协作关系，已经储备了20多个国家二类以上新药，申报了数十项发明专利，新产品销售额比重在30%以上，形成了梯度的产品结构，即"生产一代、研制一代、开发一代、储备一代"的良性循环，累计实现销售额高达34亿元，创税利6.3亿元，走出了一条"养鱼赚钱"的道路。

2003年，海正药业投入技术开发费达到1.2亿元。连续5年来，海正药业每年R&D经费投入占同期销售收入的比重均在8%左右，相当于日本中小企业的平均水平。海正药业的研发投入的实力和成果赢得了国外客户的信任，也赢得了真正的机会。有的外国企业将未来3到5年甚至8年的发展规划提前告诉海正药业，由海正药业为外国企业开发原料药，由其开发成药物制剂，形成一个捆绑式的产品链。这表明海正药业在新一轮国际产业分工和结构调整中进一步找到了适合自己扮演的角色。

2.2.2 舍得投入的技术改造

海正药业的技术改造始终瞄准国际先进标准，坚持高起点设计，高标准引进工艺装备，高效率施工建设，高质量安装调试。

从厂房设计开始，海正药业严格按照GMP规范、FDA、COS注册要求，在关键工艺设备的选择上，追踪国际同行业先进厂家。海正药业选用了美国进口的空压机（$250m^3/hr$、$400m^3/hr$），意大利进口的膜过滤、超滤、纳滤等系统装备，德国、西班牙引进的真空冷冻干燥生产线和无菌分装生产线以及合资企业引进的冷冻机、三合一多功能提取罐等。

同时，海正药业已历练出一支精干高效的工程设备安装队伍，受到了前来检查工作的和众多来访的国内外客户的好评，被他们称之为"海正药业速度"。无论是建筑工程、设备安装的质量，还是相配套的厂区绿化，均被誉为"中国医药制造业的艺术精品"。面对美国FDA和国外其他客户的考察与国内GMP的验收，海正药业的硬件条件几乎无可挑剔。

在技术改造投资方面，为顺应国际市场现状和全球化学原料转移生产的趋势，海正药业不失时机地抓住了公司的技术改造。多年来，海正药业累计投入技术改造资金超过了18亿元，不仅建成了现代化的GMP生产区、分析检测中心和研发中心，还投资2000多万美元引进了国外先进的生产装备和检测仪器。

海正药业大规模的技术改造形成了"规模经济"，奠定了"低成本制造"的基础，加上持续的工艺改进，使其向国内的患者提供优质、低价的治疗用药成为可能。以肿瘤药代表阿霉素为例，辉瑞公司的售价为210元/支，海正药业的阿霉素售价为

150 元/支，差价达 40%。

随着跨国制药公司在全球范围内进行结构调整，其主要的精力和财力更多地"抓两头"，即注重研发活动和市场营销，而中间环节越来越多地依托合同转移生产。对于海正药业来说，超前的产品储备，再加上适当超前的、高标准的装备条件，为未来的市场机会做好了准备。凭借良好的企业形象，海正药业与国际伙伴已由竞争转而竞合，由共存进而转为共赢，同时商务伙伴关系也由产品合作、项目合作转为全面的战略合作，已被纳入礼来、默克、诺华、拜耳等全球化战略联盟。

2.2.3 先人一步的药政注册

海正药业在发展中深刻领悟到，产品要进入到某一国家，一般要跨越"两道门槛"，或者说要打破"两个壁垒"：一是国家的门槛，也称行政门槛，例如美国 FDA 认证和欧共体 COS 注册。二是客户门槛，也称技术门槛，即内控指标，不仅要达到国际药典通用的标准，如 USP①、EP②、JP③ 等，而且要达到客户的内控质量标准，特别是对杂质的鉴别和分离，并提供实样。

海正药业早在 1989 年就开始了药政注册工作，1992 年有了第一个获得 FDA 证书的产品。20 多年来，美国 FDA 官员先后多次来公司考察。海正药业一直将药政注册作为核心竞争力来培育，已建立了 20 多人的药政注册队伍，30 多人的 QA（质量保证）队伍和上百人的 QC（质量检测）队伍，聘请了 1 名美国人负责药政注册，聘请了 1 名美籍华人分管质量保证系统。

"国际通行证"并非装饰品，而是意味着可以占领高端市场，获取更高的利润。以阿霉素为例，在印度每克卖 75 美元，在欧洲每克卖 90 美元，而卖到美国市场则高达 135 美元，价格比国内市场高出 30% 到 300% 不等。而海正药业的另一个拳头产品驱虫药，国内、国际差价曾达 5 ~ 10 倍。

持有这些"国际市场通行证"，海正药业生产的柔红霉素、阿霉素、丝裂霉素等抗肿瘤药的出口量已达到了美国非专利原料药市场 60% 的份额，抗寄生虫药阿佛菌素占国际兽药市场 40% 以上的份额，降血脂药的他汀类系列产品生产规模和技术水平居世界第二，约占世界同类产品市场 1/3 以上的份额。

目前，海正药业生产的原料药出口到世界 30 多个国家和地区，并进入规范的药政注册市场。

2.2.4 接轨国际的资源整合

海正药业多年来专注于国际重量级的非专利药品开发及市场拓展的战略定位是正确的。目前国际药品市场的变化趋势为非专利药的发展提供了难得的发展机遇。包括美国在内的非专利处方药用量在不断增加。美国的非专利药在全部处方量中的比重由 1984 年的 19% 剧增到 2000 年的 48%，欧盟则为 51%。我国的消费比重增长更是迅速。这些变化为海正药业提供了广阔的市场空间，特别是我国加入 WTO 后，

---

① USP：U. S. Pharmacopeia，即《美国药典/国家处方集》。

② EP：European Pharmacopeia，即《欧洲药典》。

③ JP：Japanese Pharmacopoeia 即《日本药典》。

世界大药厂将生产向中国转移，海正药业的准备是充分的，更重要的是，用非专利药的再创新来推动原始创新也符合中国国情。

海正药业多年的国际市场营销，完成了大量的客户积累，树立了品牌美誉度。客户关系也从早期的产品买卖、项目合作、技术转移，发展到长期的资本合作、技术合作、战略联盟和追求共赢。现在客户可以将数年后的开发计划提前告诉海正药业，使其得以掌握连续完整的信息，并提前做好产品和市场准备。这种直面终端客户、精心培育客户联盟的策略使海正药业更少地受制于代理商，更多地减少了渠道层次，从而降低了营销费用，更重要的是使海正药业把驾驭市场的主动权牢牢掌握在自己手中。

市场竞争，归根结底是人才的竞争，合理的人才结构和高素质的研发队伍是技术创新的基础。海正药业把人才战略置于核心战略同等高度，坚持以人为本，坚持高起点、全方位地整合国际国内资源，寻找和争夺人力资源已经超出了国家和地域的界线，成为其保持领先地位的一种重要手段。

海正药业已有 7 名博士后进站从事药物开发、环境保护等研究工作，已经开始化学合成 me–too 及创新药物和基因工程新药的研发。在国内，与浙江大学、兰州大学等一些国内知名的高校协作进行抗肿瘤活性成分的筛选，在国际上，与日本的伊藤生命科学、美国的华人公司开展了合作研究。

在海正药业的高级管理层中有多名外籍专家，覆盖了从研发、质量保证、药政注册、营销到制剂走向国际化的各个节点。外籍专家的加盟，不仅带来了产品信息、市场信息和工艺技术，而且对提高公司管理、科研队伍的整体素质起到了极大的促进作用，通过"海归"文化与海正药业文化的碰撞，产生了新的理念，在实践中锻炼和培养了一批科研开发、产品注册、管理等复合型人才。

2.3 海正药业的国际化

目前海正药业已有 18 个产品通过 FDA 认证，是国内医药行业获得 FDA 认证最多的企业之一。12 个产品获准欧盟 EDQM 注册，1 个 API 品种通过澳大利亚 TGA 认证。专利申报突破 100 项，专利申请覆盖国家包括美国、欧洲、澳大利亚、加拿大、日本、韩国等，专利申请类型涉及创新化合物，工艺及晶型、用途、药物组合物等，已有 31 项专利获得授权证书。持有这些国际通行证，海正药业抗肿瘤药的出口量已经占据了美国非专利原料药市场 60% 的份额，抗寄生虫药阿佛菌素占国际兽药市场40% 以上的份额，降血脂药他汀类系列产品生产规模和技术水平居世界第二，约占世界同类产品三分之一以上的份额。海正药业生产的原料药品出口到世界 30 多个国家和地区，并进入规范的药政注册市场。出口创汇连续多年雄居浙江医药产业首位。

在已取得如此成绩的基础上，海正药业确立了今后一个时期内的发展指导思想，即"一个中心、两个基本点、三个新开创"，战略思路为"四转移、三延伸、二加快、一做大"。"一个中心"即以"国际化，创特色"为中心；"两个基本点"分别是"打造驰名品牌"和"打造卓越团队"；"三个新开创"是指"不断开创国际化发展的新思路，不断开创科技化、信息化发展的新起点，不断开创企业经济效益和社会环境协调发展的新局面；"四转移"是指从仿制 API（非专利原料药）向 API 避工艺专利转移，从一般中间体向 cGMP 与新药 Ⅱ、Ⅲ 期临床中间体转移，从原料药一条龙向后二步——精烘包——制剂加药政注册转移，从侧重抓生产向环保、安全、生产三同步转移；"三延伸"是指药政注册从原料药的药政注册向成品药的药政注册，以及原料药注册从美国、欧共体向加拿大、澳大利亚、日本、韩国等国延伸，研发领域从治疗型药物开发向预防保健型药物延伸，产业链的发展从原料药开发向新剂型、新用途开发延伸；"二加快"是指加快创新药物与基因工程药物的研发；"一做大"是指做大国际国内市场。

3 优秀的企业家与正确的战略

海正药业如此成功在很大程度上得益于白骅这位企业家的贡献。一家浙江企业曾经在制造上碰到了困难，但有着转向物流的绝好机遇，但这位企业的老总却说，做物流他的身体吃不消，因此他决不会去从事这个新行业，除非找到合适的经理人。从这位老总的话中可以领悟到，企业家对于企业的成功是决定性的，虽然咨询公司可以给海正药业制定一套冠冕堂皇的战略，但世界上根本不存在可以脱离了企业家能力就能成功的战略。

如前所述，海正药业能够实现 20 多年的持续成长，是因为他要做的事情都做好了，在重大战略上从无失误。比如海正药业的市场战略（所有的努力都必须接轨市场，在市场中得到验证）、开放战略（在开放中学习、进取，从国际分工中去寻找自身的定位、寻找机会）、专业化战略（不盲目多元化，但又能够把握机遇，获取适度多元发展的好处）等，而海正药业的产品战略更值得一提。在国内医药企业还在为几美分的出口价差而硝烟四起时，海正药业受益其正确的产品战略从而泰然处之地实现了"坐享"诱人利润。

4 尾声

根据国际市场经验，大多数产业升级都将给企业带来更广阔的市场空间和更坚实的盈利能力。目前，一种能够充分发挥公司在化学原料药领域的技术积累、管理经验以及品质控制等方面的优势，以技术研发为基础、以国际合作带动开发的新型产业升级模式已在海正药业成功运行，海正从原料药向制剂纵向一体化的发展战略已经初露曙光。

案例使用说明

一、教学目的与用途

1. 本案例适用于管理学中企业扩张，国际化管理内容的讲授。

2. 通过海正药业案例的学习，了解它从起步、腾飞到国际化进程的步骤，并为国内类似医药企业在国际化实际运营过程中可能出现的问题提供一些思路。

二、启发思考题

1. 海正药业国际化经营的特点体现在哪些方面？

2. 海正药业相比国内其他制药企业的优势在哪里？

3. 如果国内其他制药企业想走国际化道路，可以从哪些方面借鉴海正药业的成功案例？

4. 如果海正药业想深耕国际市场，你给的建议是什么？

天士力：领军中药现代国际化

摘要：以 1996 年申请 FDA 认证为天士力国际化的起点，在随后的十几年里，天士力国际化的体现不在于国际市场份额，而在于通过走国际化道路建立起的一系列全面的国际化标准。在推进复方丹参滴丸 FDA 上市批准的过程中，天士力形成和带动了一条现代中药产业链；将一大批海内外高端人才聚拢旗下，形成了中药现代化国际化的人才高地；开辟出了一条中药国际化的创新之路；对国内众多医药企业产生了示范和引领作用。

关键词：天士力；中药；复方丹参滴丸；国际化

引言

天士力集团是以大众健康产业为主线、以制药业为中心，包括现代中药、化学药、生物制药和保健品，健康食品等。涵盖科研、种植、提取、制剂、营销等的高科技企业集团，是天津市重点支持的大企业集团之一。天士力集团以"追求天人合一，提高生命质量"为企业理念，坚持"三高一新"（高科技、高起点、高速度、新思维）的发展思路，以科技为核心、以市场为导向、以营销为动力、以质量为保障，为实现"创造健康、人类共享"的目标，坚定地走自主创新、高新科技产业化的发展道路。自公司成立以来，集团致力于打造符合系列标准的一体化现代中药产业链，并已初获成效。其旗下产品复方丹参滴丸成为首例通过美国 FDA – IND（临床研究批件）临床用药申请的复方中药制剂。复方丹参滴丸及其系列研究先后被国家科技部列入"中药现代科技产业行动计划"重中之重项目、九五国家重大科技成果推广项目、国家 973 基础研究项目和国家高新技术产业示范工程项目，并荣获国家科学技术进步三等奖。集团先后被评为"国家精神文明建设工作先进单位"、"天津市优秀企业"；"以中药现代化为目标的管理"荣获第八届国家企业管理现代化创新成果一等奖；天士力商标被国家工商局认定为"驰名商标"。

1 公司介绍

1.1 公司简介

天士力集团是以制药业为中心，包括现代中药、化学药、生物制药，涵盖科研、种植、提取、制剂、营销的高科技企业集团。自公司成立以来，集团致力于打造符合系列标准的一体化现代中药产业链。从药材种植、中间提取、制剂生产到市场经营，在各个环节上保证产品的质量。在陕西商洛等地建立了符合中药材种植生产质量管理规范（GAP）的药源基地；率先倡导并建立了现代中药和植物药提取生产质量管理规范（CEP）；自行研制成功具有国际先进水平的大型自动化滴丸生产线，建立了通过国家药品生产质量管理规范（GMP）认证的现代中药产业园；建立了符合药品经营质量管理规范（GSP）的营销体系，使公司质量管理实现与国际和国家标准的接轨。在国际市场，集团已经构筑了在亚洲、欧洲、美洲、非洲和俄罗斯市场布局，复方丹参滴丸以药品身份进入韩国、越南、阿联酋、俄罗斯等国家和地区的医药市场，在马来西亚、南非、荷兰、法国、阿联酋等国家地区建立公司，形成了多层次的营销体系。

1.2 天士力国际化道路回顾

1994 年，天士力公司成立，年销售额 1200 万元。

1996 年，天士力复方丹参滴丸开始申请美国 FDA 认证。

1997 年，天士力复方丹参滴丸获得 FDA – IND 临床许可

2006 年，天士力在美国启动复方丹参滴丸 IND 二期临床实验。

2007 年，天士力集团年销售额 52 亿元，主营国际分销业务的天士力进出口贸易有限公司出口额为 1200 万美元。

2010 年，天士力复方丹参滴丸二期临床实验顺利完成，成为 FDA 历史上首个进入三期临床的复方中药。

1.3 集团战略目标

面对新形势、新机遇，天士力集团提出"百年企业、百年育人、百年品牌"的战略思想，确立了三大历史责任：创建百年不倒的天士力品牌，建立国际化的跨国制药集团，推进中医药成为全人类共享医药。富于创新的天士力人正以百折不挠的勇气、奋力开拓的锐气，向着"创造健康，人人共享"的目标奋进。

2 复方丹参滴丸的国际化进程

一个新药从基础研究到获得 FDA 授予临床研究批件（IND）约需 5 年以上，从 I 期临床到 III 期临床试验结束约需 7 年左右，FDA 审批约需 12 个月，整个研发过程通常花费高达 10 亿美元以上。纵观全球，近年来，每年能够通过美国 FDA 上市批准的新药数量已经下降到不足 20 个。复方丹参滴丸是我国第一例成功完成美国 FDA II 期临床试验确证其安全、有效的中成药，标志着我国中药国际化取得了突破性进展。

2.1 空白的历史

中医药是中华民族传承五千年的文化瑰宝，中药产业是我国的传统优势产业。但不容忽视的是，我国中药产业的技术标准体系还很不健全，中药出口额竟不足国际中草药市场的十分之一。

随着全球经济一体化的迅猛发展，国外"洋中药"、"汉方药"对我国中成药市场造成了较大冲击，尤为尴尬的是，我国至今尚无一例中成药以药品身份出口到欧美等主流医药市场，中医药国际化迫切期待绝地突围。通过美国食品与药品监督管理局（FDA）审批并由此进军西方主流医药市场一直是中国医药企业的梦想。

现代中药领军企业天士力勇于承担推动中药现代化、国际化的历史使命，成立10多年来，以创新研发现代中药奠基立业，从1400万元起步发展至今资产总额达94亿元。其拳头产品复方丹参滴丸已连续9年销售额超过10亿元，成为国内单品销量最大的中成药品种。

2.2 首叩 FDA

行外人很少有人知道，早在1997年，天士力就曾有过一次FDA叩关。只不过，那一次更像是"赶鸭子上架"。国家科技部组织中药企业申报，大企业们都默不作声，天士力董事长闫希军带着他的核心产品复方丹参滴丸毅然尝试叩关FDA。

结果实在是意外惊喜。很快，消息传来，复方丹参滴丸以治疗药品身份正式通过美国FDA的新药临床研究审评！

"当时那个激动啊……"回忆起当年的情景，闫希军不胜感慨。就在1997年一年里，天士力在全国开了大大小小2700个会议，宣传中药现代化。为保证宣传效果，他们还专门印刷了3000多万份报纸，从北京运到天津火车站广场，再发往天士力在全国的各地办事处。闫希军亲自调度。那一年，天津市区广场上晨练的老人中，常常会突然有年轻人加入，支起小黑板，拿着话筒高声宣扬现代中药，以及他们还听不懂的FDA。

"那是个轰轰烈烈的年代！"闫希军笑着说。不过，首次叩关也到此截止。

当时成立刚3年的天士力，年销售额只有约3000万人民币，"小得要命"。而在激情褪去后，闫希军也清楚地发现，申报FDA是个系统而严密的过程，更关键的是，对于中药而言，欧美是另一个世界，那个世界是看单一组分物质的，对于多味多组分的中药，完全不理解、不信任。而当年的天士力无论是生产工艺，还是管理上，都差得太远了。天士力无法证明产品的科学性，更别提标准化。

2.3 十年一剑

天士力选择了"停"下来，而且一"停"就是10年。但是，对闫希军来说，这次偶然性的叩关FDA初步成功，却为他打开了一扇窗。窗外，是一个更为广阔和有吸引力的世界。

10年间，天士力由部队企业转归地方，按照现代企业制度进行股份制改造上市。与此同时，天士力现代中药城产业园区快速建成，并与中外知名科研机构合作，不断引进和培养人才，先后承担并完成30多项国家科研攻关重点项目，获得国家授权专利380多件，有90多项专利在60多个国家和地区获得授权。复方丹参滴丸的自主研发不断深化，并相继推出养血清脑颗粒、柴胡滴丸等现代中药产品群。

2006年，天士力再次启动复方丹参滴丸美国FDAII期临床试验。2007年，十年蛰伏后的天士力再度提出"全面推进国际化"，重新上路。2009年12月，复方丹参滴丸完成了在美国15个临床中心进行的严格的II期临床试验，其安全性和有效性均获得了充分证明，试验十分成功。2010年7月22日至23日，FDA与天士力共同召开了两次申报者沟通会议，讨论复方丹参滴丸II期临床结果暨III期临床计划相关事项，FDA方面派出药审中心医学政策主任Bob Temple、心肾药品部主任Norman Stockbridge以及植物药审评特别小组组长Shaw Chen等19人参加。以如此庞大阵容出席一个专项会议在FDA并不多见，这反映了FDA对经过验证有益于治疗严重疾病的首例复方中药制剂临床研究前景的极大关注。FDA表示，复方丹参滴丸II期临床试验结果很好，同意开展III期临床研究。天士力预计3年后复方丹参滴丸将以药品身份在美国及全球上市。

2.4 重要意义

首先，由于FDA的权威影响，通过接受其上市批准的过程，企业的产品质量和管理水平均获得极大提升。在推进复方丹参滴丸FDA上市批准的过程中，天士力从现代中药的研发和生产开始，形成和带动了一条由药材种植——有效组分分离——研发——制剂生产——临床研究——市场营销等构成的现代中药产业链，建设了国内领先的现代中药数字化制造平台、数字化提取中心，取得了大量的科研成果。天士力已成为我国中药现代化的产业高地和自主创新高地。

第二，天士力将一大批海内外高端人才聚拢旗下，形成了中药现代化国际化的人才高地，目前有各类高级专家、博士数十人，其中很多都有海外研究工作背景，特别是列入国家首批"千人计划"的药政法规与医药研发管理专家、临床药理学和生物药学家、曾在FDA工作13年的首席专家级评审官孙鹤博士的加入，使天士力有了中医药国际化的领军人才。

第三，开辟出一条中药国际化的创新之路。长期以来，用传统概念表达的中医药理论难以被现代社会普遍理解和接受，复方中药的物质基础和作用机理等现代研究一直没有突破，天士力完成了严格按照国际标准进行的中药规范性临床研究，运用全新的理论和方法验证了复方中药的安全、有效和质量可控，走出了一条适合中医药自身特点的研发、评价方法和标准规范的路子，堪称突破，体现了新时代的企业科学精神。

第四，示范带动作用巨大。由于天士力具有范本价值的探索，为中医药国际化积累了宝贵的经验，对国内众多医药企业亦将产生示范和引领作用。天士力集团董事长闫希军说，中医药要想成事，单靠一两个药、一两个企业不行，必须要有一批企业，奋勇同行，携力发展，才能在真正属于我们民族自己文化遗产的中医药领域有一番大作为。

3 "创新和合作"开拓中药国际化之路

3.1 标准化创新打开中药的"黑匣子"

中药的主要特点在于它是以长期临床实践为基础形成的经验科学体系指导的多种成分的复杂配伍,在中药国际化的进程中,中药要得到世界认知,实现标准化,形成法规体系,必然面临变革。

天士力集团董事长闫希军表示,标准如同音符一样,是世界共通的"语言"。在标准面前人人平等,因此,中医药国际化的本质是现代中药标准的国际化,即把"丸散膏丹、神仙难辨"演绎成为"创新中药、数字解析"。

由于 FDA 对临床试验系统标准要求高,对制药过程要求也非常严格,要打开中药神秘的"黑匣子",天士力坚持自主创新、系统创新和集成创新来直面挑战。天士力的体会是,要紧紧扣住中医药理论精髓和中药的物质基础,依靠科技创新,选准关键领域各个击破,带动整体技术水平提高和技术创新平台建设。

天士力集团从现代中药的研发和生产开始,带动形成了一条集药材种植、天然药物研究、制剂生产、临床前和临床研发和市场营销各环节的现代中药产业链,建设了国内领先的现代中药数字化制造平台、数字化提取中心。

天士力不但从源头控制产品质量,建立符合国际标准的药源种植基地,而且还在生产过程中建立了一套完全创新的质量标准评价体系。同时,天士力着力完善与提升生产全过程的标准化体系,全面升级改造标准化生产线,药品生产质量管理规范将国内通行的标准提高到国际通行标准,建成了领先国内、同步国际的现代中药数字化制造平台。

3.2 紧密依托科研创新打造发展"动力源"

在打造科学质量控制体系过程中,紧密依靠科研创新成为天士力集团发展的动力源。

天士力承接并完成的国家重点科技攻关项目——多元指纹图谱技术及相应分析评价标准,能够完整地表征中药物质组成特征,配用近红外光谱技术实现了从药材、中间体到制剂的全过程质量控制,成为向国际推广现代中药标准体系的一种重要手段。

为了更好地促进科研创新,天士力建立了被认定为国家级企业技术中心的天士力研究院以及博士后科研工作站,与多所大学建立了联合实验室,与国内外十几家著名的科研机构合作,创立了"没有围墙的研究院",形成"主体+外围"、"自主+合作"、"基础+应用"的技术创新组织保障体系。天士力还先后承担并完成37项国家科研攻关重点项目,截至2010年底,国内申请专利1165件、获得授权385件,国际申请 PCT 专利36项、进入60多个国家、授权达91项。

3.3 依托产学研联盟实现国际化"抱团出击"

总结中药企业多年来国际化探索的经验和教训,单兵作战、散兵游勇式的国际化之路非常艰难，中药产业要真正实现走出去，"抱团出击"成为必由之路。

目前，国家对中药国际化的重视，已经推进到战略实施阶段。2010 年由国家 "'重大新药创制'科技重大专项"首次批准的"现代中药国际化产学研联盟"项目已经启动，把由天士力牵头，12 家药企、6 家科研院所组建的合作联盟推到了中药国际化的第一线。

天士力集团董事长闫希军介绍，在政府指引下，企业与科研院所自愿联合，依托"现代中药国际化产学研联盟"项目为纽带，正在更大范围内联合国内外企业、科研机构，构建更广泛的中医药世界联盟，建立一个市场化运作，专业机构服务，利益公平合理分配的合作组织。

目前，中医药世界联盟设立了药品注册与技术研究中心，其法人公司已在美国设立了办事机构；联盟的国际市场营销、服务贸易中心组织了"中医药世界联盟走进非洲"系列活动。中医医疗技术服务中心已经与加纳卫生部签约，拟合作建立 "西非中药临床实验中心"。联盟设立的中医药国际化产业基金第一期协议募集资金已达到 5 亿 - 8 亿元。

根据联盟董事会达成的规划，准备在"十二五"期间，健全联盟的职能建设，形成强大的推动力，实现 1 个药品在美国上市，1 - 2 个产品进入美国 FDA Ⅲ 期临床研究，3 个产品进入美国 FDA Ⅱ 期临床研究，5 个产品开展一期临床研究，筛选储备 10 个产品。

4 天士力国际化的新动态

现在天士力在国际化方面已迈向了战略合作、研发、人才培养等更广泛的领域。

4.1 建立战略联盟

2007 年天士力与英国最大的互助零售企业联合健康集团（Co - operativeGroup, 简称"COOP"）达成在中国合资建厂协议。根据协议，COOP 集团旗下子公司 Sants 将投资 2000 万英镑，与天士力集团合作成立天津天士力圣特医药有限公司。其中，天士力集团将拥有 40% 的股份。签约项目一期投资总额 4000 万美元。目前合资公司的经营范围只是化学药品的研究、开发及生产普通药剂产品。但我们仍然可以把这项合作看成是天士力为未来产品国际化销售的一项奠基举措。

4.2 研发及人才储备的国际化合作

2010 年 5 月 1 日，天士力发布公告，宣布于 2010 年 5 月 14 日与法国 TRANS-GENE 股份有限公司签订了《合资合同》，双方约定各自以现金方式出资 100 万元人民币组建天士力创世杰（天津）生物制药有限公司。天士力与法方的此次合作，目的在于综合双方的优势在中国设立研发中心，逐步建立起生物药的研究平台，并有效利用法方研发能力提高本公司技术创新能力，优化本公司产品结构；同时引进法方的先进管理经验与科研人员，提高公司科研管理与研发水平。

2010 年 2 月 23 日至 24 日，天士力与英国诺丁汉大学并签署了双方就战略合作办学的备忘录，巩固了双方就培养高级医药管理与开发硕士生和博士生计划的共同发展规划。该备忘录涉及诺丁汉与天士力合作联合建立"诺丁汉大学天士力科技联合研究院"共同开发硕士和博士的培养计划。目前，诺丁汉大学已与天士力在包括传统中药，化学药和生物制剂的研究，以及教育和药服务贸易合同方面建立了战略合作伙伴关系。

5 尾声

国际化并不仅仅是把产品卖到国外市场，而是能够在国际竞争的环境中建立长久的竞争力。如果计算天士力海外市场的销售额，只是其总体中很小的一部分，但是如果计算国际化战略实施带给天士力的改变：与国际接轨的标准体系，推进 FDA 项目带来的品牌影响力，国际化的研发合作与人才培养等，则可以说天士力已经在稳步向国际先进医药企业的机制迈进。天士力提出的"基础市场在国内，目标市场在国外"，也就可以理解为依托国内市场发展壮大，但始终紧盯国际市场，以参与国际竞争的企业标准来要求和改造自己，从而最终实现"现代中药，人类共享"的宏愿。

案例使用说明

一、教学目的与用途

1. 本案例适用于管理学中国际化扩张和管理内容的讲授。

2. 本案例可以让学生从天士力集团国际化的进程中看出中药国际化的障碍、决绝策略和经验教训等。

二、启发思考题

1. 结合案例，请说明我国中药国际化的最大障碍在哪里？

2. 以复方丹参滴丸为例的天士力集团中药国际化进程中的可取之处在哪里？

3. 我国的中药国际化进程重点还需要做哪些方面的工作？

南新制药："印度模式"的领头羊

摘要：印度制药业的发展可以归结为从大宗原料药中间体——专利仿制药（不规范市场）——通用名药物（规范市场）——创新药物的过程。一批印度制药企业利用国内宽松的专利环境发展仿制药，并逐步扩大其在国际市场上的份额，同时积极利用世界药品市场中原料药产业重心的转移和非专利药市场的放大，拓展国际市场，实现了在药品产业价值链上的不断升级。"印度模式"的核心就是利用自身的低成本优势实现产业升级，而产业升级的实质是研发升级和进军规范市场。作为印度制药业的领头羊——南新制药企业就很好地诠释了这一模式。

关键词： 仿制；原始积累；新药研发；创新；国际化

引言

印度制药企业南新实验室有限公司（简称"南新"）成立于 1961 年，位居全球制药公司前 100 位之列，在世界上所有的通用药名公司中排第 10 位。它在 7 个国家生产药品，46 个国家设有营销机构，产品销售遍布 125 个国家和地区，涉及抗感染药物、胃肠道药物、非甾体抗炎药物、心脑血管药物等多个领域。从 2005 年起美国成为南新最大的销售市场，占该公司全球市场份额的 28%，销售额达 332 亿美元，欧洲市场（英国和德国）占 17%，BRIC 国家①（巴西、俄罗斯、印度和中国）占 29%。

南新制药是印度医药业成功的典范，其从一个生产仿制药的小厂成长为印度第一大药企，并成功地完成国际化，它的经验值得关注和学习。

1 成长历程

1.1 南新实验室有限公司——始于 1961 年的制药小厂

印度最大的制药企业南新实验室有限公司成立于 1961 年，最初是一家日本制药公司驻印度的两名员工 Ranjit Singh 和 Gurbux Singh 在印度旁遮普邦的首府成立的，并以他们俩的名字命名的公司。南新公司最初主要生产原料药，并和一家欧洲公司合作，为已有的药品做包装，以仿制西方国家的新药为主。到 1966 年，由于欠债约合 10 万美元，南新被德里商人巴伊. 莫汉. 辛格（Bhai Mohan Singh）拥有。后来由他的儿子、获得美国密歇根大学的化学博士的帕温德. 辛格（Parvinder Singh）掌管，帕温德给南新带来了一场真正的改革，从而使其走向开创印度最大的跨国药企之路。帕温德在 1999 年去世，时年仅 57 岁。从此以后，公司先后聘用了两位非家族成员的首席执行官。再后来，帕温德的长子、公司制药部总裁玛尔温德. 辛格（Malvinder Singh）成了继承人。从 1966 年一直到 2008 年，南新集团最大的股东是辛格家族。

在帕温德刚上任之初，1970 年公司的财富值出现了增长，而此时印度政府通过立法，结束了制药行业的专利保护。从此，印度的制药商可以以低廉的价格生产那些昂贵的专利药品的仿制版。南新利用了印度庞大的、受过培训的，而价格相对低廉的劳动力，成立了一支由化学工程师、药剂师组成的强大队伍，学习生产和制造发达国家的专利药品。1969 年，公司成功推出 Calmpose，也就是瑞士罗氏制药公司 Valium 的仿制版，广受欢迎。公司之后开始迅速扩张，到 1973 年已经在哈里亚纳邦莫哈利开设了新的工厂，主要生产药物活性成分。为了争取更多的发展资金，1973

---

① BRIC 国家：即金砖四国，是指巴西（Brazil）、俄罗斯（Russia）、印度（India）和中国（China）四国，因这四个国家的英文名称首字母组合而成的"BRICs"一词，其发音与英文中的"砖块"（bricks）一词非常相似，故被称为"金砖四国"。

年公司在印度证券交易市场上市。

帕温德的长子玛尔温德曾在美国杜克大学商学院攻读 MBA 并在新加坡的美林做过暑期实习生。他用了两三个月学习了公司财务和如何做交易的本事，一周工作 90－100 个小时。等到他回到印度的时候，对市场已经非常了解。凭借宝贵的新加坡公司经验，1998 年他加入了南新公司的金融部门。在父亲 1999 年过世前的一段日子，他被晋升为公司战略团队的核心成员负责市场。在这个职位上，他特别关注农村市场，意识到大量的印度人生活在农村，这当中有无数未被人发现的商机。

合并了 Rextar 的 IT 公司之后，南新成为印度第一家为医生和病人开发交互式网页的制药公司，又因为第一个提供直接的医生对医生的聊天功能，被载入了印度版的吉尼斯纪录。IT 服务的背后是为了轻松获得医学数据和迅速做出决策。玛尔温德监督了整个项目的运行，直到他成为全球业务开拓的主管。随着南新在国际市场上的蓬勃发展，在对未来药业专利的热烈讨论中，玛尔温德总能找到提升南新价值链的途径，不断地证明他对未来商业有着良好的把握。

1.2 从仿制药到自主创新

1988 年，南新的一家工厂获得了 FDA 的认证，得以向美国出口原料药。10 年后，南新得到 FDA 批准，在美国推出了首个拥有自主生产工艺专利的产品——抗生素头孢克洛。如今，北美已成为南新最大的市场，2009 年南新的总收入为 13.4 亿美元，其中有 3.91 亿美元来自北美。南新在国际医药市场取得的成就颇令人瞩目。在全世界 7 个国家拥有生产工厂，46 个国家设有分支机构，100 多个国家和地区可以买到该公司生产的药品。2007 年 8 月 16 日，南新第三个研发中心落成，印度总统卡拉姆亲自出席了揭幕典礼，他对南新为印度制药业、为印度赢得的荣誉予以充分赞赏和肯定。南新现任首席执行官布莱恩·坦皮斯特雄心勃勃，他说从 2007 年开始，南新把研发投入在年销售额中的比例大幅提高到 9%～15%；2012 年，争取在发达国家主流处方药市场取得突破并实现 50 亿美元的销售收入；2015 年，公司将最终成长为一个可持续发展的自主创新型企业。

南新的优势在于极快的仿制速度，卓越的工艺水平，独创的制剂技术：新药物释放传输系统（NDDS）、4 个领先技术平台、新化合物的研发，并拥有 28 个全球性品牌。南新还具有强有力的药物研发能力，把 15% 的营业额投入到研发上，拥有 1200 名科研人员（其中 167 名拥有博士学位，291 名拥有硕士学位）。研发主要集中在抗感染药物、心血管药物、中枢神经系统药物、泌尿道药物、肿瘤治疗药物和治疗糖尿病药物。

2 印度第一家跨国医药企业

2.1 成为第一家"吃螃蟹"的企业

继 IT 业务外包业之后，印度制药行业给世人带来惊艳的表现。南新公司的营业收入有 3/4 以上来自国外，其中有近 1/3 来自美国。南新的国际化程度和运作管理能力，是中国同行业无法相比的。

　　无论你得了感冒还是受到病毒感染，无论你身在纽约、开普敦或者雅加达，你都能够在当地的超市或者药店里购买到南新生产的药品。当然，你也有很多其他的选择，但最便宜的那种很可能是南新产的。虽然南新公司当时已经在竞争异常激烈的印度国内市场坐上了头把交椅，但它并不满足于此，而把目光投向"征服世界"这个目标上。

　　对南新而言，要想迅速成为印度最大和全球领先的大医药企业除了国际化和自主研发外是没有任何捷径的。截止到2010年年初，南新的销售收入达到17亿美元，成为印度唯一挤进世界排名前100的制药巨头，每25家药店中就有23家店销售南新的药品，甚至在美国超市的销售量要远远高于在印度的销售量。南新在全球49个国家拥有自己的销售团队，在超过125个国家销售自己的药品，以及在11个国家拥有自己的生产基地并且拥有50多个国籍的员工，成为印度第一家跨国医药公司。无论是对位于印度的公司，还是海外公司，南新都会按国际化团队的标准来运作。全球化的另一个好处是，遍布世界各地的业务很好地帮助南新避免了过分依赖某一地区的危险。美国仍然是最大的市场，但是在新兴市场的迅速扩张使南新很好地平衡了对全球经济巨头依赖的可能性。

2.2 通往成为全球领先的医药企业之路

　　通往成功的道路并不总是一帆风顺的。专利制度以及美国对一些关键的合成技术专利采取的约束措施成为南新需要攻克的各种难关，然而南新是为数不多的敢于接受挑战并且找到解决这一难题的完美方程式的公司之一。对于那些专利已经到期的药品，南新可以生产制造，并以低廉的价格面向大众消费者。南新还萌生了创造全球化事业的梦想，这也就意味着南新要开始发展属于自己的药品了。更为重要的是，它的使命不仅仅是要让产品走出印度，还要成为一个全球的领导者。成为一家跨国公司意味着不单单是做一个出口商，还要在那些关键的市场上能够聘用当地的人员来运行企业从而获取市场的领导力。

　　南新在美国开展业务之初，首先成立了一家南新全资的子公司——南新制药公司。1992年对公司而言可以说是一个重大的里程碑，因为就在那一年南新与美国制药业巨头礼来制药公司签订了市场协议。南新再合成的能力和在非专利药品市场强大的竞争力给礼来公司留下了深刻的印象，当礼来公司的畅销抗感染药Cefaclor的专利到期的时候，南新马上在印度成立了一家合资公司生产并营销其品牌药品。同时，礼来也同意在美国市场上推销南新的非专利药。由此，南新依靠这家老牌的大公司进入了全球最大的药品市场——美国。

　　南新在加利福尼亚北部建立了一家子公司。1995年它收购了总部在新泽西的欧姆实验室，从而拥有了在美国市场的第一家制造工厂。1998年开始以自主品牌在市场上营销非专利产品。随后在巴西开展营销业务，为其开拓拉丁美洲市场奠定了良好的基石。在欧洲，南新在伦敦成立了一家子公司，并在2000年收购了拜耳在德国的非专利药业务。在马来西亚和泰国，南新也拥有生产厂。至此南新在征服全球的道路上收获颇丰，近80%的销售收入来自印度以外的市场，海外市场的营业收入占到了总营业额的2/3。

不断收购外国公司。在这些海外并购中，有意大利 Allen SpA（葛兰素史克的子公司）的非品牌非专利药业务；罗马尼亚的 Terapia；比利时的一家非专利药公司 Ethimed；西班牙葛兰素史克的 Mundogen 非专利药业务；南非的 BeTabs 制药。南新也并购了印度国内公司的战略股份，比如 Zenotech 实验室、Cardinal 药品、Krebs 生化和 Jupiter 生物。

近年来南新取得了20%以上的年增长率，一方面要归功于它在全球开辟新市场，另一方面是环丙沙星和其他非专利药品获得美国官方批准后销量大增。在向制药巨头的专利药品发起挑战方面，它也做得比其在印度的对手更加成功。2003年，南新公司曾推出了改进配方的抗生素药羟氨苄青霉素（augmentin）和头孢新酯（ceftin），从而打破了葛兰素史克对这两种药品的专利垄断，2004年仅在美国就销售了2亿多美元。

3 深谙海外并购之道

通常当一家新的公司进入一个新的环境时，都要面临很多文化差异和未来发展的问题，企业主管易人这是不可避免的。南新认识到新兴国家在塑造产业和创造全球组织上发挥着巨大的作用，当这一切发生的时候，印度必将以一个合作者和合伙人的身份参与其中，而且创造新的协同作用和价值。南新迄今收购了12家公司并且非常成功地将其融入到主营业务中。一个例子可以从侧面来反映南新的并购技巧和管理才能。2009年，印度第二大医药企业瑞迪博士实验室宣布从原有的40个市场中撤出25个市场，仅留下15个继续销售低价格的通用药品。瑞迪撤出海外的主要原因是公司在当地（比如说德国）收购的企业无法很好地运营。

当南新收购罗马尼亚最大的独资通用药公司的时候，的确存在很多不确定因素。南新的策略是把罗马尼亚的业务和新的一项并购结合起来，创立了一个新的品牌 Terapia 南新，并从原先罗马尼亚的团队中挑选了一位经理，任命他担任区域经理的职务。这样一来无形中就向所有的人传递了一个信息，那就是任人唯贤。南新总结的海外并购成功之道是：当收购一家公司的时候，应该学会将自己的业务融入到对方的业务中去。当时南新并没有将任何工厂转移到印度，反而在罗马尼亚多招了一倍的工人，并加大投资，改善他们的设施。这样，整个公司的氛围就变得非常积极向上，罗马尼亚员工也很乐意接受收购了。

4 与日本第一三共合作

2008年南新集团做出了一个大胆的决定，辛格家族将在南新的股份出售给日本的第一三共株式会社，这个由两家百年老药厂合并而成的日本同行，强项是科研，在研发新药方面颇有实力。这个46亿美元的交易将南新从全球制药业第22位迅速提升到了第 15 位。合资公司市值达到 300 亿美元，当时由玛尔温德担任主席一职。当被问及出售公司 34.8% 的股份是否相当于卖掉家当的时候，玛尔温德解释这次的出售股份使南新能够在一个新的、更广阔的平台上发挥南新制药能力、研发能力和全球市场研究能力。他充满自信地说拥有科学、技术和管理领域的众多优秀人才，能帮助公司进入一个持续增长的新轨道。这对于想要成为一家以研究为基础的世界级企业的制药公司而言，是具有重大意义的里程碑。结果证明，玛尔温德的举措是一个相辅相成的混合商业模式，这个模式快速提升了南新在全球的业务发展能力，并且涉足了专利药和非专利药的新领域。同时它也减少了公司在日益不确定的市场中的风险。

南新可借助第一三共的研发优势，进入门槛较高的也是世界上第二大的通用药市场——日本。这项交易把两家公司各自的独特优势结合在一起，第一三共的总经理庄田隆把两家公司的这种结合称为"完美的战略组合"。一些药品的生产将从日本转移到印度，以降低生产成本。据称，这是第二起外资大规模收购印度企业的个案。第一三共考虑的是南新已经成为跨国经营的大型仿制药厂商，近几年销售额一直呈两位数增长，收购南新，不仅可为第一三共株式会社名牌药品的销售放缓解困，还可以利用南新的低成本和供应链优势将第一三共株式会社的销售网络迅速扩展到 60 个国家，其中扩展的大部分区域是在新兴市场。而这次收购，最大赢家还是南新，卖出 46 亿美元的股份之后的 2008 年 9 月份，金融风暴开始席卷全球，研发成本降低，而南新仅此一举，就获得了大量资金进入新领域。

5 国际化的创新动力

南新公司在几年内将成为一家真正能与西方制药巨头抗衡的大型新药研发公司。南新公司的研发费用一度占销售额的 16%，尽管其盈利一度被高昂的研发费用所拖累，但其仍坚持对研发的高投入。南新公司的主要融资对象是 ICICI 风险投资公司（ICICI 银行的子公司）和一家私有资产公司。

南新认识到紧跟客户需求这一点非常重要。南新在价值链的不同节点都有专业技巧，以此更快、更好地服务顾客，并且提高成本效益。南新成功的关键在于作为一家公司，它的适应能力远比一般的公司来得强，并很快学会去适应变化和不确定性，能够从容地面对一切。

真正让南新从印度制药界脱颖而出的转折点在 1994 年。当时的南新高层做出了一个决定：将公司定位于"在研发基础上的国际制药企业"，要以科技创新及拥有自主知识产权来为企业乃至印度的制药业开创新的发展模式。很快，南新成立了第一个研发中心，正式开始了新药研究以及相关技术创新。"这是一个颇为艰难的决定"，当年的 CEO 布拉尔回忆起这个决策时表示，"许多人认为只有西方国家才有能力研制新药，就算我们研制成功了某种新药，发达国家也不一定会购买来自印度的药品，这样做将得不偿失。我们花了近 8 个月的时间才使整个企业统一了思想。事实证明，这次观念的转变是我们最大的成功之处。"

5.1 创新，从来不是一句空话

南新的全球优势在于它在研发上下足了功夫，雇用了近 1200 名科研人员，投资额差不多占其营业额的 9%。南新是印度第一家出售专利授权产品而从中收取提成费用的公司（CiproXR 是抗感染药环丙沙星的一种版本，授权来自于拜耳公司，并在美国市场上上市销售）。

如今我们生活的世界日新月异，南新所做的就是不断创造一个新的公司，以使它能保持成功并不断向前。一方面，在发达的市场和新兴的市场中找到更大的市场；另一方面，南新继续丰富治疗产品的组合以进入更多的市场。这些专业产品拥有很高的利润，当然也有很大的风险。所有这些都将通过收购、加盟和提升内部能力一同完成。

创新研发被南新定为企业发展战略中最重要的组成部分之一。公司从年销售额中至少拿出 9% 的资金用于研发领域。21 世纪初，南新成立了第二个研发中心，有超过 1100 名科学家从事抗生素、治疗呼吸系统疾病等新药的研制，以及对口服药物可控制缓释系统的改进性研究。除此之外，南新还与英国斯特斯克莱德大学、印度药学教育研究所、葛兰素史克制药公司等进行全球合作，致力于医学领域的前沿性研究。创新研发也给南新带来了丰厚的回报。他们研制的药品不但成功打入了欧美等发达国家和地区，而且其研制的环丙沙星口服片剂已被德国拜耳医药选用，这也使南新成为印度制药业中首家在西方国家赢得专利使用费的公司。在全球发展中国家所获专利数的排行榜中，南新以年平均 44 项专利名列业内第六位。

南新公司在非专利药品方面取得了成功，击败了西方国家的同类药物。南新公司生产的非专利药抗生素环丙沙星（Cipro，广谱抗生素，可用于治疗炭疽病）在美国随处可以买到。研制新药是南新发展规划的一部分，到 2012 年，其年销售额将达到 50 亿美元。但是由于非专利药的竞争越来越激烈，也越来越有周期性，南新开始研制专利药物。研制新药是一个风险巨大的行业，只有为数不多的几种实验合成物最终能进入市场。

5.2 研发治疟疾药的重要意义

近两年，南新把研发重点放在治疗疟疾的药 Rbx11160 上，该药的销售额不大，主要是因为这种药品要以最低的价格卖给穷人。然而，不管其销售额有多少，Rbx11160 对南新公司都很重要，它是对利润更大的研发项目的一次"演习"，它是公司试行推出的唯一一种完全自主开发的药物。

南新公司可以从该项目中正在进行 21 种新药实验的、有经验的药物研制团队那里学到很多东西。为了此项目，南新的药物化学工程师研究美国药理学家温纳斯特罗姆研发的药物，并简化其生产工艺，使它更加便宜，更容易扩大生产规模。他们还想办法使它变得更易溶化，有利于患者更好地吸收到血液中。此外，制药业巨头与印度公司之间合作研发的项目将会急剧增加，南新公司和其他制药企业将会在化工技术、配方和临床实验之前的工作等方面为全球新药研发产业添砖加瓦。国际制药巨头已把药品生产转移到了德里和班加罗尔；而在南新公司与葛兰素史克公司的合作中，收集化工资料和进行早期实验的工作也都交给印度的实验室去做了。除了单纯成为全球研发的一部分之外，南新公司还有很多宏伟规划。

6 尾声

可以看到：南新制药企业的成功经验，主要基于以下几点：政策的合理引导为其发展提供了良好的环境；用仿制药进行原始积累；及时进行产业升级；有效参与国际合作与竞争；坚持自主创新等等。

概括而言，以南新为代表的一批印度制药企业利用国内宽松的专利环境发展仿制药，并逐步扩大其在国际市场上的份额，同时积极利用世界药品市场中原料药产业重心的转移和非专利药市场的放大，拓展国际市场，实现了在药品产业价值链上的不断升级。

案例使用说明

一、教学目的与用途

1. 本案例适用于管理学中企业扩张，国际化管理内容的讲授。

2. 通过案例的学习，可以使学生从中看出企业扩张的原因及路径。并从印度南新制药的国际化发展历程中学习经验以促进我国的医药企业国际化进程。

二、启发思考题

1. 印度制药业和我国制药业的优缺点有哪些？如何扬长避短？

2. 我国的制药企业应从印度南新制药企业国际化运营过程中汲取什么经验？

3. 不同制药企业应选择何种方式或路径进行国际化扩张？

本章参考资料

[1] 强生官方网站 http：//www. jnj. com. cn/

[2] 何军. 邦迪胶布诞生记 [J]. 世界文化，1996 (2)

[3] 项兵. 白药创可贴　与"邦迪"的竞争 [J]. 商学院，2009 (9)

[4] 苏景玲. 23 年国产"大宝" 23 亿易主"强生" [J]. 中国品牌与防伪，2008 (9)

[5] 杨明刚. 强生在中国的市场策略 [J]. 中国广告，2001 (7)

[6] 海正药业官方网站 http：//www. hisunpharm. com/

[7] 彭晓. 海正药业：国际化进程起飞于富阳基地 [EB/OL]. http：//finance. sina. com. cn/stock/companyresearch/20110331/14269624632. shtml，2011–3–31.

[8] 徐丛余. 创新、国际化与社会责任——海正持续发展的秘诀 [J]. 观察与思考，2009 (1)

医药企业管理案例集

[9] 白骅. 持续创新使海正走向世界 [J]. 中国科技产业, 2004 (5)

[10] 天士力制药集团股份有限公司官方网站 http://www.tasly.com/

[11] 孟华. 天士力集团: "创新和合作" 开拓中药国际化之路 [EB/OL]. http://news.xinhuanet.com/society/2011 –04/17/c_ 121314534.htm, 2011 –4 –17.

[12] 王蔚佳. 天士力: 一颗复方丹参丸带动中药国际化 [N]. 第一财经日报, 2011 –8 –19 (B1)

[13] 焦晶. 天士力一直都在国际化着 [J]. 中外管理, 2011 (10)

[14] 穆秀玲. 天士力领军中药现代化国际化 [N]. 天津日报, 2010 –8 –8 (1)

[15] 潘松. 我们向印度学什么: 印度超一流企业的崛起与启示. 北京: 机械工业出版社, 2010

[16] 王霞. 印度制药行业启示录 [N]. 医药经济报, 2012 –1 –16 (F4)

[17] 王炜. 审视印度制药企业发展给我们的启示 [EB/OL]. http://info. pharmacy. hc360.com/2012/02/100927381128.shtml, 2012 –2 –10.